国家出版基金项目
NATIONAL PUBLICATION FOUNDATION

贾植芳 ◎ 著

陈思和 ◎ 主编

卷一·

创作卷

上

贾植芳 全集

山西出版传媒集团

北岳文艺出版社

图书在版编目（CIP）数据

贾植芳全集 / 贾植芳著；陈思和主编 . — 太原：
北岳文艺出版社，2020.1
ISBN 978-7-5378-4988-3

Ⅰ . ①贾… Ⅱ . ①贾… ②陈… Ⅲ . ①贾植芳（
1916-2008）—全集 Ⅳ . ① C52

中国版本图书馆 CIP 数据核字（2017）第 253948 号

贾植芳全集·创作卷（上）

贾植芳◎著　陈思和◎主编

//

选题策划

续小强

刘文飞

范戈

项目负责人

范戈

责任编辑

左树涛

书籍设计

张永文

印装监制

巩璠

出版发行：山西出版传媒集团·北岳文艺出版社
地址：山西省太原市并州南路 57 号　邮编：030012
电话：0351-5628696（发行部）　　0351-5628688（总编室）
传真：0351-5628680
网址：http://www.bywy.com　E-mail：bywycbs@163.com
经销商：新华书店
印刷装订：山西人民印刷有限责任公司

开本：710mm×1000mm　　1/16
总字数：4850 千字
总印张：297.5
版次：2020 年 1 月第 1 版
印次：2020 年 1 月山西第 1 次印刷
书号：ISBN 978-7-5378-4988-3
总定价：498.00 元（全 10 卷）

1936年，贾植芳先生在日本留学

芳 植 贾

1938年，贾植芳先生在武汉
留日学生培训班

1946年冬，贾植芳、任敏夫妇
摄于上海

1947年—1948年，曾被关押于国民党中统特务监狱的难友，前排右起：向顷、张长林、张永芝、贾植芳，后排右起：忻素妹、汪文郁、臧风英、余锦云（罗平夫人）

出版说明

　　贾植芳（1916—2008），山西襄汾人，我国著名作家、翻译家、学者，七月派重要作家，比较文学学科奠基人之一。专于中国现代文学和比较文学。其一生创作、翻译、研究、编著了多部著作，著有《人生赋》《贾植芳小说选》《近代中国经济社会》等，译有《俄国文学研究》《契诃夫的戏剧艺术》《契诃夫手记》等，是我国现代文学史研究不可或缺的人物。

　　《贾植芳全集》共 10 卷，近 500 万字，系第一次公开出版能搜集到的贾植芳先生的所有作品，在编辑整理过程中，几易其稿，从 2013 年到 2019 年，其间出版过程曲折艰辛，但我们克服种种困难，使全集最终按照计划出版，为研究贾植芳先生提供了全面而准确的文本资料，也进一步丰富了中国现代文学史的文献资料。

　　《贾植芳全集》的出版具有重要思想价值、科学价值、文学艺术价值、学术研究价值，对弘扬中华民族优秀文化具有积极意义，对推动中国文化"走出去"，推动中外文化交流也具有重要价值。

　　全集各卷内容我们参考了其他出版社相关作品的原始版本，对作品中出现的一些语病和标点进行了订正，对文中的词语按照《第一批异形词整理表》进行了统一校对，对明显的错漏和不合出版规范处进行了更正，其余均尊重原文，力求保持作品的历史原貌。尽管我们已经做了最大的努力，但仍难免疏漏，敬请广大方家批评指正。

北岳文艺出版社

2019 年 9 月

主编说明

────────────

贾植芳先生（1916—2008），山西省汾城（现襄汾）人氏。著名七月派作家，复旦大学中文系教授、博士生导师，主持过中文系现代文学和比较文学两个学科的创建工作，晚年担任复旦大学图书馆馆长，在此岗位上退休。

先生一生从事多种著述，包括文学创作、回忆录、社会学著作、翻译、学科建设理论以及书评演讲等各类作品，晚年坚持书写日记，直到生命最后时光。惜天妒奇才，先生一生流离颠沛，多次因政治原因身陷图圄，著译及未发表的手稿散失颇多，不易搜集（具体情况可以参见先生的《我的第一篇小说》和《遗失的原稿》等文章），所以能够保存下来，并且付梓传世的文字，弥足珍贵。在贾植芳先生百年诞辰之际，北岳文艺出版社续小强先生嘱托我编辑出版《贾植芳全集》，乃是文化传承之善举，恩泽后学。我欣然从命，特此邀约张新颖、王宏图、严锋、宋炳辉、张业松、段怀清、孙晶、张涛甫、王光东、陈润华、刘志荣、金理、骆世俊诸君分别承担分卷编者工作。本全集各卷依次为：《创作卷（上）》《创作卷（下）》《回忆录和访谈录卷》《理论卷》（含社会学著作、学科建设理论及论文书评等）《书信卷》《日记卷（上）》《日记卷（下）》《翻译卷（上）》

《翻译卷（下）》（包括《附录：〈贾植芳全集·翻译卷〉检索》）以及《附录与索引卷》，共10卷。

需要特别说明的是：一、先生遗佚著译颇多，一时不易找齐；二、先生书信多散落在各收信人手中，未必都能贡献；三、先生生前公开修订出版的日记文本，时间截止到1987年正式退休之年，现在又补入1988年全年日记，其余1989—2008年二十年日记都有保存，有待于先生家属陆续整理，本全集未能全部收录。因此，本全集仅就先生生前尽可能搜集到并公开出版的著述而言。散落的遗珠必然很多，还望诸位学者及读者留意寻求，将来陆续出版补编。

先生生前出版的著述计有：

一、小说及小说集3种：《人生赋》《贾植芳小说选》《人的证据（第一部）》；

二、散文集9种：《热力》《劫后文存——贾植芳序跋集》《暮年杂笔》《雕虫杂技》《不能忘却的纪念——我的朋友们》《老人老事》《花与鸟》《历史背影》《历史的背面——贾植芳自选集》；

三、剧本2种：《当心，匪特造谣!》《家》（未出单行本）；

四、回忆录1种：《狱里狱外》；

五、访谈录1种：《世纪老人的话：贾植芳卷》；

六、书信集2种：《写给学生》《贾植芳致胡风书札》；

七、文献类书信日记集2种：《解冻时节》《早春三年日记（1982—1984)》；

八、社会学著作1种：《近代中国经济社会》；

九、翻译6种：《住宅问题》《人民民主主义的长成与发展》《契诃夫的戏剧艺术》《论报告文学》《契诃夫手记》《俄国文学研究》；

十、综合文集2种：《悲哀的玩具——贾植芳作品选》《贾植芳文集》。

以上共 29 种著作。其中小说集、散文集以及综合文集中的篇目多有重复收录。全集收录的篇目，主要依据上述各书篇目加以辨别考订而定，若干集外文章、书信、题词、对联等也一并收录。《解冻时节》《狱里狱外》里都保存了师母任敏女士的回忆录，全集依据《解冻时节》版本进行收录。

先生另有主编或参与主编的著作计 12 种：《中国当代文学研究资料》丛书中的《赵树理专集》《闻捷专集》《巴金专集》；《中国现代文学运动·论争·社团资料丛书》中的《文学研究会资料》；《巴金写作生涯》《巴金作品评论集》《中国现代文学社团流派》《中国现代文学的主潮》《中国现代文学总书目》《中外文学关系史资料汇编（1898—1937）》《中国近代散文精粹类编》《历代名家尺牍新钞》。先生参与主编的丛书有 2 套：一、《中国现代文学史参考资料·现代都市小说专辑》共 10 种；二、《海派文化长廊·小说卷》丛书，共 5 种。均列入《贾植芳先生著作图录》。

其余名列顾问、名誉主编或只是挂名主编的书籍都不列入。

先生生前接受媒体、学者访谈的言论颇多，但文章内容歧义颇多。现在很难鉴定哪些篇目是先生生前亲自改定的。因此，全集除了收入《世纪老人的话：贾植芳卷》以外，只选了 4 篇访谈文章：《贾植芳、胡守钧谈鲁迅》《贾植芳、胡守钧谈胡风》两篇曾经被收入先生编定的《老人老事》一书，《贾植芳、李辉谈周扬》和《我喜欢反映时代和历史的戏曲——与贾植芳谈戏剧》两篇的访谈者都是先生信任的学生，因此可以作为先生认可的作品收入全集，其他访谈录暂不收入，特此说明。

先生的文集里，有不少别人写的、翻译的文章，包括前言后记，这次除了贾植芳先生的夫人任敏女士的文章，其他人的文章一律不收入全集，特此说明。

骆世俊、黄丽丽两位博士为全集编制了附录：《贾植芳先生著作目录》和《贾植芳先生著作图录》，对先生的各种著述版本目录做了清晰梳理，为全集增色；骆世俊以及吴天舟、胡读书、袁敏棻、陈玉婷、陈丙杰、顾文艳、刘天艺等研究生花了大量时间为全集做了两种索引，也为以后学者了解、阅读和研究先生的著述提供了方便。许俊雅教授、康凌博士为全集编辑提供过多种篇目。复旦大学图书馆以丰富的收藏为全集编制提供了难以寻找的资料，在此特意致谢。

2016 年 4 月 4 日清明节晚上改定

2017 年 7 月 14 日再次修订完毕

编者说明

————————————

一、本卷为卷一《创作卷（上）》，内容包括贾植芳先生创作的小说、剧本以及1934—1989年期间的散文序跋等作品。版本主要依据单行本《当心，匪特造谣！》《贾植芳小说选》《悲哀的玩具——贾植芳作品选》和《贾植芳文集·创作卷》。

二、《当心，匪特造谣！》由文化工作社1951年出版。

三、《贾植芳小说选》由江苏人民出版社1983年9月出版，该书包含由海燕书店1947年出版的《人生赋》以及从1936年到1979年期间写作的其他小说。

四、《悲哀的玩具——贾植芳作品选》由北岳文艺出版社1991年11月出版，该书包含由文化工作社1949年出版的《热力》以及从1937年到1990年期间写作的其他散文、小说、诗歌和剧本。本卷所收的是1989年以前发表的作品。

五、《贾植芳文集·创作卷》由上海社会科学院出版社2004年11月出版。

六、凡集外文来源于各种书刊的，均在文章后面加以说明。

七、本卷以文体分类，各类作品均按照写作时间编序，凡没有标明写作时间的，则按发表或出版时间编序。

目 录

小　说

相　片①

这是六月带来的事情。

三子毕业了，在县立高小学堂里，接着预备升县立中学。

"妈，我得照张相……"

做妈的不待孩子说完，就惊异地："怎么，你要照……"

"我要照一张相，为考学堂。"

三子坚决地说：恳切，希望。

做妈的瞅了孩子一眼，在蓝布大襟上抹了抹那双水漉漉的手，一声不响的，低了头坐在浑身皱纹的矮凳上。

炉内发出吱吱的声音，像火车的水肚，那是嫩枝芽——一些不易被火化的嫩枝芽和火花决斗的声音。

三子也默默地站在炉旁，低头。合着每隔三二分钟有一次抽鼻涕的响声，除外便寂然。

关于这次的升学，她本来是不同意的。

"这个年景，棒子面都没得吃，念什么书；书不能当饭吃哇！"

"不是这么说，妈。"孩子驳，"我们先生说，万事在志向，寒门出贵子，岳飞什么的出身原来也很穷苦呀！只是……"

做妈的哼了一声，用眼擒着孩子：方脸，长身材，只是面皮略黄瘦了点儿。

她心内好笑，可是孩子：

"这次招生通共没多少人哇，有津贴，费用也很少，妈！放心！"

"那么为什么能没多少人？"做妈的回过头来反问。

三子惘然，半会只轻轻地应了声：

"哪……不知道。"

做妈的便冷笑了一声，接着便寂然。

经不住三子的再三取闹，央求，做妈的终于也只得由他，横竖没什么费用，孩子年纪也小，做庄稼一来屈才，二来自从做爹的"阵亡"过后，所有的土地也早已出卖光了；当徒弟，未免可惜，或许这就是一条走得通的路——由学堂毕业找一些高点的事情做。于是她答应了。

可是：

"要照相？"做妈的回转头；三子看她眼圈已然有些微红。

"得照。"声音发颤，他回过脸去。

麻雀在太阳光晒着的院心里跳，叫。

做妈的用手抹下眼睛：

"得多少钱，不照不成吗？"

"那怎么能成？才说过这是手续——四寸半身的要一块二，外加洗一片是四毛。学校要拿这个呈报呀！"三子有点急躁。

沉默。

"手续""呈报"。

尽是一些难懂的新名词，她觉得自打丈夫死后，这个世界真是一天天地变了，变了。

突然——

"你就给你们先生说……说……我们家……我们家是……"像是气塞的样子，她反转上半身，两只手支撑着三子的两个肩头颤然地说。

幻灭破了，三子踉跄地折回身，冲进屋里，躺在磨得发亮的芦席上碎声地抽咽起来：义，义……

第二天，做妈的起得比太阳还早，她穿好那件褐色破旧布衫，拿手巾包好两个棒子面窝头，望了外面一眼：太阳光才在东边的地平线上闪亮。

她把身子倒在矮凳上，咀嚼着夜来的计划，炕上三子的鼾声好响。

她决定：她要亲自到城里去，去央求中学的校长，她想他也不是铁铸的心肠，她要向他披肝沥胆地诉说自个儿的苦衷，她需要他帮忙、体谅……

纸窗渐次透红，太阳的力量渐渐增大了，她伏在炕头上，在三子的耳旁说了几句，便挟起那个包窝头的手巾，步出，扣了门，往南，……

"官道"上，寂然。土圢上布着的仍然是陈旧的、破碎的足迹。两旁只有一些老朽的秃树根，像婴孩头似的，张目四望，灰色的堡子，稀少的树，没一声狗吠，寂寞得叫人寒噤。

一个女人在尘埃上颠簸着像湖里的一叶扁舟；她已脱去了那件破旧长衫，挟在臂下。

太阳偏过，她进了城。

窄街，污水，叹气，灰脸，烟雾……

"先生，你做做好事，我们家是，我们……"

她几乎要跪下来。

那个摆一摆手，接着转回脑袋："不成，不成，吓倒我你是……你，你别废话，咸三淡四的，我们这是学堂，……"

她叹了口气，回到家里，三子正在生炉子。

"你们的学堂是不是官立？"

"是。"

沉默。

炉内吱吱地响着，那是一些嫩枝芽——不易被火化的嫩枝芽和火花的决斗的声音。

一会：

炉内：滋，滋，……

做妈仅有的一些银首饰现在是在当铺了。镇上原本有一家照相馆，可是现在已关门久了，城里有一个，还是临时的，过了七日便要告结束。

三子照了半身像。

"证书呢？"中学堂的报名处一个瘦子说，带着不耐烦的神色。母子像被扔在冰窖里。

证书？

"是不是在高小校长那里领？"三子惴惴地问那个瘦子。

他点了下头，便折回头跟旁人谈话。

"嗬，那个娘们的浪劲儿，嗬……"

"张先生，我的证书呢？"

"你的证书？"

尖下巴，秃头，小胡子；尤其那双蛋形的小眼睛向他们母子节节迫近。

母子们听着自己的心跳，连屋子是个什么样，校址是个什么样都再没轻溜一眼，三子在这儿上过二年的学，对这里当然有个熟悉的了解——这不过是一座文庙改造的，可是在做妈的，她简直是莫名其妙，在她所感觉到的，不过这个屋子没中学堂的大，阔气，同时对面的人物好像也没那边的维新。

"你交了证书费吗？"那个尖下巴在抽屉翻了半天，又仰起首来问，脸子是一个斜坡式。

什么？

那个仿佛已明了似的，"噼啪"闭了抽屉。靠在椅背上，尽义务似的说了方才的话。

"毕业是不成问题，谁也能毕业，可是证书费，即印花费，这共总一块五毛钱你交了吗？"

什么？

仿佛挨了一掌似的，三子木呆着；做妈的知道难题又来了，她的脸色像要哭，可又像笑，她的两个嘴角向下弯。——扑通，她跪了下去。

"先生，先生，你知道……我们家，……我们家，……三子爸是打仗阵亡，孤儿寡妇，……年场又，先生，喂，先生……"

那个先生往椅背上靠起来，踮着脚，头摇得像窜进抽屉内似的，右手乱晃。

"又来了，又来了，谁问你这套！别，别，再别废话，没钱想念书，你想想！我们这个地方是官立学堂，你想想！你……"

一个思想泛上三子的脑子：

——有志气什么事也办得成；只要有志气，岳飞什么的大忠大贤原来也不都是很穷的吗？……

可是，他妈的！

做妈的两个嘴角溢着白沫，她拿着膝跟往前移，吃力的：

"先生，做做好事，做做……三子聪明有志气，我们家……"

注：

① 本篇作者署名鲁索，原篇名为《像片》。原载《大公报》，一九三四年六月八日。

人的悲哀

自一个人的记忆

你快隐藏吧!

罪恶与羞耻是不能隐藏的。

你要空气吗? 光吗?

可怜你呀!

——V.歌德:《浮士德》

　　我坐在麻袋店门首靠墙放的板凳上，另外也有几个人，和我一样。大家袖着手。早晨焦黄的阳光从匾上溜下，光亮箭一般的在一排挺直的身子上斜穿过，又折进高的剥落了的柜台，在秽湿的地上，扩大成一个四方形的圈子。圈子里不断涌起雾样的细沙，激荡着，飞散着，整个店子内部，被炫耀得模糊和昏暗，像将要凝聚成一团固体。

　　大家低着头，因了光和冷的交迫，眼睛迷怅着。薄的棉袍子实在抵不住侵来的寒冷，彼此有点抖擞，无形间愈凑愈近，渐就挤作一团，互相寻取着温暖。眼睛有时溜向宽阔的柏油街心，太阳尚未照临它；没有车，冷风在上面寂寞的呼嗯，破纸随着飞扬，阴惨，丑恶，好像被遗弃的古旧废墟的旷荒街道。阴沉，寂寞，无聊和苦闷在每个心上缓缓地爬着，纠缠着，生命的继续在这里像是多余和累赘。……

有哆嗦的京戏调子摇摇落落地飘过来，似乎就在眼前。这引起大家的好奇，松弛的静默如一条橡皮带子般的渐呈紧张，一群寂寞而饥馑的眼睛，灰色里埋着希冀，在街上逡巡。失望地折回来时，一个短小的乞丐模样的中年人在门外的步道上已然出现。一身褴褛，油滑不称身的黑色短裤袄，发霜的黑呢帽显得过小地遮着额前的一部分，乱发从它的下面贪婪地四向伸出，蓬蓬松松的，包围着显得无知和乞怜的两只陷进去的眼睛，半嘴巴的乱髭上荡着一堆稀薄的白气。他两手紧抱着前胸，在白气荡漾的紫黑厚唇里发出颤颤的声音，移近门前，向柜台上匆匆地瞥了一眼，便身子和声音一样地颤颤地闪过去了。

"……吓……得……我……啊……"

这是什么戏里的一句，被他唱得把那紧张悠扬的韵词完全破坏，孤零零的，像拆了房子下来的几根木料。

"你妈的，吊嗓了哩！——光景离登台不远了。"

一个短个子头顶秃了的中年人说。他站在柜台里首，显然是才从麻袋堆背后的"柜房"里赶出来的。他有一只突出的假眼睛，陈旧的灰布袍子穿得异常整洁，是店子里的管账先生，大家喊他"刘大"，小伙计喊他"刘爷"的。他一手拎着布帚子轻快地摔着袍子襟，襟就一飘一忽的，一边向走过的人开了一个玩笑。方而小的脸上从嘴边荡起的世故的圆滑皱纹，在猛然扬起的烟火般的哗笑声里，才悻悻地胜利而逝。

在接续腾起的声音里，连吐痰和咳嗽声音也复杂，像突然由阴晦转到了风和日丽的天气。他们显得炫博地抢着向我说，那过去的家伙是"打闲的"，住在鸡毛洞里，很可怜；接着说：这几天天气霸道，于他们很不利，前天晚上公益成山货庄货栈后门的倒尸就是这一类人，死得像一只狗，冻得又红又僵，还要受路人的嘲笑和警察的咒骂；装一只"狗碰头"①，挖一个二尺不到的坑埋掉，运气好的，老天落一场雪，上面那一层土被雪渗着变成冷泥，算保险了；要不，还不是随埋随就给群狗拖出，吃了，骨头都凑不到一块呢！……

随着又乱说了一阵。

我点点头，谢谢他们的热诚。一个回忆此时在我脑里像山峦丛中的月亮，渐渐地升起。但像蒙了一层薄雾，模糊而暧昧。记得曾有爱美的诗人，说是读完了阿尔志巴绥夫和波特来尔的一切诗文，花钱雇了穷人，从城边的土冢里挖出整齐的头骨骷髅，用酒精浸过，说是它象征着悲哀和恐怖灭亡等等，摆在幽暗的书斋里。那么，这就是什么"打闲者"一类人的脑袋了？于是，发出颤颤声音的紫黑厚嘴唇和它所属那一颗头脑，使我猛烈地打了一个寒噤！

我恐怖地望着四周，人们的态度一如乌云退后的天空，明快而闲适，闲适得简直有点残忍；他们得到欢乐，不再自恼了！……我知道他们对他是嘲笑，或是咒骂，人间哪里找得到真正的怜悯和同情呢？……

于是我恍惚地奇怪地想到我在他们眼中的地位，是不是也像"打闲者"？那些人，连学徒的也瞧不起：因为他们没有职业——"打闲者"！而我呢，却是一个刚自由不久的囚徒，没职业是确凿的，只靠了家庭的"面子"，能闲住在这里，而且住到一月之久了。起先他们对我和对一个高贵的客人一样，这是皮鞋，眼镜，而最得力的，自然便是那"面子"的力量，和我的"职业"是不相干的。但这态度维持到不久便渐次改变，终至完全改变。这原因，其一自然是我没有贵客的行为表现给他们看，再则，他们不惟彻底了解，而且曾纷纷议论的，那便是我已陷于孤立，有成为流浪者的趋势，因为关于我的新"职业"问题，家庭的意见和我差得太远，简直对立。"掌柜"的态度，便是一具寒暑表，他们分明看到对我的热度一味地降，我的失却保障于是明如镜，清如水，连小伙计当着"掌柜"的面也和我对面坐着喝茶，这在一般商界规法上，对一个客人是绝不许可的。我于是无形中化作他们的一员，那些老资格的店员，怜悯或是示威地向我谈着他们自己的身世，一个个都是受尽辛苦，熬到现在的地步，却不容易哩。所以，我曾为那进了监牢的"梦想"，他们就以为浅薄得可笑。

"你把世事看得太容易，简直是胡闹。没有一步越过天的，命里注定是真龙天子的，也还要在战场上九死一生哩！"

对于这些玄妙的教训，作为回答，我点点头。耳若无闻的样子闭了眼，耳边再听到一阵悠长的叹息后，一切就都静寂了。

买卖是在歇业的危机中支持着，"掌柜"对它像已然绝望。那不是一个常人，或凡人；方而阔的脸面，魁梧的身材，整年穿得和一条缎棍一样。店子里很难见到他，他的出入之所，是贵邸，酒楼，妓馆，饭店，头二等车厢，舞场兴隆的时候，他也曾是顾客，店子在他不过是偶尔过夜的地方。他的交际和时髦程度，真使知道他的底细的人吃惊，羡慕，嫉妒。有的誉为一个天才，有的说是失掉生意人的本分，有的不表示意见，摇头不绝。但这一切绝不影响他，他毫不在乎。不错，他出生于荒僻的乡壤和穷困的家庭，先做学徒，因为胆大性子暴，升到伙友时，做了几宗使人赞叹的事情，于是地位巩固，信用提高，终至自己集股，独立地开了门面。这使一般老商人吃惊而且害怕，便用"横财发不长久"或"没有天良要遭雷击"等胡说灰他的心，而告诫后者；但他却看穿这把戏，认清世界人生了。渐渐的，守本分的生涯使他不能满足，后来就不顾一切地向前做去。他说世乱出英雄，他的天才绝不只是做一个商人，还有更大的前途。况且，是要人去作事，不是事情作人。于是他的朋友范围渐渐扩大。买卖要塌台的时候，更增长了他的意志，这时候"土膏"公卖，他的去处，又增加了一处。回来总是在夜深街静的时候，面颊红喷喷地坐在楼上的椅子上，吸着纸烟，把所订的一份叫作《天华报》的小报过一下目，或兴致勃然过话瘾似的，向我说着外面听到的一切，比如报上登载的什么新任职的常委之类，他显得平常的样子，指着向我说，"瞧！这玩意儿，也是什么鸡巴长了，我们是老朋友呀，天天烟馆见！哈哈！"接着便是那个人的身世，甚至轶闻，他都源源道出，十分熟悉。

第二天他九时左右起来，太阳的光塞了半楼，街上已然热闹非常。他洗过脸，穿戴好，提了手杖，于是脚步一下一下的像铁锤似的，沉重地在楼梯上响着，楼下一切声音立刻消灭，移去似的清静，但空气又紧张得像皮球一样；地上走着的站定，板凳上的便一字站起。他转下楼梯，圆而锐利的眼睛透过镜片四下扫视着，大的红鼻头冷峻得一动不动，压着阵角八字的黑油胡髭在空中倔强地抖动，像两个威武非凡的门兵。他迈着方的步伐，一身绸缎衣服，没有华丽，只显得严肃，一步一步地走出，到了街上，便过了关口般的，脚步放紧，很快地消失在人丛里。大家如醒来似的透过一口气，在难堪的沉默里，老伙友眼睛瞅着地，摇着头凄清而愤恨地说：

"这，夜一点以后见！唉，操他妈妈的！……"

但这绝引不起一声欢笑，整个店子像失去太阳的宇宙一般，人只是动物般的，显得渺小和可悲，无知的蠕动和静止。……

没有一点生意，柜台上躺着茶具。电话原是为叫生意安的，但现在，除过探听关于"掌柜"的消息，便没有别的用处。和电话接触一次，大家的眉便皱一次，后来货物停止买进的命令下来了，店子像是被判决了死刑，空气里的活气完全没有了。存货在各处堆积着，冷冷的，和几块大石头一样；接起来像一座连绵的山脉，上面盖着一层浓厚的土液，发着灰黑色。在这座山的怀抱中，伙计们摆桌子吃饭，喝茶，搭床睡觉，聊天，相骂，这店子仿佛开在荒岛上一样，我觉得这些人渐次颓唐下去，动作显得勉强，无聊，机械，就连劝正我的话也很少听见了。

"打闲者"过去，哗笑和一切声音，就像微风起后的树叶，不久便渐次停止了飞舞，又是一个灰色的寂寞降到头上，渐渐浓厚，这里就只剩下钟声是唯一的活的东西。连阳光也显得灰沉，像喝过砒霜后难看的面孔，死滞在这里，等候没落的命运来临。我被刚过去的事情弄得异常混乱和苦闷，便离开板凳，踅入柜台里，低了头，啃着唇，踱着步子。

"他妈的，这老玩意儿又到了。"

像在梦里一般，我终至给这枯燥干嘎的声音所惊觉，不假思索的，我知道是叫作起发的那个学徒的声音。他是向我说的。他也是一个笑话过"打闲者"的人。这时，一颗焦黑的方头，像谁从火灾里抢出来的，上边贴着一双迷紧的眼睛，在我意识里自然的浮起；背是驼着的，说话时也还看见那又黄又黑破落般的牙齿。我抬起头，向街心瞅去，街上已布满了像是毛毡一样厚的阳光，和这里显得是另一个世界。各种声音也各处杂凑了起来，街车急驰地走着。就在门前的街沿上，一只稀见的身材高大的羊，态度昂起地领着一群仪容大相悬殊的小羊走着。它们颇通人性，竟是秩序井然，和有名气的中学校学生整队去开什么纪念大会一样。

这并不足为奇，每天都有这一回。至少从我住到这店子起，便是这样了。但像现在才经发现，使我颇吃一惊。怎么回事呢？我赶到门口，细细观察那领首的老羊，是一只怪慈祥的家伙呢，肥壮整洁，甚至是华贵；两支角，很有修养的样子，老乌木一样的颜色，发润；一双窄小，但澄清如水，显得蔼然的眼睛，高高地凸出于长瘦洁净的面孔上，温和地转动；裂痕一样的阔嘴很有主张地闭着，长须飘然。全身高大，扑直，雪亮，像一只鸵鸟；屁股上盖一团厚重的圆尾巴，也还是一尘不染。街道因之显得寒碜，阳光被衬得阴暗不振。——我真吃惊了，这简直是羊群里的一位缙绅，至少也该是个善公，但一方面又不敢置信，因为生来是羊，历史上和自然史上写着，那全盘大功用是供给高等动物做食品的，或鲜吃，或装在罐头里藏着吃，怎么能泰然自若呢？而且那寿数也大概已经不小，这样老而整洁的动物，我似乎也曾看见过，那是教堂里的外国牧师。总之，我实在吃惊，又看到所带领的那一群，却又是那样的愚蠢，不洁，令人失望，甚至厌恶。它们你撞我，我踢你，顽皮天真，一身乱污，却还是一团温顺地跟着走去。很快，转瞬间，就只剩下一阵腥气的烟雾，在一切热闹的声音上，寂寞的随风荡于街空……

比"打闲者"还要平凡，除过我，就再没有第二个人注意到它们。人车照常通行，正像水流，便是门口那个摆橘子摊的孩子，也正鼓着歪脸，沙沙地直喊。我想，这或许因为过得太多，大家的神经已经麻痹，而且，又大概不明白那群是作什么的；或者因为是羊，不是人，于是很难招来青睐，连提醒过我的起发，却也早皱紧一双镰刀样的睡眼瞅着灰浊的麻袋堆，像想心思。

但在我，由他刚才的谈话的气势上，和亲眼看到的事实上，感到它们比"打闲者"还要兀突和神秘。我压着一颗好奇的心，脑子发着热，但又空白得没有一点痕迹，在地上蹀着。一切是静寂，等到再没法忍耐下去时，我发问了：

"喂，那一群是干什么的呢？"

"干啥的？阮——"这声音使我一惊，扭转头我看见一只假眼睛幸灾乐祸地突出来，随即很快地转作庄重，那一只真的却始终闭着般的迷惘着，只在开口的一刹那睁了一下，但又藏宝般的赶快闭了。"说是那呀——"

那个提醒过我的嘎声音，此时却醒过来似的，突的插进来响亮的一句：

"那老羊好王八蛋哩，——操他舅舅！"

但到他不经意地转过头来的时候，映上眼帘的是那两尊大炮一样的两只威严的突出的眼睛：一白一黑，像两个磨光的棋子，都非常严重，全世界的力量此刻似乎全集于这里。他感到失落般的恐慌，连忙把坐着的身子往后移了移，一只手很不自然地摸了摸光头皮，眼睛戚然地瞅向动乱的街市。

假眼睛这时才解了严：一睁一闭。他完全胜利，于是他说道：

"咿，你瞧！巧妙的还是人呀！可不是！省事多哩！……你说，只消养好一只羊，由羊圈到宰杀场的路子教熟，——羊是最老实，体贴的——每天就由这一只带领一群，不要半个人，就平平安安自然地到屠杀场去了。……背后这些小家伙，还是你撞我踢，尽玩儿，真是不知不觉，稀里糊涂！不想吃不了一袋烟工夫，就皮是皮肉是肉，挂到架子上称斤论两地卖了。……你等着瞧！那老秃崽子，过不了一会儿就独个一摇一摆地回来了。每天，就办这一趟公事，可他妈的不是东西！好杀那妈的——呸！"

一股白练似的痰由他口中笔直地喷到地上，撒开成一条斜线，他的一只脚悠然地在地上上下地踩着。大概这一些话，他很感到安慰吧，于是又呸了一声。接着轻悄的，不介意的，把两手搁在背后，眼睛随着脖子长长地伸到前边，鼻头几乎要贴到窗玻璃上，眼神在乐观悠然自在中多少含点鄙视的，瞅到街上。但突然又折转头，像街上一点没有看头，态度立刻转变，整个是烦乱和暴怒，像人生希望完全破碎的，向柜台前已然睡熟了的人们喊了起来："起来，起来！不要尽瞌睡，老爷们！多少瞧点门呀！东家拿出白白的洋钱，就雇你们睡觉吗？——好没心肝！——瞧点门呀！耳朵没塞驴毛，听见吧！"说过以后，他不管效力如何，这只是习惯地奉行故事，有时还摘下柱子上挂的布帚子各处乱拍一通。这时他低了头，不知是咒骂还是哼小调，脚步错落地转过麻袋堆，那光头在黯然的阳光里匆匆闪烁了一下，便突地隐去，进入"柜房"了。

板凳上的大伙计们，被惊悸得身子往后一折，有的猛然清醒，刻着密密的皱纹的眼皮下的眼睛在困顿里含着气愤，灰白的眼珠挤到眼角，不屑地，斜着瞥了一下，接着从袖口里伸出手，在口沿上抹了一把，手掌在柜台上再一擦，照旧又放进袖口去，渐渐闭了眼，荡着的上半身终于不动，头低到胸前，微微的鼾声接续响起。

在想着心思的小伙计起发在吆喝声里，苍蝇伸着翅子似的不声不响地站起，低了头，垂着手，那个身子进去以后，他又一屁股地倒下去，陷下的阴晦的眼睛里，带有红丝的眼珠拼命地抢向外面，向我瞥视着，声音干枯，但却温和地说：

"周先生，坐下吓！"

我向他微笑地点点头，身子一边歪过去，我便坐下了。我看他还是不住地用了畏缩的眼光向身旁那些睡着了的注视；我也照样袖了手，只是心里说不出的紊乱，什么又在蠢蠢地蠕动了。

"冷吧！你看，吓，真冷哩！"

我又点点头。随着他的话语，却是有一股宝剑的光芒般的毫光由皮肤穿到心里，整个的身心是一阵可怕的抖擞。他又自语般的说：

"那老羊看见了吧！吓，好王八蛋哩，经它的手不知死了多少小羊了，还有多少要预备死。明天你会看见它再过去，后天也一样，大后天……没个完！我是去年七月上工的，打那时就看见了……"

"那么，跟你看老羊的将来怎样呢？"

我觉得这问题颇天真，虽说是怀了忿恨说的。

"将来吓，吓，你想能有好结果吗，周先生？心田坏了的人都没有好结果的，一点没错，从古来就这样。那老羊老得动不弹了，主人就会再弄别的一只，替过它；老羊呢，也还是要给杀了的，价钱卖得更要便宜：因为肉干了，难咬。吓，简直不如小羊呢！是不是，周先生？你看我说得可对？……唵？……"

我苦笑，也是得意地笑，像出了一口恶浊的气。但是对于这天真诚恳而阴晦的眼光，我感到恐慌和悲哀！什么使他这样地阴沉呢？他知道"心田坏了的人是没有好结果的"，但他却也曾笑过"打闲者"。这是传染到他身上的，在他算一种娱乐，借此可以笑几声？……这世界我看出些微的头绪了。我想逃走，彻骨般的痛苦迫着我，于是我站起身，自己也不明白是怎样说出的，我问：

"吴先生，楼上有人吓？"

"啊啊，周先生，折磨死了！你怎么也跟我开玩笑呢？你叫罢起发，我不是吴先生，我是起发，吴起发……"

他的枯暗的脸，从耳根起渐渐涌起红晕，青筋明显地耸出，他激动地挥着发哑的声音向我辩，这"吴先生"对他像是炸雷。但不妨这激动的声音，惊动了别人，在他的一旁，随着两只可怕的眼睛出现，响起一个模糊暴怒的声音：

"操你妈！卖什么嘴！还有你讲的话吗？终了饿死你卖窝窝操的！……"

紫黑干裂的嘴唇颤了几下，枯暗的脸上罩满受屈的绝望，两只浓厚的眉皱紧着，他低下头去。那个模糊地嚼着，嚼到字眼分不清，又睡着了。我觉得一切都不复存在，我像是暴怒，但我苦笑了，我觉得我在嗫嚅地说：

"人生下本是一样的，谁都有自由说话的权利！……"

我不知道他听见我的话没有，我是再也没勇气停留下去。我转过身，像一只受伤的兽，忿怒燃烧得不顾那些睡客，脚步沉重地踏着楼梯，跑上楼去。

我感到又空虚又愤懑，我把书本用力地歪了一眼，觉得"思想"并不存在于这里，它是存在于需要里。书上只告诉了抽象的学理，很暧昧的，而且书本用钱就可以买到。买到的东西算不得真的东西。但我觉得真理是被历史的沙土埋得重重的，透不过一口气。……

这世界大概便靠这沙土维持吧？……

我要把自己化作一只铁锹，在这种意义上，我又感到书本是友人般的可贵！……啊，我是这样地矛盾，混乱，和不安！

晚上，我在给一个遥远的友人寄信，结末我痛苦地说：

"……这世界正在发育，真理和生命一样地存在于我们的本体中啊！……"

封好以后，感到痛快和兴奋。钟正打过一点，街头不知由几时起，已变得没有一点声音，周围颤动着寂寞，在阴暗的光亮下，我踱着步子，在心里重现的痛苦和激动交织着，步子很吃重。突然一辆汽车由远处扑来，一阵狂风一般，世界被支配于这个单纯的发狂的声音，它已用不到再叫，似乎就在门口，戛然站定，靠街的半面纸窗被震得颤了一阵，整个楼身像都显得动摇。在噤住的极端静寂里，汽车门响了，又砰的一声闭了，在剥剥的打门声里，马达又在喘气般的响动，窗纸一晃一晃有节奏地颤抖着。平静下来的时候，楼下正喧嚷着，我知道是"掌柜"回来了。他今天显得和平日的态度不同，他在闷气地讲：

"刚才听到的：土匪过河了，督军着了急，匪军有十万多人呢。哦，铺天盖地而来！……"

"啊！"

在一个吃惊的声音后，泛起一片喊喊喳喳的私语声。楼梯于是沉重的响动，整个楼身在混乱低弱的声音里，做梦般的战，脚步声中夹杂着手杖拖在梯阶上的清脆音响，楼口先冒出一顶浓灰的呢帽，接着是咖啡色大衣裹着的臃肿身躯。当他脚步踏上楼板的第一声，全楼响起一片空前的震动，像是弱小者的绝望的呐喊。他转过身，给两个粗黑眼镜圈子占的上半部脸部外，全脸面血饼似的红润；小胡髭像是得了充分灌溉的花草，在清晨精神地开放着，挺得很硬；眼睛透过镜片分外圆，像两颗劣质的宝石。没有向我打招呼的，他把手杖向一个阴暗的角落一丢，手杖呻吟着倒下去的时候，他已伸平两臂，由在背后跟上来的起发脱去大衣，他趁势把两手伸得高高的，支起脚尖，凄凉地打了一个大呵欠，嘴城门般的张圆，然后放下脚跟，嘴又猛然地闭紧，两手随着死了般的摔下来。起发在衣架上挂好大衣，转过身恐慌地睨了"掌柜"一眼，——他的眼睛比白日更为阴晦，脸上罩了一层黑烟，皱着眉，紫黑的嘴唇高高翘着，背显得越躬下，倒过开水，便跌下似的下楼去了。

我站着，"掌柜"已坐在桌旁的椅子上，像个法官，闭着一只眼在抽烟，暂时之间，我在他眼里的地位和烟土一样地不重要。过了几分钟，楼下清静下来时，他首先叹了一口气，打破沉默，磕了磕烟灰，懊丧地说：

"简直没他妈人活的路了！简直他妈的！家里头土匪进去了，扰得个一塌糊涂，人走鸟兽散；外边时局不说，买卖一点没有，东家直嚷着要关门，唉，简直是操他妈的！……"

他的声音可怕地抖动，像是一种气体，整个楼上的空间都在痛苦着，阴暗得像皱着眉。声音停止以后，却又和童养媳当婆婆暴怒后一样，小心翼翼，怀着鬼胎，恐怖地期待着。他的眼光，我看见渐渐退萎，脸上的红光也在可怕的剥落，像在一只无情的残忍的手的支配下。他忽然瞪紧我，愤怒像又燃起，我的嘴角歪了一下，空气便滞住，像一块坚硬的石头，担心的悬着，随时有垂下来的可能。我折转身，装作随便地踱步。我觉得空气已在松弛下去时，便用一种不关心的态度问他道："我怎么全不知道呢？……你在哪里得的消息呀！恐怕不确，报上一点不显呢！……"

"哼，报！那些新闻记者敢登这个，他不要脑袋吗？他们只会报阔人老太爷过寿，名人儿子结婚，什么盛况空前，一片昏话！比如今天这报，你看——"他顺手把摆在桌子上的小报擎起，在我眼前一晃，小报像躺了整天躺乏了，随又无力地倒下去，一点声响没有，外界的侮辱像也顾及不到了。他接着说："——你看！鬼娶媳妇！用这大的字登，上头可又一片天窗，到处空白鬼话！哪会有的事呀！我操他姥姥！真无聊！这就值两个子儿吗？……唉！这消息呀，我在烟馆里听到的，是麻子说的，他是一头大官，你不看报吗？千真万确！……你看我！消息比你这专喝墨水的灵通呀，哈哈哈……"

他方阔的脸，在笑声里恢复了有过的红润，而且更加宽阔，光亮；两只眼在玻璃后抖动成一片灰暗；那声音，是野兽般的野，枭鸟样的阴，似乎有一股寒气袭来。我失了抵抗地颤抖起来了，只放大步子，像要把那火一般的燎燃在空间的声音踏灭。……

顷刻他又恢复了静寂，像一个木人，打了几个食噎。空气在静寂里响动，可怕的威胁气焰逼迫着，烟雾渐次地稀疏着。……

就这样过了一段时间，我们各自睡了。我完全感不到床的硬，和被窝的冰冷，像失去理性和知觉，只是一团难解的绳索，在被一只无形的手翻弄。灯光熄落，静寂涂着黑暗，死似的冰冷。我似乎躺在荒原里或闹市，许多可怕的东西，渐渐成形，猛兽般的向我袭来，监房的血泪和铁镣，寒冷和阴森，咒骂和啜泣……。再转来，背负了重压，我跟着法警在大街上的孤单的影子，欢乐的阳光正在做梦般的照临着。……于是突的又展开一幅室内的图画，烟雾里突现着许多头，大家都在蠢蠢地动，有的放着光，有的放着亮，也有这个方阔的脸。我在这些脸的注视中，像一株荒地的野草或一根广场上的擎天高柱。我愤怒，愤怒地凝结，于是我听见这样的声音：

"……再说你们这些青年呀，爱国呀！救社会呀！不平等呀！革命呀！哇里哇啦，吵得别人心烦耳聋！但人家也好办，简单得很！像山东的老韩，那办法多便当？捉住这种人物，那就不问三七二十一，反正捉住了，好吧，那该你倒霉，往麻袋里一装，口一缝，哼！和一袋粮食一般，——但可没粮食值钱，粮食可以充饥呀！——搭上火车，运到海边一个个填下去，真是神不知鬼不觉；尸首喂了鱼，到鱼长大了，被打鱼的捞起挑进城，于是'鲜鱼上市啦！'被送到公馆厨房，那看吧，鱼的吃法多着呢！结果是搬上食桌，卖国的吃了，……你看，就是这么一个变化，多简便！哈哈哈……"

这是从那个涂着红光的方阔的脸上的浓黑的胡髭中响出来的，接着是一片大的响动，仿佛风卷起的海潮一般：这时我好像真在海里，在被鱼们吃着了……

……我的枕头冰冷而潮湿，我觉得在哭了。这或许是一个噩梦，但我明明白白地听见楼下床的吱吱声和人的呓语，甚至翻身的声音。我的眼前是一片漆黑，渐渐变得灰暗，而终于是一片无谓的白色……

第二天我醒来时，"掌柜"已走了。没有阳光。只听见车声和一切嗡嗡的声音在街上凑作一团，辘辘地滚动，闷雷一般。屋子的内部已收拾干净，"掌柜"的床已铺叠整齐，但更显得空虚和阴暗；间或临街的纸窗随着车声的震动抖两下，楼下也听不到一点声响，像还在睡着。我的身子像一堆软的绳子，只是头分外沉重，打了一个深沉的哈欠，拭了挤出来的泪花，便起身收拾停当，无力地踏下楼去。

这一夜，仿佛是童话里的顶得一个极长时间的一夜，一切显得都有改变。虽然是三月，春深，接着该是夏了，但天气还是分外寒冷，前几天是雨中汀着雪，今天天气又是低垂阴晦。靠墙的板凳上照例又是挤满了人，照例又都袖了手。只是比以前更静寂，基督教教堂是我在中学时被迫常去的地方，但除了庄严，却没有这里的静得可怕。空气像一根新的绳子。人们的两眼都罩了一层黑圈，眼神灰沉无光，夹杂着红的丝纹，死滞地瞪着。起发垂着手，站在柜台旁的柱子一边，那张背显得更加下弯。我的脚步像不存在一样，没人回头看一下，只在下楼时一只脚刚踏到地上，伸出的眼睛便遇见那个假眼睛，那张脸像也改了样，换了棉袍，一只活的眼睛向我瞥了一下，带着畏缩和怨恨，自进"柜房"去了。

洗过脸，本想在柜台里的地上踱一阵，但看到柜台外板凳上的难堪模样，于是就决定不去，改到麻袋堆后的那一条窄胡同般的地方踱步去。发酵的面粉气息夹杂着霉气息在空气中荡着，地上潮湿阴暗，头顶上的顶篷苍老模糊，尘埃泪似的撒下。这里似乎室得暖一些，但随了思想的混淆，一切渐又失掉了存在，我整个人像只是一个脑子，它是一块烧红的铁块一样，在放着热和光。……

外面终于又起了一阵低弱而激动的扰乱，但在我步出时，就已平息。报到了。那张正被展开高高地擎在空中，前面摆了一堆脑袋，上边放着急切的光，和一群蚂蚁一样的四处窜动。我走到门口，没人注意到，只是在我的身后有咳嗽声和匆忙的脚步声，回过头，是假眼睛正从"柜房"里赶出来，他吐了口痰，便把脑袋凑上去，接着脑袋之间起了一阵调位置的忙碌，于是又是死似的静肃。那半张专载小说和戏目的小报，平日最被爱戴，今天却死尸般躺在柜台上，随了微风，有时缓缓掀起。我一个人看着街市，街市是哄哄的，一团乱七八糟的声音在阴暗里显得沉闷和嘈杂。我刚要转身的时候，照例的那一桩事情又出现了，那一只老羊带领着一群小羊在街的另一旁走着，我暂时就把时间用在鉴赏上了……

日子迟迟地度着，报是急切地被需要。那消息已被人当作一项大题目登载了。每天接了报，大家便热烈地讨论着，店子已与他们不相干，连平时没有来往的小商人也常踅进店来，坐在板凳上，说着一些传闻的消息，有时是静默的叹息，有时是疯狂的笑声。电话也显得忙碌了。便是那假眼睛，也常见围了又宽又厚的围巾，缩着头，袖着手，走出店子，到一些同乡的店子去打听消息。吃饭是悲惨的举行。"掌柜"那张红脸也罩了一层阴影，每天走得更早，眼睛显出疲乏的光。有一夜，他没有回来，在一点多钟的时候，电话铃响了，是一个女人的声音，喂喂喂几声，接电话的伙计皱紧的眉笑开了，直到对方没有声音，他才挂上电话，迟迟地说：

"妈的，掌柜住下了，可稀奇，是那个婊子打的，你听那腔调，操那婊子的！"

于是在微弱的灯光里泛起一阵激动，老伙计叹息着，说"掌柜"自从前年闹过病，便没有再住过，现在却又住下了；年轻的却说着，"赶早"呀"摔腿"②呀等等的窑话，但这些全被假眼睛的话压下去了。灯光熄灭，于是又是静寂……

第二天早晨，"掌柜"回来了，他像温和了一些，在楼上和我说，市民银行快要成立了，行长呢，他认识，是一个瘦得和柴一样的家伙，老子坐过道台，挣的三千多万，他全抽了烟，段执政时，自己挣的一千多万也抽光了。他抽大烟，起码一百口，才睁得开眼，这十几年闲着，节省了，现在可又交了运。这是一个好人，他身上有路的，"掌柜"昨日和他谈了半日，很合契……，他问起家乡事，光润的脸上马上蒙上一层灰暗。

他睡到过午又出去了，从此晚上就不断地不回来。

渴望了许久，家乡的信始终见不到，像园林失掉耕耘，心都荒芜了。我持续着沉默，在楼板上和麻袋堆后，幽灵似的踱步。有的人已绝了食，躺在阴暗的"柜房"里抽咽，说着一些模糊的字句。"掌柜"在百忙中常打电话回来问讯，深夜回来时，早有人跟着上楼，在那喷着酒气的"掌柜"面前站定，阴惨但很坚决地说：

"我打算回去，看报情形很不好，家里又长久没有信！"

说着，袖子提上去。

"掌柜"先是一语不发，用大拇指弹着烟灰，接着站起来。

"怎么说的，你想回去？——好傻，好傻！我问你：怎么回法，咳？"

"走旱路火车坏了不坐。"

"旱路，"他带了轻蔑地继续着，"你还想活不想活？现在进境根本危

020

险，走旱路被当作匪探杀了的，老子听得多了。我看还是待下去，听信就是。——怎么，还是回去？啊，天掉下来压大家，只你一个人有家吗？你看我，比你担心多哩！你呀，家里会有什么，叫人拿，问人家要吗？没问题。我啊，要比你们被注意，外边买卖又混不下去。啊！我心乱死了！你下去，天掉下来压大家！……"

他的眼珠先是要伸出来般的瞪着，之后缩了进去，闪着亮晶的光。那个抽搐着下去了，楼梯响得十分重。房内异常沉默。"掌柜"站起来踱了几步，又坐到椅子上，任香烟燃着，呆呆地沉思，半晌，在把香烟往嘴上凑的时候，忽然看到站在阴暗角落里的我，死瞅了一眼，把香烟使劲地扔进痰筒里。

我就这么生活：踱步，思想，过着日子。那个假眼睛一天对我说：

"你看，奔了半辈子，我今年四十五了，没有田地，就只有一个老婆，土匪公妻，这下完他妈的，外头买卖又没法做！……"

"他公你的，你公他的呀！换换口味不一样！"

另一个大伙计插进说。随着声音的激动，一张张开的大嘴在扬起的面孔上占了小半个面积。假眼睛阴惨地看他一眼，这位便是请求"掌柜"要步行回去的，是店子里的跑外。

"真没心肝，还乐什么！"

笑声荡起，又平静下去。近日空气反倒缓和了一些。起发在翻着一张报，跑外先生袖着手踱步，忽然站到起发的背后，伸手抢去报纸，往地上一掷，在那个脸上，重重打了一掌，忿忿地说：

"你怎么也看起报来了，谁准的你？土匪早操了你的妈，孙子！老子告诉你，不必看！……哼，连你也充起来了。怎么，家乡反乱，就没规矩了吗？告诉'掌柜'叫你孙子活泥！上什么地方去？家回得去，这里找得下事情做？告诉你：现在想给提夜壶，也没有主，你糊涂着哩！……"

这声音在空中单独发挥。起发握着被打的脸，抽咽了一阵，低着头，踏着沉重的脚步，跑到楼上去。

那个余怒不息的朝空虚的楼口瞪了一会，随后吐了一口口水，回过头来，瞅了我一眼，又重重地吐了一口！……

我不能再忍受，天气是这样地严寒，我开始离开一向深居的店子，在街上各处走，晚上回店子安憩。旧日的友人，有的还认识我，但离远了，持着和店伙一样的态度。我的吃饭成了问题。痛心的是某一些友人，从穷苦中节省下来的一些钱供给我，但我除了吃烧饼，便是到酒缸去。……这地方除过难耐的寒冷和交加的风雪，就是深厚的不平和四溢的血腥。人们显得可悲的，像没有声息的动物，只准看着自己的鞋尖，低着头挣活。

就是这样的一个世界，痛苦在啃着我的灵魂。夜深了，车辆已很少见到。稀疏的洋车夫缩着脖子，在胡同口跳着脚，电线在高空颤动，发着悲鸣。我从一个酒缸出来，在走着回去的路。身子在风里像要倒下去似的抖着，路灯凄迷。在离店子不远的一个胡同口，我忽然吃惊地站着脚：白的石路，被风扫得清清的，胡同口拦着半人高的绳子，就在胡同中间靠墙的地方，蜷伏着一团，旁边一个红纸灯在闪烁，是一具倒尸。……我像被击中要害，在恐怖的一瞬间，一个影子在眼前闪过，还有那唱着戏文的冒白气的嘴……

我突然感到稀有的快活！但很快地更厉害的恐怖向我袭来，扼住我。一辆汽车吼叫着从我身旁驰过，沙土拥在身后，吼奔着，像一群追兵在呐喊。我狂奔，到一直把身子贴在熟悉的黑漆门板上，门吱的开了一扇，我斜着身子，要倒下来地挤进去，摸到头上的冷汗，我清醒了。在美丽的光亮里有一种温暖围绕着我，但这种难得的温暖，在一群静默的愤怒的脸中消失了。灯光阴沉地在打旋，我看见起发迅速地跑上楼去，假眼睛走近我，打量了一下，说：

"这些日子，你不晓得往哪里跑，地面这样紧；'掌柜'回来了，等着你要说话，上去吧！"

我就上了楼，背后是一群奇异的眼睛，像送葬行列后的眼睛，饱含着惊奇和悲哀。楼上灯光混着烟雾，许多小光圈星星般的在我眼前闪烁，"掌柜"脸红得耀眼，眼向我瞪着，阴森的。我好像看见自己和烟土一样的灰暗衰老。沉默终结的时候，他开口了，声音是冷峻的。

"出去了？"

我点点头。

他把香烟灭掉，吞了一口茶，站在一旁的起发，诚惶地拿起茶壶，于是房中只有水往下滴的清脆声音。酌好茶，"掌柜"仰起脸来向他看了一眼，他便放下茶壶，跌似的下楼去了。

谈话就从这里开始。

"我也回来不久，"他温和谦恭地说，这态度很使我吃惊，"——哦，我回来恰恰你不在，听他们说，这向你很多出去了，上哪里去呢？呵呵……我说，这向被家乡事弄得我们没有工夫谈，大家心情不好。现在我们可以谈一下。呃，你看，家乡呢，信老没有，闹成什么样真不知道。这里生意没有，我整日各处跑，你看见的；也算旧日交了几个人，现在马马虎虎算有个小事了。……买卖暂时没法关门，东家再抱怨，也由他了！……不过你住到这里……吃喝我不在乎，但这地面就不好对付，稍一不慎，就出乱子；你这向又常不在，所以，我格外担心！你以前是……今天就有消息，……自己的事我本不该说出口，何况我们是世交？但有什么风吹草动，伙计人家受不了，你说是不是？我算什么呢？我看，你还是想一个办法好，自己有目的，就动手做。实在，自己人，我是一片好心话，你却不要生误会，其实你住到这里，吃喝我还在乎吗？哈哈……"

这话很明敞，在那笑声里，我打了一个寒噤；带回的一身疲倦，却一扫而去，眼前闪着过去现在和未来的情况，像几千百只眼睛……

实在，我应该走一条路，这路应该是我的旧路。近两个月的痛苦而神经质的生活，证明我的敌人已不是先前的可怖的侦探，而是现在自己的怯懦，因为我有了一个避难所，人是惯于苟安的，但现在连这受侮慢的避难所也失去了。

一日一夜我不知是怎么过去的。有记忆的时候，正是夜晚，我已坐在火车的三等车厢里……

一九三六年底写毕

注：

① 是一种木料极薄的棺材，北方的妓女，穷人，死后便装这个，所谓"狗碰头"，意思是单薄的程度，便是狗一碰，就可以解体。——作者

② 这都是逛下等妓女的术语。——作者

神户急行列车①

　　七时半的神户急行站台，六时半就挤满了人。车皮是在七时到的。人数虽然这么多，一个精明的观察者，却就看出其中的种类，可以列为典型。虽然他们的"使命"都是"一致"——用他们的话说，是为了"皇国"。

　　他们在家里做些什么梦，是不得知道的，这里却是一幅清楚的展览会，每个人摆出他的应分的表情。流汗的猪肝色脸的男子，兴奋地向碰头的人谈论，伸起两只肥短的胳膊领头呼"万岁"，那是这里的"精华"，主要角色；别的撑"祝出征"的锦旗子的男子，和拿小太阳旗的国防妇人会员，都似乎是"君子"，他们那么寡言笑，眼睛一双双地看一个什么理想的地方，猪肝色脸的男子振臂一呼，他们便举起旗帜咧出声音，脸上显出盲目的紧张，待到声音一静，他们脸上迫出的红晕，便像在一只魔手下的渐次剥落，笑也没有了。脸孔像秋天的树叶子。

　　远离这"盛况"，在站台的阴暗地方，隐藏一般的几个支那人静悄悄坐在自己的行李上，他们把帽檐拉得遮过眉尖，低着头想什么，没有人谈一句话，像是忘了言语。猪肝色脸的男子经过这里，停下看看，像对抛在地上的香蕉皮。

　　宪兵和警察出现了，车站的铃子紧凑地响起来了，车到了。

024

"万——岁!"

许多手和旗子举起来。

"万岁!"

又是许多手和旗子举起,又猛地在空间消失。有人咿咿呀呀的哼"君子代",有人唱流行的国民歌谣,像是破旧的风琴压出的声音,破碎支杂,还有人狂笑。客人们提了行李向车门奔去,帽子戴在眉尖的支那人,像是因为没有心思,都很快地上了车,占了好的位子。

出征军人规定在开车前五分钟上车。他们现在被人拥着,在站台出现了。嘴里应酬地笑着,眼睛却像在看别的地方。宪兵一手撑着腰,在车窗前踱,眼睛巡视着车内,碰见支那人,便扬起头,高傲地笑。这些支那人全是青年,穿着黑色的大学生服。他们算是走得较迟的一批。也可以说,原都打算慢走的一批,近来便衣警察每日的搜查他们,盘问意见,传去问话。有些则就在食堂和路上失踪了。他们这一批家伙,就不能不卷起铺盖走,然而走也很讨厌,据警察的议论,则凡是要走的家伙,个个都会扛着枪杆抗日的。

这些家伙缩在车角,如一些被掷在荒原上的黑色点子。身旁的"万岁"声和歌声,和趁了间隙从站外随风刮来的显得紧张的卖号外的铜铃声,都纷纷向他们奔去,然而却没有得手,他们像是很"冷静"。有一个黑瘦的家伙,居然留心起周围的环境来。他的斜对面坐着一个穿和服的中年妇女,伸着长长的擦粉的脖子,脸向着地,她的身边的花绸包袱上趴一个五六岁戴白色海军帽的孩子,显得冷静无聊的样子。这时妇人的肩膀一阵轻微的战,便像再无法忍受下去,面孔猛地向伸平的两只手心倒下,歇斯底里的抽咽起来,孩子带着恐惧地看定她,像是习惯了,冷静地一动不动。不久背后伸来一头苍发的脑袋,温和地说:"哭什么呀。绝不用担心,矶部君马上就胜利地回来了。"妇人像是不懂这几句日本话,只把身子一扭,带出细微的嘶声继续抽咽,苍头仿佛害怕了,回头匆忙地瞥了站台一眼,就蹎到妇人的身边,躬着腰嗫嚅似的说:"太太,你千万不要哭,这是什么时候,什么地方呀。……你们不是到名古屋拜过祖,矶部君还有几日的停留吗?……"

妇人像还不懂这几句日本话。躬腰的人急得像热锅上的蚂蚁,只是把腰更躬一些,嘴凑到妇人的耳旁,仿佛要找到一种话语劝解她。

灯光一暗，拥进来一大批，是一批出征军人。便衣的口袋上都挂着红布条，稍显得平静的车厢，此时又加进一点忙乱。空位子塞满了，没有座位的人就跑进另一个车厢。随着窗外的吼叫海浪一样地啸过，像要把列车卷去。

一个新理过发穿灰洋服的男子，用一块白色手绢抹着红脸上的汗渍，像逃难似的，眼里带着惊慌，在妇人的对面坐下了。孩子得救般默默看着他，他看着妇人，她却一点反应没有，严肃地低着头。劝过她的苍头，这时放心地扭头看了这里一眼，新进来的人表示谢忱地向他点头，却没说什么话。霎时，新进来的人眼里的惊慌退去，他的凄然面孔，转向窗际，黑发和胸前的红布条，被风掀得一抖一抖的。

车开动了，使人厌恶的噪音在车声里渐渐减弱，终于消灭了。一个有精神的人，这时就该把全副精神，注入车内，所以我们说的那个黑瘦支那人，他又找到目标了。

离他不远，一个座位上坐了两个学生模样的支那人，他们的脸上是暗黑的，对面一个苍老放浪的声音迫着他们，像在跟车声比赛，坐在另一处的他也可以听见几句，所谓听不清楚的地方，倒不是给车声压住，而是给那疯狂的笑声吞没了。那说话的是一个又矮又瘦的老年人，看他的举动和衣饰，一目了然他是怎样的一种人。

"唉唉，上海也不好，北支也不好，南京政府……日本的军人呀，哈哈……"

他疯狂地笑。于是斜转过身子，向他邻近的一个肥人笑。那肥人的一只脱了胶鞋的脚搁在凳子上抖晃，穿着洋服背心，两只线一样的眼睛神秘地看着老人对面的支那人，他在鉴赏一件稀物，这时随老人的笑声，昂着头吃吃地笑起来了，但笑声不很高，老人像是满足了，又把身子正面转向支那人。

"你们都是大学生，将来回到贵国做了支那大臣，要和日本这个——"他的一只手握着另一只手，"亲善呀，哈哈……"说到这里他自己先倒在座位上笑起来了，肥人就哈哈地响应着，仿佛在看一张得意的画片。两个支那人的暗黑的脸转做灰白，他们把脸转向窗外，觉得被人类征服了的自然现象，那无知无识的烈风，都比这什么"友邦人士"客气些。

黑瘦的支那人到底不是一个有超然精神的观察家，原因也许因为他的祖先是支那人，他自己也是支那人，他的子孙也将是支那人的缘故。他站起身，跑到餐车里去了。去那里要了一杯浓咖啡，脑子里也像装满了一脑子"气"，思想毫无。然而自己又觉得脑子里的面积广博，他凑到窗跟前，"唔，它正像那照着月光的原野！"然而他没有去赏夜景。他的头更低下些。

不久那两位受揶揄的支那人也到了，大家眼睛碰着眼睛，凄然地点头。他们就在他的对面坐下了。没有说话，在这开着电扇，豪华膳车的热烈香郁的空气中，他们像三块冰冷的岩石。

后来他们用极小声的中国话说："那老头子是大连商贾，然而天知道他是什么东西；他能听懂中国话，千万别讲，不要学过去的同学，在车里或码头上或船舱里再给拉回东京，可就麻烦！肥人是大阪的木材商……"

说着车就到站了，站上喊着万岁！经过的村落，村民们都提了灯笼候在车站旁。因为车快，只看见一只只手机械地举在空中，没有声音，像一些木偶，现在到了车站，不仅听见喊声，而且很响亮。还有夹杂其中的疯狂笑声，车门又拥进人。他们三个很想掘三个洞，把自己埋起来，幸而不久车就开了。

他们动身返回自己的车厢。在餐车后的第二个车厢里，一个穿洋服的胖子，皱着眉头，粗短的手指在一只皮箱里翻，旁边站着一个他们的"同类"用自己擦污的白色手绢拂着发红的汗脸，微微笑着。四周的客人都伸长了脖子，像一群瘟臭虫，没有一丝声响地瞪着这"严重"的事情。车轮激急地响着，衬着车里这片出色的静默。他们却打了一个寒噤，是怎样的一个寒噤呀！便低了头，迈起步子，逃出来了。

自己的车厢凡是间隙的地方都填满人，像小学校的课程表，塞得那么满。他的座位旁站着一个戎装的年轻出征兵士，斜胸缠一条宽大的红布写着出征的字样，曲身和那大连商人谈话，木材商仍旧眯着眼睛摇腿。他看见自己位子上的什物没有动，蓦地"邻邦"公民道德好的观念涌入了脑际，但刚才的一堆黑影却已争先恐后地跳在这层"好"的土地上，就一声不响地坐下了。

新来的出征兵士，像是得了大连商的称赞，菜色的颊上显出农民忠厚性的红光，眼睛发亮，粗糙地笑着，于是发宣言一样，直起身子像对全车人说：

"我这次荣幸出征，总得大大地打他一仗啊。日夜不睡觉的打仗！"

声音所及的地方，人们都笑了。只有那在东京驿上车的灰洋服的出征兵士和他的家属，他们没有讲过一句话。男的这时转过脸看了嘴边冒着吐沫点子的青年兵士一眼，接着往地上吐了唾沫转过身子。

青年的出征兵士从此成了车厢的权威人物，他高声发着可笑的议论。木材商的里首，一个中年的也是商人模样的人，站起身，毅然把座位让给年轻的出征兵士了。兵士高声唱了一声多谢，低着身子进去自坐了。那站着的商人，竟也向各处车里瞪眼睛，完了发现没有人注意他，才又看了看自己的原座位，引颈望着窗外。各种热闹的声音渐渐沉淀下去，除过有心思的人，乘客都慢慢地沉入睡乡。车厢更显出疯狂和单调，像象征着这个国家。

年轻的兵士在经过的几个站里，都兴奋地和窗外欢送的人握手、敬礼，后来就扒在窗沿上，打起不平凡的鼾息。木材商人敛起笑容，转首看了扒睡的兵士一眼，往身边拉了拉自己的衣衫，开始闭起眼晃身子。

站在地上的行捐让的商人，那张斜长的灰脸像一只毛虫，一点一点地低到胸际，冷不防腰折了似的，上半个身子向前倾下，受这震动影响的第一个是木材商人，他很不高兴地睁开了眼。年轻兵士的鼾息，就在这一刹，讽刺般的显得特别响。

远远的有鸡在鸣，随着外面原野上黑暗的分裂，车内更显得暗淡。车到了京都，站台上卖吃食的吆喝和欢送人们的呼吼，把许多人惊醒。年轻出征兵士红红的眼睛，像老鼠似的四出流动，外面欢送者的喊叫，好像不再和他有关系。他终于让出位子，原主人便毫不客气地一屁股倒下去。

年轻出征兵士此刻很孤单，他竟没有一个谈话的对手。那大连商人买了一盒子饭，兔子似的专心忙着吃。

车开动了以后，车里的空气落得惨淡静寂。外面村子里鸡叫的很紧，就要天亮了。年轻的兵士早就伏卧在地上，继续起他的非凡的鼾声。

大连商人梳毕他的仁丹胡子，一双小眼睛毕毕剥剥地各处溜动。即刻把脸凑到前面，向那两个一直没有合眼的支那人发议论，指手画脚的，看上去像一只孤坟里的兔子。两个支那人冷静地微笑，更瞪着平淡的目光，看窗外发亮起来的原野。大连商人愈讲愈热烈，语中甚至挟了日本腔的中国话，吃的发了一声笑，大阪木材商睁眼了，接着打了一个喷嚏，用肥手指揉鼻子，随大连商人笑了一阵，就站起身收拾行李。

车内没有了灯光的时候，到神户了。

车站出口处站满了洋服的刑事，渔夫似的把客人像渔网里的鱼一样地瞪着。站外，迎面来了一小队人，彩色的出征旗帜，随了狂呼在早晨的阳光里翻腾！

几个人张着失眠的眼睛走入一个不算小的食堂，等了半会竟没有一个人出来招呼，抬起头，在墙上写着西瓜冰激凌的各色纸条中，挟一块颇严肃的"通告"，就是本店的伙友奉令出征，所有伺应不周之处，尚祈原谅……

十分钟以后，从纱帘后走出一个洁白工作衣的下女。又过了一小会，他们才低下头饮着这异国的最后一杯咖啡。

注：
①原载上海《国闻周报·战时特刊》，一九三七年十一月二十二日。

嘉寄尘先生和他的周围

　　——中条山的插话

　　去年阴历年底吧，在北方特有的严寒中，我陪着到山西战地来做短期放赈工作的 W 君，在中条山沿山一带敌我交错而居的地区，整整游行了半个月。同行着的，有地方县政府的一个科员谷君，另外一个十七岁的县牺盟会干事洪君。这两位都是本乡人，关于本地的人与事，风物与典故，尤其那位谷君，是像用功的小学生背诵一本课本一样的熟稔。这些，好像是我们间的燃物，无论在崎岖的路途或窄小的农舍，我们就用着这样的谈助，和自己身上的一件棉布大衣来抵御那不住的寒冷的侵袭。

　　一个夜里，谈到近来敌人在铁路沿线烧焚参加抗日同志们的家屋一事，大家是愤怒了，好像是眼看着自己的屋宇被焚火了一样的愤怒。谷君插嘴说：

　　"嘉寄尘的家也在近日给鬼子烧了呵。"

　　是短短的一句话，但给了我一个惊愕，和一个接连而来的近乎模糊的记忆。——嘉寄尘，从前行军的途中，曾任曲沃县县长的姚君告我说，是本地的一流人物，有名的游击队长，并且还说了有空一同去看一回吧的话。当时曾受了一个冲动，但看的事实没有实现。——脑子里存在着的，关于这位人物的事情，就是这点稀薄而可怜的东西，谷君这么一提，我的冲动，就反胃一样的过激地倾动了，愤怒的感情停滞着，我接口问他，那嘉寄尘现在跑到哪里去了呀？

"嗯，"谷君说，拉了拉他的猫皮帽子，"那可谁知道！这人神得很。不过这一带有着他的队伍，那大概总在什么山村中走着吧。这个人……"他感喟般的说了末一句话，轻声的。

嘉寄尘——冻冷而寂寞的辗转途中，在我脑里就火石的磷光一样的，刻刻地闪烁着了。

"景梅九，李岐山，和这位嘉寄尘，这是晋南的老革命，老英雄，都是河东人。但只有这嘉寄尘神通大，故事多，又是一个无人不知无人不晓的人物。"又一个夜里，谷君坐在土炕上说。这回谈话，竟钻牛角尖一样的，钻到嘉寄尘这个"专门问题"了。窗外，风在拼命地怒吼，近乎发疯的绝望的呐喊，和着远处的炮声，交混成了一种雷霆般的震力，全个屋子结连着周围有无关系的一切，都像要被搬开地震撼着，抵御着命运似的。灯光青弱弱的，躲难者一样，挟着泪眼般的动荡不定的昏弱的光。谷君仍戴着他的猫皮帽子，围坐着，荡着他的上半身，充满了世故的安闲，话声吟咏一样地继续着。我们这三个把头互相攒集在一块倾听，只偶尔耳朵伸到一旁，分辨远处的炮声，这在战地人看来近乎神经过敏的注意，也渐渐给话语中的内容消灭掉了。我们在听取着一个和我们一同呼吸在牛岛师团侵袭下的同一战地活跃着的人物的战斗生涯。

嘉寄尘是夏县其毋村人，一个大地主兼商人的庄户，中条山内有着他的田庄。现在，其毋村的家屋给敌人烧焚一次了，(他们打听出是他的房屋，专门来烧焚的，好像是宣抚班干的，他们在烧焚后，还召集了一次地方的百姓讲了一次话，说这是抗日的结果云。) 而山内的庄子，××村，则是游击队的留守地，而且，更是中条山的文化供应地——那里有一个书报社。从前是农民们给主人交纳粮食，牲畜，银钱的血泪的，惹起农民畏惧兼嫌恶的地方，现在却被一个"不肖"的主子嘉寄尘先生人工地变换成了农民赞叹神往的近乎"圣"的村子。真是，我们只有承认人类的意志和力量有改变一切的决定性。这个嘉寄尘先生，就使我们联想到托尔斯泰的《复活》里的南赫留甫侯爵。——但像托尔斯泰不同于高尔基一样，嘉先生决不同于南赫留甫或陀思妥耶夫斯基的卡拉马梭夫，是有着新的呼吸气魄的人。

嘉老先生，现在是五十开外的高龄了，但直到现在，他的使生命闪烁着光彩的反抗力，就一直光亮着。反抗，这革命者的第二生命，是一直在嘉老先生的胸中停着，荡着，变作血液，力量。老先生在东京的明治大学留过一个时期，他起初也是和那一代的革命者一样，被热情支配着，在都会里，写写文章，至多在学校类的智识群中讲演讲演，余外就是奔波与奔波。也有走向乡间去的，但那真是南赫留甫式的，穿着体面光彩的绅士衣物，甚至洋装，在自己的庄子里召集着农民"训话"，所以南赫留甫虽然确是诚意地愿意一己吃亏，来和自己的佃农们"公地"但农民们听到这个话，那表示，就是舐舐那厚涩的嘴唇，两只风火眼相信不相信地麻木地困惑地瞪着，彼此无语地相觑而已。他们简单的脑里这样想，这是主人老爷吃饱了给他们开玩笑，万万不敢附着说愿意；要不就是主子发了疯，但又决不会有这事。结果，农民们又麻木地走开，"无情的"，没叹一口气。南赫留甫直跺脚，也许这些土拨鼠的家伙不识抬举吧，算了算了，很快地回复了他的"理智"。——这是一个智识阶级革命者的标本。嘉老先生初次返乡，也是这样经验，这样苦恼，弄得他直在天津买了船票，二次地跑到日本。再转来的老先生，那就大大不同了，他香客一样的诚恳而沉静，悄然地在运城出现了一个中学，苦心经营，没钱的学生直受着他的津贴，所以和一切私立学校的所谓教育家们把学校看作一种捞钱买卖的行径，那个学校决然没有，名副其实的一个平民学校。于是，嘉老先生的风潮紧了，各种谣言和消息，像灰暗厚重的晚空层云急进式地包围月亮似的，它们很快地胜利了。喊嘉老先生是"疯子"的亲友，变得恍然大悟，接着勃然大怒。——嘉老先生登报，和家庭脱离家属关系！……

"那一年，"谷君接着说，我的脑里，关于嘉老先生的"行述"和自己的怒潮一样奔腾而来的感想还纠缠得难分难解的时候，谷君却进展到具体的故事的叙述了。"山西发生了一次战事，你知道，那两年，山西情况不好，他的学校早就不在了，学生也不在了好些个，连他要不是两条腿快，也就早上阎王殿去了。可是人都不知道他云游到了哪里。哈，才是远在千里近在目前，面前的中条山上当大王呢。他纠合着一班佃户，还有一些他的学生，就把一个区公所占领了。而且声势浩大，说还要下山攻城咧。当时的县长姓杨吓得把家眷都送过河了。可是到底是老百姓不行，下面派了一团人剿山，直到他的那个庄子，都给包围了。老百姓们跑光了，他也溜了，可是满山是有枪的兵，他能往哪里跑，所以还在山里。你听，据说是他提着一个粪筐在村外路上捡粪，恰巧一个奉命来捕他的当兵的过来了，当兵的看见收粪的老头，马上站住说，'老头，嘉寄尘跑到哪里呀，知不知道，你说出，上边有赏的。'嘉老先生从容地指着另一个方向说，'啊呀，老总，可真不凑巧，你看，只差一步，嘉寄尘跑到那里了，要追还能追上！'老总还直说麻烦呢，其实见鬼。队伍就直在山里搜了一个多月，直到战事平静了，才撤下山来。这期间人们都不知他怎样活着，山上的村落又小，是难以隐藏的。所以，后来老百姓嚷着说，嘉寄尘会驾云，队伍一来捉他，他就一拍屁股，身子飘到半天空了。那时候，不像这次打日本，没有飞机，有飞机，他就跑不了了，除非又会土遁。老百姓这样传说着。而且还说，嘉寄尘会七十二变，有孙悟空的本事，有一次一个兵刚下手拿他，就看见其实是一个老婆子躺在那里，发病发得哼。关于他，从这以后，就流行着很多的说法，而且说他不食人间烟火，在修炼哩。其实，那时候嘉寄尘还是住在老百姓家里，而且就和队伍的团部住在一个村里，兵们却不知道，他也是一个老百姓呀！……"

到此为止，我们真要笑出眼泪来，……

*

再过了两日，在一个飘着浓雾的寒冽的早晨，我们穿行过一个叫作×峪的小山村。地方在一个突出而又有遮蔽的山坡上，离敌人占领的××镇不过十二里，我们的军事哨，配置在这村子靠后二里的村子，所以这村子，照直说，不惟在敌人的炮火控制下，而且在敌人步兵的控制下。我们要在这里用早餐，也是因为工作的情况使然，其实，"外国人吃棒子面，没有法子"，人总不希望平白无故地跳到火坑里。汪精卫早就悲切地宣言说，跳火坑呀，我先跳呀，可是抗日战争正走到要紧处，没有名气的人继续着一个个跳进了战壕，牺牲在战场，而他，却一溜烟摸进了日本军阀的温暖多金的怀抱，真他妈妈的！所以，宣言的价值就是宣言！书归正传，我们就决定在×峪用早膳了，决定了后，一两个人帮带来的弟兄买给荞造饭，一面为节省时间，我就和 W 君决定吃饭前把这里要发的赈款发完，那么，饭一吃过，嘴一抹，就可以摇摇摆摆地离开这个多少有点担心的地带。我们首先找到本村的闾长，他姓郭，是一个中年人，有着山村人的高壮得看

033

来近乎歪斜的体魄，焦红的脸颊满是胡髭，他那带微红的一双三角眼，旋转很灵活，看起人来很认真，好像怀疑一种食物能吃不能吃似的。问到这村遭受敌人糟蹋的情形，他顺嘴就说：

"来过两次呀，村中牛都光了，就是没烧房子，还杀了一个人呢。现在嘉师傅在这里，不要紧了。"

嘉师傅？——"谁呀？"我们一同吃惊地讯问。

"其毋村的嘉师傅，跑过两回外洋，日本怕他。"闾长说，还是不放松地打量着我们两个，说到嘉师傅，像拿出一张菩萨的神符似的，带点骄傲的神气，有意向我们夸耀。

唔。我和 W 君点头，我们竟会碰到路上曾作为谈资的这个人。但在这样一个地方，所以又不觉暗吃一惊。"真是前生的缘法。"W 君笑眯眯的，他那被风吹红的胖脸，仿佛都亮一些了。

村子是螺旋式的土窑构成的，约有三四层，窑洞的周遭和空隙，密植着枣树林，从远处看去，这一带山岭地方，都是这样的枣林，甚至岩石的皱褶下都有，错杂丛生，像把山岭的凹入部分都填平了，这时，笼罩着浓雾，在寒风里悲啸着，纠结成一片铅色的海样的软体，颤动着。……

我们用棉大衣裹紧了身躯，忘了寒冷，雾，周遭的风和枣林的战斗所激起的普遍而深咏的悲鸣，被就要会见了这传说中成了神话式的人物的激动所震撼，像跳在沸水里的鱼，开始感到切肤的昏迷，热辣而又恐慌。闾长带着路，他那敞开的羊皮马褂的宽襟，被风拨弄着，像两个翅膀般的向后张开，他的脸完全地赤红，像是感奋了，注视着我们，一边弯着腰走上冻僵了的土坡，一边转过头来向我们声述着什么，但语声全给风势俘获而去，我们什么也未听见。

嘉老先生的居所就在中间的一层，外面有一层低围墙的窑洞。窄而小的院落内，在成堆的干草旁，十多只杂色的小鸡，咯咯地觅取着食物，那绉绸一样的细密光润的翎毛，被风卷作波浪的一团，很是可爱。这是这寒碜而寂寞的小院子的设置。宽大而阴暗的窑洞内，地上堆满粮食堆，农具，做饭的锅灶，墙上斜挂着几支步枪，要不是墙角几堆零星的手榴弹，和染血的灰布子弹带，你真要怀疑这不过是一个兼作猎户的农民的家庭。嘉老先生在炕上靠窗的一端团坐着，炕上铺着羊毛毡和狗皮褥子，他的身旁，坐一个年逾七十的老太太，黑布包着头。我们一进门，嘉老先生警惕地站了起来，在我们坐到炕沿彼此间寒暄的一刹那，老先生复坐了。把我们进来时在他手里正在查看着的一支白勃宁手枪轻轻地搁到身旁，微笑着。又说了几句闲话，他又站起来，探手从吊在顶篷的竹篮内取出一个土布手巾包。嘉老先生蹲下，这手巾包里的花生和麻糖，早就一齐滚落出来，摆一个阵一样的，撒下半炕。

"请吃一点吧，真是辛苦了。"

老先生笑着说，洋溢着慈祥和安泰。

我的近乎颠簸的情感，是不平常地混乱。瞪大着眼睛，看定面前这个微笑的人，的确的老庄稼汉！肥大的蓝布棉袄和棉裤，白布袜子；鬓角苍灰，还有唇边的丛杂的短髭；但奇异的是那微笑，是温和慈爱，明朗得浑然一体，像秋初的阳光，是人生幸福的手，人愿意任他的抚摩，但又是智慧的闪烁，那闪烁中透露着一丝细若丝而韧若钢的光辉。还带着油腻得发亮的灰色旧帽子。

我们吃着，……也谈着话，主要的，我们感到一种温和，像依靠在初春里一条活的溪水旁，或是在靠近一个沙笼里的壁炉，不，简直是读着一本启发心灵的伟作，那所有近乎醉人的拂暖。……所谓闲谈的话，也是随口的，不是一条一条的，什么意见态度之类；在这里，打起架子来这一套，我们就早忘了，所以算是杂谈。外面的风好像刮过另一个世界了，出奇地温暖。没有距离。

"在前方，友军们合作得很好，比如我们负伤的弟兄，就被友军的卫生人员抬到他们的医院治疗，……"

老先生笑着说，像是欢迎词。

W君问他队伍的情形，老先生自己剥了一颗花生米，抬起眼睛来说，都是本地的年轻人，家都给鬼子弄了，所以出来抗日，都分散在鬼子占领地活动着，不过武器不行，还得努力，……又谈到晋东战争，……态度是出奇地简单，像一个初秋的天空。

一个头包着布的老农妇，闯入者一样地进来了，她的眼睛发着奇异的亮，脸上蒙着灰土，就和嘉老先生身旁的老太太推让开了，——她松开手里污黑的手巾，里面有五个玉面饼。

"收下吧，自己家里做的，没正经。"

老妇人是跑了路来的，这是一种邻人爱的馈赠，她现在带着微笑地上了炕坐着，……

突然，轰的一炮！——××镇敌人的炮又向这个山脚射来，落弹的地方离这个村不会过远，我们听见爆破以后的碎片散落的声响……

嘉老先生还是笑着，要我们再吃一块麻糖。……但一个思想也突然在我脑里爆裂开来：经常地住在这军事前哨的村落，也还是那么泰然吗？但这真是本能的随感，接着还自己把这个思想吞咽了，我恍然悟出嘉老先生在这里安居，并不完全是什么有超人之才必有超人之胆的辽阔的理论，只是他也是一个百姓，而又不同于四周的百姓，却有着百姓们特具的真实……

这样，我们告别了出来。在途上，像忘了饮食一样的，我们也忘了人间的伟大的恒产——言语。彼此都沉浸在一种什么感奋里，只自由地让风暴剥开我们的大衣，扑击着我们的面颊，……

*

当夜，我们憩宿在山坡正面的村子。敌人到过这里五次，房子烧了一半多，全村是可怕的空洞，粮食糟蹋得很多。我们憩营后，勤务们在全村转了五六个圈子，没找到一两白面。居民是吃着量来的棒子面。这村领赈款的人特别拥挤，大家的心最齐。一直到深夜，我们才了结了工作，我和五个工作同志，给闾长派在一个小炕上去睡。这屋子的主人是一个孤独的老者，他歪在炕角，靠近灯火吃烟，时而爆发着呛咳……

天气是更坏了，从下午起，就是一派阴沉的云色，吼着凄厉的风；我看过年轻的孀妇，也还没有这样教人感觉到闷压欲死的气势；觉得生命这东西也真是除过用短促而急遽地踱步，和紧皱双眉来应付外，心地真是铅一样地灰暗滞重，全个人是昏昏的一团。这时，像黑色而臃肿的云幕占领空际，一片浓密仿佛含雨的忧郁积垒，很快地袭占了我。所谓知识分子，尤其在动乱时代，萧士托夫层的知识分子的忧郁，幻灭，变态，渴求，愤懑苦恼着我，我没有能睡着。五个工作同志，随了粗壮的鼾声的兴起，那大胳膊粗腿，代表着生命和创造的东西，纵露在被头上，横满了全炕。我傍着老人蜷伏着，老人就蹲卧在我脚边的角落。他那一张秋草色的瘦脸，在摇曳着的灯光的侧照下，痉挛着，闪着一种时现时灭的暗色的光，仿佛是被生命所抛弃的标记。他是寂寞的，时时停止了吸烟，带点畏缩地凝视一下对面的小窗。外面，黑暗勾结着风暴，扑击着窗子，仿佛在流氓控制下的弱小的少女，发出哀婉的求救的鸣声，一面又在做尽力的抵御；远处，院落里的大槐，就以它的光滑而壮伟的枝干，毅然地和侵来的敌人相扑，傲视着一切，像是代表愤怒的吼唤，哑然地在震鸣，周遭的物事，甚至连土地，像都向这个英勇的抵御伸出友爱的手，一齐替他助威似的，卷起一片决然而模糊的呐喊。声音驰向远方的原野，隐然听见枯枝的折裂声，和栖息在树巅的鸣鸟的惊逃的翅膀击着那一刹那静止的空气的颤声，然后很快又消灭掉。……一阵激烈的呛咳后，老人低叹了口气。像被自然的威力所慑的我们，距离更接近，我们就这样攀谈了起来。

　　"这些日本贼寇，真是害死人，比黄巢还厉害，可是嘉师傅说，不打又不行，要亡了国，唉唉，……"老人独语般的叹息。嘉师傅，又是嘉师傅！我的阴郁的心，像裂出一线亮光。计算着，这里离×峪至少有三十里。

　　"是嘉寄尘吧?"我说。

　　老人转脸盯视着我，像是要发现什么，很认真；他的语声里渗进了力素，音波的振动又活跃又高亢。"我是，我的儿子也跟他去了，他在运城的嘉师傅学堂念过书，早跟了嘉师傅了。"

　　"你不想念他吗?"我不自觉地也提高了嗓子。

　　"想念是想念，可是要打日本，为贫人求福利，就不能想念了，嘉师傅的话是靠着的……"老人像忘了吃烟，头歪到一旁，眼睛像看着一个目的地地呆瞪着，声音肯定地说。

　　我再没有话。在长久的静寂后，老人在炕沿上敲着他的烟斗，又剧咳了起来，……

*

　　四月中旬，中条山内的冰冻化开了，小河流清新愉悦地流荡着；山们，绿茸茸的，渐渐肥胖了起来。夜里静坐着，仿佛真听见自然的生长声，蚕食桑叶般的到处发出轻微和细密的音响，急骤而严肃。不久，飘散着的花草的醉人的芳香，山鸟的啼唱和回翔，土地蒸发出的酵味的喘息，都降临人间，交混着。冬季蛰伏久了的人们，仿佛苏生过来，想到生命，想到决意的战斗。松散的山路上来往着频繁的人群，飞驰的马蹄，笨重的炮兵车轮碾压而过，辘辘的呻吟，……部队向山下移动。转瞬间，枪炮和飞机爆弹的交响，又淹没了自然苏生的歌唱，彻底祛除了人们悠然自得的狭小心境；只是行走间，路旁溪水的急剧而清脆的跳跃式的流唱，向人启示自然的潜力，但更使人惊觉和严肃，体念着战斗的艰巨和健康，……这时候我和几个工作团体的同志，在山内的一个庙里，举办着一个农民训练班。我们共有六十二个学员，有五十九个挨过日本人的打和踢，其余的三个，在冬天还领受过日本人的马刀，因为刀下得匆促而没有死。这些都是敌区的农民干部，红枪会和游击队的头领。

阳光很好的一个上午，我一个人坐在庙前的土坪上，抱着头，在想着一些什么事情，梦境一样地悠然。前线的炮声很紧，敌人的飞机，一排一排地向西飞去了。近处很静寂，偶尔也听到崖下河流的喘鸣，这时，一个小学生，戴一顶捡来的"皇军"的尖顶黄呢帽子，在河流近旁的路上走过，唱着"抗日的烽火燃烧在中条山上"的歌；他像是看见了坐在土坪上的我，站着，向这边行了一个军礼，笑像一朵金色的小花，在他的颊上纵开了。

"哪里炮响呀，小同志。"我问他，用手遮着额。

"山前，打日本哩，我们自己的炮。"

——好像交代清楚了一样，又一跳地走了，继续着歌唱，一直到歌词中的"兵强马又壮"，河流的鸣声才把它遮断了。小学生像一个小黑点，转进了山脚下那一片绿色的树林，那里是村子，……

阳光混合着寂寞，晒着我的剃光的头顶，有一点辣刺味；于是就索性把抱拢的头靠在膝头上，茫然地瞅着地面。一群黄黑色的蚂蚁，正在这微潮的土地上匆忙地运行，我发现了，我全神贯注地参观着这蚂蚁的生活。心头的忧郁酿造着。我得等这训练班完毕了才能到前线去。……

"教官，好美的日头呀！"

一个带点吵的声音吆喝着，我猛一抬起头，阳光就像一块黑布似的，蒙了我的眼和感觉，什么也没有看见。但我觉得，说话的人是靠近了，眼前一晃一晃的黑影子，也马上变得清亮。他现在就坐在我的旁边了。

"没有上课去？"我随口问，把目光定在他的炫耀着阳光的臂章上。那是用红布做的，印着黑色的八卦图，和"乾门"两个字；他是红枪会的会员。"叫个什么呀?"一边这样努力记忆起他的名字。

"挂病号了,医院里给打了防霍乱病的针。"他整了整黑袍子襟,手塞到腿弯下面。

"教官,"接着把头直对着我,显得正经的,可又含有一些神秘的意味,"我和你商量一宗事,"——他把声调放下来,"就是我们红枪会里要成立一个游击队,现在已然有了三十几个人,十来支捡来的步枪,预备训练班完了就起事,教官那时候下山看看去吧?"他的一双圆眼诚实而大胆地瞪着。

我却在思索着这事:"叫什么名字呀?"但此刻从他的圆眼里悟出来了,"你是孙宾吧?"

他的身子几乎一愣,但随即放平了,"是呀,教官,快一个月了,你还弄不清我们叫什么吗?"有点失望的,他把眼睛低下,暂时沉默着。

这孙宾个子短小,额顶很窄。他从小认得几个字,据他在一次辩论会上演说,他当过"汉奸"。那是敌人初来的时候,他喂过马,后来溜了出来。根据他的讲演结论,日本兵简直一个一个都是畜生,回来就干红枪会,现在升作师兄了,他差不多没有农民一般的迟钝性,反之,有一股原始性的狡诈和猛烈。廿五岁还没有老婆。这回全村人推他上山受训了,他的几句当汉奸时学的日本话,"摩西摩西","赛古赛古",很受人欢迎,说着这些外国话的时候,他学着"皇军"们的姿态,扬着面孔,挺着胸,迈着一歪一歪的鹅式脚步,头壳傲慢地晃来晃去,完了,在大家的笑骂里,他就咯咯地笑得弯下腰来。"这就是那些狗×的走兽样子呀!""狗驴×的,学走兽的样子呀!"别的老乡喃喃地咒詈着。孙宾却毫不声辩,在这个场合,慢慢全体会变得很静寂,以至空气里濡入伤感,人们想起了自己的村子和家,一家子的可怜的遭遇。……但孙宾却在功课上很认真,发给他的草本上,填满了苍蝇大的铅笔字;每回小组讨论,都站起来讲话。——暂时沉默着,我们并坐在阳光下的土坪上。一股泥土苏生的酵气,悠悠地刺着鼻孔,什么小虫子不耐烦嗡嗡地飞来飞去。

"你是哪个村子的?"我转过头问他。

"其毋村。"他平淡地答,没有动。

我突然的记起山下通讯员的报告。

"日本人近来又在你那个村烧过一回房子了?"

"妈妈的，"他的身子像受了震动地歪了一下，"鬼子宣抚官说，其毋村抗日分子太多，嘉寄尘就是顶厉害的游击队长，他们恨透他了。……"

"那么房子一次一次地烧，村里人恨不恨嘉寄尘?"我试探着。

他狡猾地看了我一眼，又寂寞地瞅着地面。蚂蚁们又像起过什么变故，混乱地爬行。孙宾像是要把一只脚伸出去，但马上他仰起头。

"妈的日本鬼子不要做梦，其毋村人不是这些蚂蚁，整天只顾自己过日子，受不了人家踏一脚，不是糊涂的。×娘的，你只顾烧，终竟有一天，其毋村的人全干了游击队，教你回不得东洋。"——这里，我就懊悔了，孙宾起了误会，他以为我在讲他的反面话，小觑了他们其毋村。农民的感受是最纯真的。他类乎辩白的，手掌握着膝跟，大声地嚷着，口沫飞溅，脸上的斑痣一个一个像要爆开，全脸是困恼的，有一股黑色。说完了话，接二连三地向地上吐口水。

"你真有种!"我笑了，向他跷起拇指。

孙宾也跟着笑了，摸了摸头壳，又拉了拉黑袍子襟，眼睛在阳光的炫惑里低下来。

"×娘的，背着这个棉袍子真是热，这山内的天气，真不比山下。"

"你穿的还是棉袍子?"这个新的事实倒使我颇为吃惊了。

"妈教我穿呀，"孙宾悲戚地歪了头，"就是说，这回来训练时妈交给我的。我家的房子离嘉寄尘的不远，他的烧光了，我家的没有烧，可是险，妈才把袍子给了我。妈的，真是非打游击不行了，这回训练完，把妈接到山上，向县政府借五元钱做本钱，她就摆个什么小摊子吧。"

说完，暂时的沉默后，孙宾就扬起了头，唱起新学来的歌，"大刀向鬼子们的头上砍去"，咿唔地哼着，拍着膝跟。

"啊呀孙宾，嘉寄尘的房子烧得怎样呀?"

"啊呀，妈，全光了，全光了，还烧死许光子的两只鹅。"他什么也不看，卖弄般的说。"嘉老师母（指嘉寄尘的母亲。——作者）还在屋里呢，鬼子就在外边放火了，正晌午，人还没从田里回来。鬼子们放着火，全都围着房子拍着手笑，笑得东倒西歪，不知道有什么可笑，这般畜生! 嘉老师母从楼上的圆窗探出身子，烟已经快到她的跟前了。还好，鬼子像是没看见她，看见她的大约是一个汉奸，因为他一边拍手，一边用咱们中国话说，'可要小心走，上了年纪了。'没有打枪。嘉老师母顺着房顶，好容易才跑到邻家，大受一惊。近来嘉师傅回去看了她一次，他看着满村的瓦砾堆，哈哈大笑；老师母抱怨他，说全是他弄游击队把村子给烧了，他回答说，'我抗日房子给烧了，活该！可是许光子呢，许光子土地多一点，他没参加游击队，也没进红枪会，还有时候被鬼子派去修汽车路，可是完了房子也给烧了，而且还烧死那两只鹅。你说这是我牵连的吗？鬼子见了咱们中国人就杀，是咱们中国房子他就烧，你有什么办法，不抗日还能活着？'"——肯定地结束了议论，孙宾仿佛脱去一件衣服，简直是快活起来了，歌唱来得响了，虽然词句还是颠倒遗漏。

我沉默着，燃烧在炽热的激动里。但这激动很快地使我感到疲倦，就闭了眼。阳光炫耀着，眼前荡漾的光圈涟漪里，涌现着一幅幅的构图，那是一片浓烟，杂着红的跳跃的火舌，贪婪地向一切东西吸吮。烟蒙住了一切。就从这寂寞的烟云中，透出断续般的疯狂的笑和歌声，干木材的碎裂声，砖石的倒塌声，一个白发的老妇，扬着挂满泪珠的苍灰的脸，佝偻着身躯，颤抖着，无声地，在一列房顶上匍行，烟与火追逐着，敌人的恶笑和歌唱包围着……

我要抑制这样神经气的战栗的想象，伸起手去搔光头皮……蚂蚁们又映入我的眼里，但数目似乎锐减了，剩余的一些，阳光在它们身上像成了一种过重的担负，它们吃力地运行着。……

……孙宾的粗笨地歌唱，"后面有全国的老百姓"，猛地窜进耳朵里，又飘了开来，像占领了整个空际。我抬起了头。

一九三九年十一月初在重庆

041

人生赋

……光！

——歌德临终时语

春天了，残雪还未融化；清晨与晚间仍为寒冽的风所统治。在算是好天气的中午，穿着棉衣的脊背虽晒得暖烘烘的，坐在屋子里还得袖着手咳声叹息。——是这样奇特的北方天气。

——我从山西战区过来，和一个友军上尉副官坐在驴背上漫谈着天气的事。副官着一件甲种细呢皮大衣，深厚的狐皮领子，一直遮没到耳际。

"呀，这件大衣吗？——"副官拍着尘封的衣襟，不止一次向我夸耀与赞叹地说，"是战事初起，我在上海作战发的哩！现在，我的乖乖，起码也得八九百，了得！"

于是，又谈到头痛的物价了。

物价，天气，战场上的敌人，和个人所遭遇的各种战役，——在到达华阴庙火车站漫漫三百多里的山途中，是我们谈话的兴味与中心；它刺激着我们木然的神经，慰藉着我们漂泊的寂寞，忘了彼此的个别的存在这一事实似的，很快地在我们中间燃烧起友谊——几乎是毫无间隙的彼此同情而谅解。……

"啊呀，火车!"副官正在嘶嘶地谈说着什么，忽然发现了出现于灰暗的远方的列车，喜悦得近乎叫喊地说。尘封的面孔上，闪出一种孩子似的洁光。

"啊!"我近乎诘问地答着。

于是，拥塞于胸怀中的阴郁，一扫而空；我们停止了行进，从驴背上把身子抬得高高的，睁大迷惑于风沙中的眼睛，紧紧追逐着在荒野中奔驰过的列车和那绵延在苍空里的黑恶烟雾，显出婴儿发现生命的奥秘似的一种纯新的喜悦，和一种强烈的民族情绪的压迫。

在头等车厢里，出着满头大汗，在拥挤的人和行李堆里，我们找到两个位子。——行李还没安置好，我发现副官一双复活似的眼睛，早就穿出玻璃窗，盯着一个徘徊在月台上的艳装幼妓，一直到那瘦小的身子一扭一歪地消失在较远处的山一样的货堆群里。那里稠密而哄杂，像一些不规律的灰黑线条，在衰微的阳光里，抖动和闪烁；松散的尘灰激扬着，像一个烦躁的梦境。副官吐了口口沫，吃重地摸脖颈，两眼燃烧着兽性般的光芒。

就是这顷刻，车厢里响起一片哗笑。副官却像没注意到。这是两位体面的客人。靠左坐着的是一位年约廿八九的瘦长青年，憔悴的面庞上两只灼灼的眼睛被暗影围绕着，是扰乱的，疑问的；一双浓重的眉毛随着在打结。他着一身半旧的蓝哔叽西装，没有领带，衬衣的领口敞开的，身傍斜放一个破旧的黑公事包，茶几上那顶褪色的却仍显出原来的浓红色的"航空帽"，大约也是他的。他时时用那细白的手挦着荒芜了般的尖下巴，像不久才从溺水里被救出来，那么疲惫和无聊；说得透彻一点，简直是一件穿旧了出诸头等裁缝手里的上好料子做的衣服。右边一位是个又宽又肥年在四十以上的机关军人，一张胖得像肿起的歪脸，闪着油亮的红光，着一身外国料子的马裤呢军衣，袖口和胸头有几处大小不等的油腻点子。一双闪烁无定充满肉欲和刻毒的小眼睛，嘴角向下爬着，时时爆发出一阵表示满足、贪婪、得意、幸灾乐祸的哗笑，阔嘴里挤满了金牙齿；笑声像夜鸦一样地深旷，像掷身于寒夜的荒原，使人战栗和厌恶。他盯着我们新进来的两个，摇荡着身子，"哈吓"地哼着。左近那位老在摸下巴的青年，专心地看着窗外的景色，嘴角偶然警惕地向旁猛伸一下，好像表示着无论如何还要活下去的一种挣扎的表示；有时也为对方的笑声引诱，转过头来，失神地微笑着。这笑，像百姓们纳税时的神气，是惨然地在尽一种义务。副官经着这样的哗笑，醒过来般的倒在位子上，低下头，两手摸着膝跟，盯着塞在行李夹缝中的自己两只罩满尘灰的破旧帆布军靴。

*

这正是一个乘车常识：在车子开行后，嘈杂的声音，拥挤的人与物，等等一切，都自然地沉淀下去，各人有环境与情绪，考虑和处置自己的事；纯然旅行者，不惟如鹤见佑辅所执着的在旅行中可以看见许多熟悉的和美丽的面孔，而奉为旅行之乐，而且在陌生的同车人间，可以自然地找到谈话的对手，甚至彼此连名姓都没有请教，就自天气、人事、时局、风尚、轶闻等等，谈到个人可喜的遭遇和可悲的身世。这是作为故事的消遣的谈论，兼而就博得人们趣味以外的同情与同感；尤其战时的非常旅行线上，常常是这样的机遇，在在都加深了我们的智慧和感喟，……

"你知道，我是个牙科医生，"车开过约半小时后，车内空气由清新显得沉闷的时候，坐在靠窗左侧的青年向歪身躺着的机关军人这样说。显然，他们又开始了停车以前的谈论。这车厢内加上我和副官两个共四个人。我坐在自称牙科医生的青年下侧，副官坐在机关军人的下侧，和我是直对面。行李都安置得妥了，车厢内显出宽阔充足，兼有一点堂皇的感觉，——这自然是久于荒乱的战地生活的我们感觉。牙科医生把长满黑髭的尖下巴向我们两个同情地转示了一下，像暗示着我们两个也入于这个谈话圈，成了一个组织内的自家人了。我们也就被吸引得微微斜过身子去，副官像是从一个梦想里转来，深深打着呵欠。

"我到洛阳去，就全为那事情，——这可说抗战来我得的一个大教训，挣扎了好几年，结果一切乌有，——世界事真想不透。"牙科医生继续说。他的瘦脸在起着痉挛，倦惑的眼神换作一种绝望的近乎尖利的光，薄的嘴唇好像更薄，他停了话语。这对我们两个陌生者只觉得茫然，像打寒噤以前的感觉。副官木然地舐舐他留着尘迹的厚嘴唇，两手在膝上不安地摸着；像颇悉事情底蕴的机关军人，这里变得沉重，他伸开左脚，费力挪动着笨重的身子，感叹般的微喟着："啊哈，……哪里哪里，……这个时代，……"

牙科医生全无意义地向窗外闪过一眼，枯灰的旷野上，暗晦的阳光惊惧般的在逃遁，退缩，夹着低弱的风啸，发着一种单纯可悲的响声，像一根琴弦的呜咽，一个惨然的春日又将过去了。车内越发黯淡，空气向着严肃凝结。

"但这事就怨我运气不好，眼睛瞎了。"他大声地像在报复地说；脑后微乱的黑发震惊般的抖动。

"那你到洛阳司令部，就为那回事?"机关军人重复般的询问着，闭起眼睛，像在抑压一种袭来的不安，军人般的。

"就是，一点不错。一月前我腰里还有七千多块钱，现在是一个负债的穷光蛋了。"牙科医生像是重复地回答着；说着伸起细白的手在头上拼命地抓搔，长短不齐的细发和头屑纷纷坠下来，飘散着一阵稀薄的凡士林味。这个人身子亏狠了，我暗暗说，不是借着搔痒显示后悔与自怨吧?

"其实，一句话，怪我傻；我们吃这口饭的，不懂什么玩手段，转脑筋，这是我们职业规定的个性。"他的因为感情的苦恼望着近乎发歪的颜面，一刹那间，闪过一抹正常的亮光，是电光火石般的，一下就逝去了。一种变态的微笑浮在嘴角，像在轻蔑着一切，抑了抑身子，"比如我，"他用一种广告员的神气，镇静而大声地说，——"在西安吧，我是有名的牙科医生。这不是牛皮，也不是膏药，这咱们弄不来。你只要到西安一打听，就全知道，是不是? ——什么参谋处长呀，主任呀，中少将呀，各色阔人们，我都到他府上看过病，你向他们提到我，只消一说，知不知道张大夫呀，牙科的? 那他会满脸是笑地说认识认识。他们绝对认识的，绝对一定。可是我们做大夫的架子也大喽! 这些抗战年，真是医生年。妈的皮，我住在一个最讲究的什么别墅里，别的大夫看病订时间，我没有这个规矩，没得钱用时，是病人就给他看，正所谓昼夜不分，风雨无阻；只要腰里票子硬邦邦的，像在那里跳舞。他的妈，我五天不开张，朝床上怪舒服地一躺，抱着我那口子困觉! 哪怕就有熟病人来，或哪个牙痛得要死喽，就打死我我也不给他看，同时叫用人回他一句，说大夫出去了，咱们就卖的这块牌子。——老子不高兴吗!"他很高兴地继续着溅着口沫，像把方才的悲怨忘得干干净净，脸上闪着一种复活般的亮光。"就是这种满不在乎吊儿郎当的作风，不满一年，虽然生活日日在高涨，今天一块钱的东西隔夜就是两块，除过开支，我还剩了七千多块，这下完蛋了。"说到这里，声音变轻了，前刻的悲苦，一下更形汹涌地折转了来，接着又伸手狠命地搔头，一堆细发和头屑立刻又带着不耐烦的神气坠下来。"我从此才晓得骗子不是一种东西，并且这个家伙，据司令部调查，还是汉奸哩，你瞧！"他又有点轻松了。"可是这家伙也太不讲良心了哩！"他慨叹般的说了这句话，像一个沙漠间的长途跋涉者，这慨叹是抑痛而艰辛的。

"汉奸他妈的有良心，婊子还讲贞节哩！"副官补充了一句，机关军人没有考虑的，往后掷着肥胖的身子，夜鸦般的哈哈开了，满口的金牙闪闪的像要跳出来，他像要把心肝五脏都笑出来地狂笑着。副官也接着野兽般的哈哈开了，那张焦红的尖脸上纵露着青筋，像是更尖了，车内沉郁的空气变得泼辣而狂乱。

"不过我这个个性也得变变了，"医生双手抚了抚发，像换过一个声音似的平静地说，"我这人个性就是过分暴躁，过分不服人，也过分相信人，对一宗事不会考虑。"牙科医生肯定地说，眼里闪出哀然的光，像跑回到一个深远的时代。

"都是娇生惯养的个性。像我，妈的蛋，从小光屁股放牛，十五岁进军队吃粮，虽然越来越什么不怕，对什么人什么事都不信，可是好不容易哩！"副官声调悲戚地说，又像是开玩笑地说，摇摇头，伸伸左脚，看着自己破旧的军靴，他没得话说了。

"是呀，我可以给你说一说我的过去，只要你愿意听就行。"牙科医生像受了深的感动，马上接下去说；像一个饿极了的人乍然见到食物就想一口吞下去。大家在这新的激动下沉默了，发生了一种新的紧张，在期待着一幕新的剧作一样。

"我生长在上海，"牙科医生像得了大家的默许似的舒过一口气地说，"确是和你同志说的一样，娇生惯养大的。家里人做洋行，有几个钱；我廿三岁时在德国人办的同济大学医科毕了业，弄了万把块本钱，——那时万把块钱真抵万把块钱用。——就在闸北一带开了个中等规模的医院，专门牙科，附设花柳病科。我算独立地生活起来了。上海是我的老地方，熟人多，生意很过得去，就一直平静舒适地生活着，我没有结婚，喜欢看点流行的书报，算是唯一嗜好。碰到什么公益事，有时我也捐几个钱，算是尽一种职业以外的义务。'八一三'以后，我可是真的醒过来了。战事越打越紧，谣言又很多，简直就生活在谣言里，谣言像夏天的苍蝇似的可怖。我可没有跟别人一同搬家，我拿鼻子笑这伙不识大体的家伙！我发疯似的捐这个捐那个，我把医院改成伤兵医院，连我的候诊室地板上都躺满了伤兵。我因为不替自己打算，就和家里闹了一点风波，家里人就丢下我回乡下老家去了。我反觉得痛快。我想在战争里尽点责任。钱是个什么东西呀！真的，那时候我看钱满不在乎，像日本人看不起中国人一样，……啊，笑话，胡说！听见是我们的炮，看见是我们的飞机，我兴奋得血管要破裂的样子，像谁请我吃了我喜欢的糖醋鲤鱼一样。……一直到上海完了，我的医院更早就完了，我还在军队上工作着，不觉得什么，后来别人在我肩上拍了一下，我才醒过来般的感到上海不是立脚地方，我非离开不可了！就胡乱凑足路费，跑向重庆，反正我们是手艺人。船上出色地拥挤和混乱，多半都是伤兵和难民，我心里激动得很，不觉得就把自己的路费拿出来，和人公用着。一到重庆，我是毫无法子，我活到这么大，第一次受困，你瞧！一到地头，我腰里就只剩得一块二角钱，除过一个小皮箱里的几件衣服，——被盖在一次路上轰炸里失落了。——还有一架背在身上的照相机——一块二角钱！"牙科医生滔滔地说着，像是沉在一种热病里，脸孔因为兴奋过度，显出不正常地红润，害怕别人听不见似的，上半身几乎全倾倒下来，他的玲珑的鼻尖几乎要触到机关军人像是敷着酱油的又厚又黑的下唇，机关军人一边歪着肥重的脑袋听着，"是，是，那是，是呀！"一边向副官避闪似的费力地挪着身子，像在逃避一种灾难。他说到这里，大家爆发了一阵轻轻的笑，——但其实是沉重的，苦闷的；随即很快地熄灭，像一堆小小的野火。医生平衡了身子，一双完全迷惑于过去的奇异的眼睛，四下闪烁着，有一点狂乱；像一块泡在水里的海绵，他的精神渐渐膨胀，人像变得年轻了。他继续说："所以当天虽然下着小雨，我又是人地两生，才吃到半饱，钱就用光了。第二天一早我离开旅馆，——我住在一家小旅馆的地下室里，没有窗子，没有阳光，坐在发着酸臭的屋子里，只听到街车混合着一切都市的嚣叫，一阵明亮一阵模糊地在头上辘辘滚动；发着霉的壁角，老鼠们公开地在打架，它们毫不畏惧我这个人，像忘了我的存在一样——或许我在它们眼里并不存在；遭到老鼠们的蔑视，真是可哀可悲。换言之，我是被我生活过的生活忘掉了，遗弃了，旅馆老板还以为我是一个失业的汽车夫哩！这仿佛又很滑稽又好笑。但想到战争在残酷地改变一切，我又是贡献了自己所有于战争的人，倒是一种安慰和锻炼。但是这比老鼠还孤独的地下生活，总不是生活。第二、第三天都是接连的雨天，因为那正是九月，重庆正进了雾和雨的季节。空着肚子，在这个完全陌生的城市的弯曲的街道上巡行着，昏昏沉沉，老听到肚子呜呜地叫，坚强的膝跟也在抖动，意外地疲倦。忽而我觉得一切都完了，完了，转而又觉得这是生命上的转换期，好像有一条新光线在眼前闪烁不定。然而的确是有那么一条光线在前头导引着，于是又是莫名地兴奋，一天有几个不同的思想和情绪。后来我什么也不觉得了，我的嘴唇皮要干裂开，我只有一个单纯强烈的思想，我想找一家当铺或拍卖行卖掉我的照相机，来换饭吃。吃饭，这是人生的基本原理。抱着这样目的，一直走到第二天黄昏，才在一条遭过敌机轰炸满是瓦砾堆和壁立的焦黑柱子的街中找到一家寄卖所，算是老天保佑！承那位洋服穿得笔挺的老板发慈悲，——他的胸上挂一个蓝白色的证章，想是一位官员。在那间布置华美，铺着地毯的小客厅里，我像一个傻子似的坐在沙发上，裤子上满了泥污，头发垂到眼下，听着那位指间挟着雪茄，一面用低下的眼光打量着我，一面蹀着小步的老板的高声议论，间发着愉快的笑声。结果我拿了廿八元出了大门，给他留下照相机，他还笑嘻嘻地向我鞠了半躬，敬佩我在战争里的牺牲精神。……这相机是战前一百二十元买的，现在三千元也没货。（医生说到这里，副官惊醒似的拍拍自己细呢大衣，把衣襟往腿间挟紧，似怕人剥去似的。）真正德国货，带自动机。就以这样的价目送入所谓战时的新兴商业的玻璃窗去了，我自然没有话说。因为他们调剂战时物资，贯通后方金融，像招牌上所说。……总之，管他妈的吧！进了一家小酒馆，我饱吃了一顿，像复仇似的；但是经过了两天饥饿的肚子，在好几个菜的阵势前，倒不觉其饿了，颇像新兵上阵，又有点惶惑。所以我和尽一种义务一样地吃了一顿，分不出菜的味道，也不知道应该吃多少，和先吃哪一种菜，哪一种菜好吃；像鸡子啄食样的胡乱吃着，汤汤水水弄了一桌子，我好像是一个没有味觉的动物，胃也失却了作用，单由手处理一切。这真是听都没听到的话！从酒馆里出来，歪歪斜斜地走着，疲惫而寂寞，像受过重刑的人，在这万家灯火的普照里，是有着各种和多量的欢乐存在的。我感到一种茫然，像浮在海上，……这样有时惊觉有时麻木地生活着，是一个都市的可怜儿了。……有时我也想到做一种所谓特别的长途旅行——自杀，但又本能地觉得在这个时代，这是惹人笑话的行为，旋就又本能地忘掉这最后的思想了。这样一直生活了好几天，没有什么更改和变迁，想都想疲倦了。有时我真茫然不知我是否有过过去，我现在是个什么。我现在好像在一个完全陌生的世界上生活着，像婴孩一样。……正是一天早晨，我到邮局送封家信，——我并不向家族忏悔，我诉说着我的源源末末，甚至为安慰乡间生活的双亲，我造谣说我生活得很快乐，'一切平安，祈勿远念'，就是物质上，希望有一些帮助，因为生活的高涨，……——这样，在街头上头撞见一个同学，——他自然也是一个医生，他张大了嘴巴，眼珠像要冲过眼镜玻璃片走下来。……这样，我又回到我从前生活的生活里了。但这中间是一种怎样的经历和改变！

"慢慢我又买到做牙医应有的技术器械和药类，在一条窄街楼上，我有了一间布置精美的医室，一切算又沿成轨地进行。但不知为什么，我时常有一种奇异的冲动，一种不满足的渴望，——这或许是一种病态；有时对着病人工作到半途，会猝然放下工作，像有一种只有我才听得到的声音低低地喊我，我像塑在那里地呆站着，失了知觉一样。一直到像是苏醒过来，才又继续着工作，手脚都经过激烈的劳动似的发颤，对于工作的本性，我非常厌倦。这种失常情形，连我的好主顾们，都瞪圆了眼睛表示惊异，我的好同行和友人们，搔着头发闷，我也觉得奇怪。有人说我变性了，这真得研究研究！……所以我的工作又是间歇性的，有时我会吩咐用人看家，有时更忘了照应他，我自己像一阵风似的刮了出去，一个人在马路上，——尤其曲僻阴暗的街巷中，——一直没目的荡到深夜，有时发疯一样地疾行，发里渗满汗湿；有时是失魂般的拖着漫长的步子，然后像吃醉酒地走回来，……我简直害怕着一切人，仿佛人可以吃人，我有一种潜伏的激昂，一切渴望，不能满足的东西，这不是属于职业和物质的，我自己说不明白……

"但这样的生活也为时不久，——不到一年的工夫，转瞬春天一过，所谓雾季就过了，天然的防空帐幕撤销了，敌机又开始肆虐了。就在那有名的轰炸之夜，我的医室所在的那一条僻街，一瞬化为灰烬！当我痴痴地站立在困扰的街心，简直像在梦中；在这激烈的轰炸下，我就有时像《空城计》里攻城未遂的司马懿，怀疑自己是否还活在世上。……我亲眼看见，开得圆圆的我的医室的窗子，像一张吃惊张大的嘴，先是烟硝，后来是火头，——是的，是火，一层卷着一层，穷凶极恶争先恐后逃难似的从窗口奔出，卷向房檐，卷向四周的墙壁，有的更伸着长的下贱的火舌拖向近处歪斜的电杆，和闪亮的紊乱的电线，还有更远的被火光照耀得半透明的天空，……我听到木材毕毕剥剥的爆裂声，轰然的倒塌声，……我又似乎听到我的医室里药瓶的爆裂声，似乎那一个卷形的火头里边，飞跃着碎裂的玻璃瓶块，……药的浓烈气味，……不久，我经营了近年的医室，就在一阵烟硝和混乱中完结了。……我沿着嘉陵江向市外走着，我感到茫然，疲惫，愤怒，那么压人欲倒的感情，……身旁混乱的人群默默走着，像一群影子。市外月色很好，江面上笼罩着一层薄雾，月亮清丽的霞光映在灰色的江面上，显着一簇簇的金箭，静寂而美丽，……我想，离开这个都市吧！不久，我就搭了汽车，向西北驰来了，带着梦想和精神。车到广元停了好几天，我又走到狼狈不堪的境地，我在重庆花近三百元做的西装，——这时两千元也买不到,(副官又一次的看看他的呢大衣，警惕的。) 我脱下来卖了，卖到廿五块；我在街上的石板上过过两夜，活活像一个丧家之犬。这个小县城里，深夜有一种拉着二胡沿街卖唱的瞎子，多半都是一男一女，互相搀扶地走过空荡的街心；辗转于店铺下冷冰冰的石板上的我，听到比猫头鹰叫还惨然的弦声，我自己哭了，那么大把的眼泪，合着北方人一句口语，像决了口的黄河，……好容易到得西安。到了西安，大概是疲劳和刺激过度吧，我就休息地生活着，生活成了另一副景色，——大家的共同景色，吃吃喝喝，玩玩乐乐，天塌下来压死大家，或者我多有几个铜板，逃难还来得及。……同乡同学们帮了我一下忙，我又在一个在西北算是建筑蛮讲究的什么别墅里开了医室，渐渐我和大家的生活合了拍子，也不觉什么了，除过想钱应该更多更多一点，如法国人所说，这万王之王的钱，可以说一切问题的问题的钱，生存的灵魂，地上的盐，……在上海的激愤，和在重庆的忧郁，被称为孩子气的玩意儿，慢慢也都忘掉了，就连那一点看书看报的习惯，——战事后，这成了我的恩人，操纵着我的生活和感情，我前面提过；这时也早丢掉了。实在也没有什么可看的，我就更远离它们。我开始健全地生活着。我想，人生的具体内容，第一是钱，第二是钱，第三是钱，钱的朋友是女人，——女人，世界上最快乐的地方，是女人的肚皮上，古人早就说过，——也顶顶要紧；我的努力向着这个目标，——钱和女人，其实是一个目标，因为女人是钱的一部分。——进行，进行得很顺利。你不要以为我说广告话，我这样手术的牙医，在上海是蹩脚的，但在西北是缺货。——"

"那你就遇见那个骗子和汉奸了，是不是?"牙科医生说到这里，听众中最出神的副官突然插进一句，随即兴味浓郁地把身子凑得更靠前，像要和牙科医生拥抱。兴奋过度的牙科医生在洋装口袋里摸出麻纱手巾，轻轻地拭着额上的汗粒。在回忆中洗一个澡，像在春光明媚的天气里做一次有意义的旅行，可以滋养精神。他笑着，瞥了窗外一眼，外面一片墨黑，看不见一点有轮廓的事物，黑暗放肆地吞噬了一切，像我们把馒头往嘴里吃一样地自然；风凄厉地吼过原野，没有阻挡，追逐，奔驰，自由得像一位皇朝的帝王，没有睿智的残暴，自私，过糊涂日子，……远远的地方，在风带过来的犬吠的地方，像有一点火光一样的小东西，旋生旋灭，旋灭旋生，这样不屈的奋斗壮志，给我们凄旷的胸怀以壮烈的安慰，……一阵沙子混合着雪粒横掷进窗里来，风头追吼着到别处去了。……车疯狂地嗥叫，摇撼，仿佛代表着苦恼的人类之子，抓着地球母亲的白发，大声求救，悲壮而严厉，……车跑得更快。

"不是，还不到那个时候，"牙科医生说；一边半抬起身子关玻璃窗，"好他妈的大风!"地微嚅着。车内显得平和黯淡，他坐平身子，又用兴奋而高亢的声音继续着，"这时我还不认识他，——王永春，那个王八操的。我先弄了一个女人，一个姑娘。我觉得要追求人生的快乐，——却不是幸福；快乐和幸福虽是两个同义字，但在生活的实验中，又往往是相互反对的，不谅解的。人们却把它们误会了，真是遗憾! 其实这两个字的不同正像两个面貌相同的人不一定是兄弟一样的简单。——还要找姑娘出身的女人，因为她入世深，懂人生三昧，了解快乐，也明白痛苦，而且对快乐这回事还有深湛周到的研究。但她不是我的妻子，我声明在先；这只是人生暂时的结合，所谓伪组织……就像咱们今天无意碰在一块一样，只是人生暂时结合，而妻子则属于永久性那一范围，这需要弄清楚。再说钱，过了一年，虽然我这医生是吊儿郎当，像前面说过的，有时候心里不高兴，五天不开张，可是就是这一年工夫，除过开支，虽然物价日日在涨，我的开支又很大，我还剩了七千多块! ——"

"那是好生意! 比我们强，我们干一个月，还不如一个当姑娘的摇两下屁股弄得多，哈哈!"副官生硬地笑着，像是吞一种难吃的药物。

"是啊，这年头，只要有一门手艺就不愁钱用，钱他自己有腿，我说——"牙科医生做着手势，像要扑灭副官哭一样的笑声，谈话的对手，

051

好像完全是副官一个人，机关军人不知什么时候起，已倒下他那有福气的臃肿身躯，在昏暗的角落里，响起呼呼的鼾声。牙科医生更高重的声音，在显得落寞的空气里响动着。植物油灯早点燃了。在浑浊的光亮里，他的眼里闪着一种解放的激光，好像也忘记了他的嗜好一样的搔头皮。"老实说，我真不愿意再干医生，一个原因，是我开罪了一个医界老前辈，这人颇有点政治势力与我们玩手艺的不同；我在一个地方打了他一个耳光，他当时跌跌撞撞地出了门，临出门气势汹汹地歪着头向我说，'好，你再能在西北混到饭，算我不是人养的！'我怒跳着：'你睁开你的瞎眼，你老子早就不想干这个了，老子腻了！''那就好说。'他说，走掉了。虽然这是酒后的事情，可是这对我损失不小，事后我心里也慌慌的，所以就贸然听别人劝说，请客道歉！可是我真不想再吃这个饭了，这里起我才认识那家伙。

"事情是这样：经过这回闹架的事情，几个朋友也劝我说，暂时避一下风头，休息一下吧！有人就提议叫我改行做生意。我自己想了想，先在西北很驰名的铁算盘那里卜了一卦，也很好。现在的后方，简直是姑娘和算卦看相的世界。我现在相信命运，正像过去不相信命运一样地信。我就决定了：反正咱们目的是钱，何况做生意是这年头顶昌明的事情？听说连教堂的牧师也在做生意。于是一个朋友介绍，我就和王永春认识了，而且在堂子里联络两次，就变成蛮熟的朋友了。真是活见鬼！这家伙会吹牛皮，人长得也有个样子，打扮又趋时，用钱更大方，满口京腔，很有那么个派头。他向我担保，一千元一星期起码有两百元以上好赚，办法是我把钱交给他，由他包办，他说他路子熟，各方面也有个联络，办事容易。我想有靠得住的人介绍，不会有什么差错，就全拿给他了。那时我心里着实有一番梦想，或许过个一年半载，我也是个什么小富翁，那时候，我要在荒凉落后的西北，创造上海租界的生活，按现在抗战话说，要在西北造一个根据地！可是事实不然，所谓事与愿违。他去了一个多月，如泥牛入海，音讯毫无！我先是恨他，妈的，怪不得古代外国商人和强盗供一个神，因为他们是一样的货色，正像狐狸和狼是一个祖宗一样的道理。我去找介绍人，介绍人不知什么时候离开西北，现在做生意，'大资本用嘴，小资本靠腿'，他资本不大，我不见怪；我反正没事干，哪里都是一样地玩，我就到××去找王永春，给我一下就找着了。他还是那个派头和那副神气，交游也更广，都是官界中人。可是晚上我和他一道吃饭，他喝醉了，咦，我才发觉到他腰里有一支手枪！商人玩手枪！我这个人胆子小，虽然在上海也听惯了炮声和炸弹声，可是那时候情形不同，情绪更不同。现在我发着财，做着发财的梦。有了钱当然怕死，这是和人必须吃饭才能活命一样的一个常识。这么想着第二天一早我就偷跑了，同时这个案子不迟不早地就发了，我这回上洛阳就是这个意思。打了一场官司，又负了三千多块钱的债。在我国，法律这块坚固的士敏土，是面子和金钱做原料。现在，妈的，又是一个穷光蛋了。"牙科医生的声调渐渐悲怆，最后他张开两臂，失望地摇摇头，接着拼命地搔头发，事情就这样结束了。

*

一切是沉默的。点燃在车厢角落的植物油灯，像是听烦了这个无意义的冗长故事，越来越黯淡，不可救药地疲惫了。车声长长地舒气似的吼叫着，厢外的走廊里，人声和步声频繁；茶房用低气调的声音哑然地哼着，"西安到了，西安到了。"车的机械吼声统治了车内的沉默。各人都拉拉衣服，感到浓重的凉意。

机关军人打着呵欠地醒来了，捏着脚。

"那你就到西安吗？"他用发哑的声音询问着牙科医生，同时挪动着身子，"太胖了真不方便！"嘴微噙着。

"我不到西安到哪里去呢？"牙科医生微微歪着上身，声音平板而干枯，"现在我没有理想了，什么也没有了；回到西安，再次道一次歉，重开医室吧。不过，——"他的嗓子更喑哑下去，"我唯一的财产和我唯一的担心，就是家里那口子，她是姑娘出身，我说过；她现在知道我也是一个穷光蛋，这种人水性杨花，要是跟什么人卷起被盖跑他妈的了，那才晦气！"说着，他哈哈地笑开了。这是一种寒人心脾的笑，这笑又是有传染性的笑，机关军人与副官也无谓地哈哈开了，是疲然的笑。

我更深深地感到近乎麻醉的疲惫。

一九四二年三月廿日夜写成

剩余价值论

　　……想不到在这个镇上，我又一头撞见子固了。

　　那是在战争的第三年。整个中国像一把快开的茶壶冒着雄伟的蒸气，普嘟普嘟地进行着热烈可贵的战争生活。好像在街市上走着肘子突然被人触了一下，战争使人们惊觉般的懂得生命的真谛，像信仰生命一样地信仰着战争胜利。……我在西北山地旅行里遇了劫，以偷吃沿途瓜果为生来到这个黄土高原上的小镇上，眼奔到镇外的小店里，在疲惫和疾病两重侵袭下，倒在连蒲席都没有的土炕上，一连几日像死了一般。过往的旅客们，在我身旁交替地更换着，他们露出一副惊异的神色，远离着我躺下身子去，那种在无可奈何中表现出的谨慎，恍如对付一具没人收殓的死尸，教人可笑。——这都是事后那店家的瘦子老板告我的，摇着他那像一面鼓似的头，叹息着出门人哀怜，说到后来，竟也禁不住地呵呵干笑着。我只感到滑稽，没有所谓悲哀；正像在结婚典礼中突然被烫伤拇指，是没有什么意义一样。实在，战争使人们变得坚强和可爱，血液正在盛旺流转着的时候，也只有在字典上才找得出"个人"是一种什么讲法了。

　　这个小镇战前是土匪出没所在，没有什么历史的一个躲在山里的镇。自从一个政权中心移到这里，它就被赋予了一种新的意义和生命，活在热闹地方的人才开始歪着头向它看得出神，不断地被注意了。层层的黄土岩上到处轰响着爆炸的音响，新的窑洞在开辟中；岩下的凿石声，山腰的伐木声，建筑工人原始的吆喝声，凑成暴风雨似的紧张交响；山背后吼着马达低闷的声音，是小规模军需工厂在努力生产。面孔绷得紧紧的，灰军服的人，像被追赶着接连在窄小的茅棚当中的街心流过。被群山衬得低下的苍空，挤满厚絮般的云，一条涨溢的绿色小河绕着镇子弯曲地流转着，那种匆忙和严肃的神气，像是为这新来的客人的生活方式所引诱和激动了。……

我在街中人群里走着，肩膀突然被人拍了一下，惊愕地回过头，我愣住了。——拍我肩膀的是这样一个被衰老征服了的年轻人！我只看到他那褪色的军服的胸际一个红边胸章，下意识地知道这是一个将官。"啊，碰到你了！"他激动地说，声调喑哑；两只被皱纹围着的陷下去的眼睛里，闪着一种湿湿的哀凄的光，两耳以下的面部长满刺一样发黑的短髭，使人有一种被刺着的感觉，不由得去摸自己的下颏。但我茫然了。我听见那像断了一样的声音，"你不认识我了？……子固……"那张凄然的脸继续抖动着，背像更弯曲了。

"啊，子固！"我醒来似的喊着，"是你，总有七八年不见了。"他凄然地笑着，藏在浓黑胡须里的纹皱一条一条很残酷地裂开来，两只眼睛低垂着，像被长长的杂毛遮掩了，……但只一闪，那一双阴凄的眼就吃惊般的盯着我，竟像藏着毒药，闪着一种奇异的光，紧紧地盯着我胸前的一块证章。

"你在部队上？"是他的声音，更加紧地盯视和搜索。

"没法子，战争把咱们都赶到军队上了。"我说。

"呵……"他迷惑般的叹着，在握着的手也松弛了。一种反常感情地表现，我想，觉得很难堪。"你现在怎样呢？"我不得不追着自己说着一般人所谓的寒暄话来敷衍，另一面，我对于这种无意义的邂逅微觉着一种被刺着似的不快。因为世界最不痛快的事，莫过于被人当作商货样地放在眼前呻吟着考查，那是一种把人的价值忽略了的行为。

"在司令部当参议，没有什么事。"声音是那么平淡没有感情，像说着别人的事；全神却紧紧地盯着我，面孔上的黑须一根一根地在跳动，他好像在空屋中发现了一条蛇似的呆哑。我可有点烦躁了，这是一种什么寂寞呀！我心里说；就想摆脱这个奇异的相遇。

"好，那么我们改天长谈吧。"我终于这样说了。

"我住在北面山上的洞里，和无线电台挨着。"他说，神气不改前态。于是我就迈步向前走我的路。在相当距离后，我偶然回转头，看见他还在原地方垂着头呆站着；在这荡着烟尘窄小的街上，竟像是一件新添的建筑物，匆匆过往的人们，本能地从他身旁绕过去。我的情绪竟被这事所搅乱，就轻轻地咬着下唇，大步向前走去。

*

子固和我相识，既不是同学，也不是同乡关系；我们被这"中国的命运"追赶着，碰在一起做了朋友了。他真算得上一个朋友，也够得上是一个真正青年。虽然为生活的不良和过度的努力，那高大而挺直的身躯，蓬乱而尖硬的头发，和那无论在什么境地里永远浮在苍白面颊上的坚定的微笑，发自坦然心坎里的健康而硬朗的笑声，温良坚决的眼神……那一切仿佛便是希望的化身。虽然有时也发着所谓知识分子的忧郁症，但这症候在他正像夏季偶有的雨天，很快就过去了；他的洋溢着热情的款款的谈论里，虽然有免不掉的感情消化不良的表征，但总是一种发自生命本原的朴实的声音，泰半是健康的。一个新认识他的人，往往吃惊于他，觉得和他做一个朋友真是命运安排好了的，虽然那一身永远穿着的旧蓝布长衫，连领子也洗掉了。我没见他红着脖子发怒，他却能在和平的永远的微笑里保持自己的意见而很少退让，倒使反对他的人在不知不觉间退让了。他是肯迁居的，在无论怎样的房间里，他都保持着清洁和秩序，正像他仿佛雕刻一样的坦然的微笑。所以虽是经历了不少变化，我还能记忆着子固，就是他这种性格和这种近乎不朽的微笑；尤其是那微笑，真可说是典型的笑，好像一首诗，一个启示，一个信仰，秋夜高空的星，峻岭幽谷中的溪流，静月下的花瓣，少女梦中的呓语，……是一个难忘的记忆。记得有一次我在一个法国人开的书铺里无意间看到一帧达文齐的 *Mona Liza* 那驰名的微笑激动了烦恼中的我，使我深切地想到子固不能自已，竟将荷包里仅有的饭钱买了这帧像回家，觉着像对着故人一样。虽然这记忆往往增添我的苦恼，鄙视自己不能独立的感情。

在同一个城市里，子固和他的微笑突然不见了。……这是一种命运，也是我们时代青年的一种义务，像当兵纳税的被称为国民义务一样。我的心排齐着，忽然我涌起一种意外的可以被称为"中国的感觉"，我模糊记得他家里在青岛有一座洋行，有几个钱。

钱和面子，是中国的医生和圣人。

于是，就对我所怀念的子固和他的微笑感到一种纯属于友谊的欣悦。虽然内心里我责备自己的自私，但这就是人性的两面，无可奈何的。

*

好几年以后了，我在北方的一个滨海的城市里旅行碰到子固。是在海水浴场里，要不是他的带着喜悦的拍肩的招呼，我简直想不到这样高贵的地方竟还有我的一位友人。

他着一身上等的蓝色游泳衣，黑色的皮肤，在阳光的曝晒里闪烁着一种健康的亮光，迷漫着一种喜悦的气息，涂着发蜡的头发烫得时髦而光亮，平滑的额角还颤着一滴一滴的水滴……他的那种咧开嘴露出雪白牙齿的表情，和那种可称为富人的眼睛使我想逃开去。

"你怎么？……"我随意地问道。

他的脸红了。在外头又多漂泊了几年，懂得点所谓世故的我，这里就深责自己的孟浪了。

"我现在在这里一个什么机关，当一名干事。"倒是他坦白。说着他转过脸去，用手招呼一个随浪潮冲到岸上的娇艳的红游泳衣的女郎。她含笑地进来了，没有帽子，一头烫得发黄的卷发湿腻地拖在背后，两只深黑的大眼睛，低低地向人狡诈地窥视，两颊红晕，嘴角浮着矜持；她摆动头的时候，一大部卷发飘到左肩上来，同时眼里露着过多的眼白，黑瞳孔沉了下去：一种无情的表征。她有适中婀娜的身材，背一个绿色的大游泳圈，显得疲倦地把身子倚到子固的身子旁去微喘着，用着怀疑的眼白窥探着我，接着又向上微扬着头用那同一表情的眼神向子固询问，嘴有点鼓。

……子固洋洋地笑着，伸出丰满的左臂抱着她的肩，女的像发出一种模糊的呻吟，卷发在子固突出的厚胸上擦掠着……子固抬头发现了我，低低地像是向自己说：

"这是娟。"

我托故向远一点的地方走了去。他们两个开始躺下来，把身子埋在沙里，互相往身上抛着沙子，女郎银铃似的笑声里混合着我久违的子固的粗朗的笑声，但却是无节制和色情的。我的被引起的记忆一下就消灭了，像海水的一个小泡沫。

这高朗的晴空，没有平静的海，和像停滞在透明的空际的银色海鸥，快乐地喧嚣着的五颜六色的人群……一切都像离我远去了。我看着面前两个用沙子建塔的肥壮的孩子，塔将要成的顷刻，一个大的浪头奔了过来，沙上留下一摊湿迹，潮退了，塔没有影子，躲在一旁的孩子拍着手欢呼，于是又蹲下身子匆匆忙忙地开始工作。……失败和成功是分不开的。我惊讶着孩子们纯真的感情。

下午我在街上碰到子固，他着一身雪白的西装，黑衬衣，小白领结，没有帽子，戴一副墨镜，斜着身子坐在一辆崭新黄包车上，驰了过去，接着是那娟的车子，她也是一身白西装，一顶宽沿的白色法国女帽歪压在眉角，斜遮着半个脸，也是墨镜，子固向我扬起一只手，女的露着矜持的嘴角，但车子已走过去了。

*

……各种关于子固的记忆在我的脑海里涌现着，直到觉得混乱和疲惫。我没有遵约去他那里。第二天恰好有一辆轿车，我就搭了这车向西北一个城市驰来了，再由这里转到我的作战的部队上去。

这车子另外还搭一个女政工员，她带着一个出生不久的婴儿。她是一个有健康的身子和嘹亮嗓子的女郎，圆脸浓眉，老是咯儿咯儿地笑着，更喜欢谈话，像一只麻雀的唧喳，没有停憩。她也要到我去的那个城市的。在各种原因下，我们决定在 B 镇换乘本战区运输部的汽车，我有一张能交涉到车子的公事，她喜欢不尽，向我尽在谈说着她在这里所认识的人所知道的事。比如有一个漂亮的女工作员，除过右额角有一个疤外，她一切都无可非议，突然和一个做大官的老头"平等的"结婚了，可是她还和一位勇敢的男孩子来往着，一天，她写给他的一封信被老头查到了，信里有着像演剧口气一样的话，"呵，我的肉体虽是属于他(老头子)，我的不朽的灵魂却永远是你的。……"老头子大怒，回到住家的窑洞里，一句话也不讲，把她绑起就打；她发怒地说，你为什么平白地打人呀！老头子平静地说，反正你的肉体属于我的，我就打这属于我的肉体，这不关你灵魂的事，有什么喊的。接连着噼啪噼啪地打下去，像敲石头，哈哈……

她笑得喘不过气来。有时候，说到一个人她还学着那个人的声音和动作，眼睛灵活地闪烁着，像一只发笑的猫。倒是我不断地提醒她：

"张同志，你宝宝的头撞着了。"

"张同志，小孩子像饿了。"

"张同志，小孩像要瞌睡了。"

"……"

她还是不经意地纵声哗笑着，沉湎在自己制造的快乐里，哪里像是一个母亲！

第二天过午我们顺利地换了汽车，她好像感激着我公事的帮忙，在那拥挤的人堆里，仍然絮说着她以为是好笑的人和事。……车扬着尘灰，像一匹狂疯的兽，在曲折的山路上野蛮地蠢动着。

"我还认识一个人，也还有意思，谢先生。"她说，声音闷闷的，她用毛巾遮着嘴。

"小心你和你的宝宝吧。"我不耐烦地说，舐舐发干的唇皮，在毛巾里喘过一口气。

"那是一个司令部的参议，蛮有意思。"她继续说，并不注意我的忠告。这里我对女人起了一种弹性的反应，她真是与我们男子不同的一种生物，莫索里尼说女人只会分析不会综合的话，被我无聊地想起来了。

"这个人才有意思，好像另一种生物标本。他少和人来往，见了人脸红口讷，就喜欢一个人坐在河边山头和野地，呆看路上的风景，像被鬼迷了的沉默。路上的风景是一个样的：一群一群驮着子弹和给养的毛驴子，是送到黄河岸上，过战区去的；一队一队地唱着'我们的热血沸腾啦'的新兵，三句倒有两句音调不对，正在这里集中训练。他像做梦一样看这些单调的景色，仿佛这景色里藏着一种什么。这人有一双温和的眼睛，一看就是个好人，但可怜却有白发了，背也躬了，听说年纪还不大，战后受了一个大刺激，什么都完了。生活好的人是经不起大的打击的。他和我们的队长还要好，他和他很谈得来。吓，我们的队长，过去是一个了不得的角色，以至一下弄到不得了。一天下午他路过到我们队部里，正凑我们都在院子里玩，他就和队长闲拉起来了，我听到他漫漫沉沉地说什么‘我愿意一个人离人群坐在荒原里，山头或水边，但坐长久了，太使我痛苦，仿佛时间就是痛苦。真的，我在这些地方，好像常听到一种呼唤的声音，这声音像在热情地有力地召唤着我，像是一种复活的诱惑，听着这声音我就惶惑战栗起来，不知所措，就像转回到前些年，……我早忘了想起就使我痛苦的那些年。但这结果呢？是更多的痛苦添在我的心上，我没有法子。我疲倦了。自己把自己毁了。……这回战事真是一种了不得的力量，我们快乐的队长，满面红光的队长，和我们在一起唱歌的队长，听到这些结结巴巴的话，眼看地叹了一口气，一边拿着棍子在地上画着一些不成形的东西。他不说什么。但结果还是劝他，要他看得开。这位参议，”——她机警地向我身边凑近些，“他叫余子固。”——这倒使我吃了一惊。“我们队长问他说，‘老兄，你也弄了一个少将了，还想那些无聊的事干什么！况且我们总在为抗战工作，并不是做什么低三下四的事，我就很痛快这种生活，仿佛洗过一个热水澡。’他说着，瞟到我们，——他的眼真管事，吆喝着，‘你们不趁天没黑去排戏，尽挤在院子里干什么！’我们看见那参议不相信地摇摇头，佝着背走了。我们队长颓丧着神色，眼睛不离开地面，挟在手里的棍子尽在地上画着，显然陷入了一种沉思。我们就给这个参议起了一个绰号，叫‘乌鸦’。”……

我想不到会从她嘴里听到子固的事。我默然，我难于忘却。我陡然记起《野性呼唤》①里的狗巴克了。巴克做了家狗，过着麻木而安适的日子，日子长了，尖的耳朵里时时被风吹进一种声音，这声音在它是熟悉的，但又辽远，使它喜悦、愤怒、痛苦，经历着各种繁复的感情。最后它对于违反本性的现实的生活忏悔而遗弃了，重回到山野的月光下，过它的狼的不羁的生活了。……在形而上学的动物的子固身上使我想起一匹狗的事总是奇怪的，人没有刺激就不能像人的生活吗？什么是一个人的生活呢？不过这在残余的人性中发现的呼声是不是比狗的强烈，真能引起行动呢？……这需要生物学家的答复了。

我身子大大地震撼着，同时婴儿刺耳地啼哭起来。我惊醒似的发现车子正艰辛地迂回在一个险峻的山头上，西边的半个天空抹满美丽的巨大红色，落日像一匹兽的血红的大口，要吞没一切地走向沉坠。钢色的群山耸立着，空气是暗紫的。没有鸟迹和风声，一幅沉默的晚景。山旁暗绿的峡谷里，一小队骑兵正在纵马奔驰。马嘶着，人的身子伏在马背上，突出的枪尖闪着暗沉沉的光。……

我的激越的感情又向战斗转过来了。让我们向这真正的人间勇士致无涯的感激，为他们的健康祝福。

一九四二年夏天

注：
①《野性呼唤》(*The Call of the Wild*)，美国杰克·伦敦作长篇小说。

我 乡

一切痛苦都带来多少好处。

——悲多汶

是溽热的战争中的暑天，在战地生活得麻木了的我，趁一次战役后部队整憩的机会，请了短假，返回我那别了整整四年的家乡去。

这四年里，世事虽然变得格外迅速和复杂，如万花筒般的使人目眩，但一件事我还记得很清楚，就像昨天的事一样。我离故乡的那年，故乡也正陷在一种战乱里，当时以脑疾旅居青岛的我，因为又将有一次不平常的长途漂泊，遵了当地就商的长辈的命令，装作一小买卖人，剃光了脑袋，扎着棉裤角，穿起马褂，除过吃饭，"不必用嘴"地回到家乡去。那一次留给我的混合着黑色恐怖的欢快和悲哀，我永世不会忘却。但是，四年以后，我又要回到我的陷在战争中的故乡了。

在贫乏的西北高原上迂回了十三天，天气是这样地干燥，悬在半空的太阳，像一个敌人似的高高在上地监视着。我啃着干裂的唇皮，充军一样的前进。一身深灰军服差不多变成了淡白色，衬衣像胶布似的贴在背上。我充满了干燥的希望。从父亲谨慎的来信中，我知道我不能一直到达我那躺在平原上的故乡，像过去一样，家早搬在离故乡不远的山村里。我总是快活的，无尽地快活。是的，这次还乡是不平常的，我竟真的穿了军衣，以一个军人的身份走回来了。还有，和我结婚不久就离别了的妻死在战争第二年春天，我想看看她的大概已盖满了青草的坟墓。我心里悲戚地想，这样低头回到故乡，真不知哪年哪月再能回去了，世事是无涯无际的，我们虽然早一脚踢倒了命运的谬说，但是欣逢着一种怎样的时代啊！

第十三天的黄昏，我终于到达住家的山村。和这村毗连的前一个村里，住着移来的县政府，和本县人民自己组织的抗敌自卫队本部。匆忙地走在朦胧的村路上的人，吃惊地盯视着骑在驴背上的我，我也吃惊地盯视着他们。啊呀！不少是我所认识的村人和邻村的人，他们都已穿了宽大的手缝的各色军衣；在一个坝场里，正挤满了人唱"我们再也不能忍受，我们再也不能忍受"的歌，指挥人的两只手在空中有力地挥动，声音是我们的本地腔，虽然不合抑扬顿挫的音乐乐理，感情的昂扬奋发，却深符歌词的意义。一大群乌鸦绕着树林旋噪着，像为这激越的歌唱感动了。我怀着激动的心情走出村子。一线白线的路渐渐模糊不清，只好下了驴背摸索着行进。眼前山崖下伸长着一片混杂着晚烟的郁结的树丛，像一群抬头瞭望的兵士。脚夫指着说，大概就是那树林里的村子了，我的心腔起了剧烈的跳动。

走下一条直坡，算是在树林下面的村里了，紧接着一家门旁，坐着几个乘凉的人，一个老太太和几个年轻的姑娘，静静地像在期待什么。哪里是我的家呢？——我迟疑着；上去问一下吧，这样想着我就一直逼近到那坐在门前石上的老太太面前，旁边站着的几个姑娘，一瞬间惊鸿般的跑进门去了。老太太吃一惊地抬起头，从那高而宽的前额，和那恍然失神的眼睛，我认识这就是我的母亲！

"奶！"我用我们本地的称呼喊着母亲，眼睛觉得湿润了，面前像起了一层薄雾。

她紧紧地瞪视着，手扶着墙颤巍巍地站起来，发了失神的声音："你是谁？"但一下她就觉醒似的喊出了："你回来了，呀，是你！"我看见她的遗传于我的高而宽广的打着重重皱纹的前额，和那深深的泪，我木然了。……

于是院里起了一阵激动，至处处响着硬朗的发颤的笑声。母亲点燃了一大把香火，青色的火焰，照耀着母亲的笑得发颤的闪光的脸，母亲的脸添了更多的皱纹了。她跪在院里向漠空祷告，我坐在院子里的阶上，呆呆地看着悬在乌黑的天上的半个月亮，脑子里像一个战场。一个清脆的女孩子声音说：

"哥，你走时候买的鱼缸我们打了。"

"啊啊……"

"打了几年了。"

"呵呵……"

"是新打的。"

"新?"

我似乎从疲倦里惊醒了。新是我的弟弟，说话的是我的二妹，她的大而有神的眼睛，看着我，微笑着。

"新吗? 他不在，他在干部学校当兵，哈哈……"母亲抢着说。我愕然了。

"他今年是十四岁，可是比他小的就去当兵的多得很，像东侯村的几个，就和他在一块呢。"母亲补充说。

玻璃鱼缸，嬉戏的金鱼，翠绿的水藻，围观的孩子们的笑脸，和我发着这样的声明：谁打了谁赔。于是孩子们都注意着自己，怕万一撞倒了鱼缸。……呵呵，蒙着厚重的尘埃的镜子一样的我的记忆啊! ……但是，我想到新弟，我在战地接到过弟弟一封信，那信曾引起正在围观地图的同事们的哗笑，"二哥，现在是民族革命的时候了，所以我们青年都要民族革命了，做一个民族革命的战士。完了，此致，民族革命的敬礼!"瘦小的月亮下，我强烈地想到我那个黑瘦短小个性倔强的弟弟，现在他也正在暗晦的月亮下，开着小组会吧，旁边一定燃着一堆作为照明用的野火，会照得孩子们天真的脸，更严肃，更勇敢，更美丽。或是和他一样是儿童就穿了军服的同志正围在昏黑的菜油灯下，用心地看着土纸印成的写着斗争知识的书报吧。……

"金鱼，二小煮吃了。"一个男孩的结巴声音。于是，起了一片哗笑。这是我的侄子，他歪了头，热心地告诉我说。可是，那时他还不是金鱼的保护者之一呢。

可是，我听见母亲叹息说：

"对了，二小死了。"

"死了?"我非常惊异。

064

"死了，当汉奸，拿我们的炮打死了。"妹妹们大声说。

"胡说！"母亲叱着，于是，又是一片笑声，母亲却感动地说着二小的事。

所谓二小这个人，他不是我们本地人，是一次黄河决口时逃到我们这里来的山东难民。祖母在世的时候，他就来到我们家里做厨子。人老实沉默，头剃得和脸一样的发青。全身有点弯曲，像一条没长壮实的青头萝卜。深深的眼里布满迷惑于生活的哀光。可是，他是我的一个真实朋友，在野地或山涧，捉起兔子，或捕起雀子来，他是一个机智老练的好手。记得一个雪天，他在打麦场捕到两只灰色的鸽子，他先砍掉一只的头，把明晃晃染着血迹的厨刀递给我笑着说，"杀一个试试看。"我心里打了一个冷噤，在他鼓励杀伐的情绪下下手了。他称赞着我的勇敢，所以他也是我的一个师傅。他竟是这样死的：被敌人捉去当伕子去进攻中条山，在敌人败溃中私逃了半里地，被我们追击的炮打碎了，是一个战争中平凡的死。

"听说，是无声炮打死的，是英国炮呢！"二妹说。但没有笑声了。一片沉默，仿佛为我们的厨夫举行一个追悼。我又突然想起一宗事：就在我前次还乡的时候，故乡正陷在草木皆兵的危乱里，家中为预防万一，衣服什物都交由二小经手隐藏，他居然没有逃难地死守着家园，事后两个衣包不见了，问二小，他红着脸否认经手过这两件，不久他却穿了衣包内的衣服，可并不胆怯。

父亲回来了，灯光映着他的白发，人很瘦削了。他手里拿着一包书报模样的东西。

"你回来了，我在自卫队队部坐着呢，"他说，"这是合作社新到的书报，来拿去。"他说着把书递给跟进屋里的妹妹们。院子里泛起一片孩子们的歌声，是暴风雨一样雄壮的合唱。父亲打量着我，呆滞的目光里散出一丝热意的柔和，而且这柔和在渐渐增添着。……

不久，院子静寂了，家人和孩子们都憩息去了。我和双亲坐在灯光下喝茶。母亲黯然地说述着妻病死的经过。我却想着妻在致我的一封信里的话，"幸福是偶然的。"妻是一个没有很高的教育程度的女子。据母亲说，妻在病危的时候，地方已然乱糟糟的了，家人都逃到山村里，妻却没有逃，她借住在本族的穷苦人家里，在死去的前一天，她拿我的照片和一束母亲交给她预备万一家族被冲散各人逃难用的钞票，这些都缝在她的衣袋里，她觉得自己不久于人世，所以交给母亲，"我没有力量再保存这些了。"
她说，第二天的晚间就寂寞地死去了。

"那时你跑到哪里去了呢？我们还以为你仍在南方。"一直沉默的父亲
说，声音是喑哑的。……

远远的炮声响了，不久又是机关枪打石子一样的交鸣。这在我的感觉
上是疲然的。父亲说，"恐怕又接触了。"随着叹了一口气。

外面起了夜风，枪炮的交响一阵比一阵激烈；父亲皱着眉看窗外，院
子里漆黑的，半个月亮隐下去了，槐树上栖息的老鸦感觉不安般的飞了起
来，哇哇地凄然鸣过，翅膀振着空气沉重地响着，飞向不知之所了。

*

这样，我又是我们可爱的家庭的一员了。在炮声里，忘了恐怖和悲
哀，浸在一种天性的欢娱和骄矜里。我感到生命激烈地跳跃，心里像有一
把刀子在乱搅，仿佛一睁眼，便看见使人战栗的裸体的将来，这人类的将
来，时代的将来，我自己的将来，一切生物的将来。这里，陡地想起佩服
过一时的 John Avebury 的话，觉得要反对起来。他论家庭说，是"躲避世
途中难免要遭遇到的暴风雨的海港"，在这个血腥遍地的时代，是不存在
这样一个海港的；有的，却是人工的"沉醉的海港"，但那就是不幸和毁
灭。于是，我想逃开爱我和我爱的家庭。但我一提到走，母亲本是欢快的
面孔顿呈灰白，嘴唇失色地抖动着；父亲是孤寂地沉默着，摸着瘦尖的下
巴上的短髭，整个家庭是一片内里起伏激烈的沉默。只有两个妹妹是不觉
得这种人生之悲哀的，她们都在县妇女动员会工作，每日一早，馍和书都
塞在布袋里，面孔红红地出去了，晚时饿着肚皮走回来。虽然都是初中或
高小程度的学生，但在生活的教育下，大妹已在看流行的如美国斯诺所作
的《西行漫记》一类的书，她在做县妇女会的组织工作；二妹则在进行村
妇女的识字工作，用粉笔在钉在墙上的油布上写"自卫队是老百姓的军
队"一类的口号当作课本。晚间的家里充满她们欢快的笑声和歌声，她们
不懂这是一个多难的时代，甚至把苦难看作一种昂扬的欢快。在灯下翻半
天书，就呼呼地睡去了。

这中间，我见过几个来看我的本乡人。年轻的穿了军衣，做战士或工

作员，红红的面上现着没有畏惧的笑，嘴里说着一些生硬的名词，人与人之间"同志"普遍地称呼起来，正如我作战的地区所见；中年以上的人多半蓄了胡须，穿了比平日破十倍的衣服叹息说没有法子，或抬起一双畏怯无神的眼问你："你看咱们到底有没有办法？"眼里电光般的闪过一抹希望的活光。而且，一向以权威的地位维存着人与人间的存在关系的"架子"和"面子"，这两件宝贝像给战争吓得开了小差，人还原成人，也正同我作战的地区所见。至于少数的村里老知识分子，像永远在用蓄得长长的手指甲挖鼻孔，一张灰白的面孔，除过神经质的颤动外，很少变动。我担心地想，他们拼命地挖鼻孔，仿佛是种不祥之兆，还不如说是在挖自己的六尺之穴吧。

　　一个夜间，我和家人谈话终了不久，山下突然泛起一片紧密的枪声，远近的狗子接着在互相接应地狂吠，像和枪声做比赛，或想替枪声做掩饰。院子的房主，一个老农，和他的年轻的儿媳先惊觉了，老农在诅咒般的走出走进地唧咕，儿媳在低泣，他的儿子，也是她的丈夫，是一个自卫队员，本晚在战地值夜。母亲说，不要紧，这是常事，安然地睡去吧。但在侧着的耳朵听来，枪声不仅愈趋紧密，而且接近，而且加入小钢炮的吼声。纸窗发疟疾似的震动，构成一种战争存在的状态了。战争在向着我们的村庄前进。父亲说："你现在休息着，跟我们尝一次逃难的滋味吧。"天还是紫黑色的时候，我们离开村子沿着山路前进，正像其他扶老携幼，带着粮食和耕牛的村人。自卫队员都匍匐在山野里，迎接战斗，同时，以笑脸和战士的骄傲迎接他们父母故乡的村人。有的不可忍耐般的一次又一次地拉着枪栓，在队长的命令下，等候着敌人接近射击。我们背后，战争正在激烈进行，远处的山头，在晨曦下剪彩般的活动着各式短小的战斗者的姿态。我搀着母亲正走到山腰，一只机枪的射击弹忽然向我们的方向猛烈地扑来，我发现我们已成为目标，流弹就在近处匍匐不绝地响着。妹妹们恐惧地藏下身子，但我想在这里还未构成一个完全的火网前，不如迅速地前进安全，母亲也这样急呼着，要在前边的妹妹嫂子和侄子们"快跑"，同时她摆脱我的手，"你快跑，不要管我！"的边喘边嚷着；父亲大声说："这孩子，怎么不听话！你远走你们的，不用管我们。"母亲更着力地推着我，气喘地拼着生命之力喊着，"留着你们年轻有用，你们快跑你们的，不用管我们。"愤怒地催促着。我没有眼泪，我懂得这是什么意义的战争。

我单独地走出一段路，回头看见在阳光里蹒跚前进的双亲默然地相互搀扶着的姿态，我忘了是在战争中地走回去，他们立刻大声叫着我，"滚你的！"妹妹们也在远远地呆视着后面的双亲，像忘了似的停止了个人的行进，……

在回忆里写到这里，我觉得这管笔的沉重，我要用全部的生命力量支撑着它。我要大声地呼喊和赞叹，这和我在写着的稿纸一样纯白圣洁的人性和爱！不久，我们全家欢聚在一个凹处的树下，妹妹们吃着馍说笑，我顺着母亲伸出的手杖，眯着眼看在阳光下的山头上的战争。"那该是鬼子，"母亲说，"闪光的可是钢盔。""你看奶的眼睛，那是刺刀的光。"二妹辩解着。"又要肉搏了。"父亲叹息说。——这样讲论着战争，和默祷着一次新的胜利。下午敌人退了，我们欢快地回到我们家里。我搀着母亲，她满脸笑容。"又是一次胜仗！"她。父亲则大声嚷着，要送两只猪慰劳战士，母亲笑着说："你看，又嚷起来了，回到家里你送你的猪去，不就完了，现在半路上，就嚷了。"父亲在儿女的笑声里沉默着，忽然微叹地说："我们阵亡了两个战士，一个是很好的机关枪手。明天又要开追悼会了。"

但是，我一再觉得我要离开这里了。我平和地向母亲说，要赶回部队上去，母亲低了头没响，突然说，"那走你的吧，我们不再耽误你了。"一刹那间，我看见母亲脸上闪过一种光，一种可称为圣洁的光，但马上就布满了宽大的泪珠，使我悲然地想起一幅叫作《牺牲》的外国版画……

父亲说："那么下午下山回村一次吧，总是回来了，也好看看家乡的样子。"随着嘴角露出一丝凄然的苦笑。这正合我的意思。我要看看我的在痛苦里打滚的新的故乡，还有，新增在故乡的土地上的妻的坟。下午我换了乡装，一个破草帽压到眉尖，跟着父亲下山，母亲黯然送我们到门口，只说，要小心，明天一早转来。小的侄子在我一旁跳着，说着"叔叔回家去吗？我也一块去"。可是给父亲叱回去了。

我们低着头默然前进；在山口，父亲指着近处的映在夕阳里的灿烂的村子，说，"看，这就是我们村子！"是的，这正是我记忆中的村子，丰盛繁茂的村子，现在控制在敌人刺刀下的村子。

暮色中我们进了村，村民正背着农具从田里回来，看见我，灰色的面上，露着一种寂寞亲切的神色，低着嗓子说："你回来了。"于是，在我们的园子里，跑过来大群的村民，他们好奇地围着我，听说我在军队上，眼里闪着新的感激的光，重新地估量着我。

"好的，好的！军队，军队！快杀这伙驴球肏的！"一个近邻的老农双喜突然激动地说，大家吃惊地看着他。

园子里繁茂的花木在黄昏里摆动着，我仍被人们围绕着，喑哑的声音，破旧的衣服，神色寂寞而胆怯，仿佛走路都害怕有声音，是一群幽灵似的生物。用人在田里搬来几个西瓜，大家黯然地吃着。园外池塘里的蛙咽咽地凄苦地叫着，老者们抽烟丝丝地发响，火在暗里一颤一抖的。

"你们的红马不见了吧？"双喜用他的干哑的声音问我，"你小时候心爱的那匹红马，给鬼子拉去了。"

"他拉了有什么用？"我的一个同族青年吉安吃吃地说，像在梦里似的，摸着他光光的头。

"有什么用？他也许把它杀了，这伙驴子肏的！"双喜激昂地说。接着又是厚重的沉默，这沉默压抑着一种疲倦。

我们乡间的习俗，我是知道的：一个畜生，待它老了的时候，除过吃好的草料，供儿童们嬉戏外，它是不再做什么工了。一旦老死了，主人就给它穿两只旧鞋，戴一顶破草帽，送一个饭碗，和一双筷子，像一个受苦的农人终结了他的勤苦的一生的埋葬了，"它受了一辈子苦，希望来世变成一个人吧"的被赞叹着。这仿佛是真正的东方哲学和道德的徽记。我们的老红马，它是温良的，它的昂着鸣叫的姿态，和老是有一匹小红马偎在它的身旁吃乳的情况，在我的记忆里一再涌现。它现在在自诩是文明人类而且自称是替文明来征服我们的敌人俘虏下的生与死，我真不敢去想象，不愿想象，其实在敌人的眼中，我们这人的价值和马并没什么差异的。

父亲提着灯，默默打开各处的门，要我参观他这几年的建筑，有几处给炮打倒了，地上堆着厚厚的木料，从这里发出腐木的气息。于是我又把草帽拉到眉尖，低头走出村子，向邻村找睡觉的地方去，而就在一个长辈的屋里待下来。

我的这位长辈，曾在大地方干过洋行经理，自从洋行关门，退回故乡后便成了一个迷信大家。他每天要烧成箱子的黄表，烧香也是整斗，而且不能间断一刻。他用灰白的面孔迎接我，吹过一口气似的说，"你回来了，你大概不信神的，可是现在是该信的时候了。"滔滔地谈论着《烧饼歌》一类的话，结末他说，"这战争，这灾难，这是神对人的一种惩罚，只有忍耐，是唯一的应付办法。"于是说，"你脑里应该有一个神字。"两只毛玻璃似的眼睛骨碌骨碌地转动着，……

在黯然的灯光下，和继续不绝的炮声中，听着这种残破的声音和这种声音所代表的意义，使我奇怪地想到苍白的寺钟之声，这是灭亡的代表。

第二天的黎明，我就离开这位神的弟子家里，他在苍白的沉默里送走我，一直走出村子，我的眼前仿佛还闪烁着那一张恐惧而绝望的灰白的脸，觉得十分丑恶而哀怜。

在自己罩着晨雾的园子里父亲摘了几个沾着露珠的肥大的梨子默默地递给我。我们向山走去，就在近山脚下，我看到妻的孤墓，正在朝阳里曝晒着，我脱了帽子，静立了几分钟。我想，胆小的妻的墓旁不知经过多少次激烈的战争了，但她既然告别了人间的幸福，也就忘却了人间的悲苦吧！……

*

当日下午，我离家向黄河前进。房主老农，一直送我过了两个山头，才辞别了。我走得很远，偶然回转头，还看见他那挺立在山巅上的高大的身躯，和他手里的闪光的镰刀。他是在伫视着我，怕我万一会走错路子的，我听到他的高大而枯老的声音：

"对了，对了，就是那条路，放心走你的吧！"

我在这万山丛中的崎岖路上转进着，重穿了我的军衣，想到我们东方人所悲观的梦的人生，和并不是梦的残酷的现实人生之绘，我的眼睛湿润了。但是，我们正如牧者站在四顾茫茫的苍野，对于生命的设想，是不应该茫然和忧郁的。应该挺身高歌，呼喊生命的愉快和伟大；更不是纯然动物式的生活，而应该努力增润生命，发扬生命的真价。

生命吗？就是生命。斗争，创造，征服。

故乡，战乱的故乡是赋予我们以人生和战斗之勇气的。它是这样的一个新的人生之港湾。

一九四二年九月上旬写

理想主义者

一

"可又找到你了，——老李！"

这声音非常熟稔，虽然充满苍老和疲倦，甚至有点悲凉，确使我吃了一惊。

"哦，你，史英！"

我说，站起来，请客人坐下去。于是，她就像一件货物似的颓然倒在椅子上，拭着额上的汗。接着进来了她的孩子咪儿，和另一个像她的丈夫方善里，但是比方善里疲老细高得多，戴着近视眼镜的中年人。史英懒懒地介绍说，这是老方的胞兄，我们握握手，大家坐安定了。

这三个人，史英，她比三年前我们在西北聚会时老多了，虽然才二十岁上的人，头发已脱了许多，甚至有几茎白发；两个外眼角，更加垂下，猛一看，好像是肿着的样子；衣服却比三年前还破旧，而且，就是三年前的一套，一件不成样子的黑布棉袍。咪儿虽然已是六岁，却还那么弱小，怯生生的，把指头尽塞在嘴里，呆看着，接着看看他的母亲，不出声地嘿嘿傻笑，鼻涕拖得很长。这个表情，给他的伯父，方善里的哥哥，招来不快，他使劲地推他一下，威胁地怒视着；小孩就显得更麻木，更怯生。他

071

的伯父，这才应酬地笑着，憔悴的脸上堆着困惑的光，深度的近视镜片后，眼睛无所依地烦恼地睨视着。

我忽然记起了什么似的，问道：

"你的那个小的呢？还留在重庆吗？"

在这样的问题下，本来还平安的甚至有点活泼的空气，一下被搅动了。史英首先就抽噎起来，咪儿的伯父，用手扶扶眼镜，也把头低了下去。咪儿却东张西望的，又把手指塞到嘴里去。

这样，马上形成的悲哀和严肃，连我也出乎意外地吃惊。一阵难堪地沉默后，史英抽噎地说：

"死……了！"

"哦！"我和妻一同惊住了。

"真倒霉！"史英拭过泪，拉了一下衣服说，"我们前一个月就从重庆到这里了。善里在重庆混了几年，胜利了，他才在交通部弄了个小差事，坐飞机回到北平，目的是趁机会回家，于是我们就和五哥，"他指着咪儿的伯父，他这时一点表情没有地坐着，脑里像在酝酿一件事变。忽然又把吃着自己手指的咪儿厉害地推了一下，比前一回还形势严重；咪儿咧开嘴，几乎爆发出哭声。史英这时拉过孩子来，像是照例地叽咕着，"你管他干什么！"接着看着吃惊的我们说下去："我们就随五哥辗转到这里来，再想转到北平去。满以为沿途顺利，不想在这里就待下去。我们一直不知道你在哪里，这是善里来信才知道的。五哥在这里的职业专门学校找到了事，"这里，她顿了一顿，看看五哥，他已站起身来，低着头在屋子里踱着急速的步子，像根本没注意到这里的谈话。"五哥在抗战前是大学的物理教授——"她说。

"提那些废话干什么！过去，过去，都算死了。"

五哥几乎是愤怒地叫着，忽然站定了，责备地瞪着史英。

"那有什么，我们是无话不谈的老朋友，你坐你的。"史英望着五哥说，抗议似的。

"唉，他妈的！"

五哥沉重叹气，又急速地踱起步子。史英继续说下去："五哥既然有了工作，我们就不着急了，满想这样待下去，等路通了再走，——"

"谁待下去，你待下去，这鬼地方，满街军人，夜夜抢案！——"

五哥又更汹涌地插进来了。史英奇怪地望着他，停了一下，继续说：

"可是，事有意外。先是给小偷光顾了一次，五哥的被子，和我的大衣，都丢了，再接着小的一个就得了急性传染病，死了！"

说到这里，史英就冲动地，出声地哭起来了。咪儿吃着指头，惊奇地望着。我看着五哥，他像置身在另一个地方似的，仍是激急地踱着步子，妻劝慰着史英，我搓着手叹息。最后，最后，还是史英说：

"这地方真倒霉，所以我想搬到你这里住住再说。"

我们劝慰过了史英，五哥这时坐下来了。他的神色紧张，黑瘦的脸仿佛扭歪了。他像演讲似的，大声地激动地说：

"妈的，中国这个地方，我真待不下去了。我从前在燕大毕业后，本来就想到美国走走，可是，可惜得很，因事耽误了；一半也是决心不够，觉得这个国家还有点可爱；虽然脏，可是不能马马虎虎地活。这次一抗战，那算完了，在重庆逃这几年难，我算活够了。这还是个国家么！遍地土匪！可惜，我失去了机会，去年美国在重庆招考华文教师到旧金山去，我没有考上，要不，早就在美国了。哼，在美国，当苦力我觉得比在中国做绅士强。这样的国家，没有秩序，没点上进的样子，简直没一点生气！报上说，第一次世界大战后，法国因为通货膨胀，民众把印钞票的印刷厂打乱了，中国，哼，谁有那个勇气？……"

我一边吃惊于他这样爆发的议论，一边开玩笑地说，其实法国老百姓蠢得可爱，你把这里的钞票厂毁了，那里还能印。而且，像我国，钞票就多是在美国印的，难道老百姓坐了飞机到美国去示威去不成？哈，哈，哈……

我是想借此缓和一点空气的，但五哥还是挺认真的神气，而且更愤怒地说：

"我是不能在中国待了，非想法子到美国不可！"

说着，竟用拳击着桌子，咪儿赶快把手从嘴里掏出来，更紧地靠着母亲，非常恐怖。

这样，空气僵下来了。五哥突然害了热病似的，他更狂乱了，眼睛睁得更大，脸上泛起一层不正常的红光，他好像怀着伟大的愤怒，这时不可收拾地泛滥起来了。

"这地方，我是决不待了。校长从南京回来我就辞职。这样的地方，马路这样坏，没一点都市的样子；而且，军人这样多，老百姓这样不讲理，一群混蛋，我算待够了，我要走了。"

说着，他霍地站起来，我也站起来。

"方先生，"我说，"你上哪儿去？我们马上吃饭，你太激动了。"

史英也接着站起来。五哥低下头去，忽然迅快地又抬起来，恢复了他的苍白，现着笑容说：

"咱们不客气，现在生活这么高，两便，两便，你留步，学校要开饭了。"

我解释着，挽留着，但是他坚持着"各人吃各人"，说得非常坚决，好像是一条真理。这使我仿佛想起在初中念书时英文教员给我们讲的欧美礼俗。最后还是史英说，我和方善里不是普通的友谊，在他们夫妇民国卅年从游击区中看清楚了"中国事就是这么一回事，谁牺牲了谁倒霉"这样的道理，而决然地回到后方来，想不到又不被谅解地受了一点委屈，而生活在恐怖与恐慌里的时候，我虽然是责备了他们，但却也同情了他们，甚至援助了他们，能使方善里在西北一个新兴的城市中去做电影院的广告画师，以维持他们的日子，总算是不见外的自己人。这样，五哥带着充分感谢的神气，才勉强留下了。

二

饭后，五哥说还有课要上，告辞走了。我得和史英沉静地坐谈了很久。

她先说她那小孩子的死，本来有救的；可是，因为这地方的医院，私立医院没有充足的钱，不敢进去，而公共医院，却见大门上尽是封条，因为接收，早停办了。

"这是运气，该有这么一回事。"

我拿命运说劝慰着她。这在前五年，我要这样说，一定要被她打几个嘴巴。那时，她和方善里正沉醉在一种伟大的理想里，以至双双以人间最美丽的名称同志关系跑到华北的敌后战地，把自己沉没在战争的潮浪里，而且就这样地结了婚。但是在几个冲天的波浪中，他们颓然退回后方来了，而竟睁圆了眼睛，梦想着逸乐。看见街上走的脑满肠肥的圆胖胖的新兴国民，他们舐着饿得发干的嘴唇，用羡慕而又相嫉的口调说："这才是人的生活，这才像个人！"但是，命运竟像和他们开玩笑，他们先是在不谅解的恐怖里发抖，继而又长期地在饥饿里打滚；而好多次地跑到城隍庙里，抽签问自己的流年。所以这里我像一个商人迎合顾主似的，拿命运来安慰她。

"但是，我的运气就老不变好吗？"她翻着眼白看我，认真而悲楚的。

"那你最好去问运气它自己去，一定有个结论。"我笑着说，这仿佛刺伤她了，她默不作声。妻打圆场地说：

"你这个人，在人家悲哀的时候，还开玩笑，算朋友吗？"

"那我答什么呀！"我也仿佛很悲哀地说，"那明天吧，我们上城隍庙抽签。这里的城隍老爷，"我补充说，"真像陕西人说的，灵得很！据说他名字叫纪信，是汉高祖赴鸿门宴的五个随员之一，后来替汉高祖死于项羽手中的，是一个有大大勇气的人。这地方的老百姓强得很，大概因为他的勇敢才崇拜他的。"这话里，也含着刺。史英一点声音没有了。妻白了我一眼，我笑着走了出去。其实，我的心里非常地沉重和难过，像每一见到和想到他们夫妇一样，好蠢的人呀，我心里喊着说，……

我再回到屋里来，史英和妻正躺在床上细语着。咪儿一手拿一个馍啃着，脸上糊满了鼻涕和馍花。我进来她们都起来了，史英低下眼睛。还是妻说，史英的意见，还是回北方去，但是回到北方也没确切办法。方善里混的差事，每月所得，依那地方的生活水准说，三口人不够吃开水；而五哥，口口声声不愿在中国待了，只苦于机会，就要上美国去。于是，我问史英，到北方生活成问题，怎么办呢，家庭可有什么依靠吗？这一问，史英像活泼起来了，赶快接着说："善里的姐夫倒是光景很不错，是美国留学生，很占个财政位置。""那你们也能沾点光啰！"我说。

"屁！"史英很重地屁了一声，鄙夷地咧着嘴唇，"这些留美学生顶自私。在重庆，我们倒见过面，那是我们刚到重庆的时候。满指望投奔他们，不想刚踏进门，老方的姐姐，那个老妖精就首先声明，我们住个天把还行，日子久了可大家不方便。住了两天，她教我们在厨房里吃饭；朋友来了也不介绍，人家还认为我是新雇的老妈子哩。老方的姐姐还一个劲地哭穷，说她的孩子喝不到新鲜牛奶呀，本地老妈子又懒又偷，从前四个，现在只能雇起两个呀。其实我们的孩子这么大了还没见过牛奶！老妈子的梦，我们早就没有了。她的丈夫，那个留美学生，洋气十足，斜眼看我们，除过做官，还和美国人合资开公司，整天在舞场混。可是，我们早就一个钱没有了。这样，我才和老方负气走出来，老方在重庆附近的县城里民教馆里画画，我做小学教员，各人在自己做事的地方搭伙。这年头，谁有了谁好，谁吃了谁饱，你靠谁？"她说得激动了，吃力地瞪着我，眼里充满了活力，我仿佛又看见五年前的史英的表情。

"那到北方怎么办呀？"我担心地问。

"碰运气！"她说，随着又有力地加添了一句："天不灭曹！"

"哈哈，这才是驴子推磨，又回到运气了。"我笑着说。史英带着吃亏的神气看了我一眼，把头低下去。忽然，我听见咪儿哭，回转头，是五哥正夺他手里的馍。原来他又转来了，他夺着，一边怒斥着：

"妈的，你是光绪三年生的，一天老吃不饱！"

咪儿挣扎着，但到底给伯父夺去了。这仿佛就是教育。但史英反对这教育，她抗辩了：

"他吃馍，也关你事？"

做伯父的没答话，他把馍很重地扔在桌子上，低着头，在地上激急地踱步子。史英抚着哭的孩子，把扔在桌上的馍捡起还给他，咪儿马上不哭了，一边恐惧地望着伯父，一边拼命一样地张大了口，吞一样地啃着馍，仿佛害怕又被夺走似的。于是，连鼻子两旁流着眼泪的地方也沾满了馍花。

"这地方不能待了，不能待了。"五哥暴躁地嚷着说，活像一头被关在笼里的兽。我奇怪地看着他，这样寒冷的气候，他还穿着夏天用的灰派力司单洋服，而且衣服早走了样子，变成黄黑色。他的声音里还夹着冷得打寒噤的声音。我真奇怪，生活已经沦落了的他，竟还坚持着因为这里不算一个真正像样的都市，比如马路不平之类，而说不能住下去了；明明一点线索没有，却声声说要到美国去生活，甚至说，一辈子都不想回来了。我真佩服他的超现实的冷酷。史英不耐烦地辩驳他：

"不想待了，那到哪里去呢？嘴里说说倒容易。"

"到哪里，"五哥停了步子愤怒地看着她，"往北去。"

"路不通呀！再说，你不是说，因为北方混乱，不想回北方吗？"史英答着，脸子很难看。我想，大约来这里很久的时间里，他们每日就在辩论这个过日子。

"那到南边去。"五哥又踱起步子。

"你爱走哪里走哪里!"史英显然地生了气。

我说:

"这样吧,方先生,你们真要往北走也容易,我替你联络商人,相随着走,听说路上倒是挺平安的。"

"瞎,想送死吗?"他对着我睁大了眼睛,"对不起,我虽然没有钱,我可还要命。走旱道,不仅我犯不上冒险,也犯不上去受罪。你想,沿路上的小店多不干净,中国老百姓最脏,再给土匪一抢,那,那………"他生气地说不下去了。

"其实,"我觉得这个人很有意思,真是有伤忠厚地又要开玩笑地说了,"其实,干土匪也没有什么。知识分子干土匪,在这年头,我倒认为是知识分子的一条伟大的出路。"

"这不是笑话!"他怒斥着,"我虽然没有钱(我后来注意到这也是他的一句口头话,又仿佛是创伤。),但我在燕京大学毕过业,做过人的导师。你老兄的意思,做土匪固然也算出路吧,可是他土匪能给我吃好的吗?能给我穿好的吗?能……这般无知识的人!对啦!这个年头,知识固然是累赘,没有大粪值钱,我正翻译了半本俄国人做的智慧之悲哀的戏曲,翻译完了,我愿意不要一个版税,请书店印出来给中国人都看看,知识固然没有用,可是,我还有知识的身份!"

"你和土匪平等地干,自然吃穿都会好呀,哪怕人生就是简单追求个人的吃穿!"我笑着发表我的意见。

"那,"他停了一下,讥讽地,或竟是恶毒地问着我,仿佛受了伤,"我能和没知识的人在一块吗?我看你老兄还有点梦想精神,其实,世界上除过面包外,再没有更真实的东西,浪漫蒂克的思想早过去了。"他哈哈地笑开了。忽然停住笑,抱歉地说:"真对不起,打扰您,不该说这样的话!"

我还笑着说:

"我们都算知识分子,谈谈也是好的。"

他忽然感动似的,抓着自己头发,沉思地,竟是痛苦地说:

"这三四年,我用全力追求面包,虽然还往往失利,生活的机会越来越微小,但是我这个目的也愈来愈坚决;我不信世界再有什么比面包更伟大可爱了。不过，当我发现了在这样的社会中枉费力气地追求到面包，而不能愉快地啃你自己的面包，那真不如到美国去，那里好得多了。"

三

这样，史英他们在我这里就住了一个月。五哥上着课，一边骂着校长混蛋，说他在抗战前大学校教书，校长教务长等等负教育行政责任的，哪一个要不是教育家，他敢跨进学校门？可是，现在，他再进了相别八九年的学校大门，想不到校长之类，不仅是教育外行，而且，……他说不下去了。结论说，"有什么办法，这年头？有知识的人侍候没知识的人还要看脸子，还吃不饱，真不如叫花子。"有时，他上课回来，悄悄地跑到我的屋子里，脸色惨白，使我颇吃一惊。他在我耳旁轻轻说，形势非常严重：

"听到什么吗？情形很不好，北方绝不能去了。这地方，将来也危险，也绝不能待了。赶快往南走是上策。李先生，我劝你，赶快离开这个军事范围。"

我哈哈笑着说：

"方先生，你哪里听到的，不要神经太敏感呀！"

"千真万确，"他沉重地说，"将来，将来，……战争，战争，……"他就这样吞吞吐吐地发表意见，"不过，我希望你注意我的意见，不要当笑话看！"他结末说，满脸焦急的样子。

于是，像周期疟疾似的，我的耳边时时听到这种不宁静的发抖的声音。……

今天天气非常好，是真正春天了，阳光充满了热力，虽然还刮着微风。我们坐在院子里晒太阳，我剥光了上衣，露出胸脯，在阳光下曝晒，觉得像得到了一种力量。史英和妻坐在一旁，默默的。史英近来更忧郁，她发着许多的愁，惦记着老方，惧怕着到北方后的生活，可是又怀着一种侥幸，她甚至每天注意到报上的救济新闻。我维持着我的意见，如其急于要到老方那里去，那就找商人同伴起早走吧。可是，她始终摇头。她要等待。她怕抢。我开玩笑地说，你这样的蹩脚行囊，怕不会惹起什么土匪的兴趣吧？她说，命要紧。我说，只有图财才会害命，没有把害命当义务尽的吧？她仍摇摇头。于是，她也不知道她该到哪里去。这当中，五哥一次告诉她说，可以发一笔洋财，他们都惊喜得一跳。五哥说，美国人将发给每个中国教职员一套上等料子的崭新洋服，这很值几个钱，这一笔款，……于是，他们就在这笔款下发表了他们的明丽可爱的生活计划，仿佛马上就要实现，世界也突然明朗。第二天他却又懊丧了，他妈的，原来是救济机关有个传言，是就救济的旧衣服内分给每个教职员一套，而且，也只还是传说而已，哪一天发下来还难说。这样兴奋了一阵的欢悦，给痛苦与失望代替了。五哥骂着：

"妈的，人家把我们看成难民了。"

这样，他就辞了学校的职务，不干了，积极地想动身。这个地方，在他的眼内和想象内更丑恶，也更危险了。但是到哪里去呢？却还没有一定。他们希望找到一块罗斯福总统所宣言的有四大自由的地方，可惜，目前还没有这样的地方，他就只有抱怨和愁闷了。

我们正在晒着太阳，突然看见五哥比往日更匆忙地走进来，神色慌张，小咪，照例的每个手一个馍地从门口跟着伯父进来，只是，他已在伯父的怒容的教训下，变得聪明了，他已能在看见伯父的时候把馍藏到背后，而且虽然是胆怯的却仍故作镇静地跟他进来或走在他的附近，借以保护自己的既得的权利。五哥迎面向我说：

"今天晚上我们一定要走，先到南边去。形势更紧，不走太危险了。"

"哦！"我们都吃了一惊。

"犯不着冒这个危险，离开危险越快越远越好。"五哥解释着，最后的一句，竟像是格言。

我正想问是什么危险，他忽然大惊小怪地把嘴唇凑到我的耳边：

"我向你说了几十遍了。"仿佛危险就来到了，压着他似的。我点点头。

晚上，我送他们上车站。夜里天气又变了，路上化开的冰冻又冻上了。乌黑的天空，风很尖利地刺着皮肤；冰发着白色的亮光，好像是一条平坦的路，你真的走上去，却会拿稳的给摔得爬不起来。一辆车子拉着他们的很少的行李，我们就借着洋车的微弱的灯光，在这给冰封锁的道路中找着道路的平稳的空隙前进。小咪在妻的肩膀上睡着了，手里紧紧地抓着吃剩的大半个馒头；史英低着头在前边走着。我和五哥相随着，他冻得牙齿直打响，我觉得他的浑身发抖；他的近视程度又深，吃力地寻找着放心的路，真是好容易走过一步，还不知下一步如何地在寻找着。直到史英和妻随着车子早走远了，我们还留在黑暗的路上，走起来越艰难了。他重复地劝我早点离开这里，不可用生命作儿戏，后来打着抖地咒骂着，这个国家不能住下去了，他这次无论如何先避开这个地区，南方较为平安，假如有机会的话，他准备就到美国去，或许一生能快活地在那里终老。路真难走，我伴着他，前面车上的灯光早就一点影子也没有，我听见他的累得喘气和冷得发抖地打战。这样很长久地留在暗黑的道路上，我真担心会误了火车的时间。

一九四六年四月中旬写

更 下

黄昏的时候，窗外铃声大声响起来，何天民从床上跃下，神情紧张，仿佛准备应变的兵士，一边大声吆喝用人，"有人叫门，去开门去!"一边却习惯地站到镜子前面，从模糊的镜光里看着变得通红的自己脸色；忽然又匆匆地向门口走去，忙得不知所措。

黯然的霭色里，来客苍白扁平的面孔，已然出现在院子里。他刚踏进屋门一步，却正和一步就要跳出屋门的何天民相碰，差点撞在一起。客人背后，肿脸的用人，一副麻木神气，困惑地睨着这两个互相退让的朋友，露着担心的样子。一匹气势汹汹紧紧跟进来的小黑狗，鼻子在客人身上乱嗅，这时看见主人和客人退让一番后，互相握手，呵呵寒暄，才赶快摇着尾巴，轻声地汪汪，爱娇地表示歉意和亲热。主人叱了一声，连用人带狗，就都恐慌地转身去了。

"你怎么老不来，把我可等急了，呵呵……"

主人兴津津地说。客人坐在对面的椅子上，不好意思地微笑，摸摸下巴，两只木枯的眼睛却望着门外，像在仔细地考察什么。院子继续黑暗下来，院当中那株嫩洋槐已然模糊在黑暗中；黑暗正争先恐后，声势浩大地在进军，蠕动着，拥塞着，叫嚣着，仿佛蚊阵地嗡嗡轰鸣，使人神经战栗。屋内的黑暗阵势，有的从院子涌进来，有的像潜伏者似的从屋子的各个角落悍然不断地涌出着。黑暗在繁殖着。趁这两个朋友沉默的俄顷，两只老鼠竟吱吱地出现在桌下，互相打架和喧哗，毫无禁忌，像蔑视这两个坐着的叫作人的生物。客人仿佛从沉静的考查中转来，声音暗哑，嗫嚅似的说："对不起，我因为打拳来迟了。其实四点半就下了班。"

一直紧张地期待着的主人，候了半天，忽然得到这样的回答，像体会到无穷的兴味和惊奇，竟一步踏到客人的面前，歪着头说：

"怎样，你在打拳？"

"是的，我练习打拳，已经半年多了。"客人平板地说。没等得客人的话落脚，他眈着那个扁脸上掀动很快的鼻翼，竟哈哈地大笑着，扭歪着身子。

客人跷起一只腿抖动，摸摸转动的下巴，脸上浮起一层淡淡的麻木的微笑，像在不幸地防御主人的无涯无垠的哗笑的袭击；一直望着门外，又算是一种精神上的逃亡。

现在，黑暗已半固体的塞满了院子，人仿佛听到它的互相拥挤着，喧哗着，斗争着的声音：嗡，嗡，嗡，嗡，……使人越发手足无措，不胜恐惧。

……哗笑还是和黑暗纠缠着，增加着，……客人不禁抗议地喊道：

"看你，就有什么好笑，也早该笑够了。其实，又有什么好笑的。"

"好笑？"他笑得呛咳着，却仍揶揄地嚷着，"我的老同乡呀，好在咱们是多年的关系，可是，今天，我才发现了你，——"接着呛咳打断了话语，在呛咳中，客人好像得到报复地好过些了，但是忽然听得主人用另一种像期待了好久的紧切声调问说："先说正经的吧，黑货的事情，问得有结果没有？"

听着这严正的问讯，客人忽然惊慌地站起来，跑到门口去，没发现什么动静，这才复归原位地坐下，声调更暗哑地警告对方：

"小声点，是闹着玩儿吗？"

对客人的莫名其妙的动作正在出奇的主人，从这发颤的语调里一下得到领悟，他从心里鄙笑这个被生活压扁了的胆怯的苍白的老乡，一边不禁又失笑起来，嚷着说：

"你这个胆子，还敢做大烟买卖！其实，怕个卵！这时代，胀死胆大的饿死胆小的。放心说你的吧！这里没关系。行市怎样？能不能提高点，咱们多抽几个佣钱？这货，是干货，是我一个军人朋友搞的；他也不是正牌军人，起先和我在北平一齐干过学生运动的，抗战后我们又一块进了队伍，现在又一块退下来营商。"他忽然停顿了话语，沉重地觉得屋内外的黑暗已然统一成稳固的局面；黑暗压得使人窒息和麻痹。他忙惊觉般的燃起了蜡烛，马上从开花似的光亮里，跳出什物的形状和轮廓，渐渐融成一片黄澄澄的光海。客人望见他的兴奋发光的脸，紧皱的浓眉，他却注意到客人木然的眼珠忙乱地转动，嘴唇微翕了好几次，像在挣扎着要说出什么来，可又有所障碍地冲不出口。他把洋火头使劲地摔在地上，再一脚踩灭了，用一种近乎狞笑似的声调说：

"怎么，你肚子里算盘还没打清楚？"一边就挨近客人，像要加以研究一番，忽然退后了一步，骇异地叫起来："呀，你穿了新裤子了，这么亮！实在没有想到。多少钱置办的？要不是点着灯，简直注意不到。"

客人羞涩地笑着，怪难为情的，却还多少带点骄矜地说：

"凑合穿吧！一条布裤子，这就是两千多，嘿嘿！"

"我看，老夏，"主人直起身子来，背着手，低低看着凄然微笑的客人，一股自己亦无从压制的情绪，突然淹没了他，竟抛过卖大烟的事，他激动起来了，"这个时代，你的这种作风，活的不敢抓，死的不敢拿，把自己的希望全寄托在别人身上，不相干的机关身上，混一条布裤子，就觉得满足阔气，我奉告你：再这样混下去，那恐怕将来连得布裤子也穿不上了。可是，给你找的这条出路，公余之暇，给买卖人跑点腿，再积点本钱，咱们自己干大的，你却又推三推四，疑神疑鬼，干得一点也没有劲儿！"说着，白了仍在惨然微笑的客人一眼，吐了口口水，大踏步地踱起来。

客人在他汹涌无情的言语扫射下，脸色越来越苍白，他忽然看见自己赤裸裸的可怕阴惨的将来，这就是他的一生结论。他不禁打了一个寒噤，但却仍是声辩地答复，声音更干哑和勉强：

"哪里哪里，哪有的话。我还没告诉你，我这就快升成一等科员了。我们这个机关讲年资，有保障，只要你努力奉公，忠勤奋发，都有出头的日子。我已然苦熬了十二年，处长不断向我说，干吧，好好干吧，大器晚成，再过个三年两载，我给你弄个秘书，那和主官夕相近，地位就会蒸蒸日上了。干公事，你得有守的功夫，才有前途；三日打鱼两日晒网，不仅不成，就是求急功近利，也终必失败。只有守，渐求上进，才能有所成，以至蔚为大器，所谓守成。——哦，说你给我交办的事吧，我哪一天下了班不跑？莫说没上劲儿干，谁跟钞票是仇人？不过，却得分外小心，这时人心坏完了，不深交的，不知根底的，不用说做这门交易，提一提你都危险。可是，我今天来就是告诉你这个批发处：这个货行市掉狠了，直泻两千多！据说，还有续泻趋势，听说一个大头目运来八十卡车那货，而且急于脱手，所以就掉狠了，呵呵呵……"

总算把自己的意见说完了，他一边干笑着，仿佛已然胜利鸣金；一边却担心地看着地上踱步沉思的主人，得意地挨挨鼻头。听到他的叙述，何天民不仅不如他意想之中的沮丧和惊奇，他只淡淡地说：

"掉了？竟这么巧吗？看你的运气！不过你可不用灰心，一时的风气，压压就好了。"

交易的事，这样就算结束了。主人一边踱着步，一边在细密地打量着客人，带着一种怜悯的神气，走着说道：

"好老乡，这个时代，你这种人生观，需要大加修正了。这是什么时代呀！"他大起声音来，"这个时代的精神，你先得把握到，那就是百分之百的今天主义，所谓无远虑就有近忧，明天的事，谁也顾不了，管不了；今天就是一切，一切属于今天。我们合伙做大烟生意，我们要用一切努力来建树自己的今天，有了钱就什么也有了。钱是一切。咱们是多年的老关系，因为你地方熟，所以我才请你做推销员，一方面，我要纠正你，站到实际的岸上来，像人地活人。总说一句话，我们要在这贩土的事业上来兴家立业。这比干别的来得快，虽然有危险，可是，宁肯痛痛快快活一分钟，不别别扭扭地活一百年，这就是今天主义的哲学，也就是时代精神。"

他的激辩，像从前在战地向军民宣讲敌人恶行的姿态。客人营养不良的脸上，在这种热力的烤灼下，渐渐泛起辉煌的光彩。在这种有声色的描述里，他又像看到自己辉煌灿烂的将来，像一堆夺目生光的金子，闪着永远可爱的光辉。他简直呆了，像受了魔术指点，连连地应着是是。这时不知所措地立起来，声音发颤地说：

"是，全凭老兄的抬爱，我一定尽力！……"

他再不知继续说什么好，只舐着发干的嘴唇，忽然呵呵地干笑起来，算是结语和祝贺；主人看着这个尴尬的表情，也就哈哈地应和地大笑着。客人觉得，他们已然在笑声里完全融洽无间，于是，就更加卖力地笑着，像在用心办一件主官亲交下来的公文。

笑着，笑着，忽然客人一下顿住了，翻着眼睛，原来他想起了一件事：局子里今晚上的讲经会，好像到了开会的时间了。于是，他抓起帽子，抱歉地说：

"局里今天晚上的讲经会，我倒忘记了，今天是秘书主任开讲，《大学》全书已然讲完，今天讲《中庸》，非到不可，这是机关学校化地实施，不到要受处分的。"

主人惊愕了一下，随即低下头去，说了句："卵！"接着说，"真是，端了人家碗得受人家管，那你走吧！可不要忘了推销的事！只要弄成一宗像样的交易，比你干一年公务员还强得多。"

客人已然戴上帽子，笑着点头答应是，于是一块走出屋去。客人死推着不准再送并郑重地表示了自己无论如何要努力推销的意志，就告辞去了，留得主人一个在院子里。

院子里，黑暗已完成了它的坚强的统治基础。静静的，什么也看不见；悄悄的，什么也听不见。屋内青弱的灯光，虽已有损于广大的院内黑暗体系所统治的尊严，但是坚强的黑暗对它的抗压是更严厉的。青弱的灯光，被风吹得抖动一秒，黑暗的斗争威力就趁机增强一秒，毫不放松。……何天民继续停留在黑暗的院子里，自从送走了客人，他先感到一个征服者所有的愉快，充满了精神的力量，以致每晚照例要去的大街上一五三号里，或是大旅社的他的艳窟，这时也暂时地忘记了那里给他的享乐；这次征服的胜利，忽然和他在北平学生时代因为做学生运动坐在牢狱中的精神愉悦，以至他初到部队上因为不惯于长官的腐化恶化退化的三化作风，因而被一次又一次地送到禁闭室的精神愉悦，以及他现在的追求等等，奇怪地都联系了起来，成了一片汹涌的波涛，冲击着他。他先是抵御般的啃着嘴唇，强硬地站在院子的当中；后来又像抵御的防线已形崩溃的急遽地来回踱着短促的步子。他仿佛是一匹负伤的兽，在这黑暗的包围中，快短地踱着像是无尽的步子，头低得更下，更下，……

一九四六年夏改写

085

草黄色的影子

哈啰，上海到底是一个大地方，所谓五方杂处，华洋荟萃，在这里，我又和史得彪将军碰头了。

天继续落着雨。虽然季候已是春天，实在可是深冬的样子。雨不断地落着，人都要发霉了；雨略一停，雾又把城市包围起来，接着风又来了，它像一个酒醉的狂夫，任意地驰扫过一切，掠夺着一切，走在路上，衣服要被剥下来似的撑开去，而嘴和眼睛也很难张开。晚上坐在屋子里，在昏暗的电灯下抽着烟，它的发狂地鸣叫，带着毁灭性的震撼，跑过来，追过去，城市静静地匍匐着，你感到这个世界不能容易地住下去，先是焦急地在地上踱步，接着就会塑像一样地坐在凳子上，把自己抛入一个严肃深邃的思考里，浑身充满了要决斗的力量，马上可以向一切扑击。可是，今天，雨平静地落着。我吸着廉价的三猫牌，站在窗前，披着一件褪色的军衣。妻又穿了厚厚的布棉袍，两个袖子和前胸闪着油污的暗色的光，她缩着肩膀，不断地嘀咕着，"我们的北方……"惦念着北方，说着无论如何还是赶回北方去吧，一边提着篮子上小菜市了。

我继续站在窗前，看着蓝色的烟圈在冷冽的空气里奔跑，追逐，然后消失在落雨里。窗外是一片广场，静悄悄地淋在雨里。旁边的便道上，妻的打着伞的影子孤独地闪动着，不久也就转过弯去了。便道上和发黑的马路上没有一个行人。我从雨天的惘怅里感到一点沉闷，这个城市仿佛还在睡梦中；远远的街车声模糊地响过去，偶尔飘来一声清脆的车铃声。这时，转弯的地方，出现了一个草黄色的影子，我弹了一下烧得长长的烟灰，伸长脖子，哦！原来是个披着斗篷的军人。他的马靴在雨地里托托地响着，一张苍白的脸向上仰，陌生地巡视着，穿过广场，停在我的门下了。

"老陈！"

这个发沙的声音是喊我，很熟悉的，但我记不起是谁，我哦地答应了。在疑虑中稍稍感到不快。我虽然也在抗战中做了整整八年的军人，可是复员后，早离开了军队，而现在，看见草黄色的影子，我就反胃一样的要呕吐，对于旧日的同事们，我一律规避，躲在上海这个小房间里，清算着自己，啮着自己灵魂一样地过活；一个终点走过了，我又从一个新的起点出发了。带着比八年前还激动的悲愤，觉得这个国家，要讲求"卫生"，就非彻底地用血洗刷一下不可……

我正迷乱着，楼梯已然响动，妻外出没有关门，当我一转身，客人已站在面前了，他的罩着玻璃皮的大檐军帽，四周滴着油亮的水滴，他正在脱斗篷。

"你，将军！"我吃惊地将身子退后去，这是史得彪，"你也跑到黄浦滩上来了，你好吧？"

他已然把帽子抛到桌上，两手提着裤膝坐下去，手伸向烟缸，脸仰起来，一张灰长脸，鬓角更是苍灰的，头发蓬乱着，肌肉松弛的脸上颤动着一种忧闷和不快，好像许多小虫子密密地爬动；一双肿起的扁眼睛无神而迷乱，嘴咧着，像笑，但又不成一种笑，两个发黑的金牙却露了出来，扁鼻子两旁的肌肉在抖动，互相收缩。

"好个屌毛！"他低沉地答道，忽然自己笑起来，"可把你找着了。"

接着又长长地叹了一口气。我看见他大口抽了一口烟，忽然皱了眉，脸上现出失惊的神色，把纸烟在手上转了一下，就扔到痰盂里了。

"你怎么抽这熊烟？"他说，"现在还为过日子打算盘，那用不着喽！活一天，算一天，吃喝好点算了。"他乏力地笑着，在自己口袋里摸出一包白锡包来砰地摆在桌子上，扔给我一支，往自己嘴上放了一支，掏出一个蛮考究的自来火点烟。

"你怎么也跑到上海滩来了，将军，前方军事火急呀，你还有这个心情来玩？"我重复着我的问题。

"火急什么！我，我下来了。"

"下来了？"我吃了一惊，"怎么能下来？"

"下来就下来了，有什么能不能！告诉你，队伍垮了，我下来了。"

"那你是仅以身免？"

"谁说不是。"他平静地吸着烟，眼睛一眨一眨的很平静。

"那你不干了？"

"我是不干了。"

"那你穿着军衣，还带领章？"

"唉，"他提高声音，不耐烦地往后仰着身子，"今天冷，我才披这身皮，下次你准保看不见我穿军衣了。可是，"他歪着头，眯怅着眼睛问我，"你怎么考我考得不停？你还是军法官吗？哈哈……"他哗笑着，"老谈这样的屌事干什么，我是来约你的……"

不等他说完，我也忽然地笑起来了。

"早不是军法官了，"我笑着说，"我不当军法官足有四年半了。"

我的后一句话他没听进去，话就停在军法官这件事上面了。他像忽然掉在一个坑里一样地掉在回忆里，深有感触地说：

"那年要不是碰到你，我就准算了伙食账喽！"

我在笑里怅了一下，仿佛一双关得很紧的门，不意地被他打开了。

不错，抗战的第二年，我从一个短期的军事学校毕业，因为原来在大学里读法律系，这时被分派到西北一个高级军事机关里作军法官。时候正在夏天，我正趴在桌子上抄什么，汗珠在眼毛下晃着，墨盒附近爬满了苍蝇，我非常不快，抄到一个段落，我抬直身子，却发现对面坐的是我的处长，他从眼镜下探视一样地看着我，已然有好一会了。我有点杂乱，正准备趴下头继续抄写时，我听见我的处长吃喝我的名字：

"陈敬中！"

声音非常柔润低沉，其中显然包含着什么考虑了好久的事，而经办的人也考虑很久才决定了是我这层意思。我是处长的同乡，虽然私交上不大接近，可是按照大家的说法，我这小子还"单纯"，"价廉物美"，这种人，正是衙门里理想的摆设。主官放心你，因为起码不会为害，而没有害，就是利。所以在什么"机密"上，我也往往充当助手地参与一点。

我摸摸领子，放下笔，绕着桌子走到处长的面前，立正，敬礼。他取下花镜站起来，下巴点了一下，暗示我站近，我迈进一步靠拢桌子。"好！"他说，脸色显得紧张地把放在面前的一张公事拿起来，走向我，"这个，"他呻吟了一下，微微歪着头，像考察公事，兼也考察我的面色，"有这么一件怪讨厌的案子。两个高级军人贩鸦片五十两，被抓住送来了。你瞧！史得彪、王久文，可又都是咱们老乡，"他把案卷放下来，绕着椅子踱小步，眼睛深深地打量着我，我的鼻尖上全是汗湿。"这个事真讨厌，按法办吧，老乡伙里一定不能原谅你，而且我们在外面跑腿的人，谁没个坎坷？做事总得留个余地。所谓予人方便自己方便。况且你把这两个按道理枪毙了，资历都这么好，实在可惜得很——"他一个字、一个字地小声低吟着，摇着下巴。我知道，既然叫我来了，他也早就决定好了，这些呻吟，都是一种过程。这些老狐狸，他要吃葡萄，却引诱别人去摘，最好再放到他嘴里。我舐着自己发干的唇说：

"报告处长，是不是先问一问再说？"

"我约略问过一下了，"他有点笑意地咬着下唇，两个眼角全是折皱，好似猎人看到自己想狩取的动物进入陷阱了的那种表情。这时他瞪圆眼睛看着我，表示坚决了的样子，"你，陈敬中，可以先到拘留所看看，不说是我的意思，看看他们两个的话头，回来商量。"他把嘴对着我的耳朵，"晚上来我家里，再说你得到的结果。"

这时，我的耳旁像放了一炮，我的神经震动，全身冒汗。真是年轻识浅，可笑自己怎么能把自己陷入歇斯底里的状态里。可是，我这种犹豫和战栗，全到我的处长眼里了，他把这叫作年轻人的幼稚冲动。他笑了一下，向着我，两只眼睛稀有地明亮。

"去吧，"他坚决地说，"年轻人，要慢慢历练，才会明白，原来中国的事，你不能照书本子做，那都是瞎说；你要看事做事，给自己踩一条通路，这么就离发达不远了。千万不可固执；最有办法的人，就是自己没有意见的人。……哦，去吧，晚上到我家里来。……"

他知道我的"毛病"又犯了，所以把这类照例的规劝话，又背了一遍。这就完全是私谊了。因为我们既是老乡，他看到我这人又实在，虽然有点不识大体，可是这是受了"教育的毒害"，慢慢可以改过来的。他要提拔我，所以才这样苦口婆心地劝我。"你总有一天会明白我句句话都是真理。"正如他的历次所说的结论。我不待他的训词念完，就敬了礼到拘留所去了。他才满意地笑着，伸手在桌子上拿过一支烟。

晚上，我在处长公馆里报告：

"史得彪，这是一个看着不大正经的人，他看样子挺害怕，和我攀同乡，称我老弟，要我想办法，他是只要人的，东西怎样处分他不问；他说做这事，全出于无奈，被刷下来了，搞别的又搞不来，所以只有干这一套，他保证下次不再干这种犯法的事就是了。那个王久文却是一个厉害的家伙，样子很沉得住气，火气也很大，他顽强地说：'随便吧，我们革了二十多年的命，连伙食也没得了，政府又不给你想办法，自己动脑筋，搞一点买卖吃饭，还留难你。我也不想活了，大家拼了算了，死了干脆。'我说：'你干的是犯法买卖呀！'他还是倔强地说：'只有我们两个贩毒吗？有枪杆子在手的，动不动就整卡车地贩，你们怎么不办一个？况且，这总比贪污清白呀！反正中国事就是这样：你有势力，什么全有理；一失势，毛病全来了。我们两个人弄五十两烟土，还是迫于生活，不想不被原谅，还给押起来！给你们上级说：谁能永远在台上不下来？不要把事情做绝了！这次落在你们手里，我死了就算了，这是命该如此；万一命大死不了，我出来咱们再算账，我拿手枪请客，他非倒不可！'这有什么屌了不得？还是史得彪活劝硬劝，他才低头不作声。你看怎么办，处长？"

这是我的报告全文。

处长却开朗地笑了。他解开桌子上的皮包，拿出公事来。

"你看，"他呻吟着，"我们积个德吧，都是在外头跑腿的人，你费点事把五十两改成五两，那么这宗事情，就算全顾到了。五十两据理应是死刑，而五两呢，就可以判个姑念初犯，取保释放，烟土没收。"

"那么我拿回宿舍改吧。"我说。

"不，不，这使不得！宿舍人多嘴杂，这个年头，两张信纸、一个信封、五分邮票，就可以告你一个撤职查办，你在这里改好了。"

于是，在光度不足的电灯下，我就在处长家的黑漆方桌上，歪着脑袋，先用小刀轻轻地刮去"五十"两个字，然后拿笔写了一个长一点的"五"字，再在洋蜡上烤了烤，给处长看，处长在灯下看了半天，又挑剔出几处黑迹，我又流着汗用小刀刮，直到他舔着嘴表示满意了。我心里却

090

郁闷地喊着：法律呀，你妈的！……一直弄到夜深，我在处长的称赞下，莫名其妙地走回宿舍来，好像做了一个糊涂的梦。

过了大约三天，案子宣判了，判词是："查该二员俱系高级军人，且早岁即投身革命，战功卓著，今为生活所迫，出此下策，本应严予惩处，以昭炯戒，惟姑念初犯，事非得已，且为数尚微，按照禁烟条例，亦不足构成严重罪状，今姑准取保释放，鸦片五两没收"等等，在这一拐弯抹角的官腔下，他们虽然空着手，却都带着脑袋地出了拘留所了。至于那四十五两鸦片，谁也不知道到哪里去了。我因微劳，处长送我一套阴丹士林布军服料子，并再三严嘱，不准声张。又过了几天，处长请两位犯事的军人吃饭，另外几个老乡和我都是陪客，从这里起，我和史得彪成了朋友。在处长的慷慨陈词下，什么为乡里计，我们应该资助史、王两同乡，使他们可以再有个前途，也是大家的光荣云云，当席大家捐了路费，他们两个都上了重庆。

这以后，我在河南的一个火车站上碰到史得彪一次，他又是一个指挥官了，面孔吃得方方的，拍着我的肩膀，很快活地说了他得意的现状，这以后再没看见了。

现在，对着这颓然的神态，我涌现着许多所谓法官时代的可笑的回忆，我心想，他大概又掉在狼狈状态里了，我看着悠然地眺望着窗外的史得彪说：

"将军（这是有点开玩笑的意思的，因为史得彪是一个非常有意思的人，他有可惊的坦白的脾气，所以我惯称他将军），"我说，"那你不搞军队，跑下来了，你是厌战或反战了？"

"不是，这才是胡扯蛋，"他站起来，在屋子里踱，"中国的军队大概都给磨成橡皮性了；而且，正如韩复榘所说，我们军人的立场，就是立在操场上，吃谁的饭替谁打仗，不讲什么是非黑白的。可是这个仗不能打了，不敢打了，起码死掉不够本。"

"你是怎么说法？"我追着他转动的身子问。

"那简单，"他站定了看着我，眼睛睁得大大的，一动也不动，仿佛他又置身在战场了，那里充满了由恐惧所生的疯狂，"这是一种什么战法呀！老实说，老弟，我混了快三十年的队伍，可就是没有见过这个战法：无前方后方，无白天黑夜，无刮风下雨，四面八方，时时刻刻都有危险盯着你，你像趴在棺材口上，时时都有进去的可能；再说咱们那些兵，经过这回抗战，可和张宗昌时代不同喽，那时呀，你只要说：兄弟们，干呀！把地方打下来，放假三天，金银财宝、姑娘媳妇，都是我们大家的，公家只要地方，东西不要，那真是士气百倍，杀声震天，老总一个一个都是红眼绿嘴的，急着发洋财，命早不顾了。清朝的曾国藩带兵也是这个教育法。可是这一次大大不同。打日本，我说，谁退，是孬种，是汉奸，所以军纪顶好维持；现在呢，不能这么说，老总们，又多半是乡下善良的百姓，常常叽咕着回家，老兵油子这八年里，不是死了，就是升了。于是我只得用张宗昌办法，可是更糟糕，到紧要三关，我们的枪都不响了，老总们都自己找好地方藏起来，枪都扳到前面去；我冒着汗，用脚踢，我就看见另一个兵提着手榴弹要向我摔过来；还有人喊叫：不打了，打不得了，投降了算了，反正做了俘虏，一个当兵的是死不了的！我说，好我的弟兄们呀！看我的脸子，国家不亏待我们呀！就有人说，国家是个屁！它是谁的国家？打这个喝兵血的龟孙！我只得赶快提着腿逃命。突然有人吆喝：打也行，你给多少钱叫打，论枪的算，打一枪五万，现钱现货！又有声音叫嚣着：十万！二十万！我的老天！我这个指挥官可没得办法了，你枪毙哪一个呢？全不打了！敌人眼看着扑过来，我只有狠着心地溜下来了，成了一个'空军总司令'！打！打！打！上面闭着眼睛说空话，前方整团整师地垮，再打下去，就剩他一根光屁！我不打了，打死我也不干这熊事了！"

他喷着口沫，像被一种大的力量压迫着，不能自已地在地上跳着、喊着，脸上煞白，嘴唇厉害地抖着，从两只扁眼睛里放出一种恶毒的光，像要吞掉什么才甘心。他说完了，又一块石头一样地倒在椅子上，我看见他的枯黄的手指，在拿烟的时候，索索抖动。我想，我们这个乐天家，这回像受了教训了。可是我又想到那一回他的"出此下策"贩毒的事，这些人只能在不正常的手段上争取不正常的生存的，现在可在搞些什么呀？

"那你，将军，可准备怎么办呀，还是干老行道吗？这回再贩毒，我也准备参加一份。"我笑着说。

他的全身颤动着，这是感情激动后的疲惫；一边他的体质这时看来显得分外衰弱，他到上海滩里，恐怕生活是荒唐的。

他说，算回复我：

"笑话！我现在用不着干什么冒险的勾当，咱这几年年纪一大，人变得乖些了。中国的事就是这么一回事：只要有权有势，谁拿到手里是谁的；而且不论你是怎么拿来的，人家都尊重你，这就是中国的道理。我人在前面作战，军需可留在上海做买卖。这时候，做个高级官，还不是骗骗，谁不是咬着牙根，看在钱的面子上，给人家卖命，一边拼命多捞几个钱，为自己的后事打算？这时候，你只要有个地位，打三个月内战，只要运气好，侥幸不阵亡，不当俘虏，那退下来，吃三辈子都够了。什么事业，革命，都是他妈的狗屁！谁信那个，谁干那个！"

他换过一支烟，把还剩下的大半截丢在痰盂里，又站起身来，在屋里走着大步，忽然看着自己的军帽，疑惑地笑了起来。

"老弟，"他说，忽然换成一副轻松的口气，这才是我记忆中的史得彪应有的神态，"世界上总有气数这回事，你信吧？"他歪着头问我，一副暧昧的样子，眼睛一紧一闭，嘴唇微张着，"我参加北伐的时候，就是戴着大沿帽子的，可是现在倒霉的时候，又戴上大沿帽子，你说奇怪不奇怪？我看一本清朝野史，说是清朝初进关是一个女人和一个小孩，这是顺治和他的母亲；而清朝亡的时候，也是一个女人一个小孩，这是西太后和宣统。你说奇怪不奇怪？"

他自己反复地问着，鼻子里哼哼地响，掸着烟灰。对于他的这一种奇怪的历史逻辑，我不感兴趣。由着他在地上踱，扑这个抚那个，在他的变得消闲的姿态里，我沉入深思中。……

"你发什么呆，"史得彪看着沉默的我，奇怪地嚷着，"这才是驴球打胯骨，犯不着！走，穿衣服，咱们先去喝两盅，今天天气冷，先暖和暖和，完了我再请你去一个好地方。还给你讲：我弄了一个小女人，不坏，你看看，品评品评！"他快活地笑起来了，那像爬满虫子的虚黄的脸上，泛着朵朵不正常的红润，额上的青筋一条条绽出来，他的眼睛眯起来，从那一线的缝里，射出一种黑黑的亮光，眼角布满皱纹，构成一种淫猥的笑容。

我皱了眉，摸着下巴向他说：

"那你这就算了？"

"可不算了！"他歪着头，两手一扳，肩膀斜着，"这年头，我是有了钱，明天可还不知道是谁的呢！快活一天算一天，明天，明天……"他忽然痛苦地痉挛着，很重地摔下手，回到椅子上，低了头，说不下去了。

雨已然住了，窗外早迷漫了雾，空际像塞满了湿棉絮似的云彩；起了风，雾在迅速地奔驰着，撕裂着，又结合着。一阵风撞进屋里来，窗门咯吱咯吱地拍响着，桌上的纸片都飞舞起来了。史得彪沉默地眯着眼，向着窗外，香烟的火星随着风势一个一个地飞出外面去；我嗅着潮湿的空气，背着手，低头在地上踏着步子。

史得彪忽然转过脸说：

"好了吧?"

"什么?"我停着问。

"衣服穿好了吧?"

"衣服?"我醒来似的一惊。

"穿你的衣服呀，"他失望地喊着,完全出乎意料之外,"先醉一下再说!"

"我的太太还没有回来。"我说，心里非常嫌恶，连一点动的意思都没有，所以讲出太太来拒绝。

可是他催促着："走!"

我拖着步子到床下去摸鞋，找到一双破旧的皮鞋，这还是一双军鞋，底子上有洞，前后跟都破了，本来已是件废物，可是，在扔到窗外广场上的垃圾堆以前，我准备最后地穿它一次，去踩踏泥泞的街道，陪史得彪去忘了明天!

一边吃力地穿着鞋，心里嫌恶着，就像不愉快地去参加一个敷衍的葬仪。

一九四六年六月七日，雨夜

一幅古画

一

离部队溃散已快一年了。李尚功将军说是因为战败责任，在被比他更厉害的将军们把他手下的几个师吃掉以后，现在在"花钱消灾"这一圆通的说法中，摸摸自己在队伍中混得花白的头发，一点火气没有地带着那个四十多岁还打扮得像二十岁的太太，和那个唯一的，已经十三岁，除过会挺着脖子吆喝用人，在金色领章前叫伯伯，还是小学一年级的少爷，和船破还有三千钉子的一些被敲剩的资金，晦气地移到上海滩了。

用儿子李小功的名字报过户口（因为他还是一个"黑人"，拿过钱的将军说，还得避避风头云云），他就是一天低了头，戚然地不说一句话。碰见熟人，或和家里人没事闲扯，他的牢骚也有限得很，也不过：

"唉！早知今天，抗战一胜利，我就不干了，结果落得一个人财两空！这下我是下了大决心了，我再有孙子也不让他穿军衣，我懊悔透了！"

这照例遭到了太太的反驳，这个不识大体的、随手花钱、开口就要枪毙人的女人，到了上海，倒反出落得更加美丽，她除过完全成了一个上海的外表，也正学习一套上海派的作风。她对丈夫的泄气很不以为然，甚至有点气愤，她比将军还有"见识"，她还留心天下大事呢。虽然她天天老在开牌九，呻吟着运气。她这时一翻那被美容师开过刀的有点不大灵活的眼皮，尖声说：

"老说泄气话！你不看报？第三次世界大战马上就起来了，我们阔的时候有的是，泄气干吗？"

将军下巴尖抵着出汗的、散发着浆洗气味的衬衣领，疑惑地、服从地笑着，像尽一种义务。这时，那和他们同来的太太的堂弟也就是原来的副官处长的吕华民，穿着一身洗浆得发硬的国民服，缩头缩脑地进来了。

"报告，"他有声无音地说，从那被折纹挤满的小眼睛里透出一点云母色的空洞的光，"王秘书，王兴文来了。"

正在将军和他的夫人惊愕得互相怨恨地望着的时候，一个细高弯长的身子已然绕过吕华民，向沙发深深地鞠了躬，这是一种日本式的鞠躬法，将军脸上发烫，有点迷乱，而只在嘴角纵出一种抵抗袭来不幸的鄙夷的皱纹。太太伸了一下脖子，要喊出什么，但在丈夫的深沉的目光阻止下，只好倒身在沙发上，把牌弄得哗啦哗啦的乱响，红的唇高高鼓起，整过容的眼睛露出刻毒的鄙视。

来客已然很自然地坐在将军对面的长沙发上，这是一个苍老黑瘦的人，头顶已然半秃，一副白边的近视眼镜松松地溜在扁平的下鼻梁上，镜腿已然露出铜绿；当便服穿着的褪色的显得又短又窄的旧军衣，满是折纹和油垢，散发着强烈的汗臭，而在胸前却挂着个怀表；没有帽子，窄小的领扣扎得脖子发红，领口的油黑像镶着的一条黑镶边，旧式的黑军靴，已然纵裂得不成样子，沾着厚厚的尘土；军服的口袋都鼓胀着，他这时先缓缓地把手伸到右边的口袋里，掏出一些陈旧的东西：烟盒、洋火、烟嘴，和不知是什么颜色的皱成一团的手巾，还有小刀子，都一件件地摆在桌子上，像是临时减轻负担；完成这些照例的过程后，这才伸到摆在桌子上的玻璃盒里拿烟，一边相看着吃惊得脸子发白的将军，声调缓缓地说：

"事情了结了吧？"

又缓缓地把烟在桌子上碰了碰，往长长的烟嘴上放。

"哦。"将军摸着自己日渐尖瘦的下巴，把腿搭在另一只腿上，嘴唇神经质地动了动，像咽下去什么。

本来把脸背过的太太，这时忽然把身子扭过来，尖声地说：

"了结了？几个钱都给人家拿光了，这叫花钱消灾，这时候我们是吃了一顿没一顿，比不得从前了，我们还要靠朋友接济过活呢！"

她深深地瞟了来客一眼，尖利地瞪着呆站在门口的堂弟，声调更严刻地吆喝着：

"华民，你到张总指挥家里看看，我托他太太卖的那个镯子，卖掉了没有？请他先借我们几十万块钱，好付水电费，人家公司里催了好几次了，再付不了，人家就要剪线了。"

吕华民周章狼狈地笑着，用手掌擦着圆圆的油汗脸，向来客点点头，斜着身子出去了。

一直逼视着将军的来客，像完全了然太太这一幕演出，并显示出有充分克服的自信；他冷笑着，发暗的眼睛，无所事事地看着天花板，显出一个读书人应有的风度。

太太陪着吕华民也出去了，她的高跟鞋踩在地上特别响亮，屋里留下淡淡的、随着她的动作而从衣衫上散发出来的香气。她出去和吕华民又商量什么去了。留在屋里的两个人想。

"唉！"将军移动了身子，忽然艰辛地叹了一口气。

"尚功，"来客缓缓地拖长声调说，一边在烟碟上掸着烟灰，"我的事——其实这事是你的事，你考虑好了没有？现在物价虽然涨了，若是由我主持一个学校或是一个小商店，却用不了多少钱，顶多一万万就够了。"

暴风雨来了，将军痛苦地惊觉到了。

"那，"将军摸着自己沁出汗珠的鼻子，在泛滥的情绪上竭力地化防御为抵抗，一边觉得像忽然穿了一件肮脏衣服似的很不舒服。"我的经济情况，你该明白了：部队垮了，剩余的那几个钱，当时我就给大家分了，大家捧我几年，我还不是一个不识好歹的人；你那时虽然只分到五百万，可是那时物价，五百万还能办一宗不大不小的事。接着我吃官司，自己手里的一点，全给抢光了。你不看我现在还是这个阔气派头，这都是虚架子，不撑不行；撑了撑得你好苦，好比搭梯子上墙，人家已然把梯子搬开了，你立在墙上下不来，那个苦呀，才是苦！咱们是多年的老同学，你的苦境我知道，可是我自顾不暇，还说办什么学校，开商店，我连伙食也成问题了。"

来客不相信地倾听着，歪着嘴巴抽烟，灰暗的眼神有时闪过一眼，已然表示出他的整个计划了。

"我不能强人所难，"他缓缓地说，"我这次到上海来，还有自己的事。其实，办学校也好，先开商店积蓄资本再办学校也好，这都是替你设想。为你的将来，先得创造你的社会地位，以便东山再起，用另一种姿态在社会上出现。倒不是全为我的生活，我有我的生活之道，去请我当中学校长的多着哩。又比如，那幅古画——这是咱们共事一场，我留的唯一纪念品，就是那回挺进山东作战，驻地民众送我的。卖掉它，就满够我办一个学校或生活的。你知道我是一个念书人，它和我的命一样，简直就是我的命。"他激动地说着，伸出发抖的手，把随手搁在身边的一个鼓得圆圆的皮包和一个用报纸包得细紧的长条随手放在桌子上，"可是你既然这么穷了，我不能迫人上吊，是不是？"

将军"哦哦"地应着，他心里点着火一样地痛苦。

"我就只有自力更生了，"来客漠然地接着说，"现在这个时代，一天一个样子，天天早晨看报以前，你心就发跳，不知又有什么不得了的消息了。我说办学校或是先办商店后办学校都是替你想。你想，你虽然苦，你虽然也受气，可是你是统治阶级呀！"他忽然严重地把头塞到将军的耳畔。

将军苍白的脸抖动了，他听到大炮还没有这么怕；来客的这些言论，仿佛证实了他和他一样身份的人们日夜所烦恼的幻景的真实性。

"有这个决定吗？"他声调紧张地说，眼睛求救地四向伸出。他完全慌乱，像水淹到脖子的人们将要死前的神态。

"有！"来客已然回到他的座位上，正在换烟，"我亲耳听见的：广播！"他郑重地加重语气说。

将军颓然地倒在椅子上，看着来客忽然变得愉快开朗的笑容，他分外痛苦，也分外憎恨。仿佛对面坐的那个吸烟的人就是要"决定"他的命运的人。他恐怖地大声说着另一个现职将军和他说过的话：

"我们这种人，到时候，钱多的跑外国，钱少的上山落草，可是我，"他痛苦地发现了自己，"我一个钱没有——他们该不至于吧？"

"那说不定，"来客的声音像从鼻子里发出，"倒霉的就是你这号人。你想，有钱有势的人家跑到外国去了，有枪杆的拉队伍上山去了，还不是拿你们这号人举了例子？天下事不幸就不幸在这里！比如这次捉汉奸……"

"那，"将军大声地说，截断了来客的话，眼睛瞪得很圆，"请你不要再说下去了，我是只好听天由命了，有什么办法！"这回是只好完全把身子埋在沙发里了，像被枪打中的人倒了下去。

来客忽然又从愉快里紧张起来，他那青青的额角，纵露出深深的折纹，他在失望面前颤抖起来了。他原来想，这么一吓就可以一榨，想不到完全扑空了，对方原来变成一个要钱不要命的死党。他抑制着空虚的自己，还是把声调放得缓缓的，同时又有了一个计划：他就要执行第二个计划了。

"尚功，"他温和地说，"我也是四十多岁的人了。你想，我办了一辈子的教育，抗战时期，又被你拉去帮忙，我本想，我们能安危相共地打出一个局面来，不幸队伍垮了，可是我想帮你挣扎的这点心意并没有改变，现在情况如此，真是出乎意外！我这几年虽然和社会失了联络，可是各方面的朋友还不少，我到上海，就是恢复从前的关系，我战前在陕西闹思想问题，你也知道。我现在想在上海卖出古画，拿这作基金，我要弄一点自己的小事业了；可是对不起，上海寸金寸地，少不得住宿方面又要打扰你了。我的一点小行李就在外面。"

"那——"将军又惯常地"那"了一下，痛苦虽然减少一些了，可是客人提出的实际问题，要住到这里，他又头痛起来了，他担心地向门口看了看，好在太太还没转来，他明明知道太太要为这和他大吵一场的，但他斗胆地逼使自己答应了。

"好吧，"来客开始往口袋里装那些摆出来的东西，"那我就和吕华民住在一个屋子里吧。"

"行，"将军恍惚地说，"他就住在这客厅的隔壁。"

来客缓缓地站起来，正弯身去提他的皮包和画卷，太太忽然像一股烈风似的卷进来了。她狠狠地瞪着屋子里的一切，正要用力闭身后的门，来客已然一条鱼一样地从她的身后溜走了。

于是和躲避一场暴风雨似的，将军被逼着从沙发上站起来，应付着太太的指责，自己没有声音地干笑着，像一个做错了事的小孩子。

"这些乱七八糟的人，总是送不走的鬼，使你死也不能清静！尚功，不准你再给他一分钱，他的那些花言巧语，都是混账话，我们千万不要上当！什么办学校和替你想办法，都是骗你的钱的花招。笑话！我们要你想办法吗？我们有我们的办法！不久，世界第三次大战一爆发，少不了你当官。你再不听我的话，我就带着孩子走，你和他过去！"外面就可以听见太太的响亮的声音。

"哦，哦！"将军尴尬地微嚅似的应和着。他茫然地觉得，来客的耸动听闻的要处置战犯论也好，太太的第三次世界大战论也好，都和现在的他无关，他只想握紧自己的已经瘪下去的钱袋，不妄用一文，一直到死，这才是最有把握的事。

二

"这女人呀！"来客勃然地从心里咆哮着，一脚已经踏在另一个门里了。吕华民正弯腰坐在床上，咧着嘴，失神地搓着脚，看见狼狈的来客进了门，大声说：

"欢迎、欢迎！秘座，我一个人不寂寞了。"

来客像没有听见这些热烈的欢迎辞句，他微嚅似的接续说："他妈的！曹操倒灶遇蒋干，李尚功该算个好人，坏事就坏在这个婆娘手里！"

"怕老婆才能升官发财呀！"一个声音接着说。

一抬头，他才发现到穿着短裤子、坐在床上的笑嘻嘻的吕华民，连忙弯腰握手：

"呀！吕公，失敬，失敬！"

"巧呀。"吕公笑眯眯地说，他的忧闷的生活，忽然开了花似的灿烂起来。

"这间房子成了收容所了！"来客仿佛发泄似的讽刺着，一边用尖尖的暗色的鼻子嗅着屋子四处，屋里有一点肥皂味，吕华民正洗过自己的短衣服，地上还摆着一个冒着胰子沫的脸盆。

来客故作失惊地说：

"吕公，你不是到什么张总指挥家里借钱去了？"

"没有的话。"吕公坐在床上，把几张散开的小报塞到枕头下面，给来客让出坐的地方。"这都是太太对付你的话。"

来客实在吃惊于这个"皇亲"这样的坦白程度，惊愕了一下，许多在部队时的不快回忆都涌上来了。记得有一次，他和几个同事曾为大家调剂一下苦生活，而把一个年轻的过路的贩卖金子的客人加了一顶政治帽子谋害了，他自己分到了五两金子，但是吕华民去告密了，要不是自己和李尚功是青梅竹马的朋友，那还了得！因为可恶的是吕华民还一方面把案子告到总司令部去，总部密令查办的结果，是大家把分的金子拿出来，充为所谓部队的"公积金"，以贪污罪名枪毙了一个排长了事。自己有一个时候，弄得灰灰的，除了整天睡在那个寡妇家里，和她的孩子玩玩，鉴赏着她的那双迷人的小脚，不敢上办公室里面去。真是弄得人不像人，鬼不像鬼的。现在他站在地上，心里非常不愉快，简直有点羞于与这人为伍，但他忽然醒悟出来：吕华民光棍住在这里大约也有挺多牢骚，这么一转念，他又觉得这人实在情有可悯，可以和自己暂时结合在一起，称之为同志也不妨了。更重要的是，自己的第二个计划，可以从这里开始实施。他精神抖然一振：

"这种人头脑简单，只会用脚后跟思想，激他几句，怕他不卖力，李尚功的兵血钱怕拿不出几个来！"这个明快的思想，一刹那在他的复杂的脑中驰过，那些忽然涌现在脑际的过去的不快，一下子就消失得踪迹全无了。

他快活地坐下来，一边接过吕华民送过来的香烟，看过烟牌子以后，像煞有介事般的吃了一惊：

"好我的副官长哩！"他叫着吕华民的原来官称，正像吕华民在他一进门的时候称呼他的旧官称一样，大声地说，"你怎么这么节省了，吃这个坏烟！"

"不吃这不行，"副官处长苦笑着，"我的事情你还不知道，我要有一丝一毫的办法，我也不在这里当气筒。"

来客皱着眉地吸着糖精味的烟，一边酝酿着自己的计划，一边做梦似的听着副官长的自述。

忽然隔壁的客厅里，一个女人一进门就放声痛哭起来，像死了人似的悲痛欲绝。

副官处长刚说到他在送家眷回家乡的路上被自己的兵抢劫的紧张场面，听到这个刺耳的哭声，立即止住了，他竖起耳朵倾听，不禁大为吃惊地说：

"这不是老总的太太吗？"

"什么？"来客陌生地说，他忽然领悟过来了，"有钱有势的这么哭，我们穷人该上吊了！"

副官长苦涩地笑着说：

"这就是一家有一家的苦，谁家锅底下都有黑。你还不知道哩，老总现在变了性子了，这回战事失利跑到上海来，听说连军服都不穿了，动不动就打人耳光，踢人，每天夜里不回来，白天整天不起床，听说又弄了好几处小公馆哩！太太挨了耳光受了气，就跑到这里来哭诉。记得当初我们这位军长下台，太太很被那些太太们小看了一阵子，现在，可又成了好姊妹哩！"

这时像给吕华民的话举例证，客厅里正喧闹着一个女人失望之极的沙声的哭诉声：

"不瞒你老妹子说，当初我要知道他是这号人品，我也不闹离婚跟他跑，人家狠心地抛了丈夫孩子，哪晓得他事情一好，就是这副吃人的样子！"她边哭边嚷着。

"时候不对呀！太太！"是将军的沙嗓子哼着。

"什么时候不对？"女人停止了哭泣，凶狠地嚷着，"尚功，你们男人总是一个样子。"

"不是这么说，太太，"将军干笑地更正，"这个时候么，可真难熬。谁不忧，谁不愁？仗这么难打，兵这么难带，上头火气这么大，你当指挥官，是老鼠进风箱，两头受气呀！总座现在的情况，我很知道，苦闷呀！没有办法呀！好太太，我不是说泄气话，谁叫我们碰上这个倒霉的时候呢？"

女人还嘶嘶地絮说着，已然停止了哭嚎，只间歇地高声抽噎着。屋子里可紧张起来了，太太大声吆喝用人，毛巾在脸盆拧水的声音，仆役紧张的脚步声音，茶碗和嘴唇相撞的声音，接二连三地交响着。不久，一切又沉寂下来了，像突然搬走了一样，声息杳然——将军的一家，陪着来哭泣的太太出去解闷去了。

"真他妈的作孽！"副官处长先打破沉静，倒在床上，像从一场暴风雨中避难出来，非常不快。

来客的眼睛迷怅着，烟灰已积了长长的一大截，他也从自己的梦中醒来，而且有所决定了，他弯着腰，神秘地把嘴凑到副官处长的耳朵边，副官处长的肥脸上的肌肉收缩着，像要发出声音，黑痣一颗一颗地站起来，忽然大笑地滚到床上。

"有道理，有道理！秘座，还是你们念书人有点子，我住在这里，被他们糟蹋得不像话了！有道理，有道理！你出去买回来，今天晚上我就大声地念，给他们听听，给咱们也解解气！"

来客呻吟一样地考虑着，文雅地说：

"其实，这是替你想的办法，我不靠这个。我这幅古画，只要卖掉，我就能办成一宗事业。比如说，卖一万万吧，我就吃利，一月也有个二千多万好拿，我吃喝用不了！李尚功，我不沾他的光！"

副官处长出声地拍着自己黑而多毛的腿，嘿嘿地应和着，粉红色的牙床鼓鼓地纵在外面。

来客已然平整地躺在副官处长对面的床上，烟雾把他包围起来，他正在复习着自己的如意算盘：如何拿上介绍信找专家鉴定或承认这幅古画，这不过只是一种手续，一个过程，不会成问题的。它当然是真的，应该是真的；然后租所房子，把留在小城市中过苦日子的太太和孩子接来，太太先得有件像样子的衣服，孩子也该上学，等等。对这一切的成为现实，他是充满了自信力的。他在烟雾中已忘了刚才在李尚功面前碰到的失败和难堪，过瘾似的又沉浸在这幅古画的价值所给他的快乐里，他忽然出声地笑起来了。

"笑什么呀，秘座！"躺在对面床上的副官处长转过脸来，吃惊地说；来客的出现，好像把他的寂寞生活结束了，待来客给他出了主意，再经过快乐的兴奋以后，略一沉静，他不禁又有点悲哀，"这是一种什么办法呀！"他自责着，"这和无赖躺在街上打滚有什么分别呢？"这时，他更有点惶然了，"但无论如何，总能出一口气！"于是他变得坚决而快乐了。"况且老王说得也对，他们要是害怕了，准会给老王拿钱，这事情是我出头办的，老王他总得分给我几个。那个时候，自己再找一个房子，把太太孩子接出来，做个小买卖，自由自在地过活，总比在这里当受气筒强多了。这个女人简直是只豺狼，眼睛长在额角上，像我也是有年纪有身份的人了，但她用起你来，骂起你来简直不留一点面子，不把你当人，还口口声声说是亲戚，是她照顾和关心你哩，你受了委屈还得感恩戴德哩！他妈的真混账透了！"他激动地想着，因为太兴奋了，一身肥肉像装了马达似的颤动起来了。他非常愤慨和激烈，恨不得马上就照王兴文的意思实行起来，这才痛快。"妈的，太气人了！"他下结论似的说。

来客已然站起来，在解开他的画卷。

副官处长伸长脖子，一边响亮地拍着大腿，看着来客的谨慎小心地展开画幅的样子，跟着紧张起来了。

"哦，吕公！"来客呻吟地说，"你来看看我这幅画吧！"

"什么？"

"这幅古画！"

"古画？"副官处长闭气似的肃然了。

"是的，这是无价之宝，就凭这幅画，作事业，你可以办一宗；要生活，利钱吃不完！"

"谁的画呀！"

副官处长热心地把头凑到展开的画前，用鼻子嗅着。

"这不是嗅的问题呀！"来客发笑地说，心里觉得这个人太蠢了，"天生的奴才！"他从心里说，"这是宋代名画，是宋徽宗的真迹，是无价之宝！懂吗？"

他大声说，又觉得自己简直是多余，这个蠢货懂什么宋代，宋徽宗！说不定还把它当成一件什么东西呢，这真是对牛弹琴！

"真的吗？"

"凭我这个眼光，还能假吗？这是世家藏的呀！"他像受了伤害似的愤然地用训斥一样的口气说。

副官处长茫然着，露着不胜羡慕的样子。

来客一边小心地卷着画，一边笑眯眯地看着发愣的副官处长。

"这个可怜的人儿精神上完全被压倒了。"他快乐地想。

"你请内行看过了吗？"副官处长忽然显得不无怀疑地说，从来客过去的和现在的身份，他不相信他会有一幅真的宋徽宗的画，就像他不相信马路上的野鸡①戴的黄澄澄的镯子是金的一样，这就是他的认识论。

来客哈哈地大笑起来了，像忘了这话对他的侮辱和伤害性质；实在，他的自信力坚决极了。

"自然要请专家看。不过，"他非常自信地说，"在南京有好几个内行都看过了，没有问题！"

"值多少钱呢？"副官处长说，声调非常空洞，像忽然感到无聊似的，要打起呵欠来了。他还是不相信这个画会是真的。

来客作弄地、神秘地说：

"你算算？"

"五十万？"副官处长恍然地说。

"什么？"来客几乎要叫起来，"有只值五十万的古画吗？你真外行极了！"

"多少呀！"副官处长不服气地说，又有点紧张。

来客已然把画小心地卷好，眼睛向屋子里转了一周。

"这座公馆吧，"他很有分量地说，"大概和这幅画不过相等。"

副官处长没有什么话好说了。

他悻然地陷入沉思里，还是有点不服气，可是觉得这事到底与自己无关，也就懒得争论了。

"吕公，"来客得意地大声说，"我有这幅画，还靠李尚功吗？笑话！不过我想不到人这么不讲道义，眼光只看二寸远，完全不顾将来！这种人呀，将来不倒霉，那才算我的眼睛瞎了。"

"所以，秘座，"副官处长欢然地凑上去，他们的神情又配合了，"非弄他们一下不可！他可以说是毫不觉悟。说办就办，今天晚上我就开始！"

来客慌忙在翻自己的鼓胀的皮包，他终于找到一个土纸本的小册子。

"这本正好。"他说，庄重地递给副官处长，"随便念哪一段都行。就是这一类书。"

就在副官处长郑重而热心地接过书的时候，他怔了一下，像游击队埋好地雷时的感觉，他匆忙地收拾着画卷和照例从口袋里掏出来的那些零碎。

"我走了。"他说，副官处长刚把身子缩成一团，面向着墙热心地读着小册子，听见他说走了，吃了一惊地把头转过来。

"我办我的事去，"他拭擦着眼镜，一双显得阴灰的眼睛向上地估量着什么，解释着自己的逃避，不使对方起疑，"你好好努力吧，不过，"他加添了一句，"我的行李请你招呼他们给弄好。"

"不成问题，"副官处长响亮地拍着自己的大腿，眯起的眼睛和来客阴灰的眼睛忽然相遇，他正在把眼镜戴上去，于是两个人放肆地大笑起来了，副官处长的雄壮的呼号一样的笑声压倒了秘书的呻吟一样的干枯的笑声。……

在这座死一样沉寂的公馆里，只有这些哗然而起的笑声了。……

三

来客一夜没有回来。一直等到将军夫妇回来在客厅里争论着什么的时候，副官处长才关了门躺在床上，把泡好的一杯茶放在床头的小凳子上，搭起腿，清了清嗓子，和戏台上的名角一样，把客人留下的小册子高声地朗诵起来了。这是一本激烈的时事小册子。他每念完一段的时候，就露着幸灾乐祸的神色把耳朵贴着墙地听去。起先，是没有什么效果的，将军夫妇继续争论着：男人苦恼的时候，是否应该"玩玩"解闷，而做太太的是否应该原谅这一问题，太太是绝对的否定者，而将军的肯定语气也并不激烈。后来念过二三段，他发现隔壁屋子里渐渐静下来了。他快乐地觉得：他已然取得了初步的胜利——将军夫妇显然在注意听着了。过了大约近一个钟头吧，他再次停止下来的时候，他听到太太尖声说：

"都是鬼话，说这些鬼话就应该拉出去枪毙！"

将军显然掉在烦恼中了，他像在制止太太，声音微弱地说："你不要吵！这些说话，我也早听见了。"

"都是坏人造的谣言呀，尚功！"太太的声调更尖地说，"一些，穷小子的胡扯，真该枪毙！"

再沉默了一下，他听见将军沉重的叹息，像一个掉在深坑里的人的呻吟，他有气无力地说：

"就是这个道理。不过，淑琴，"他吩咐太太，"我看我们明天还是先算一个卦去，看流年怎样。要是坏的话，趁早我们混个商人身份算了。临时逃难我们又没有钱。要不，真弄得别人偷了牛，把我们当贼办，那就大大地不上算了。"

"你老信这些鬼话。"太太驳着；不过，这个自信力极强的小女人，显然已开始发慌了。

"现在几点钟？"将军生硬地问着。

"你不是戴着表吗？这才是骑上驴的寻驴哩！"太太没有好气地回答。她的心里显然在酝酿着什么，从口气上可以听出的。

"哦，"将军木然地惊觉了，"还早，我们现在就出去吧，再找找上一回那个陆半仙去。"说着，沙发摇动了一下，像在起身的样子。

"说风就是雨!"太太发火了,"刚刚进门,又要出门去,其实,离得还远呢!着什么急?"

"不,你不知道,"将军声音有点梗塞,"我心里本来就有个疗,这一下长大了,不赶快医治,简直没有办法!"

"那又不是急病,"太太的尖嗓音,"又不是马上要人死!"

"比马上死了还难受!"将军抵抗着,"其实能干脆死了倒还好!哦,出去!"

"唉!"太太叹了一口气,"那我给你开开牌吧,自己先算一算。"

于是,桌子上的清脆的牌声,夹杂着将军迟缓的脚步在地上沉闷的响声。

他伏在自己枕头上咯咯地笑了起来,他觉得他活了四十几年,只是这一刻才像个人似的活着。于是清了一下嗓子,带着响声地呼呼地喝了几口茶,更高声地朗诵起来了。

忽然他吃了一惊,他听见牌哗啦地摔到地上,将军也停止了踱步。他的心激烈地跳动起来了,他全身紧张,肌肉在厉害地收缩着:他意识到祸事来了。果不然,太太大声地喊他:

"华民,过来!"

一刹那间,他把刚才得到的快乐完全忘却,像不留神掉在枯井里,不知所措。他歪歪斜斜地从床上起来,一股寒流在他的脊骨上流去,觉得自己的膝头在发软,到他站在客厅门口的时候,几乎站不稳了。他一方面怨恨自己的软弱,一方面从心里叹息自己这样听见李尚功夫妇的声音就发抖的坏习惯。他先发现将军脸色惨白地木立在地上,太太却满脸红得和她的红宝石耳坠一样地鲜艳可怕。

"华民,"太太大声说,"你哪里学的这一套?"

"哦哦。"他的嗓子已然干涸了,哼不出什么来。

"你住到这里,"太太盯着他说,"还不是因为是亲戚关系?我们有什么得罪你的地方?你不知道军长近来的精神不好吗?你却专念这些无聊的鬼话,你哪里长的这个好脑筋呀?"

"嘿嘿!"他的心脏在别别地跳跃了。

"你说!"太太一手撑着腰,迈到他的面前,"这是你的意思吗?你哪里弄的这种反动书?快说!你亏得住在我们公馆里,要换在别的地方,你早没有脑袋了！这些混账话念得吗？"

"嘿嘿！"他恭垂着两手，腰习惯地躬下，脸色阴惨了起来。

"你说呀，是谁教你的？你领的谁的高教？"太太尖尖的手指着他冒汗的鼻尖。

"王兴文。"他吞吞吐吐的，自己也不知说什么。他的头依然在嗡嗡地吼着，觉得像踏在云里走，"是王兴文的一本书，我无聊就念起来了，其实军长一家对我是天高地厚；我靠谁吃饭呀！况且还是自己人，嘿嘿……"

不等他说完，太太已一个箭步跳到军长面前，将军的苍白的脸上，那一双杀气很重的眉毛在打结。

"又是王兴文！全是你，"她这次是指着将军的发暗的鼻子尖，"我说这是个阴险小人，早就不能搭理了，你还是要留他，看！可好，他倒欺负起你来了，你的好同学呀！"

她在地板上跳着，不可救药地发怒了。一转眼，又跳到副官处长的面前。

"这里还有王兴文的东西没有？有，都扔出去，叫他滚，他要发赖就押起来！"

将军一直摸着自己的下巴，这时抬起头，意外和气地对副官处长说：

"不要难为他，他回来，托个原因请他走。"

"你还做好人哩！"太太鄙夷地说，"他又要卖你了，你还是不记心。你是属老鼠的吗？忘性这么大！上一次部队告你吃空子走私，不是他暗里写的公事吗？你真是好人！这年头，好人做不得喽！人家拿刀子杀你，你还赔笑脸，真是！"

"不！"将军沉重地叹息说，"我们做事不可太过，不能和他一般见识。他再厉害，再毒辣，在社会上还是没有我们站得高。凡事必留余地，我们现在顾不到他，可是我们不能得罪他！"

"不得罪他！"太太刻毒之极地尖声说。

"是的，不能得罪他，"将军肯定地说，"这种在社会上东走走西跑跑的人，这种江湖客，在这种变乱的时代，还是以不得罪人为妙！他什么做不出来？我们现在是个黑人，见了谁都得小三辈，请他走就是了，不可得罪！"

副官处长已悄悄地退回自己的屋里，他的发昏的耳边响着太太最后的一句话："你要再这个样子，我不仅要你滚，我还要枪毙你！你不是三岁的小孩子，应该知道好歹。别人叫你杀人你就去杀人吗？傻蛋！"他无味地睡到自己床上，连气也不敢大声出，眼睛睁得很大。他轻轻地抚摸着自己被蚊子咬的大腿，继续听着太太开牌的哗啦哗啦的响声和将军沉郁的步声。

"上了王兴文的当了！"他忽然发现了真理似的想道，非常懊恼，"念书人没有好玩意，他出个名堂要你出头搞，他自己躲到一边去，有祸是你的，有利是他的。这小子，这小子，可杀！"他越想越愤怒，一下子从床上翻起来，笔直地站在地上，好像要准备去打架。这时客厅的钟打了一点，他完全暴怒，"他不会回来了，这就是他的诡计！好，有你小子的，这账非算不可！"他痛彻肺腑，真想打自己几个耳光，在情绪的混乱中，他对王兴文的愤怒不断地扩大化和尖锐化。他联想到，王兴文在部队时的卑劣与无耻。比如，他处处自称是李尚功的同学，到处招摇撞骗，李尚功一次过生日，他就给李尚功做传，说李尚功如何革命，如何伟大，如何英武，如何仁慈，甚至李尚功妈生李尚功的时候，还梦见什么，生下来的时候，又是满室异香，天空中隐隐有丝竹之声；又说李尚功是唐朝李世民之后，早年在日本上陆军大学的时候，就认识孙中山，等等，而这一本薄薄的油印小册子，他用军部命令分发各单位，少尉以上每人必备一本，他一边通知军需处扣饷，狠赚了一笔，而这些来路不正的钱，照例又送给那个满脸雀斑的寡妇了；还有，李尚功在垮台前，队部闹人事斗争，告李尚功的黑信，就是他起草的，"这还算个人吗？这有一点人味吗？"他几乎要大声地喊出来。这时，他的脚又痒起来了，他的脚气病已然有十多年的历史，他不得不跳到床上去，一边皱着脸吃力地抓脚，一边牙咬得咯咯响，"可恶至极！"他继续想。

这次李尚功因为部队作战垮了，撤职查办，这个王兴文当时是留守后方的，不仅不能替李尚功分忧分怨，而且趁火打劫，向李尚功要钱；李尚功一吃官司，他又不见人影了；现在李尚功花钱买平安地住到上海，他又寻来了，还是老一套：想方设法骗钱，而且说得吼雷闪电，他又是个什么了不得的东西了。李尚功不上当，他又找到了我，利用我。

"弄到老子头上来了！"这里，他简直完全觉悟了，自己真对不起李尚功夫妇，自己倒了这样的霉，几个钱和行李，在送眷回乡的路上完全被那团没有良心的兵抢光，自己是孤身流落上海，李尚功夫妇人家在困难中，总算还顾念到亲戚情谊，把自己收留了，而自己竟这样？没良心，跟在王兴文的屁股后面起哄。"人家总算是有身份的人，只说你一顿，"他觉得非常侥幸，从这里他又模糊地想到，只要自己知情，能真心替人家干，就是受点气，甚至挨耳光吧，都是人家不把你当外人看的表示，"到那时候，"他快乐地想，"人家只要认识你的忠心，怕不把全部家当交给你管？那你就可以喘过气，把家眷接到上海来，安安稳稳地住在这间房子里，等到世界第三次大战起来了，李尚功怕不当总司令？那时候，到那时候，自己更该飞黄腾达了，看相的先生说得好：自己一过四十五才交正运，怕就是这个机会了。……"他想得非常快乐和自在。

"王兴文这小子还不回来，"他忽然又掉进原来的烦恼里，可是他的情绪是乐观的，"准定给车子轧死了，这种人，活该，应该有这个报应。"

于是，他快活地打了几个滚，呼呼地睡去了，而且在甜蜜的睡眠里，完全忘记了悲愤的奴隶生涯，做了许多他的愚笨的脑筋所想象不到的快乐的美梦。

四

第二天午后，客人面色惨白，喝醉了酒似的，东倒西歪地走回来了。昨天一出门，他先去尝了一下"上海的味道"，就是说，由一个"蚂蟥②"先生的引见，他到一个什么混杂的弄堂内，带着恐惧和兴奋过了一夜。第二天过午他才无精打采地低了头跑出来，精神毫无，像被人重重地打了一顿。他拖着发软的双腿，接连地打着呵欠，按照介绍信上所写的地址，找到那个南京朋友所说的古画权威鉴赏家家里。

鉴赏专家在铺着地毡的精美的客厅里接见了他，这是一个五十多岁，看上去才有四十左右、保养很好的人，白皙的脸上充满着傲慢和自尊，穿着很整洁的流行时样的西装，拖着鲜艳的绣花缎子拖鞋，没结领带，从半敞开的英国麻布衬衣的领口里，露出没有血色的白而细的胸肉。这个人飘洒安逸，达观自在，不像是在这个苦难的国度里能生长培养出来的动物。

来客在这个高雅的环境里，显得是一种极寒碜的、甚至是污秽的存在。他竭力克服着自己的局促，不停地用那块污秽的手巾拭着泉水一样涌出来的满头满脖子的发酸味的汗湿。在把古画展开的时候，他才得到安定，甚至自得，向着歪着头眉毛拧成一堆注意地鉴赏着画面的专家，得意地说：

"南京的王先生看过了，说是没有问题是真的，该是一件值钱的东西了。"

专家咬着鲜红的薄薄的下唇，脸上显着不快的宁静，用没有血色的白皙的手轻轻地抚摸着画面。

"不见得吧！"专家把身子往后一仰，眼睛虽然还眽视着画，可是那张宁静的脸色已变得十分冷酷，冷冷地说。好像一股寒冷贯穿过他的全身，他停止了拭汗，口和眼都张得很大，耳朵里嗡嗡地响开了，好像从一个高处忽然摔了下来。

"请先生再费神仔细看一看。"过了一刻，他才恢复了意识，声音发抖地说；他一边吃力地支撑着自己，觉得完全解脱了似的，一切原来使他感到局促的设置和环境、酷热的天气，忽然都从他的感觉上消失了。

"用不着看了，"专家轻蔑地似笑非笑地说，一边又敷衍般的在画面上虚晃了一眼，腰就完全伸直地离开了，"就凭这个印鉴就不是真的。宋朝的印色到现在决不会这么鲜亮，这是一；再则，宋徽宗的印谱，没有这个形式的，你查查历代名人印谱就知道。不过这张画模仿得还不坏。假的是假的了。"

"不过，"他支持着颤动的身子声辩着，像要拼命地挽回自己的失去的荣誉和利益，虽然明明知道这是无济于事的多余，"南京的王先生说是没有问题呀！"

"王先生，"专家的轻蔑变得更深刻了，简直变成嫉恨，"他是有名的糊涂蛋，他懂个屁！他要敢断定是真的，也不要你来找我了。他只是在我这里学得一点皮毛知识呀！"接着就开朗地笑起来了。

"不过，"他呻吟着，几乎是哀恳的，"还是请先生再费心细看一下！"

"这还用再看吗？"专家大笑着，已然倒在沙发上，"假的！假的！我说假的就是假的！"

"但是，"他觉得自己已然在坚强了起来，奇怪地大声说，"我总希望它是真的！"

专家正在打自来火点烟，听见这种奇怪的议论，吃惊地愣了下，接着大笑起来。

"那不能由你的意思呀，老兄，"他要呛住似的说，连忙用手绢按着嘴，"我也不希望看一件假古董哩！"

"先生，"他一下子站到专家的面前，弯着腰，鼻子尖几乎挨到专家的稀疏的油亮整齐的头发，专家对他的突如其来的吃醉酒一样的莫名其妙的举动，非常震动，显出怜悯和厌恶地竭力把身子靠后埋到沙发里，像在逃避一种突然袭来的灾难。

"先生，"他温婉地说，神情恍惚，"我希望你说它是真的，你要我做什么我做什么。你不知道，我是多么苦，我的前途，我的事业，我的生活，我全寄托给它了。我虽然是一个军人，可是我是一个讲良心的军人；抗战前，我是一直办教育的。我有我的事业抱负，这完全是为了国家民族和社会福利的。请你说它是真的吧，只要你的一句话。你只要负责介绍，我的理想就实现了。"

"哦，"专家脸孔红红的，烦恼起来了，他认为这是一个精神病患者，非常不快，"我怎么能随便把假的说成是真的呢？"

"不是这么一回事，"他痛苦地解释着，"这不是一幅古画的问题，这是一个人的问题，一个人的事业问题。"

"对不起！"专家的脸绷紧了，不高兴地站了起来，"我的朋友介绍我鉴定的是一幅古画，不是一个人，你明白吗？"

"可是，"他纠缠着，非常顽强，"你先生不愿意负责，可不可以转介绍另外的专家，或是古董店的老板，证明这是真的，少卖几个钱不要紧，我就非常感激了。"

"买古画的都长得有眼睛呀，"专家啼笑皆非地嚷起来了，"这明明是假的，你能强说是真的吗？就说它是真的吧，人家一看还是假的呀！"他显得没有办法地推开手。

"那么就算是假的了？"他的声音在不服气中颤抖得很厉害。

"假的。"专家坚定地看着他，露出玩弄的笑意。

"真是假的？"他痛苦地逼进一步，觉得有谁拿刀子在他的胸上戳了好几个窟窿。

"就是假的。"专家也逼进一步地肯定，玩弄得更残酷了。

"你敢负责吗？"他全身战栗了，非常愤怒。

专家悠闲地在烟盒中取烟，鄙视地大声哈哈着，像拍着石像似的拍着他的肩膀，安慰地说：

"算了，不要难过。"他揶揄地说，"这没有什么可以难过和发怒的。真的就是真的，假的就是假的，嘴里说了不管用，要拿事实来决定。我不能欺骗你，否则，你兴高采烈地去卖了，到那时碰了钉子，那才痛苦哩。承认这个事实吧，不要痛苦，你是上了人的当了！你多少钱买的，在什么地方？"

但是，他已然没有回答问题的勇气了，连停留在这里的能力也没有了。不过，他事先没有打听明白，这个鉴赏专家，坐在这"东方的魔都"上海滩上，是用什么来维持他的豪华的生存的。他专门制造假古董来哄骗中外的暴发户，他是一个地道的老骗子，只不过在别人的假古董面前才摆出神圣不可侵犯的专家尊严，他是这么才取得了专家的权威，而从这权威的魔术中，站在中国废墟上大吃大喝笑声朗然地过日子的。被专家压得昏迷半死的来客，是整个地陷于崩溃了，他挟着卷得松松的画幅，忘记了收拾照例地摆出来的他的各种零碎，苍白着，颤抖着，失去知觉般的，在专家的嘲弄的笑容下，惊慌失措地跑到街上了。他踏着云雾似的走着，额上渗着冷汗，觉得像在一个烦躁的梦中旅行，非常难受和饥渴。奇怪的是，他终于回到将军的公馆里，他恍惚地闪着一个希望：赶快躺下去吧，好好睡一觉；还有，痛快地喝喝水，他快要烧焦了。

他上了楼，一下倒在住屋的门上，门像铁桶似的关着，他虽然整个身子用力地抗了好久，门还是屹然不动，一点动静也没有。他非常痛苦地竭尽全力般的喊着吕华民，但也和在山野地里吆喝一样，没有回响。他觉得很奇怪。他再碰客厅的门，也是和铁打的一样，屹然不动。他想，真的在倒霉的梦中么，要不还是李尚功全家搬走了？最后，他出力地喊着李尚功的名字，就在这个时候，一个穿着条布衬衫、脸孔红红的青年副官在他面前出现了，他觉得这人像从地下窜出来似的突然，越疑惑是在梦中了。

"王先生。"副官的声调，一听就气倒人。

"我是王秘书，"他不知从什么地方涌出了力量，严重地纠正李尚功的副官，他称为小奴才的，"谁叫你叫我先生，你配？这么没有礼貌！"他一如在部队当官时那样，端起一副长官派头。

这个副官露出一副怜悯的样子，上下打量着他，几乎要失声地笑出来，随即弯了一下身子，用两个指头轻轻地拎着早就捆好放在那里的来客的可怜的行李。

"好，那么就是王秘书吧，"他开玩笑地说，"军长的命令，这里地方小，放不下你老人家，行李我替你收拾好了，请你走吧。"

"笑话！"他怒斥着，"李立德，"他大声地喊着副官的名字，"你跟李军长也不是一天半月的了，我和军长的关系，你该知道吧？军长这次请我来上海住，我好容易才脱开身子赶来，你怎么敢对我这个态度？你受过训练没有？我和吕处长同住，也是军长吩咐的呀！"

副官早就挺着胸下楼去了，只在半楼梯转过身瞪了他一眼，好像警告他：再啰唆就要更不客气，这才负气地下去了。

只留下他一个人在这阴暗的楼上走廊里了。

"可恶！"他烦躁地想着，有点惶惑，"这是怎么一回事？"他一下觉得非常冤枉，几乎要大声喊起来。但他还有念书人临危不乱的冷静，"这一定是吕华民搞的鬼，"他想，他于是很愤怒，"吕华民，这小子头脑简单，一副奴才相，挨耳光还笑的家伙，准是嫉妒我，在李尚功跟前说了什么坏话了。"他分析着吕华民，觉得这个结论非常正确，更大的愤怒又涌上来了，"吕华民，"他几乎要出声地怒骂他，"咱们井水不犯河水，你为什么这么损人不利己？"接着又恍然悟到：吕华民这次对自己殷勤，吕华民的破产和在这里的受气，"他也是个可怜人呀！"他想，吕华民自己这么苦闷，对李尚功夫妇这么憎恨，绝不至于搞自己的蛋的。于是他又非常懊丧，觉得错怪了人，对吕华民非常抱歉。"但是，"他又惊觉到，"吕华民是个标准的奴才，准是李尚功那个可憎的女人吩咐了他什么话，他才不敢接近自己避开了，准是，准是！这种人毫无骨头，畏首畏尾，听见李尚功的话声和脚步声就全身发抖，并且绝对自私自利，毫无道义可言，说得天花乱坠，挺着胸充好汉，一到紧要三关，溜得比谁都快。真是可恶之至！"不过关于他唆使吕华民念激烈的小册子恐吓李尚功夫妇希图诈财的事，他早忘却了。

他完全陷于混乱和愤怒。李尚功的儿子小功这时忽然跑到楼上来了。这个十三岁的孩子，头发就梳得雪亮，而且还绅士派地打着领带，虽然自己曾是他的家庭教师，但这孩子完全不服教导，对读书毫无兴趣，他虽然在李尚功夫妇的面前一再夸奖这个孩子的英俊、聪明，并且说，依照星术，这个孩子口大额宽、龙行虎步，声音洪亮，将来必有大的发达；至于不用功读书，但大人物都是不读书的，像希特勒、朱元璋，还有当今的领袖，等等。可是心里也非常恼恨这个富家气十足的孩子，或羡慕这个孩

114

子。现在，在这个孩子的同情眼光下，他非常受感动了。

"伯伯，"小孩子仰着头说，"你要搬到什么地方去呢？"

"我吗？"他睁大了阴暗无光的眼睛，全部的愤怒都高度集中起来了。但当他正要像喷泉一样地喷出自己的全部愤怒和怨毒的时候，忽然一下子陷下去似的，他又失去了他的愤怒和怨毒，精神却奇怪地开朗起来了。

"我要搬去的地方，"他几乎是快活的声调，"比你们这个公馆大得多，阔气得多，也凉快得多！你们这里只有一个可怜的小花园，我那个地方却是树木花草、各种鸟兽，无所不有，而且有一百亩大。要多阔有多阔，要多好有多好。你虽然没有福气去住，但是你和你父亲坐车子来吧，你来开开眼界吧。"接着，哈哈地大笑起来了。

这笑，像一个开始，或一个结束。他从失望的狼狈中肆意地哗笑着，笑得东倒西歪，觉得自己一下子变得非常轻，和一根羽毛一样；他动作这么轻决，他毫不费力地提了自己的行李，胁下挟着画幅，像一股疾风一样地刮到街上。强烈的，使人战栗的笑声很久很久地留在死一般寂静的楼房里，飘散着，凝结着，振荡着，像一个生命般的终竟消灭了。

夏天的太阳正毒辣地迫害着街市，稀疏的行人硬着头皮焦躁地匆匆走着，像忍受着残酷的刑法。他完全沉默了，像走在荒野里般的，他快步急行，笔直地向着他自己也不知道的地方由着脚步走去，而胁下挟着的古画，已不知在什么时候悄然地掉了下去落在火烫的马路上，又被一辆急驶而过的汽车轧碎了。可是他再不知道什么，也不关心什么，只是贸然地疾行和疾行，像一个断了线的气球，盲目地滚着和滚着。……

一九四七年八月八日天亮时

注：

① 野鸡——旧社会对私娼的习惯性称呼。

② 蚂蟥——旧社会上海街头上，以给私娼拉客人为业的人的通称。

在亚尔培路二号

—— 一个人和他的记忆

第一章　缘起

　　一九四七年的夏末，我听了友人D君的劝说，搬到吴淞路的义丰里九十一号他的不用的房子里。这是我来到上海的第二年。因为原来寄寓的亭子间热得像蒸笼，终日除了挥汗，和苍蝇打架外，简直无从做事。D君在一个机关做抄写工作，义丰里的房子是他分配到的敌产，里边住满了所谓留用的日本"技术人员"，D君是一条光杆，他寄住在迪斯威路的一个大亭子间里，义丰里的两间半小房子原来是D君借给几个大学生的同乡办《学生新报》的地址，在五月末的"学潮"后，报社被封，编辑人员逃的逃了，抓的抓了，只剩下一些旧报纸空洞地堆在那里。我因为曾应该报之邀，在纪念"五四"的特刊里，写过一篇叫作《给战斗者》的短文，所以和这个报的人员，都还有往来，那里房子大些，尤其是傍着晒台的那一间，凸出在走廊的极端，好像和其余的屋子没什么关系，还有两个窗子，空气可以对流，虽然是日本式的(这原来是一个二层建筑的日本旅馆)，讲不起场面，但还安静清洁，我搬到这里，真可以说是出于幽谷迁于乔木。再说，邻居都是日本人，在这里建筑一个孤岛，鲁滨逊似的生活，我想来一定比住在中国人的杂居里放心一点。

116

D君在管理日俘的机关混小差事，穿着军衣，在日本人看来，这个机关的人似乎都是他们的上司，这里的保甲长是日本人，却成了我的顶头上司。他们用什么技术，被何机关留用，实在不清楚；不过他们还保持着大东亚时代的威风倒是千真万确。他们说，他们花了钱买的头衔，这和做生意一样，"我的给""你的给"，交钱交货，当然享有权利，可以维持他们的"自由生活方式"了。这时候，徐州战事火烈进行，他们告诉我说，冈村大将替老蒋上前线打共产党去了，他们在这里已然等出了希望，不久的将来，哈哈……露出金牙笑起来了，我听了茫然，在日本人的笑声里打了一个寒噤。……但是我在这里住下来了，他们是保甲人员，受中国当局委派，当然有进我屋子办公事的权利，也就有哈哈地露出金牙得意地笑一场的权利了，我恍惚地觉得，我好像是汪精卫大人治下的臣民，这才真叫操他奶奶！
　　我还有"最高领袖"呢，那就是日侨自治会的理事叫什么郎的，我虽然不是日侨，却因为这个义丰里是他们的王国，我好像又变成"外侨"了。他们说，中国当局的命令，所有弄堂内的中国人，中国当局托他们"通通地管"，所以这个什么郎就成了名正言顺的最高领袖了。这是一个典型的日本浪人，肥胖，臃肿，满脸横肉，阴气的眼睛，挺着肚子走路，满是汗毛的粗胳膊上刺着蓝色的龙，穿着又宽又肥的元宝领子的黑香云纱裤褂，时常哼而吓之地来这里"巡视"，在弄堂出入，坐着挂着警备司令部牌子的吉普车。有一次，D君和我坐在屋子里闲话，他又在我的室外哼而吓之地吆喝了，D君窜出去，实行"上司"的职务，照那个胖脸上很响地打了两个耳光，什么郎肩膀一耸，呆了一下，就发出很响的声音跑走了。我大为抱怨D君，你虽然凭了一身军衣，把房子借给朋友办报没有挨抓，但是到底不可孟浪过甚。日本人既然公然宣称，老蒋都要靠他们了，那么你打了什么郎，实在就和打了梁鸿志或王克敏，汪精卫和蒋介石一样，"犯乱纲纪，莫此为甚"，说不定祸事就在眼前，因为在战前，那时候日本在提倡中日联合剿共说的时候，就在那个理论阶段，许多人都因为有抗日反日行为或嫌疑，吃官司或亡命，我就深尝过这个痛苦，在北平监狱里蹲了一个时候，现在日本人的联合剿共说已到了"凡吾同志，一体身体力行"的实施阶段了，你打日本人？D君大概因为正还是一个血气方刚的青年，不大明了"国情"，听了我的说法，很不以为然，他甚至以为我"意存蔑灭当局"吧。这也难怪，这个时候的青年只在报上看到过南京当局的谈话，说反美等于反祖国，因而激愤，提起当日反日等于反祖国的旧话来，在年轻一些的耳朵里听来，在一些从抗战中长大，又处于僻冷之乡受教育不多的青年听来，难免就有一点大不相信了，D君还好，是一个混小差事吃饭，一边又想读一点书，挣扎着往正路上走的纯厚的青年，他还相信我的人格，我的旧话重提，增加了他的苦闷，倒是真的。

我还得一说我在这个九十一号居住时，我的几个邻居和友人。

这个九十一号的"中国侨民"，除过我，还有两家，一家是靠楼梯口住的做中学校长的段华先生，是我尊敬的一位好教育家，办着一个出色的中学，他携妻带子的一家好几口挤在一间小小的房子里，自从报社被封后，他只有晚上偶尔回来转一下，不敢住下来，他想找一间房子搬场，又没有钱，所以只好做贼一样地在这个敝破的有阴谋气的建筑里低下头进出。再有一家，住在辽远的走廊又一端的，是三个青年，我的妻子中学时代的同学，那是肺病已然极严重的刘，一只眼睛半盲的李，和两只腿走起路来一拐一拐的黄。三个残废了的好青年。他们都是抗战后沾了政协的光，从国民党的集中营放出来吃了长期苦头的青年，他们残废的肢体，都是受刑过甚的结果。他们混到上海滩来在一起营着生活，刘已然动弹不得了，李和黄做着小学教员，三个人贫乏地过活着，他们那种默默地相依相从的生活场景，时常使我觉得眼睛变湿。我现在写字的这杆笔还是刘的赠予，那是一个早晨，我因为妻在屋里生火做饭，闹了一屋子烟气，跑到他们屋子里聊天，李和黄都到外面工作去了，只剩下刘一个人枕得高高地睡在地铺上闭着目短促地吸气。我默默坐在他的侧面矮桌旁吃烟，刘疲倦地睁了眼说：

"贾先生没出去走走吗，我躺在屋子里觉得今天天气一定很好，在外边荡荡一定很好。"

我说，没有去，在马路上无头无绪地乱走，精神极容易混乱和疲倦，所以不如在屋子里做一点事或看一点书好。

他把手从胸上拿开，重重地放在日本席子上，晃着头苦闷地说：

"我半年多就没出去过了，小李和黄禁止我动，其实扶着墙我还可以走走的，我觉得还是空旷的地方好，天气又这么晴朗。"说着，他的深陷的眼睛忽然睁圆了，闪出一种奇异的光辉睨视着高高的敞开着的窗户，微风吹来，窗布飘动着，市声模糊如音乐，那是从宏壮的人间世界来的声音。他无望地闭了眼，叹了一口气，重重地捶着席子，头歪向里首，低微地像是向自己说：

"我活不久了，这两天血咯得厉害，小李和黄把苦苦挣来的几个钱都扔在我的病上，他们连菜都舍不得吃，小李的眼睛，黄的腿……"他静静地淌下了泪，忽然声竭地说，"要死就快一些死去吧，这样把朋友也拖垮了，我真不忍心他们把有用的钱扔在无望的地方。"

我发出空洞的声音照例安慰他，这种安慰，在他听来，不过是一种美丽的骗词，没有用场的，这我也知道。

我兀自任香烟燃烧地坐着，又断断续续地说了几句自己也不十分明白的话，后来自己也莫名其妙的突然中止了。

窗外电线上，几只小雀子欢快地喊喳着，互相追逐，翅膀发响地撞在窗沿上，又一齐飞鸣而去了。高空晴明而洁净，云悠然地走着……

李发出声音，我惊疑地收回目光的时候，他手里就抓着这枝金星笔伸在我的面前，这时他重复似的说：

"贾先生你拿去用吧，你应该多预备一支笔。"

我推着他的手，请他自己留下用，笑着说，我们这种人，只要有一条裤子穿，就应该有一支笔在身的。

刘偏不缩回手去，并且用一种在家庭中似的声音说：

"你有用，我把笔给你，希望你多写出一点来。"

接着，他眼睛完全睁开，放出那种特有的奇异的光辉，沉静而美丽，仿佛他霍然痊愈了的健康的亮光，我打寒噤一样地抖了一下，觉得这个场面有如在夕阳将沉的声寂的战场上，流了血倒在地上的勇士，把他的剑带着祈求和安心的送给战友的样子。我接了笔，他的眼睛才熄了一样地闭上了，发着不正常红润的脸上显出安静幸福的笑容，我觉得这管笔以超过我的体力负担的力量压在我的生命上，那么无声的沉重，我仿佛一堆尘末似的堆在席子上……

去年我出了狱以后听妻说，我们被捕后，小李和黄在第二日的一早就用席子抬了刘，甩下一切用具和屋子，逃走了，现在还不知道讯息，尤其是刘的死活，小李的眼睛，黄的腿，……现在我坐在解放了的青岛小店里写我的狱中回忆，走笔到这里，我抬头凝望，衷心地祝望他们都还健康，在解放了的中国，正式过人的生活……

D君的另一间屋子，靠着楼梯口和段家的居室斜对的，一直空了一个多月，在九月初旬突然搬来一对夫妇，我想大概是 D 君的朋友吧，没作理会。男的有三十多岁，身体高得有点歪斜，生着一个长而黑的马脸，头发很长，女的苍白而衰弱，一副像永远没有睡醒过的样子。他们的门整天的大敞开着，正对着楼梯口，上下楼梯都看得见这一对夫妇永远都睡在地铺上，男的四肢伸挺，女的蜷得像一个虾子，我觉得这种生活方式很出奇，我问 D 君，这是什么人，他含糊其词地说亲戚，但 D 君没有介绍，我当然没有前去请教。他们本来用 D 君的锅子在汽油炉子上烧饭的，这一天却绝无动静，门还是敞开着，夫妇两个躺在地上一动也不动。晚上十时我送朋友下楼才发现了这个情景，回来问妻，才知道他们继续了这么一天多了，我想到这大概是到了绝粮的状态，妻也说大概是的，我一向认为陷在这样情状中的人，在旧社会上，不是强者就是弱者，都是被这个社会所仇视和摈弃的人们。我激动地向妻说，既然 D 君说是亲戚，D 君这两天又没有来，我们不能看着他们饥饿，有什么你送一点去吧，妻笑着盛了半盆子面粉送过去了，我吸着烟凝望窗外，觉得一种激动和安慰，自己平息着汹涌而来的感情。后来在狱中重读《西游记》，看到猪八戒把妖精错认作难民的蠢相，自己才恍然地笑了。妻愉快地拿了空盆子回来，说他们这就做饭，不过问有没有菜，送一些去。我听了愕然，我们也吃菜很少的，大概没有存余了，问妻，她说，家里没有什么菜，一边她补充说，调料倒还有，于是又送了过去。第二天早晨我正伏在小桌上写字，这个马脸闯入一样地跑进我的屋子，我大吃一惊，连忙收拾了摆在桌面的书籍和纸张。他却早坐在我的旁边了，我让了他一支烟，自己点了一支。他自我介绍说，姓曹，我这里才知道他的姓氏了，沉寂了一会，他忽然说：

"真是，专制使人变成冷嘲。"

我停止吃烟，歪着头看他，对于这样突然来的人突然的言论我向来不敢贸然否肯，只是觉得此公有点怪，值得研究研究。

接着他才说到题目上来了，他说，想周转一点钱。我问妻我们有多少钱，妻开了皮包看着说，还有五万。

"三万就行了。"他接着说。

妻数给他三万。我目送着他的在这个低小的屋子里高得显着有点受曲的发弯的背影，停止了吃烟，我向弯着腰正在揉面的妻说，这大概是一个江湖派吧，妻响亮地笑了。我又把烟递到嘴上去……

一直到九月十七日前，这么有好几次，我们仅有的一点钱，这么消耗了不少，我只好自己来一下修正，由金鼠牌香烟改吃一种三猫牌的香烟，好省下钱来。对付此公，我又不能敬而远之，只好痛苦地敷衍着了。你想，他在屋子里大小便，有时光着上身只穿一条绿色的短裤子在弄堂跑，后来又见他穿了一身不三不四的军衣，声称干了青年军了，可是还来要钱，而那态度，简直像官家向老百姓收税一样。我问D君，他发火地大声说，这个东西……后来自己低声说，是亲戚，但是我们不大敢招惹他，他他……他又咽住了，我有点闷，他忽然用异样的声音说，他找到这里来，我又没有办法，所以我才不大敢上义丰里来。我发急地说，你怎么一回事呀，D君慌乱地四顾，没有结果。D走后，我向妻说，我们得快搬家，妻眼睛瞪得很大，接着低下了头……

这才该说到九月十七日了，我们的被捕，和我在国民党CC的特务机关的监狱中一年来的生活和见闻，我要都把它写出来，这不是个人的文字事业，这是蒋介石中国的记录，这是我所以不允许蒋介石和他的匪帮再活在世上的公诉状！这是我的向一切主张温和和宽容这些兽类的人们的抗议书！

第二章　第一夜

一九四七年九月十七日，晚上的时候，我从刘他们的屋子里出来，顺便踅到刘相对的日本人荒川屋子去。这荒川和刘他们是久邻的关系，和我还有来往。这是一个年老的建筑工程师，来中国四十多年了，娶的中国妻室，因为要保护财产，所以疏通了中国官方，伪称和妻子离了婚，房产尽归妻子享用，自己却化作一条光杆住在这义丰里待时，又在一个官家的工厂里买了一个头衔，挂着徽章，除过按月随物价比例倒送钱给那机关的主管外，就是在屋子里喝酒，睡觉，营着一种醉中的生活，貌似无为，谈起话来，却颇有见地。每晚夜静更深，我坐在小桌前工作的时候，都听见这个喝醉了的荒川在楼梯上跺着木屐出声地跑来跑去，一个人大声地说着生硬的上海话或断续的英语，大笑，狂呼，呕吐和漱口，还有的时候，他就卧倒在走廊上睡去，像鸟一样的生活。这人还不失为浪人中的好人，对我们这几个耗子似的中国人，还不显得太歧视，他颇有藏书，深爱老子，更于醉酒之余，孜孜不倦地钻研古代西洋的建筑艺术，是一个浪人学者。在

121

生活沉闷的时候，还可以谈谈的一个人。这晚，在荒川的小屋子里，他向我侃侃而谈百老汇大厦的建筑，一边在纸上画着建筑图式，一边吃着正宗酒。大约快十二点了，建筑内已然显得沉寂，荒川的半开的纸门前走过几个德国人到隔壁屋里去了，那里住着一个朝鲜舞女的。妻来找我回去，她刚进屋门不久，忽然走过四五个提短枪的便衣，一边走一边寻找，我瞥见这些人，大为刘们担心，因为前边就是他们的屋子，而前几天就有警备司令部的便衣来他们屋里搜查过一次的。这时，这些提枪的英雄返回来了，就站在荒川的屋前，我才看到内中就有那个姓曹的，他用手指着屋中坐在小桌旁的我，于是有一个穿短裤和灰洋服上衣的弓背瘦子抢到前面，一只脚踏进屋里，伸出了手枪，向屋里吆喝：

"出来！"

我明白，我被捕了。

我和妻走出屋子的时候，他又喊荒川出来。

我平静地说：

"与他无关。"

虽然是日本人，但是我一贯的主张，不愿别人为自己受累，这是比割了头还难过的精神负担。所以我继续说：

"他是日本人，我的邻居，我来这里闲谈的。"

面貌狞恶的瘦子——这人两颊无肉，面色苍白，两只充血的眼睛突出着，额上青筋纵露，一看就是一个荒淫于酒色的标准特务，大声说：

"到你屋里去！"

在走到我屋里的走廊上，我才看到到处都是特务，只听到枪栓哗啦哗啦的声音，我回到屋里，又是一个油头的短胖子，穿着上等的短裤和衬衣，在屋口伸进头来张望，向我说：

"你是贾某吗？"

我点了头。我转向瘦子说，——这时已由另一个屁股上插着快慢机的穿军便装特务，在翻我的堆在屋角的书籍。瘦子提着枪，皱着眉峰，两只阴森的眼睛，在屋子四边溜来溜去，我和妻站在屋角上。我平静地说：

"请你给我看拘捕证。"

他气壮地说：

"没有这样的必要，你到我们那里就会明白的。"

这时书籍已然检查完了，大部分好像都是可疑的，他都抢在一旁，其实这些都是一些古典的政治经济军事的著作，几乎全是外文，我不相信他能懂得书名，它们更无犯罪的资格的。那个专司检查的特务，又把目标移向箱子了，我向妻子大声说：

"把钥匙扔给他！"

大概我的声音不入耳，瘦子瞪着我，像要大发脾气，却忽然不在乎地冷笑地说：

"你放心，我们一件也不会要。"接着用一种公事的口气说："你自己看好东西，日后少了东西，我们可不负责任。"接着说，"走吧。"

我走出屋外，觉得滑稽：我人跟你们走了，屋子都留给你们了，可还要声明这么一下，真是妙极了。这是地道的国民党政治的精神之本质。

这里还要补述一下的，是D君的那半间屋子，这紧挨着我的屋子的没有窗户的房子里，本来是我和段家堆聚杂物的一个所在，在学生报时代，住着几个来上海考大学的女生，她们都搬到学校去以后，我的一个莫名其妙的同学硬把他的一个女友塞在这里住下，这是L，一个到处飘零的伤感的女人，在一个什么小报上当记者，但大部的时间，是躺在黑暗的屋角的小床上吃烟和悲伤。一副自叹薄命的样子，有时拿着一面小镜子站在走廊上的光亮处对镜忸怩半天，读泰戈尔的诗和徐讦小说的角色，这人颇为我不喜。

我随特务走出屋子，我的妻也跟出来了，我正在讶然，瘦子就向我解释一样地说：

"她也得去。"

去好了，我们全家两口，这样倒省事。我低头笑了一下，出了声音，觉得这真是一出滑稽的妙戏。但我一抬头，我就看定L穿了新做的白短大衣，脸上现出一副可怕的颜色，手里挟着香烟，站在两个特务的中间，等在屋门口，屋里正在翻得一塌糊涂。楼梯口的段家，也正在翻得马翻人仰，初生的婴儿大声地哭着。我突然感到一种大的悲愤，我站住了大声说：

"这都是我的事，请你们不要骚扰我的邻居。"

我的话还没有落脚，半间屋子和段家屋子里的特务，就像受了伤害似的发出一片只有特务才有的声音说：

"你自己管不了自己，你怎么敢干涉我们？"

123

我更大声地说：

"我不愿意牵累别人！"

一片怒斥声：

"闭嘴，与你无关！"

另一个调侃的声音：

"你好，倒管起我们来了！"

在我身后的瘦子，整理了一下枪栓，重重地推了我一下，不耐烦地说：

"走吧，到我们那里再说。不要故意耽误时候。"

于是我们夫妇，后面是 L，连拥带推地下了楼梯，两个青年力壮的小特务，紧紧地抓住我的两个臂膀，嘴里发出要打架一样的无赖声音说：

"不要捣蛋，老实跟我们走。"

这时全建筑像在恐怖中已然僵死了，家家闭门熄灯，毫无声响，我一路下了楼，走出建筑，进入弄堂，到处都布满了持枪以迎的特务，我略一数认，不下三十个人，我不禁低头又笑了，真好厉害呀！

弄口的马路另一侧停着两辆大卡车，和一辆小汽车，在我们走出弄堂门的时候，那一个看弄堂人开的小纸烟铺还没有打烊，守弄堂的老夫妇俩，都站在小屋门前，我是他们经常的顾客，有时大家也谈谈闲话的，老夫妇俩看到这种情境，似乎讶然地呆着了，他们大概想不到是抓中国人的我们，而且在他们的印象说来，大概不会承认我们是杀人放火的强盗和摸人口袋的偷儿吧。老头哆嗦着，在特务的吆喝下，吃力移动着身子去开铁门，但是特务们要显一显威风，皮鞋也然纷乱地踢着铁门了，老头失了主宰地惊慌了，手里的钥匙老找不到锁孔，我想，这大概是特务进入义丰里以后，要老头锁的，这时，老婆踅了过来，才帮着开开了。我们在众特务的推拥下，一下到了马路上，特务们向三个车子散开，车上看守的特务也跳下来了，有的特务先抢着摘下车前的照会，扔在车上，我们在特务的推拥下，半爬半跌地上了第二个卡车，两个特务挟着我们一个人，我和妻坐在对面，L 坐在我妻的前边，这时我才发现 D 君早坐在我的身旁了。一副笑嘻的样子，和我点了头。车子开动了，一个穿着漂亮的大褂的恶少一样的特务向我们说：

"不准谈话。"

一向为我不喜的 L 在大衣口袋里掏出了烟盒，默默地递给我一支，自己往嘴上送了一支，她没有让特务，这倒颇使人得到报偿似的愉快，L 开了打火机燃了烟，我们默默地吸着烟，妻从对面伸过冷冰的手，紧紧地握着我的手，我们有着仿佛互搀着向一个悬崖跳下去的心情。

车子飞奔一样地在冷清的大街上狂驰着，在颠簸中驰过夜风很大的外滩，我们几个失了自由的人，忽然都哈哈地大笑起来，我觉得我们好像雇了一个车在郊外旅行。这种笑声，好像是对车内特务的嘲弄和抗议，有一个特务安静地说：

"笑吧！"

我们更大声地笑着，表现着一种奇特的欢乐情绪。……

在这个大上海，在这个罪恶和欢乐，愤怒和痛苦交混的黑夜的魔都中，我们这一个小小的行列，向恐怖和死亡挺进。……

车上了爱多亚路，转过我看过一回戏的金门戏院，我们到了亚尔培路，我才恍然大悟，这是哪一路的妖精，——车拐进一个僻街口，喇叭初次地响鸣了三下，跟着前面的车子，我们进入了魔窟，——亚尔培路二号，紧邻就是苏侨俱乐部，斯拉夫的雄壮宏大的音乐正在嘹亮地奏着，挟着男女的康朗的笑声，这自由和解放的徽帜，这经过痛苦而来的畅笑，在我们受难者的耳旁有一种奇异的意义！……

车子停在没有灯光的花园里，我初次嗅见了恐怖和死亡的气味，特务们取出了手电筒，半推半拉地喊我们下了车子，排成一个行列，又被查点了一次数目，我们才像一队兵士似的，转过，在特务的挟持下，转过几个曲折的弯，走入那个阴森的建筑，这大概是礼堂吧，正对我们的面悬着巨幅的孙中山像，不知为什么，我涌起一种奇怪的情绪，觉得这孙中山有点可怜相，似乎还不如我们这被押解的一群气壮，至于那两边的照例的对联，那墨黑的大字，也似乎闪着凶手的眼光，带着绝望的可怖色调。

那个监视我的瘦子放了一条心似的冷嘲地说：

"请贵客们上楼上大客厅休息吧。"

我们就被押着上了楼进入了所谓大客厅，一进门，迎面就是一幅持着军刀的蒋介石彩像，那两只狼眼睛，正对着我们，他那开在嘴旁的两条用黑色画的褶纹，有如沟壑，那种似笑似嘲的流氓面相，仿佛向我们说：

"伙计们，你们来了，哈哈……"

我们被指定坐在周围的沙发上，特务们围着屋中央的长餐桌坐着，像从危险的旅行里饱载而归的自得和快活，他们纷纷掏出烟卷，互相在空中扔着，放肆地大笑，但在这种空虚和疯狂的笑声中常常突然止住了笑声，阴险地偷视着我们，笑声就在鼻子里打旋着，发出嘿嘿的恶音来，暴露了失掉人性的残酷性格。我们都安静地坐着，我和 L 吃烟。瘦子忽然站起来，手指着坐成一排的我们，向正在打闹的特务用一种似笑不笑的鼻音说：

"你瞧，这些新客人多体面，多沉着气！"

特务们都带着一副混合了鄙夷惊奇和无耻的笑容，全停止了笑声地睨视着我们，忽然都转过脸，面面相向，仰着脖子大笑起来，有的跌一样地倒在椅子上，有的把一只脚跷在桌上。在车上不准我们说话的那个家伙，油头粉面，一副恶少的下流样子，穿着毛货的浅色大褂，翻卷出两圈雪白的绸小衣袖子，带着发光的金表，这时一只手提着衣襟，脖子伸前，躬着腰，一冒一冒地摆到 L 前，就坐在沙发的靠手上，转面向着 L，笑嘻嘻地说：

"小姐，在哪里恭喜？我们这么面熟。"

L 仰面吐了一口烟，腿互搭着，手指掸着烟灰，视若无睹地说：

"在××报。"

"呵，"油头拍着沙发背，装作恍然大悟的样子说：

"这就对了，咱们同行，我就在《中央日报》，怪不得这么面熟，往后这才真成了朋友了。"

说着，眯着眼睛，做了一个鬼脸，向着鉴赏着他的动作的一群特务说：

"我和这位小姐是老朋友。"

"恭喜！"

特务们又嘻嘻哈哈地仰面捶桌，歪身摸脸地笑起来了。……

我狠狠地把烟头摔在地上，D 站起身来说：

"我要回去睡觉了，请说明白把我带到这里的理由。"

特务们对于 D 的严肃的神情，和抗议一样的声音，忽然感到事出意外般的愕着了，停止了笑声，和突然关了收音机一切声音立刻沉寂了一样，瘦子先走过来，瞪着 D 的脸，好像要下手的样子，D 的脸这时放出一种霜一样的凝然的亮光，瘦子突然注意到 D 衣襟上的徽章，忽然找到题目似的，冷笑地说：

"怎么，你拿你的军人身份吓人？"

紧接着就伸上手去扯了 D 的徽章，扔在桌子上，赫赫地发出声音随即

126

又变做一副狼的凶相，大声地说：

"坐下，不许动！"

D不服气地闹出声音地坐在沙发上。

特务们的欢快场面，现得寥落的样子，但是在屋子里面涌起了一种惨然之气，凝结着，好像从消散的云雾后面渐渐显出无底的黑色深渊洞口一般。

瘦子回到椅上去，忽然又变得一副轻快的样子，点了烟悠悠地吸着，放出安闲的声音说：

"不用忙，有的是时间，我们得休息休息，老爷。"

特务们于是又爆发了欢声，但是一个一个地都渐渐露出了狞恶的兽相，空气呆滞而泼辣，带着受难的象征。

胖子说：

"你们等吃东西吧，我要回去睡了。"

于是，应声而起的特务们纷纷站起来，胖子和瘦子跑到晒台外耳语了一会，回来了以后，大部的特务吵闹着跟胖子走了。我记得一次和刘兄逛南市的城隍庙，刘兄指着不是嘴歪眼斜，目突腮瘦，就是体肥身短，蠢然而凶的大殿两壁的牛头马面画像笑着说：

"谁要描写特务的神色，倒可以照这个样子描摹，一定典型出色。"

在屋子里清静下去的时候，我忽然想起这样的事……

这里只剩了几个特务了。我得慢慢把我在这里所遇见过的特务——给他们留一副尊容，因为这些东西眼看着就要绝种，我们的下一代决然没福气看到这批嘴脸了，马而虎之地画出来，为艺术而艺术一下吧。

第一个先说瘦子，他的尊容，我前面描写过了，这家伙一口北京话，我向他请教过说姓苏，后来知道他叫苏麟阁，又名苏君平，一次我故意问一个叫全吼的警卫，他又说他姓王，我做出奇怪的表情向这个姓全的说，他不是姓苏吗，这个小特务仰着头说，谁知道，你只知道他姓王就得了，难道还要记下预备报仇吗？这姓全的东西最可恶，是一个标准的小流氓式的小狗腿子，后面我要描写他的地方很多，现在按他的角色，还写不到。在我问姓全的关于姓苏的话的时候，我的同室寄押的一个犯敲诈吃官司的特务姓江的正坐在铺上，拿着罐头盖做的夹子对着小镜一下一下地夹着胡髭，听见全的答话，忽然笑了，向我说：

"你这才多事，问那些干吗，反正这里边的人都是野鸡养的，哪有一定准姓。"

总之，这个姓苏的我记牢他了，这是最毒辣，最阴险，最无耻的一个奴才，一头禽兽，我的妻子走出监狱后，找到路线托到他的名下，他向她处处要钱，要东西，答应一些寻开心的不负责的话，又随时恐吓她。以后当有详细的叙述。这家伙是这里的一个二等角色，审问组的组长和工作大队长（这是我们慢慢打听和证明出来的）。原来是日本时代的警察局特高主任，胜利后面目一新，他原来是国民党派来做汉奸的特务，奉派和日本人联络来反共的，满手都是血，凭了他的手段辛辣，他爬到这样的地位，我的案子归他管理。

胖子和一群特务走出屋子后，气氛一清，这里就开始以这姓苏的为中心的沉静下来了，几个特务趴在桌子上吃送进来的吐司，在这期内我忽然看到我面前椅背上贴的一个油印标签，这是财产证记号码，也证实了这里是"中央调查统计局上海特派员办事处"。特务们吃完了东西，进进出出地忙乱起来了，只有这个姓苏的特务一副大派头，坐在桌一端的大椅子上，掏出一支烟，一边心不在焉地在桌上拍着烟头，纵起眉峰，两只充血的眼睛复活了一样地盯着对面的窗户，像在考虑着什么，后来却自己微笑了，一种恶笑；忽然又敛了笑容，把那双锐利的眼睛扫射了我们一会，才转过头懒洋洋地点了手里的烟，喷了一口以后，复转过头来一边用手指敲着烟灰，微倾着头看着桌子，向我们说：

"不要着急，吃过东西得休息一下，我今天得陪你们一个通宵了。"

油头坐在桌子的另一端，低低地弯着背，眼睛睨视着 L，一直没有改变他的下贱的恶笑样子，两只手摆在桌上，手指轻轻地打着桌面。

进来了一个穿中山装的青年特务，显然是从睡梦中来的，手插在裤袋里，一进门，正看到坐成一排的我们，忽然把胸部鼓了一下，像拿出藏着的精神来，就随便地坐在苏特务外旁的椅子上，等着。

这时坐在进门处转角的大沙发上的三个特务，——一个就是检查我书籍的家伙，一个是一个穿着军服的黑瘦的长子，有三十多岁，满脸都是鼓起的黑痣，头发梳得奇怪的亮，这人后来知道姓杨，是一个行动队员。另一个是一个穿着旧的蓝长衫的小瘦子，嘴里有几个金牙，后来知道姓什么吴，原来是敌伪期间七十六号的小角色。这三个都围到桌旁来了，长沙发上换坐着三个屁股上插着快慢机的警卫，一个黑脸尖发的大胖子，这叫费大赓，也是七十六号的角色，听说拳脚功夫很好；一个就是说过的全吼，穿着一身蓝学生装，弓背，面色苍白，小眼睛，头发常拖在眉脚；还有一个显得颇有气魄的角色，精神饱满，满面红光，是一个机警，聪明，笑嘻嘻而阴险的家伙，叫作向辉，这三个警卫都面向着餐桌，眼睛发亮，神情紧张，是所谓在伺候着的角色。

场面开始了——苏特务已闭目养完了神，烟也吃完了。他向烟灰碟拧灭着烟头，奇怪地咯咯地冷笑了几下，好像出于无奈般的，眼睛却不放松我们地又伶俐地转向他们的人说：

"都准备好了吧，"没有回答，他也不等待回答，继续咯咯地冷笑着站了起来，一边说，"慢慢来，——不用忙。"

他笑吟吟地站着，又自言自语地说，"等我脱了衣服——慢慢来。"

把洋服上衣挂在椅子上，又问了一句："准备好了吧？吓吓……"

笑声变了，——由鼻孔出音，忽然他头一转，全然不见了笑容，脸色铁青，像初来的神气，命令我们说：

"全站起来！"

我们站起来，他头一转，说："先搜身上，后解裤带，鞋带，戒指，手表，钢笔。"

我和D先被解除了，L突然说：

"我的裤带是宽紧带不用解吧？"

特务们色情地笑了起来，我知道L说这种侮辱自己话的意思，不过为冲淡恐怖的气氛，苏特务果然又变成原来笑吟吟的样子，说：

"小姐，公事得公办，——懂吧？"

我的妻先被带了下去，她苍白地回首望着我，脚步迟疑着，显然她不愿意把我放在屠场里自己走开的。

苏特务笑吟吟地说：

"下去吧，今天先不问你，不要挂心，我保险你们还能见面的。"

妻被全吼押下去了，他一边走，一边在口袋里摸出一大串钥匙，叮当地响了下去。

D被穿军服的和检查我的书籍的穿军便服的两个特务带出去到另一个房间里；L坐在油头的一端，蓝大褂陪着；我则由苏特务和那个睡眼惺忪的穿中山装的特务伺候。这是一个记录。

苏特务样子装作和气地说：

"久仰得很，贾先生。"忽然哈哈地笑开了，记录则鄙夷地跟着笑，露出了两个虎牙，在整理十行纸。

我镇定着自己，我今晚来到这里所看见的事情，使我明白了特务们对"犯人"的精神虐待的残酷方法和恐吓交混的战法，这种笑声当属于前一种。

他的笑声似乎还可以延长的时候却骤然而止，他威严地瞪着我的面孔，忽然声音冷酷地说：

"你什么时候入的党？"

"什么党？"我接着问他。

"哈哈，"他又笑了，"你们贵党——共产党呀，要是国民党，你还会坐在这里吗，先生？"

"我不明白，"我说，"你有什么根据这样问我？"

"没有根据？"他生气的样子，两眼睁大，"你说国民党三个月垮台，这是其一；再有，——"他翻着挂在椅子上的洋服上衣口袋，拿出一本折叠的杂志抛在我的面前，"这就是铁证。"

我哈哈地笑了，我说：

"你开玩笑吧？"

"玩笑？"他惊奇的口气，"打官司还有开玩笑的，真奇怪极了！"沙发上的警卫们发出了讥笑的声音，这明明是助威。

这是一本香港版的《群众》，我有一点小慌乱，但是我镇定了自己，因为家里的这种东西，我看过后都烧了的，这绝不会是我的东西，这是一种诬赖的手段。我说：

"因为我还没见过这个杂志。"

"你的东西你没有见过？"他瞪着我，"奇怪极了。这是我打你家里早偷出来的。"

"先生，"我笑着说，"我家里虽然没有什么值钱的物事，但是经常还小心门户，从没失过窃的；至于你的杂志，我还是第一次看见。"

"是一个老举吧？"他问着书记，书记嘻嘻地低头写着，已然出了汗。"那么你怎么敢说国民党三个月垮台的话？"

"这就更没有根据了，"我说，"国民党三个月垮不垮台是一回事，你在什么地方听我说的?"

"听谁说的? ——自然有人——我们的情报员。"

"我在屋子里是说话，不是讲演呀，我没见过你什么情报员。"

"那么，你说国民党三个月垮得了台吗?"他突然转了题目。

"这你要问国民党才知道。"我干脆地回答说。

"好吧，"他站了起来，"我得先看看你那位朋友去，咱们回来再谈，你考虑考虑吧。"

他走了。这时书记问我道：

"你认识什么人?"

我说："我读书十几年，在社会跑了十几年，认识的人有好几千。"

他说："你这就不是坦白的态度了，要知道，我们对你客气，你老说没边没际的话，你实说，你认识什么人?"

我说："很多很多，无从说起。"

他说："你和什么人来往?"

我说："我现在闭门家中坐，既没有做官又没有发财，就是来往的人也不会和我来往了。"

他说："你认识商人吗?"

"商人?"我摇摇头，"这一行可没有什么朋友。"

"你们贵省在上海有一大帮，难道不认识一个?"

"我们贵省在上海发财的自然很多，可是我是一个单帮客，没福高攀。"我玩笑地说。

"你还跑单帮?"他惊异地问。

"我靠这个生活。"我说。

"那么怎么把你独独抓来了，照你这么说，你是冤枉了，上海七百万市民，为什么只抓你?"

"那是我运气不好，"我说，"我在家里喝酒，糊糊涂涂地来了，我正想问问你我犯了什么法哩，难道喝酒有罪?"

他陡然生气地说："我不问你了，你毫无诚意，你开玩笑。"

我已然打过两次这类的官司，我觉得在这种场合，只可抱定生死由命的旧说法，这些东西你绝不能当人看待，你只要随便说一点不相干的事，

131

他们就跟着挖根，得寸进尺；他们要打你，那你就挺着挨，没有话说，所以说说笑话顶好，这种人的方法，是一吓二哄三圈四套，我们应付的方法，是一赖二挺，装傻浑说，否则，一切却是不智，没事也得闹事。我在监狱的时候，和难友开玩笑说，我想写一本"如何打官司"的小书，想来销路一定很好，因为在国民党治下，这几乎已然是每个人有机会碰上的生活场合，所以应该是"国民必携"的必要读物。像我这样的一个人，今年年不过三十，就已碰过两回这种事，这回是第三次了，我虽然也写点什么，但是那和向黄浦江小便一次一样，毫无功用，只可说是我自己地督察自己，但是这样，还被兴师动众地抓来了。所以人既然是环境的动物，打官司又成了国民义务之一，则打官司的常识实不可不备，这真是小而防身大而卫国的一种技能和技术，我想不到我打过两回官司的经验，在所谓中国已成了"四大强国"之一的时候，既没有杀人放火，又没有奸淫偷盗，但还得把已然贴了封皮的经验箱子在这里打开了，此所谓不走的路也要走三回之故欤？真不大明白了。

苏特务这时又进来了，他佯笑着说：

"考虑好了吧？我这人讲面子，你的那位朋友可吃过大苦头了，我刚过去，他出了满头大汗，到底是军人出身，没有叫出来，我劝说道，何必呢，才算下来了，他倒老老实实地全说了，这才叫怪，所以得看人下面，一点不错，我对知识分子先生，一向就讲面子，他自然也得给我面子，要是工人什么的，那我就是另一套，一进门，先灌他两桶凉水，冤不冤是另一回事，给你看个下马威，倒是真的，——怎么，贾先生，考虑好了吧？"

"我不知从何考虑起，"我说，"我先请问你，我为什么到这里来？"

"你为什么到这里来，这问题才天真，"他不屑地笑着说，"我问你，"他瞪着我，形势严重，"你认识一位白先生吧？"

"白先生，"我莫名其妙，我真不知在世界的哪一部分有一个白先生，"是什么一个人？"

"你不认识？好——"他像蕴藏着许多东西的表情，"我说明白吧，河南人，大个子，黑长脸。明白了吧？"

"哦，"我说，真是恍然大悟了，"这人我只知道他姓曹，要是不错的话，大概就是他，——我们打过架。"我沉重地说。

"大概不错，他也姓曹吧，他是我们工作人员。"他告一段落似的说。

132

我大声地纵笑了起来，全屋子都吃了一惊，苏特务停止了吃烟，出乎意外地带着监视的神气瞪紧我，我笑着说：

　　"我和他打了架，他大概就报告我了，这也难怪，不过他要是你们工作人员的话，容我说一句话吧，这人简直不仅没做一个官的资格，连做一个人的资格都没有，谢谢吧，他既然到你们这里告了我，那就按照办理好了，我可懒得说什么了。大丈夫生死有命，我既然不幸碰上这个晦气，那我认了运气吧。"

　　我这种流氓口吻，对流氓是一个意外。

　　苏特务的面孔沉得铁青，眉宇之间藏着一股杀气，我想，他大概恼羞成怒，要动手了，这也只好听天由命吧。他忽然在沉思中由椅子上出其不意地跳了起来，这种急骤的动作，使我的精神跳跃了一下，他可又出去了。

　　少顷，他又转了来，又换成一副笑吟吟的样子，好像获得了什么，有了伟大把握的神气。

　　他眯着眼看着我，突然放肆地大笑起来了，我的精神泼辣地在膨胀，所谓横了的心，就是这样吧，我也更大声地纵笑起来，这笑，使我沉醉于恐怖，超越于恐怖，获得了自己的精神的苏生。

　　沙发前的警卫向我们移近，好像要防止什么意外。

　　苏特务突然止了他的笑声，——我跟着也止了我的笑声，他又是一副铁青的面孔，我不知道我自己的脸上表情，——我只觉得我在挺然地微笑着，但是精神上感到一种寒冷的侵袭，好像我的形体已脱离了自己，只剩下一个精神地存在撑在这里。

　　他用着仇恨的眼瞪着我，忽然尖声地吆喝一样地说：

　　"你领导谁，谁领导你，说！"

　　"什么领导，"我大声说，"我不明白！"

　　"自然是你的组织关系。"他还是一样的严重。

　　"这才是笑话，"我笑着慢慢说，"我看，我们这样没有结果地吵下去，有点无聊，是吧？所谓犯罪，第一先得搜查证据，是不是？这样空口吆喝是解决不了问题的，请你们先把证据搜集好，那我抵赖也没有办法，我也决不抵赖，公事公办，这全由你了。要不，"我怒气地接着说，"我不是一个小孩子，你该明白，不能由你说什么就认什么，你要是办公事，照例不会有结果；你要不往道理上讲，那就悉任尊便了，我决不再说一句话。"

"那你是不是左倾?"他的口气缓和了。

"这我也不知道。"我冷冷地答道。

"连这个也不明白?"他不服气地问。

"不明白——"我说,"请你先给我解释一下左倾的定义。"

"不满意现状反对国民党,就是左倾——你就是!"他肯定了我的身份了。

"拿证据来!"我笑着。

"这不要证据,"他又沉沉地笑起来了,"你总是左倾分子。"

"先生,"我说,"你要随便戴帽子那就带高一点的吧,那我也光荣些,这种不明不白的帽子,我不高兴戴!"我的态度决绝。

"你不承认是共产党呀,"他摊开两只手,好像一筹莫展的样子,"我只能说你左倾了。"

"怎么你能随便说我左倾?"我的话还没有落脚,他却突然夺口而出:"我问你:你说政协破裂,说谁负责?"

我想,这是现地贩卖,搜集我的左倾证据了,我打这个官司,我要替我个人的人格负责,而且我的能力,也只有替我个人的人格负责,保卫自己的人格的尊严,我不假思索地说:

"这该国民党负责!因为它没有一个政党的风度和诚意,所以破裂了!"

"你瞧,"他讥笑地向低着头写字的书记说,"全是学者派头!"于是又抬起头来向我说:

"这你可不能抵赖左倾了吧?"

"如果这就算左倾,我不想抵赖,我在这个地区生活,看的全是你们允许发行的报纸,我的意见,不过一个老百姓的感想,你认为左倾,那没有办法了。"

"你说 D 是怎么的一个人?"他又转了题目。

"我看他是一个知识不足,老实得过火的青年。"我本来想说 D 还热情,但在口边咽住了,因为热情在这个国度里往往也构成可疑的罪行。

"恐怕不这么简单吧?"他摇着头。

"可惜我看不出复杂的部分。"我说。

"你的楼口住的姓段的是共产党,可惜今天没有抓到他。"他又转了题目，不放松地看着我。我没有听见似的无表情地看着他。

这时，D和审问的两个家伙都进来了，苏特务打了一个呵欠，自语似的说，"真麻烦，我懒得再问了，反正有的是时间，我们这个地方你该明白，好进难出，要想出去全看你们自己了！"

对于这种恐吓意味的话，我只干坐在那里嘴唇都没动一下，既来之则安之，只好这样打主意了。

D的面色苍白，毫无表情，坐在一只沙发上，拖过自己带的毡子盖了腿部，头枕在椅背上，睡去了。

屋子陷入了一种奇怪的沉默，L则早问完了话，下去了；在L问话的过程中，我没听到什么，只留下油头那种不时发出的嬉笑声，这种记忆。这个兽类只是拿她打趣，做一种肆无忌惮的精神蹂躏。

窗户透进了青色的曙光，园子里扶疏的花木从黑暗中渐渐显出，电车空虚地在街上驰过；大沙发上那个胖子警卫，已然鼾声如雷。

我向静静地坐着吸着烟还在考虑什么的苏特务说：

"我要睡了——安置一个地方吧。"

"不要忙，"他说，"吃过点心再说。你吃什么？"他仰着头问我，观察着我。

我迟疑了一下，知道这又是一种方式的审问，说："北方人就吃油条大饼吧。"

他又伸起腰来，喊D：

"咳，你吃什么，先生？"

D大概睡着了，没有回答；他再喊了一遍的时候，D醒来了，显着不耐烦地说："随便！"

苏特务腮肉牵动一样地笑了一下，吩咐了警卫。

我说："我先睡一下吧。"不等同意，我就找了一只沙发躺上去，不久就奇怪地睡着了，我忽然被什么声音惊醒地张了眼，我才看到苏特务站在我旁边，伏着身子，研究一样地窥探着我的面部，一副严烈而狞恶的样子；这时，见我醒了，掩饰地说：

"不盖一点东西，怕着了凉。"就走开了。

我吃了两个油条和两个烧饼；D却吃了三个油条和烧饼，大概每人只准备了两套的，D吃得很快，连特务的那份也吃过了，所以又添了一回，

135

D又吃了一套。

吃东西的时候，苏特务的眼睛时时忽然地尖锐地注意我们一下，那意思很明白；D的那种不顾一切大嚼的吃法，我很佩服，精神上觉得是对特务们的一种抗议。

吃过东西，苏特务把我们带了下去，我被押在二号室，D押在一号室。天色已然完全黎明，我从此开始了我的政治犯生活。

第三章　二号囚室

在身后关门的声音里，我醒来一样地凝视着我的对面：对着门的地上密密地依着墙坐着一群杂乱的人群，而挨窗坐的一个长发蓬松，面白如纸，两眼特别深陷的穿着一身深灰中式裆裤的中年人，特别地耀眼，——这是骆仲达兄，一个知识分子，一个伟大的战士，这里的身份是印刷厂老板，他是我监狱中的挚友和侣伴；在我旧年逃开上海前，偶然踏足到T报馆里看刘兄的时候，听到高小姐告诉我说，在李匪宗仁下了所谓"祥和措施"——释放政治犯的命令以后，南京《新民报》的浦熙修小姐从南京伪宪兵司令部被保释出来带到外面的消息；在浦小姐释放不久前，押在她隔壁的骆仲达兄，陈子涛兄（这是我的另一个挚友。）和卢子扬先生在一个夜间都被下了手脚上的铐镣带了出去再没回来，翌日听看守的伪宪兵说，这三位人民之子都在那个夜间被绞杀了，——我乍一听到这个消息，呆住了，我低头一直走回到我逃难住的虹口小客栈里才醒来似的和妻相对着大哭了一场，以血还血，我们要向人命贩子蒋介石匪帮讨血账！……

我疲倦地坐在靠窗的小长凳上，温暖和慰问马上包围了我，我的昏眩的耳边绕满了一切亲切而陌生的口音：

"受刑了吧?"

"一点没睡吧?"

"要喝水吧?"

"饿吧?"

脸白如纸的中年人递给我半截香烟，说：

"吸烟吧，——吸吧；不过不要给看见。"

屋中央搭一个竹梯子通到上面的阁楼，从阁楼上下来了人，这个小屋子里围着我挤得满满的，脸白如纸的人——他一直坐着，在原地方，这时俯身向前向大家说：

"叫他先休息一下，我们这么挤着他，给看见了，不好。"

于是，在本来挤得密密的地铺上，大家挨着身子挤，给我让出一块空隙，许多声音争着说：

"你上铺上躺一躺，躺一躺。"

我移到铺上坐着，觉得硬得慌，一注意，才是水门汀上只铺一层席子，许多地方都破了；这时，有一个留着尖头只穿一条蓝色的短裤衩的黑面孔少年，在窗台上的水罐里舀了一碗水，放在我的面前铺上，一口宁波话说：

"你先喝水，——我们都是自家人。"

大家又聚拢来，问我外边的消息：

"半个月这里没新生意了，昨晚卡车一响，我们就知道有新朋友要来了。"有人这么说。

我只报告了一件外面的消息：

"国民党下了总动员令！"

"啊！"几乎不约而同地大家发出叹息，接着有人说：

"特务们往后生意交关了。"

这时，窗外出现了看守的面孔，——全吼，板了面孔，没有表情地站在那里，像已然站了好久，现在大家注意到了，于是无声地散去，有的就爬上楼梯，上了阁楼，却把脑袋排成一行似的，从楼门上伸出来。我手里的烟早被难友夺去弄到角落里弄熄了。

这是一间厨房式的屋子，四壁脏破不堪，空中占了半个屋子大小的面积，是一个阁楼，没有一人高，最小的身材也得弯下腰来，原来大约是放东西的，现在却成了睡人的地方；左边有两个窗，在两窗相距之间那一截墙上，镶着几块白色的瓷砖，上面用墨笔写着我们的日历，逐日更写，有专人负责；在靠外那一个窗户沿上，放着两个黑粗盆子，是我们的饮水处，靠墙放一只水桶，角里是一个尿缸，这一带地上虽然我们不断地拭擦，但永远是湿漉漉的，墙拐角就是一面木门，在外面加两道锁子；我们的隔壁是一号囚室；窗外是一个低下的小院子，和一列墙，站在窗前，可以看到墙外的街上，和对面的店铺的上半截；靠里首那个窗外的斜对面，往里缩的地方，是一间警卫室，警卫室的里首，是三号室，——女号子。窗外是一条通道，通到楼房内去；靠外的一个窗子外面，正对着一个有遮篷的木头楼梯，附在墙上，由此可以上到建筑的楼上去，在楼梯脚下，靠内有一个小弄堂的空隙地带，经常摆一把竹子长躺椅，和一个小茶几，警卫们经常坐在那里聊天。

我们这个二号室里，这时的朋友是：骆仲达，报贩子小宁波王文彬和小广东老周，某出版社的欧阳胖子，——他的案子才奇怪，他们出版社因为和《文萃》社相连，大家共用一个厕所，在《文萃》出事的时候，他们不知道，他的一个伙友去小便，被抓去了没有转来，欧阳因为等他不回来到厕所里去找他又碰上了，被抓了来，伙友现在关在一号室里，因为小便的关系吃官司，已然两个多月了，这事情恐怕只有中华民国才有吧？——《文萃》的发行人吴二男，三轮车夫王云生，另外有一个特务，就是我在前文提过，说这里的人员都是野鸡养的江特务。听说，这时一号室有五六个人，三号室有七八个人，大批人都押在苏州；还有襄阳北路一号，迪化中路七号，高思路三号等处，都押有人。

我觉得头脑昏眩，胸中恶心，像要呕吐的样子；我不愿意说话，只想安静，清静地孤独地坐在一个地方，疲倦而却不想睡觉，想什么却又毫无头绪，——陷入这样奇怪的精神状态。我的逝去的三十一的生命呵，欢笑和痛苦，挣扎和拖延，希望和失望，死亡的恐怖和重生的愉悦，这些记忆，这些闪光的日子，都像突然地在我面前滚滚而飞逝了，毫无踪迹，我仿佛是一个低着头沉思走路的旅人，猛一抬起头，才看到自己又面对着绝处，——第三次的走到这样的地方，——这生命的转弯处，正在痛苦的中国之命运的最大的一个转弯处。

我蹲在窗下吃烟，大口地吃，和吃食物一样的，狼藉而凶狠的……

门声响了，难友们精神一振，随即抢到一种希望的东西似的交口地说，——只是为说而说地说：

"饭来了——"

这是生物在绝望的地方的生命性能的表现，虽然正常地说来是一种多余和浪费，——我今日还多少是这种不幸生活的旁观者，第二天，我就不自觉地也跟着叫饭来了，到了后来，听见门响的声音，我往往第一个叫起来饭来了的声音，有时却并不符合事实，惹得大家都笑了。贫乏的精神症呵！

门只开了一条缝，有人从外面地上推进来一盆漂着菜叶的汤和一个木桶的饭，门又出声地关上了。人们早就纷纷站在地上，蔽住了亮光，屋里阴暗而混乱，人们弯腰屈背，仰首跷脚地找出自己的筷子，——有的放在铺下，有的放在挂在墙上的自己衣服的口袋里，有的放在窗台上，……饭桶在屋内出现后，大家一挤而上地去拿它，警卫人员在外面吆喝着，"不用乱动。"一边赶快锁了门，抢前的人抱了饭桶到铺上来——铺上铺褥子的地方都卷起来了，——洋溢着笑容，虽然饭桶并不重，但是他表现出一副吃力的神气：脖子挺后，脚音很重，这大概是一种表示事情本身庄严的心理表现吧？

小宁波正蹲在地上，在活日历下的屋里唯一的一只靠着墙才能站起来的椅子上，歪着头，用那罐头筒的盖子做成的刀子一本正经地切大头菜，也不过切了薄薄的四五片，就和那一盆公汤摆在一齐，大家围起来吃饭了。

有人替我盛了饭，又在窗口向警卫给我讨来筷子，但是我不饿，没有动着，他们欢快地吃着饭，有人向我说：

"吃吧，勉强也得吃一点，谁初进来都吃不下，但是既来之则安之，来到这里身体第一，他们要我们死，但是我们自己要坚决地活。哈哈……"

这是欧阳胖子，这个乐天家却是一派正论。

老骆驳着他的话：

"留下一点饭，——等他饿了再吃，勉强吃总对胃不好。"

我初次明白了骆对任何事情顾念周到的精密性格。

饭后，又换了一幅生活场景，骆吸着烟，和我对坐着，他先告诉我这里的规矩：现在屋里这几个人，大家已经建立了一种生活秩序，大家相望相助，过集体生活，经济方面，不准自己存私钱，除过吃香烟的人以外，交由老吴管，譬如手纸，肥皂，买菜，生病买药，都公开公销，而最大的一笔开销，是给警卫的"赏钱"，这里负责看守的有两个警卫，一个就是全吼，最坏，得小心一些，因为他窃听谈话，打小报告，但又最贪财；一个是宴希众，这人比较"好"一些，但是我们只能存一个心理：大小特务没有一个好人，到这里来做事总有一些名堂，我们只可取坏人中偶然发现一二好人的办法，不能以为貌像好人就以好人视之，因为这好人之中有一种"技术"的好人呀……

139

"总之，来到这里我们大家就全是弟兄，别的不谈，我们是同一命运！"他结束说；这时，他看看屋里，老周坐着补裤子，三轮车夫躺下睡觉，眼睛却一翻一翻的；老吴和我们坐在一起，脸上红红的，兴奋地吃着烟，好像他们寂寞的生活中添了我这样一个新朋友，如沉闷的屋子忽然打开一只窗子似的，透出清新的空气来，……剩下的江特务，小宁波，胖欧阳都上了阁楼，打扑克去了；——骆把我的头拉得靠下，大家倾着身子，他在我耳边说：

"那个姓江的是他们自己人，这最要注意，我们彼此谈话得避着他点；我们大家向来对他的态度要不露痕迹地有个绝对距离，他可以公开接见送东西，我们在经济上，不强他拿钱入公账，他送来的吃食，我们让他自己吃，他一定要送大家吃才吃。不过这个人是警察出身，又是山东人，性情还直爽，还大致过得去，我们至多就把他当一个江湖派的人看吧。"

吴笑嘻嘻地添上说："这是一种远之则怨，近之则不逊的人呀。"

吴很年轻，个子细长，长长的突出的下巴上长着一颗明显的黑痣，他性格沉着，不轻易表示自己的意见，乍一看来好像不懂世故的样子，其实却还有点世故，他的热情和世故可以说是相爵；这和骆恰恰相反，骆言谈态度像是很深于世故的样子，但是感情冲动起来，却什么都不顾了，是感情压倒理智一型的人。

这大概是十一点钟左右，没有阳光的天气，在吃饭过后，我从窗上看到押在对面女室里的妻，她们屋子因为紧挨警卫室，大概因为是女性吧，白天放几个小时的风，可以走到天井里来，我们这两个男号子却绝对不行，除过去外面倒水倒尿，和每晚间每人准出去大便一次外，想出来绝对不行。妻这时面孔完全苍黄，分外的憔悴，她往我们窗里看了看，又做了手势，意思问我受过刑没有，我朗然笑着摇头，她才焕然地笑了，跑回屋里去。

老骆在我坐下后，向我说：

"是你太太吧？"

我点了头说，"我是打官司还带家眷的。"

骆哈哈笑着说：

"这不稀奇，老吴连爱人都带来了，"他玩笑地去摸吴的耳朵，吴笑着拨他的上来的手，骆忽然专心地和他开玩笑，"这又不是上公园，带爱人来这里，你这小家伙。"

他们寂寞地开着玩笑，这我们大家都叫"给自己制造娱乐"，也是生活中重要节目之一。

房门忽然推开，那个姓曹的被推进来了，屋里的空气突然泼辣了起来，阁楼上的人都下来了，那个江特务插着腰站在地上，面孔严厉，像一个要斗的公鸡似的向神情惊慌的曹用上海话说：

"操伊啦，三光麻子，上铺老子打杀伊。"忽然又用普通话说：

"你明白规矩吗？操你妈，就站在尿盆那里，不要惹爷叔生气。"

别的难友都显出一种鄙夷、愤怒的样子，像要打架似的瞪着姓曹的，大家都站在地上。

姓曹的畏怯地蹲在尿盆边了，江特务这时转过向我说：

"贾先生，这只赤佬麻子顶坏，昨天他就跟一个野鸡样子的女人来了这里，和警卫一块喝啤酒，又在警卫室睡了一觉，天一黑，坐上卡车走了，我们就晓得有人要来了，我顶恨这种三光麻子，——我也吃亏在这种人身上。"

说完，他又眈眈地瞪着低着头蹲在那里的曹。屋里的空气由泼辣渐化为悲愤和激动。

这里我才明白，我这次的被捕这姓曹的是直接凶手之一。他在那里一个人带着恐怖地蹲了一阵，正巧姓全的警卫从窗下走过，他站起来，喊着他，向他耳朵密语了一会，姓全的转过身走了，姓曹的又蹲在地上，摸着头。

江特务这时照着一面小镜子，靠在铺上用罐头盖做的夹子一根一根地挟胡髭，这时向着重又蹲在地上的姓曹的说：

"赤佬，你报告你老子，小心你的狗命，你老子不是普通犯人，老子姓江，你报告去吧。"

姓曹的没有动，门开了，他像一只夹着尾巴的狗仓皇地从门缝中拥出去了，屋子突然爆发出一阵奇怪的笑声，江特务转向我说：

"贾先生，你只要是替匪宣传，不过六个月就出去了。"

对于这种安慰，和对我身份的说明，我没有理他。

江挟了一会胡髭，渐渐露出不能耐的神气，站起来伸长脖子看看窗外，忽然满面笑容地向院子里说：

"宴先生，吃过了。"

院子里传来宴姓发嘎的回声，但是他没有走近窗子和他聊天，他显出

141

一种分外寂寥和失望的表情，皱着重眉，忽然上了楼梯，到阁楼上去了。

屋子陷在奇怪的寂静里，从那里嗅出大家对江特务的界限和距离，江特务上了阁楼后，虽然仍然没有人说话，但空气换作了清新和活气，有一种统一的感觉。我问骆，江方才对姓曹的表示是什么意思。他说：

"他在这里孤独，向谁发脾气吧，没有人得罪他，大家有时候个人还看一点无聊的书，他又不看这些；你新进来，他这是向你讨好的表示吧了。其实他妈的，特务全不是东西，猪笑狗黑。"

骆的激奋昂扬，他的苍白的脸上现出一种黑气，眼睛瞪得很大，向着前面，吴笑眯眯地说：

"老骆，你妈的又发神经了。"

他才从梦里旅行转来似的，恢复了原状地笑了。向我说：

"老贾，咱们睡下谈一谈。"

老吴挤过去，我和骆靠着窗下的角落，缩作一团地谈着。骆严正地说：

"我大概知道你这个人，——你应该是我们的朋友，不过，这些话我们不谈，有一日自由了回到外面，我们可以有许多话谈，这地方却不能说什么。你的案子我虽然不明白，但是打这种官司，得有一种打法，第一要赖掉一切，如真的有什么证据，那就挺住好了，受点刑没有什么关系。我们在这里起码要挣一个人格，至少放到外面去，不会脸红，不会对不起朋友。"他一边亲切地看着我，继续说，"方才姓江的对姓曹的那一堆话，却也是事实，但不是完全事实，姓曹的在你案子内起的作用，不过只是导火线作用，一定还另有因素，"于是他突然考虑地停了声音回视着我问道，"你的邻居是些什么人？"

我说："多半是日本人，几家中国朋友，都是好朋友。"

骆半迟疑地说：

"这日本人留在上海的大概多半和特务有关，也许你的案子日本人要负一点责任。"

在骆的缓慢的语调下，我忽然想到那个自己说当过骑兵军曹的五十多岁的长着狼眼的日本的甲长和那坐吉普车进出弄堂的叫什么郎的理事……

我向骆说了我昨夜审讯的经过，骆眼睛一闪一闪会神地听着，我说完了，骆才说：

"这里边的特务，汉奸很多，那个姓苏的也是汉奸，他对抗战后方的情形知道很少，看样子，他们告你，不会有什么确切的证据，他问你的话只是一味乱撞；你要真在他手里有一点什么，那你昨晚上起码垫三个砖头，这样看来没什么大不了。"他又结束一样地说："他们对知识分子是这样一种方法，你要有证有据，或报告得有眉有目，他们绝不客气，比一般人要严重；要是你没有什么确切证据，他们还不敢随便下手，中国到底是老封建社会，他们不能不多少有一点顾忌，不过知识分子一进这个门就是麻烦，他绝对不相信你，轻易不会放掉的。"

吴这时在一边打趣地说：

"你这种理论不通，你不是读书人吗？你怎样一进门就被没头没脸地打了一顿耳光，操哪……"

骆呵呵笑着说：

"我是一个商人呀，烂商人打几下有什么关系，——"他转告我说，"我一进来才倒霉，刚一进了审问室，那里围一堆不三不四的人，一见我就说，这是一个汉奸吗，没头没脑地打了一顿便宜。"说着凄怆地笑了。"其实，打我的这些东西才多半是些汉奸坯子哩！"

我忽然惊醒一样地向骆说：

"姓曹的怎么会上这屋里来？"

骆顿了一下，紧接着说：

"这不奇怪，这有什么奇怪？这是他们的手法，把他放进这里，叫你看看不是他告的你，他其实也是被抓了来的；再则，他来做一点工作，看看你的表情言谈怎样，因为这种东西，无所不用其极，昨天晚上又没问出一个结果，他们以为我们犯人无所不谈，派他到这里来，收集材料罢了，却不想进来就碰了姓江的钉子，不能待下去只好走了。"说着，得意地笑了，却忽然止住笑声，认真地看着燃烧着的香烟烟雾，它滚滚而飞，寂寞而急切，严正而无阻……

后来从 D 的口里我才知道，这个姓曹的是一个托派分子，当日晚间先是放在一号室里，他一进门就自得其意地自言自语地说："往年古怪少今年古怪多，我一来就拖了四个来。"室里的人这时都靠着铺躺着，静静的，大家只用眼睛冷冷地看着他，没有人作声，他无趣地往铺上坐去，印刷工人老头子老杨，戴着老花眼镜正在近视地看《三国演义》，对于这挤在他跟前的古怪，用奇怪地高声说，"请你坐过去，这是我自己的被褥。"他移了

143

一下，又遭了同样的命运，结果只好在地上蹲了一夜，早上吃早饭的时候，大家都低着头吃自己的饭，他因为没有碗筷，只好在旁边干瞪着眼看着。……

他的太太放在女室里，下午两点钟，他们都走了，后来警卫宴某告我们说，这一对三光麻子，领了三十万走了，他们警卫向他讨来十五万，他只留下十五万走了。

宴在窗前说完话走了，挟着胡髭的江特务哈哈的自己笑起来，这时向窗子看了一下，才嘻嘻地卖弄地说：

"这小子吃亏大了，上边规定的数目比这大得多，准是给吃了，这小子领了这一点钱，又被警卫吃了一半，"他仍然哈哈着下结论似的说，"这是土匪碰见强盗，全不是东西，全是属老虎的。"

我们大家听了愕然，小宁波站在当地，双手拉着短裤子，眼睛迷迷的，要想出什么，老骆瞅了他一眼，他才寂寞地笑了几声，咽住了。小宁波的意思很明白：姓江的忘了自己的身份了，他不是敲诈后，因分赃不均，被弄进来的吗？……

下午二点多钟，太阳出来了，淡而黄，但是我们仰着头从窗户看远远的墙外的街头，对面的铺子都浴在阳光里，这里照不到阳光，连院子也不会浴到阳光，小宁波先叫出来充满喜悦的声音说："哈，太阳出来了。"于是，三轮车夫，小广东，老吴，胖欧阳，都赶快站起身，像听到释放的命令似的，爬到窗前去，眼睛都发亮，像见到亲人，去欢迎太阳，老骆受过刑的腿颤颤地也跟起来，趴在老吴的背上，去看太阳。我这刚从自由里来的人，也不堪寂寞地凑上去，小宁波跪在窗沿上，鼻子嘴巴都伸出铁窗外去，用嘎音声报告着，"哈，公共汽车过去了，……哈，一个外国人……哈，一对轧姘头的又过去了，女的还笑，穿了红色秋大衣……哈，下来，王文彬。"独自闷着头坐在铺上的江特务抬起头苦闷地发怒地说，小宁波看都没看一下，仍然喜悦地报告外面的见闻，哈呀哈的；老骆呵呵地笑着说，拍着老吴的肩膀，"对面那个丝棉店才混蛋，对我们监狱，他的字号却叫个起首老店，这有点不祥。"老吴轻轻地说。"你放屁，你这老迷信家。"小宁波又报告着说，"呵，两个女人进丝棉店去了，……哈，买了两卷出来了……哈，一个娘姨进去了，……哈，翻袍子哩……哈……和店里伙计打绷了，这娘姨真嗲……"老骆摸着自己干涩干涩的下巴，摇头说，"人家

144

都预备冬天的衣服了……"叹息着，江特务在铺上发火地说，"王文彬，操你娘，你下来不下来，你是拿老子取笑……"恰在这时，窗外发出脚步声，窗台上爬的人都快快地回到铺上去，小宁波在人头上一下翻下来……我吃了一惊，我看到赵革非和小竺跟着进来了，后面跟几个拿短枪的，赵仰着头，小竺鼓着嘴，进了女号子了……

我呆然地想，她们大概是去义丰里才抓来了，那里一定有特务看守……赵革非小姐是Ｄ的大同乡，她是从去年暑假就来上海投考大学的高中毕业生，她有着北方人特有的硬派脾气和执拗性情，她奇怪地非要考北京大学的哲学系不行，去年考不上，今年又没有考上，她准备明年再考，非考上不行，从前一直住在义丰里，帮助《学生新报》跑跑邮政局，这个暑假却忽然搬到小竺上的上海法学院去了。竺是一个娇小活泼的女性，黑而圆的面庞，一副健康的笑容，头发剪得短短的，衣着很朴素，她是政治系二年级的学生，暑假中因为参加义卖工作筹备自己的学费在义丰里那半间屋里住了半个月，这个姑娘动中有静，生活紧张，热烈，刻苦，欢乐，每天晚上电灯亮得很长，她坐在小桌前热心地读陀思妥耶夫斯基的《罪与罚》，有时也跑过来，歪着头坐在席上听一听我的议论……

六点钟吃晚餐，我吃了一碗，这米饭是沙子、谷子、虫子一齐俱全，我这个没吃米饭习惯的北人，吃了半碗，我的精神已不那么恍惚了，我要在这里建筑我的新生活，保卫自己，住下去吧，在这个遍地苦难的时代，这毋宁是一种福气——做着这样的打算，我重重地叹了一口气，一口气吃了半碗饭，就鼓腹地靠在铺上，悠然地从窗户看着无云的秋空，没有什么悲苦……

黄昏降临以后，屋顶上那盏惨黄的小灯无聊地闪出光亮，起了风，市声嘹亮地闯进囚室里来，这是诱惑，是嘲笑，是鼓励，是打击，……人们精神却混乱了，这是苏生一样地激动，一天又完了，明天……明天的观念，在人类中没有任何种人比囚人对这个观念强烈和固执。大家在地上乱动，伸开的腿却都自然地又缩回去，回去又伸出来，这个斗室，大半个屋子是地铺，剩下靠门一条窄狭的空地，没有二尺宽，长度虽然有四步宽，但是被堆积的杂物一占领，是连步都伸不开的，虽然铺前有两三双半湿的草拖鞋，但那功用，只在每日出去大便一次时轮流地穿穿，和请准倒水倒尿时穿穿外，毫无功用。

晚饭后，就是出去大便的时间，厕所是在正对着我们的狱室门的大厅的一个角上，——就是那个大礼堂，我进来是从前门进来的，这是它的后门，这个狱室的小院子是这个建筑后边的一个附属物。

厕所沿途都有警戒，我们只能一个人一个人地走进走出；厕所里贴一张告示，说，请他们的同志爱惜物力，不要用公文纸拭屁股，如此实属不自重云云。落款是"中国国民党党员通讯处上海办事处"。这个告示贴在抽水马桶的后面，大家就对着这个告示小便。

挨次地去过厕所后，门锁上了，拿着钥匙的宴警卫在窗口露了一下面孔，向屋子交代说：

"不要吃烟，晚上有公事：——准备问话。"就开第一室的门去了。

这里的"规矩"本来不准吸烟的，上边的理由说，怕我们放火暴动，但是看守的警卫说，这其实是瞒上不瞒下，只要不给上面的人看见就行了，所以不准吸烟的时候，他们都关照一下，因为这些烟和火柴都是警卫卖的，价钱比外面贵一倍以上，那个全警卫口袋里钱一没有了，要敲我们的竹杠，就是板起面孔不准我们吸烟，待把"礼"送上去了，他又眉开眼笑地说，这是他妈上面的意思。这种法子屡经施行，其灵如仙。……姓宴的交代晚上有公事要问话的话出来，给我们屋里吹进了恐怖，因为这"夜审"，总有点严重，在这机关里，简直是凶多吉少的事情，老骆马上向我说：

"老贾，准备一下。"

江特务也看着我，——全屋子都关注着我，为我担心，江发笑一样地说：

"没有关系，有什么说什么，就行了。"神色之间，一股习惯的冷漠之气，这就是他不同于一般难友的地方了。这表示他是一个特务。

三轮车夫向我挨近，瞪着他的没有光的圆眼，用江北话向我说：

"贾先生，你要小心，这些尿养的半夜问话总要打人，一次还要枪毙我哩——，"接着在众人奇异的笑声中他说出他的故事来：

他进来快两个月了，一进门就不容分说地给上了老虎凳，垫了四块砖头，又用布子绞了一回头，他没说什么，没有结果；第二回深夜间，他又被提了上去，一个尿养的特务，把他的公事扔在他面前说：

"你看，上面批准枪毙你，说了吧，要不，哼……"

他两手一张地说：

"先生，我是个好老百姓，我不知道我犯什么法！——"

话还没有落脚，脸上就挨了一个耳光，特务火气地嚷着说：

"混蛋！你不想活，老子没有法子，你考虑考虑，你这么一个起码人，你就死了，共产党还会给你开一个追悼会，你的老婆孩子不是全得饿死，你还落一个匪名？你他妈图了一场什么？你这个糊涂蛋，你简直拿自己命开玩笑，我本来不要和你多话，你看——"他指着公事纸上那枪毙两个黑色大字说，"我要不是可怜你，我执行命令就行了，我还和你多话？我看见你可怜，没有知识，受人利用，死了不过做一个冤枉鬼，所以才一片好心，打算救你，你说了不就没事了，明天就可出去了吗？——怎么，考虑好了没有，你要死还是想活？"

他直直地立在那里，说：

"我没有什么说的，你要我死我也没办法。"

"好，"特务绝望了的声调，"你死吧！"于是伸长脖子大叫着："来人！"一下拥进来四五个带枪的赤佬，他就被拥被推地弄到花园里了。在花园里的树丛里，他们要他跪在地上，在他身后上子弹，拉枪栓，互相争论着谁下手，后来决定下手的人了，这个下手的人，一边拉着枪栓，一边向别的赤佬说，你们站开，我这就干了，别的赤佬也应声的站开了，立在他身后的赤佬大声吃喝着，"准备，——"忽然一下毫无声响，他俯了头，忽然又糊糊涂涂地被人拖起来了，说，这个地方不好，再换一个地方枪毙，于是又弄到一个角落上，照样来了一次，又换了一回地方，在花园里跌跌撞撞地游行了和一百年一样的一个多钟头，最后才说，今天日子不好，哪一天看好黄历再枪毙，……又把他拖回号子里来，他一点精神没有地躺在阁楼上，认识了好多事，彻底知道国民党是一种什么东西了……

"这些尻养的最可恶。"他结束一样地说完了他的话，好像还咽下去许多话说，眼睛里发出火焰一样的湿的光亮。

江特务发笑地说：

"你他妈的不当民兵大队长，他会要枪毙你？"

这个出身农民的三轮车夫，轻蔑地盛气地说：

"你怎么知道——"

大家正在纠缠在一堆里的时候，门突然推开，这有点意外，因为没有人注意到开门的响声，那个叫向辉的警卫，一副嬉笑的样子，站在开门口，手里拿了一张提审条子，喊我。

我在难友的担心而沉静的目送下，跟向辉上了楼，又到昨天那一个大厅里。

这虽然不是一个正式的审判，但比正式的审判还使人恐怖和恐惧，桌子四周坐了五六个特务，地上又围站着六个带枪的警卫，一点声音没有，他们都睨着你——我坐在桌子的一端，昨夜那个问过 D 的穿军服的特务，先给我递了一支烟，从那种故作的亲热里，我知道今晚形势的严重，果不然，我刚吸了两口烟，靠外一面坐的一个中年的戴眼镜的特务，一脸阴沉的凶气，闪着恶狠狠的光，开宗明义地问我：

"你什么时候入的共党，谁领导你，你领导谁，实说！要不我们要给你颜色看看！"说完，他眼睛低下地瞪着我，眼里好像伏着凶猛的东西，随时可以冲出来。他对面的一个瘦下巴的特务，跟着用浙江官话说：

"我们要给你看看颜色了！"

和我正对面的一个头发立了起来的特务，一边翻看一张《学生新报》，接着用一种冷静而嘲笑的恶毒声音说：

"快说了吧，吃了苦头你还是要说的！"

给我香烟的军服特务，铺好了十行纸，调好了笔，歪头向我和气生财式地说：

"你说了吧，说了明天就出去了。"

我悠然吸了几口烟，在特务们的狼视的环顾下缓缓地笑着说：

"先生，我们似乎不需要采取这样的方式，大不了是公事公办——"我才说到这里，戴眼镜的特务，却似乎已然怒不可遏地突然拍着桌子，嗥叫了起来！

"你混蛋！"

咿，这真太凶了吧？

瘦下巴特务接着也拍了一下桌子，——不过，此公大概体格不好，声音没戴眼镜的先生来得雄壮响亮，也大声说：

"在我们这个地方，人命向来不值钱，我们干掉了你，不过和踩死一个蚂蚁一样！"他大概紧张过度，后面的声音已然有点不大接气，勉强说完了，就伏在桌子上咯咯地咳了起来。

此公的咳声响动了好一会，这真破坏了创造出的那种杀气腾腾的气氛，戴眼镜的特务带着功亏一篑的神气，露出苦闷的样子，皱紧眉毛，手伸在桌上，无聊地把一块碎纸玩成球形的在指甲之间转着。

那位先生咳呛完毕了，向我又补充一样地说：

"你快说——"

声音是哑而又虚。一边掏出手绢来满脸地拭着……

我接着说：

"你们这话，昨天已经问过了，我说过，空口无凭，我相信你们目的是办公事，我不能凭口胡说，这失我的人格，——"我刚说到人格，戴眼镜的特务火躁地叫着：

"人格——你还有人格！"

我大声地说：

"先生，公事是公事，你不能侮辱我，我没有杀人放火，抢劫偷盗——"

"你混蛋，——我们要给你颜色看！"

斯可耻孰不可忍——这些东西把人看得太不值钱了，我想，大家拼一下吧，这样的中国，活着也没什么乐趣！

我身子一冒一样地挺立了起来，把香烟摔在地上，我大声说：

"随便！你们欺负人太甚，你这不是办公事，你这是欺负人，我不是一个小孩子，抗战中我也做过军人，命本来不值什么钱，我的脑袋我认为就没长在脖子上，谁要我就给他，——看看颜色，——随便！"

我的这种突然的举动，和我极端激怒的声音，使特务们面面相觑，乱了既定的步骤，倒不知如何是好了。

我仍然立着，成了一种僵持状态，我鄙夷地看着这些群犬的尴尬样子。

穿军服的特务这时打破沉默，拉我坐下说：

"老兄不要发火，这有什么发火的；你只要不是共党说就是了——"

戴眼镜的特务这时恢复了知觉一样地说：

"你是社会的败类，共产党的走狗！"

我歪着头笑着说：

"照这样说，你原来知道我不是共产党，只是共产党的走狗，这和打倒帝国主义的走狗的走狗并不是帝国主义一样。"

我的这种毒恨论法，旁边几个站着伺候的警卫笑出了声音来。

"你是不是民主同盟？"我的对面头发立起来的特务抬起头问我。

"你们是一个特务机关可以去调查一下，问我没用，你调查明白了，也就可以决定处置的办法了，那办起来省口舌。"我说。

"那你这文章是什么意思？"他把一张《学生报》推在我的面前，那是该报的"五四"特刊，有一张叫"五四笔会"的版页，这里有我的一篇文章，《给战斗者》。他接着站起身子伏在桌上指着报纸向我说，"这里有马叙伦这些人的文章，马叙伦是民盟分子，你写文章，自然也是民盟分子，这还能抵赖吗？"

我说，"这报又不是马叙伦办的，他不过个人在这里写文章，我在这里写文章我只能替我个人负责，我不能替马叙伦先生负责，你说马叙伦是民盟分子这与我无关。"

"这报是反动报纸，你知道不知道？"

"我不知道，"我说，"它在社会局立过案，警察局登过记，发行手续合法，印刷公开，这好像不是一个反动报纸能找到的条件。"

这时戴眼镜的特务把报抢过去，眼睛在报上扫视了一下，就抬起头来说：

"你写这文章是什么意思？"

"就是文章里说的意思。"我答。

他又看了一下报，"你为什么骂坏人？"

"你难道拥护坏人？"我问他。

特务们交换了一下目光，又一齐凝视着我，穿军服的特务翻着十行纸向我说：

"你回去，仔细考虑一下，不要自己耽误自己。好，"他向地上的警卫摆了一下头，"带下去。"

"带他太太上来。"

我走出门的时候，后面向带我下去的向辉喊，我心里缩了一下，特务们的狠毒是不是要在我太太身上出？但我闭了眼，随便吧！

我回到屋子里，难友们都在被内睡下了，只有老骆一个人静静地靠在墙角吃烟，我身后的门锁上以后，地上睡的难友个个都爬了起来，阁楼上睡的都从楼门口伸出一排头，纷纷地问我。

老骆拍了一下床铺，发暗的脸上露出热切的笑容向我说：

"先在这里憩一下吧，我们都替你担心，——"他看着我的面孔，我笑着，"没受苦头吧？"

150

我接着老骆递给我的香烟，向老骆接着火，一边说：

"没有，几几乎了。"

老骆和大家放声欢快地笑起来了，一似庆祝我的重生一样。

"不过，"我笑着说，"说我是共产党走狗，社会败类。"

"操哪，"老吴笑眯眯地说，"这不是无聊！"

我和老骆和吴在其余的难友睡去以后，说了我的受审经过。吴说，"操哪，这伙家伙是专门挨硬鸡巴的，他只要没有什么你的证据在手里，你和他硬干，他倒出乎意料地得考虑一下，要不，你今天晚上简直凶多吉少！"

骆已然睡了入被，说：

"这是一进门的下马威，你逃过两关，大概不至于会受刑了，不过一下似乎也走不了。"

说了，他微弱地闭了眼，咳嗽着……

我爬上阁楼，挤在三轮车夫和小广东当中睡下，我睁开眼看着醒龊的屋顶，有时又侧起耳朵，听远处的声音，夜已然静了，一辆救火车尖锐的鸣叫着在街上驰过去了……

我的妻子……

第四章　人多起来了

第二天我爬起来，下了阁楼，屋里又多了两个人，都穿着破旧的黄色警察制服，呆然地靠着墙躺着。外貌都是北方人，我一下阁楼，他们都抬起眼睛来看我，——我是起来最迟的一个，太阳已然很高，院墙上的边沿上抹着新鲜的阳光。其中一个光头的青年用河南口音向我说：

"你就是贾先生吧？"

我还没有回答，他就站起来，向我说：

"我昨天从开封来，我是 D 的亲戚，我一下火车上义丰里找 D，却不由分说地抓来了。"

说着，悲苦地笑了。

这个光头姓李，在开封警察局当书记，那一个留着头发的姓聂，是李的同乡，因为在乡下要抽壮丁，逃到开封来，和李混着，这次他们带了一点土产到上海做买卖，聂也胡穿了一套警察制服地跟来了，想不到一来刚碰上。

"你的货呢?"我问他。

"和我们一块拉来了,"他说,"这本钱还是借的钱,贾先生,你说,东西他会没收吗?"他声音变了地问我。

"我怎么知道呀,"我苦笑说,一边在木桶内洗脸。

"他要没收了货,这不等于土匪吗?我贩的又不是禁品呀!"他还在我耳边说,我没有什么话可以回答他,对这样一个地方,光说有什么用呢?……他们默然又躺回原来的地方,戚然地垂着眼睛,听候命运的裁判了……

洗过脸,饭送来了,我端着一个碗立在窗前,心不在焉似的吃着,眼向着前边,茫然地看着什么,什么也没有看见……妻忽然从她们的屋门口挨出头来,看到我,几步跑到面前,气急地悄声说:

"他们向我问过你许多事情,我都说不知道;他们拍桌子,恐吓,我只说什么也不知道,这样下来了。……"

她的眼睛惊惶地四顾着,忽然跑走了,我正在奇怪,全吼的铁青面孔就代替了她站过的位置,——他从另一边走过来的。他向我申斥地说:

"明白规矩吗,要再看见你们谈话,我就要不客气的铐起来。"说完,头一扭,背着手,向女号子去了。……

我的眼睛发湿,呆立在那里,我觉得有人拉我的裤子,重重地拉着,我回头看到是骆,他还端着饭碗,面上是一种又惊又急的神气,他要我坐下来,后来他向我说:

"忍一下吧,忍一下吧,这些小赤佬没理好讲呀。……"

吃过饭,我和骆对坐在窗角下吸烟,骆看着我的不豫的面孔,笑着安慰我说:

"你这人也太固执了,和这种小瘪三生什么气,来来,我跟你谈谈我的事,那才叫气人哩。"接着他说着他的"案由":

骆自己在曹家渡开了一个小印刷厂,机器房子都是东张西罗凑起来的,他印过一期《文萃》杂志,这就成了吃官司的理由——

"可是,"骆不愤地说,"这是生意呀,我们只接货就行,我一个印刷商人有权检查客人的货色吗?"

他是经理,副经理是他的一个亲戚费先生,他也进来过了,待了两天

152

才出去，原来费先生的私人汽车，和厂房，——五十两黄金顶来的，都"捐献"了，才换得一个人的自由。

"他们也要我捐献机器，可是这是许多股东的东西，我怎么敢擅自做主捐献呢？"

"再有，"他叹息说，"《文萃》的编辑人陈子涛到我家里来玩，凑巧厂里出了事，特务到家里来找我，又碰上老陈，好，他们说老陈是什么党，我和什么党人来往，当然就是什么党了，你想，我们这种人根本是一个江湖人，交一个朋友，不能先要人家送履历表来考查一番，反正他不是一个坏人吧，这他妈的就说不清楚了，一抓来，我就上了老虎凳，上了五块砖头，你看我现在的脸色，就知道我的身体了，——这样又是快三个月了，还没有下文，这当中又问过一次，我的头又用布子绞了一次——"

老骆悲愤地结束了他的谈话，我们大家眼睛发亮地互相望着……

我闷着头在阁楼上睡了一觉——这里的人都营着婴儿似的生活，除过吃饭，就是睡觉，睡过了觉又盼望吃饭，饭是没有什么味道的，睡觉也是没有什么意思的，除过这种生活外，就是亮着无光的眼睛，盼望明天，明天呀，美丽的明天，你快来吧……我被吃饭声喊醒。我刚端起一碗饭送到嘴边，门忽然开了，塞进来一个商人，我一看就愣住了，忘了手里的饭碗——这是王先生，我只见过一次的一个旧式商人。——

"贾先生，你在这里呢？"他面色灰白地看到我，浮着一种得救的欢笑说，"这是什么地方？"他放低声音，恐怖地问我，"这是土匪窟吗？"

我觉得好笑，我先说：

"这是机关，怎么是土匪窟，你怎么当是土匪窟呢？"

"我哪里知道这是一个机关，"他带哭声地说，"我同住的郭先生今天上午去看你，没有回来，我急得慌，就去你那里，你那里我只去过一次，又不大认得明白，这里打听那里问的好容易才找到了，我推你门进去，地上正睡两个人，我以为是你的朋友，我不该去推醒他，——我推了一个，连那个也醒来了，两个人猛然坐起来，我看出有点不对路，就在这时，我才看到靠他们的身子里首有两杆短枪，我一下吓住了，这不像你的朋友。他问我，找谁，我不敢说找你，我说找郭先生，他们说，等一下吧，忽然要我举起手来，我口袋里的零钱都给搜去了，一个出去了，回来了以后，两个人把我架出去上了汽车，汽车开得特别快。忽然开进这里，门上又没有招牌，我还当是绑票的土匪哩。"

老吴没有声音地笑着说："操哪，这是官用土匪。"

我对着流出眼泪的王先生尴尬地笑着，我这才知道同乡郭先生也进来了，但不知他被押在那里，这是一个五十多岁的老商人，……我的罪孽太大了……我大声向王先生说：

"王先生，我对不起你，既然来到这里你安心吧，保养自己身体为重……"我说不下去了……

我没有吃饭，完全不饿，我站在窗前，忽然我忘了自己似的，大声喊警卫，我的声音使同室的难友都变了面色地吃惊地看着我，我似乎一个人站在野地里，仍然大声地喊，姓全的警卫面孔喝得红红地跑了过来，手倒握着屁股上的枪把，说：

"什么事？"

"我要见你们上司，"我大声说，眼睛发直……

"有什么事？"

"我不能叫只和我有一面之识的朋友们来这里受罪，我死了也不要紧，我得脸色无愧地死……"

这家伙开朗地笑起来了，手从枪把上放下去，双臂抱在胸前，像站在动物园前的怡然神气说：

"你不要发神经了，——我看你这人神经不健全，我们虽然思想不同，我最讲人道主义，你急有什么用，朋友进来了，这只能怨个人的运气，又不是你把他卖进来的，空急有屌用？你休息一下吧……"他伸起头向屋内人说，"你们大家安慰安慰他。"

我被难友们拖坐在地上，我只低了头，一声不响，周围是一片叹息，江特务一边擦筷子，一边抬头看着老全走开的背影，说：

"你他妈的还充人样哩，你懂什么你妈的人道主义，小瘪三！老子出去了，非揍你不可，小鸡巴操的……"

老吴干笑地说："他还讲思想哩……真是一大古怪！"

江特务笑着说：

"混鸡巴半碗冷饭，还神气得了不得，老子当连长的时候，管过你这样的小瘪三有一百多，还没有这副样子哩，操伊拉小瘪三！"

……

我躺在老骆的铺上吸烟，忘记了周围，我觉得自己像一团烈火，想不顾一切地向一切冲去，要毁灭一切……

王先生被难友照应着上阁楼睡觉去了，两个报贩子和两个警察还有三轮车夫老王正聚成一个圈子谈什么，因为彼此言论不通，有时候还笔谈，小宁波时时歪了头想字的写法，光头的老李神经地看着他，老聂一直忧郁地低了头，头发垂下来，用手挖鼻孔……

江特务却忽然把头靠在窗上，换成一脸笑容，向左边叫着：

"全先生，全先生！"

姓全的警卫吊儿郎当地过来了，说着上海话：

"啥事体，老江？"

"唉，"老江露着牙齿笑着，"扑克借一下吧。"

老全一手把在窗上，眼睛溜着女号子，转回头来说：

"这怎么行呀！"

"嗳，我一个人玩，我又不和他们玩。"他说，这里他显出和我们不同的身份了，也表示了他受着与众不同的优待身份。

"好吧，"老全放了手，插在裤口袋里，"可是约法三章，不准和他们玩，上边知道了，我要吃巴头。"

"一定一定。"江特务敬着军礼，嘻嘻地说。

"我拿去。"老全走掉了。

江特务在窗上等着，从姓全的警卫接过了扑克，一步就跳到里首，向谈话的这圈人说：

"蛋炒饭，移一移。"

这蛋炒饭的称呼，据江特务解释说，是他在工部局的时候对犯人的称呼，这也是他的习惯。于是这个谈话圈被解散了，他硬拉着老吴，胖欧阳，老骆在墙角玩扑克，原来的五个人上了阁楼，我一个人孤零零地面朝天躺着，附近的壁上，涂满用铅笔写的小字：南无救苦救难观音菩萨，阿弥陀佛，画着圆圆的太阳，和它的强烈四射的光亮，还有共产党万岁，特务可杀等字句……斑斑驳驳，这是前人苦心经营的创作，也是这个政治犯监狱特有的风景，和犯人的心情。

一夜晚上没有动静，天气闷热，到处是臭虫，四边出动，我在阁楼上无从入睡，伸头从阁楼口望下去，难友们挤得密密睡着，互相枕着，伏

155

着，有的头歪在一边，有的头并在一起，在阴黄的灯光下，一派黄绿色，浮肿着的面孔上，是痛苦，希望，忍受……有的人牙齿发响声的龀着……我找到一本书，上面盖着图记，又是什么国民党党员通讯处，书名叫作伟大的蒋介石，是一个日本浪人的著作，我没好气地把它摔了过去……

晚上，我梦见仍然睡在友人H氏楼下的客堂里，我仿佛睡在地上，脸色苍白的H太太站在地上关切地向我说，往里睡，雨会飘到你身上来，我笑着说，没有什么，但雨脚似乎已经飘进来了，外面正是暴风雨的天气，阴沉低暗……这个梦增加了我的烦恼，我在狱中的生活中，一直祝着H兄的健康，和健斗，不用飘上这个时代的暴风雨，……我出狱后，一个晚间坐在H兄的客堂里吃酒，H兄扶着杖地回来了，他在友人家里已然吃醉，向我笑着说，朋友不放心让他一个人回来，害怕路上被国民党抓去，但是他大笑着，借了一支手杖扶着回来了……在他的笑声里，我突然想起狱中的梦，现在又不觉地把它写到纸上来……

第二日黄昏以后，我们在精神上大家显得不安，两个警卫跑来跑去，特务们似乎非常忙碌，大家都无声地坐在地上，没有人说话，苦闷地等着什么，天黑了以后，狱室的门开了，推进来三个学生模样的人，外面卡车又响动了，我们的狱室空气混乱，女号子门关得紧紧的，一号室的门也大响着，老骆附在我耳上说：

"今天外面大概抓得厉害。"

大家包围了带着行李的三个青年，正在谈论什么，我和老骆对坐着，老吴从谈话圈子里跑过来说：

"威海卫路的富通印刷公司今天午间就被包围抓了二百多人，这是第一车，还有来的哩。……"

后来谈话圈子扩大了，我们几乎围成一个大圈子，只有江特务一个人睡在一角里没来参加谈话，他今天下午接见过，他的二太太来的，他回屋以后，神色就不对，老骆问他说：

"有希望了吧？"

他说，"有屌希望。"接着倒下一样地坐在地上，抱着头，忽然又抬起头来，神经错乱地嚷着说："请你们评评理，我在海员党部不过是一个行动员，就算敲诈吧，是我的主任叫我去的呀！要人家三千万，也不是我的意思，这宗生意也是主任看出来的，不想偏偏他又看得不准，敲的铺子和军

156

统局有关，好，把我抓到警备司令部，又全成了我一个人的责任了，与主任无关！操他奶奶，你们上头吃肉，老子们小角色不过喝一口汤，吃起官司来却是老子一个人的事，拿我们小职员做牺牲品，我的太太今天又哭得一把鼻涕一把眼泪的，她去找主任想办法，这个屄养的说，还要严办，操他奶奶，我今天给屋里人说了，我叫她往顶高处告状，我得把这个主任拖下水来，你要我死，我不要你活，老子原来花钱活动这个差事为什么，老子原来不吃这行呀！……"

"操哪，这叫作跑在前头，拿的零头，挨的拳头，零头没吃到，拳头先挨到了！哈哈！……"老吴笑眯眯地说，监房里爆发了一阵哄笑，但随即又消失下去了，好像觉得这么笑一阵子，是一种精力上的浪费，有些多余。

老骆只干笑着，坐开了；江特务就一直不快活地一个人待在一角尽想，……这来的三位，黑而瘦的是蔡兄，史地教员；另外两个，漂亮的是小华，声带发哑的是小王，他们两个是老蔡的高足。老蔡原来兼办《学生日报》的编务，这个报是社会贤达王云五的儿子办的，王少爷原来拿了老子的五千万块钱，在政协开得火烈的时候，大概想投一下民主的机，政协一破裂，王少爷坐飞机上了美国，富通公司的几间报馆房子，几个没有人管的职员住下了，富通今天被包围，他们鱼池遭殃地给抓来了。他今天请一群学生在家吃饭，都抓起来了，小华小王不过客人之一，大部分还押在公司里，那里已然画地为牢，押了许多人，今天晚上才纷纷送往各秘密地方去。

老蔡的故事还没说完，外面卡车又吼进来了，大家赶快散开，四坐着，等候新人。少顷门开了，塞进了一个留着东洋头的中年人，他一进门，就倒在铺上，一言不发地缩作一团地睡去了。

铺上已无法挤了，只好把另一少半空隙的地方做铺，勉强留下放水桶和鞋子的下脚地方，空气蒸热，姓全的警卫在窗口又交代了一句："你们从今天就在屋子里大便吧，人多了，照顾不过来。"说完，不管我们的抗议，掉头走了。

大家都只穿一件短裤子地站在地上，像一片森林；手不停地摸着胸上脸上的汗，拍出声音来地打着叮在腿上的蚊子。这是秋热的天气，本来凉了几天，今天天气却像突然由睡梦中跳起身来的大发脾气，好像专一和我们这些受苦人开玩笑，小宁波歪着头，悲苦地叹息说：

"唉，人堆成山了，还只管往里塞人，我们好像货色了，就是仓库吧，也该有一个满呀！"

只有叹息，没有说话；老骆发出重重的叹声又坐在他的窗角，一边在铺下摸香烟，一边看着大家说：

"反正做了这个地方的中国人，生活生命都自己管不了的，做了犯人，那就成了名副其实的牲口生活了。死活只由命吧。"说完，呵呵地笑起来。

"但是我们自己总不能把自己当作牲口呀！"胖欧阳说，啪的在胸上打死一只蚊子，嘴吃力地咧着。

"这就是打这个政治官司的原因了。"骆低低地说。

这时，好几个人一拥到遮在近门的窗户前，倾听着，小广东回过头来说：

"上边用刑法了，全吼在厨房里拿了一把新筷子上去了。"

所有的人，脸色倏然一变，好像这筷子要挟的是自己的手指。

附在建筑旁的木楼梯接连着咚咚地响着，小特务上上下下地跑着，小广东又转过头来说：

"又拿砖头上去了。"

屋子里奇怪地静了下来，静得真是掉一根针掉在地上都听见响；特务们似乎都集中到楼上去了，看守的两个警卫也不见了，这时楼上传来特务大声的吆喝声，清脆的接连的耳光声像一阵鞭炮，又是吆喝声，人跌在地上的声音，椅子倒地的声音，脚踢的声音，忽然沉寂。

屋里有人叹息，窗子上拥得密密层层的，几个新来的犯人，面孔苍白，眼睛受惊地转着，王先生也从阁楼上下来了，他的踩着梯子的腿索索地和梯子一齐抖着。他也凑到窗上人背上去。

老骆摸着脚趾，寂寞地说：

"这是拳打又脚踢，这不过一盘小点心。"

骆的话还没有说完，传来一个女性的尖锐的叫声，这声音激烈地高涨，像伸向无限，一下忽然沉寂了，接着变成模糊的呻吟声延续着，忽然又直线地提高了，比第一次的音阶还要高，窗上谁咬着牙齿的声音说，"又加上砖头了，——这是坐老虎凳。"——声音又继续加上去了，"又加了一块了，"咬着牙的声音说，——声音再往高抑，像已到了体力所能发出声音的极端，"又加上了，真辣手！"这时，声音变成一片模糊的呻吟，特务失掉了人性的喊声："你招不招?"啪，啪，啪，……一连串耳光的响声，女的尖声的呼叫，却没有回答，于是，又是拍，拍，拍……

"这是坐在老虎凳上打的，"咬牙的解释说，"这个女的真崭，有种！"

老骆躬着腰铺被，一边叹息说："谁无父母，谁无妻子，这个世界呀！……"

女的竭尽全副力量地大叫了一声，便毫无声息，砖声砰砰地掉在地上。老吴咧着嘴说：

"这是搬腿了，——人的腿伸得直直的，砖头垫得高高的，砖头一取，他猛不防地把你麻痛的腿使力猛折了回去，这才叫痛彻肺腑呀……"

他说着，像回忆自己的经验，铺上坐的就我们三个人，——吴，骆，我；江特务则另外在一个角落里，沉入自己的思想，眉皱得重重的，闲事不管；窗前拥挤着的人层忽然崩溃一般的溃了下来，外面特务大声吆喝着：

"趴在窗前干什么？——要这么不要体面，我就把两个窗都关上，睡觉！"

大家在愤怒的沉默中，互相依附着躺下身子，但是耳朵都竖了起来，楼上的惨剧并没有停止，女的仍发出恐怖的叫声，在深夜的静寂中，这是一种非人间的声音，又换了别的刑法了，它一直继续到天亮，才止息了。这夜没有人能睡着，女号子传来了悲泣声，在我们屋子里，有人捶壁，有人叹息，有人失常一样地赤着身子坐起来，爬上窗户去，外面天空晴蓝，月光水银一样地泻在庭院里，花园里有什么虫子唧唧地叫着，凉风习习地吹了进来，有人大声地拍着肉体上的蚊子，今晚我睡在下边的铺上，义务和责任地听着楼上的惨切的喊声和哀号，一个正直的生命正在被侵害，侮辱，剥夺，……但是她英勇地挺着，所以这个拷问一直没有结果地进行着，以至天亮。

天色一清亮，我们从铺上争着爬起来，挤在窗前，在两个咧着嘴笑的警卫的搀扶下，受刑者下来了，这是向女士，一个战士，在我的监狱生活中最英勇的受难者之一，这时她的面色浮肿而苍黄，垂着头，仍然戴着深度的近视眼镜，衣服揉成一团像一块破布似的披在身上，她的腿弯曲在地上地拖着走，整个院子静悄悄的，全警卫放了搀她的责任，重刑者的半边暂扶着墙，他去开了女狱室的门，她们都拥一样地跑出来了，迎接亲人一样地跑到受刑者面前，这搀扶受刑者散步的工作，就由她们轮流担任着，

159

全警卫站在我们窗前，笑眯眯地说：

"这个女的真行，上了六块，又绞头，挟指甲，都一个字不说，只是喊和嚎，却没有眼泪……"

我们没人回答，他哼着《夜光杯》轻快地在空中耍着一连串钥匙走了……

受刑者微弱地说，走不动了，一个女犯人连忙替她把凳子搬在我们窗前，扶着她靠墙坐下，这时，我们才发现又加入了一个新的女犯，这是瘦而美的陈小姐。她是向的朋友，一块抓来的，硬硬"参观"了一夜自己朋友受刑，她们都是小学教员，一块去富通公司印什么，正走到公司门口，看着门口几个不三不四的提枪的特务。向失色地开了自己的手提包，把一张纸头连忙吃下嘴去，特务立刻围上来，就在大街上，围殴着她，向她讨嘴里的东西，有的特务就搬开她的嘴，掏出浑湿的纸团，这样她们两个被拖了进去，晚上坐卡车来，一来就上了受刑室，由七八个特务，逼打了一夜，陈小姐只挨了几个耳光，但没有搜出什么东西，所以还没有受别的刑法，只要她站在一边"参观"向小姐的受刑，表示你要不坦白回答，就和她一样的意思，这有如中国旧式的陪绑，是比身受者还惨烈恐怖的精神虐待。——这是当日下午，L 在窗前说给我的，是陈小姐的口述。

我们大家看着疲倦地靠着墙的向小姐，老骆声音发轻地说：

"老贾，我还有用剩下的一点药酒，拿给你太太，给受刑的小姐擦擦腿，免得残废，擦擦腿，再教她们扶她遛几个圈子，现在不能就休息不动，要不筋就僵直，腿就不作用了。"

我拿了药酒瓶从窗户递给妻子，一边说了用法，她刚弯下腰，打开瓶塞，猛然被从木楼梯旁奔过来的全吼把瓶夺了去，并且气势汹涌地在我们窗口发威：

"谁给她的？这是谁的主意？你们是同志哦？"

没有人答话，眼睛都沉沉地盯着他，江特务笑着说：

"全先生，算了，你不是讲人道主义吗？这不过是难友的好心吧。"

"好心？这他妈的是鼓励，我们作坏人，你们作好人？我报告上去，都铐起来，他妈的不识抬举的东西！"

这时，他索性把女号子的人，连受伤者一齐都赶进屋里去，锁上门，又在门上踢了一脚！一个人站在院子里，挺起胸，背着手，一副势利者的胜利样子。

江特务也受了伤害一样的，火气地在屋里说：

"小赤佬，你妈的不要太威风了，你连老子也捎在里头……"他转过头向我们说：

"出去我不干这个了，这简直是断子绝孙的事情，把什么人都不当人，怎么，人家又没强奸你妈，哪里来的这大的仇恨？"于是解释一样地向我们又说，"我原来是一个军人，不过去海员党部给人帮忙，万万想不到是他妈的这种有理无处讲的混账机关，我们在这里都是兄弟，他再要不客气，和狗肏的干，我领头，妈的，当了犯人并不就不是人了呀！"

这是向我们的好意表示，但谁敢相信他，我们只好尴尬地笑着，老骆说：

"老江倒是够一个江湖朋友，总不把我们当犯人看，真是难得。"

老江解放了一样地纵声笑着……

在另一个机会，老吴悄悄对我说：

"老江这种人是狗性，翻脸不认人，我们必须和他有个距离才好，不过大家捧着他，和警卫打交道的时候，他在前头总好些。另一方面，我们总希望他在现实教育下有一种觉悟，能恢复他的人的自觉。"

王先生在中午叫上去审问了一次，他下来的时候，浑身仍然抖动着，有声无音地向我说：

"贾先生，这是一个什么机关呀，人都是红眉绿眼睛的神气，一点不把人当人，我小时候在山东老家被土匪绑过一次票，土匪似乎还没这么凶狠叫人怕，我站在那里，腿直哆嗦。……"

我笑着说：

"不要紧，他总不至于用你的刑……"

"我看靠不住，他打你几下你总得挨……"

我说：

"他问你些什么？"

"他一来就向我拍桌子说，你是奸匪派驻上海的商业负责人吧，你指挥谁，谁指挥你？我说，我是一个老实买卖人，这生意在上海也有十来八年了。他用鼻子笑着说，你不是共产党，你怎么和共产党来往，那个姓贾的是共匪呀？我说，我见过人家贾先生一次，他也没有和我提过那种话，我怎么知道他是共产党，共产党头上又没刻字，我们老百姓虽然没有什么

161

知识，但是看不出人家是共产党来。他又笑着说，你做什么买卖，我照实说了。他停了一下又说，共产党杀人放火你知道不知道？我说，报上这么说，我们商人不大注意这些。他又说，国家剿匪这么苦，你们商人赚钱享福该不该？我说，我们一个买卖人，将本求利，又不做投机，摊派又大，只是混一个生活，挨不着享福。他说，你明白有钱出钱有力出力这句话吗？你应该给国家捐献一下呀，这才能表示你拥护政府的诚意。我说，我只是一个伙计，做不了柜上的主。他问，你的老板在柜上吗？我说，不，老掌柜一直住在青岛。他半天看着我没说话，后来说，你们商人没有好东西，一味狡猾，你下去考虑考虑，你捐献国家，早日恢复自由。我没说什么，低头下来了。"

"你没答应他吧？"我着急地问。

"我怎么敢答应他呀，这又不是咱自己的生意！所以，"他低哑着声音说，"这不是活土匪吗？真是多经一事多长一智，我在外面还看不出国民党这么坏！"他气愤地说完，忽然像忘了坐在什么地方似的，愣着，眼向前边。

我安慰他说：

"这里说话要小心。"

他好像没有听见，眼泪掉下来了。

我低了头走到靠外首的那一个窗前，却发现郭先生坐在警卫坐的长椅子上一个人哭着，老年人的眼泪，是比战士的眼泪还使人碎心的，他看到我，竟放开声音地哭着说：

"贾先生，活不成了，我是光绪年间生的人，在外面跑了多半辈子可没摊过这种事，这是第一次，第一次，临死还要经世事……"

我眼睛发干地大声说：

"郭先生，你不用难过，保养自己身体要紧，到这种地方来，谁也不愿意，总是年头赶的呀……"

他说：

"是，是，是年头赶的。我两天没吃一口饭，又跑肚，今天左请求右请求才准我在外面坐坐，一个小房里有十几口子人，要不我真得闷死了。"

"问过话吗？"

"没有呀，"他更悲伤地说，"两天了我还不知道我犯了什么罪，这可把人坑死了。"

"你安心一下吧。"我默然地退了回去……

老蔡问过一回话，摸着肿起的面孔走回来，他笑着说：

"挨耳光啦!"

昨天晚上抓来的东洋头，接着被喊去了，他一直睡在铺上，曲着腿，什么也没吃，有时候抬起身来吐痰，往往吐到铺上，我们的卫生部长小宁波说过他，他说，他看不见，眼镜被摘去了，他有八百多度的近视，现在外面喊吴什么他出去了，我们知道了他叫的名字。一个多钟头，他带了几张十行纸回来了，就紧张地坐在倚在墙上的椅子前，歪着头用铅笔写字，时时歪了头沉思，一直写到吃晚饭，他又出去了，搁了半个多钟点下来，又带回了几张十行纸，坐在老地方写，始终没说一句话。

江特务跑近去说：

"老乡，你写些什么?"

他抬起头直直地看着江特务说：

"你先生贵姓?"

"江。"

"你也是共产党关系进来的吗?"

江特务大笑着，说：

"我是本机关的人，为一点小事来休息几天。"

"我是一个美商公司的，"他招供一样地说，"上面要我把关系交出来，我把公司的职员工人，就我所知道的造了一个表交了上去，又说不对，还说我狡猾……"

大家哄笑起来。这个人有点莫名其妙，他却是一副悲苦的认真样子，继续说：

"他还要我交共产党的组织关系，这我怎么知道，我又不是共产党!"

江特务作弄地问他：

"那你又写什么，这里又不是你的写字间。"

"他要我把公司里活动的人写出来，譬如谁爱国，谁活动，谁替工人争利益，——他要这些人，我现在正写这个。"

老吴抢上去说：

"吴先生，你这么写就害了人了。"

163

他强辩地说：

"我又不负责说他们都是共产党呀，写写有什么关系。"

吴说："不是这样，你这么一写，他们准把他当共产党的抓来吃官司了。"

他瞪直了眼，好像觉悟到这事情的严重。

江特务向他说：

"你在公司干什么？"

"我当英文书记，快十五年了，昨天去富通取印就的表册，就莫名其妙地给抓来了，公事上还批着，说我是要犯。听说这个机关是专门抓共产党的，我怎么成了要犯！……"

"真是拿着鸡巴当脑袋，中统局人眼瞎了。"江特务笑着走开了。

他却又歪了头吃力地写去……

第二天上午这位吴先生又拿了纸回来写着；我们买的咸菜又恰巧送来了，包纸是一张当天的《申报》的本市新闻，上边登着他的公司罢工，包围了社会局，要求释放被捕职工吴姓，并举行扩大慰劳吴的家属，当地治安当局正采取有效措置云。老吴把这张半湿的报纸送去给歪了头写字的这位吴先生看去，他费力地看了一遍，茫然地瞪着眼，忽然转过身来，发现什么一样地说：

"坏了，坏了，他们这么一闹，我真成了共产党了。"

我们看这个人老实糊涂得可怜，我向他说：

"吴先生，这是你们同人的一番好意，怎么能说坏了你的事呢？外面这么一闹，你或许就可以早出去了，你那些东西还是少写吧。"

他怀疑地看着我说：

"你先生是共产党吗？"

我觉得可笑，向他说：

"这不是什么共产党不共产党的问题，这是个做人问题。我们运气不好给抓来这里，只好自认倒霉，你不用说不知道人家是不是共产党就敢胡写八写，就是人家真是共产党，你也不应该写，你又没吃中统局的饭。你这么一写，害人害己，说不定你就走不了了，别人还得进来，你这简直成了人口贩子了。"

"贩卖人口！"小宁波在铺上翻筋斗，学着叫贩的口气叫着，大家乱笑着，好像是给这位吴先生的一点示威。

他不服气地说：

"我是不写不行，上头还嫌我写得太少哩，所以我今天又想写几个上去……"

老吴在一边，哈哈地说："你这泥坑掉得深了，写吧！"

他真的歪了头写去了……

我和骆、吴都挤在墙角吃烟，老吴不能忘怀似的说：

"老天爷呀，世界上怎么有这种糊涂蛋！"

小宁波在另一个角落里翻筋斗，大叫着：

"贩卖人口呀！"

第五章　集体生活

秋老虎的余威正厉，我们屋子里人口继续增多，现在又塞进来一个中纺公司的染色工人小张，这是一个低额角，性情极端沉默的人，他在地上茫然地站了一下，看到伸向阁楼的扶梯，就爬上去了，三轮车夫老王和报贩子老周两个人躺在上面聊天，我们听到他们三个热切而低小的谈话声。

老骆说：

"我们这个屋子的秩序和治安得建立起来了。"

原来我们这里大家有一种公约和制度的。我进来的时候，这里还是一个"小社会"，人数又少，倒是颇井然有序的；在卫生上，原是小宁波的卫生部长，管理屋内一切清净事宜，如倒尿桶，打水，拭地，洗碗，按人轮流值日，由他负责监督；再还有监察个人卫生情况，谁的衣服脏了，提出来请他洗换，如无衣服可换，就借穿难友的，以防止白虱，保卫大家健康；老骆办理外交，——这所谓外交者，对象只是两个警卫和一个饭师傅，事项不外购物，添菜，"送礼"，再还有一种特别的事项：这里原来不准家属公开接见，就是勉强送一点东西来也很难，更毋庸说通信；两个警卫却兼办走私生意，术语叫"跑条子"，这是他们最大的收入所在。但是这又不能公开委托的，所以无形中形成了一种手续法，由一个老犯人总负接洽责任，汇集要跑的条子，在老犯人之间再大家——讨论一下，如条子是新来朋友的条子，一定得先明白他的案情，和跑条子的地方和他的关

165

系：如是家属顾忌自然少，如是亲友，那就得考察一下了，第一得考察他和犯人的关系程度，有两种人处绝不可去，一种是与特务有关者，一种是与他的案子可能牵连者；前一种人往往容易使事情暴露，后一种情形又有危及外面的友人的安全的危险，都是容易败事的。然而在姓全和姓宴的两个警卫之间却各有范围，互不相侵，各有一定"户头"的，在我们犯人之间，对于维持他们两个利益上的收入平衡，还得费一点小脑筋，使他们各得其所，天下太平，否则，利益一不均匀，他们就会发生暗斗，造成僵持，而这种不幸的结果，吃亏的还是我们，截断了经济来源，因为虽然吃的共产官司，却还得资产阶级才配吃这个官司，因为手纸，开水，咸菜，这些起码物事不仅都得自掏腰包，在价格上受一层剥削，而且对于警卫的送礼，则简直成了不成文的法律，否则，他不能让你安生，我们抱着小不忍则乱大谋的见解，不得不凑钱进贡，——这钱，虽然都是血汗钱，眼泪钱，事实上，绝没有一个资产老爷会吃这种官司的，而吃这种官司的，又都是不幸者，有人就有饭吃没有人就没有饭吃的各种肉体和精神的劳动者，往往有些都是家无隔宿之粮的瘪人，一吃了这种官司，不但家破人散，无业无家，官司一吃长，家人们几乎要转乎沟壑的。所以这种钱，真是来之匪易，思之惨然的一种钱，但是小豺狗们还瞪圆眼睛伸手向你讨，这简直是谋财害命。我们之建立集体的经济制度和生活制度，还是在钱上着眼的。因为有的难友根本毫无接济，有的虽然似乎有接济，却不知牛年马月才来一次，也可以说是没有接济，若不实施集体制度，有些人简直非死不可，这一点，我们倒是厉行"共产"了。这财政归老吴掌管。这财政，卫生，外交三部，是我们的"建国"要务。现在人口愈益增加，所以老骆一提议，我们这个地狱王国的一体臣们一致通过了拥护这个集体生活制度的继续实施，但为了使"新人"有"参政"和以资熟手的机会，各部添了一个"次长"的角色。

"这一方面是为了办事的效果，一方面我们这种聚合，集散无常，说不定下一分钟，就有人被释放，调押，枪毙。这样多几个人下手一下，可以使我们的制度，不至有人亡政息的危险，并且可以发扬光大下去。"老骆幽默地讲完了"立国要义"。

我们这里还有一个注意点，就是犯人中有工农，知识分子，特种分子(所谓他们本机关的人，如现在的江) 三种成员。对于第三种分子，我们原则上和他隔离，他来参加我们的生活制度，我们也不绝对拒绝，我们给人重新做人的机会；在我们自己是绝无私财的，但是对于他们，我们只收留他部分的钱，而且是他拿出来方收，决不收要。至于第一、二种人，我们也有个安排，就是在一切劳动事务上，知识分子应该站在前边；这时，我们都在屋里大便，我们大家规定，每天集中一个时间，挨次大便，那办法是用毛毡弄成一面幕布挂在屋角，马桶(只是一个粗盆)放在后面，每个人依次轮流，全体完毕后，和警卫商议开门去倒，每天一人轮值，在时值夏末的时候，这是一件苦差事，第一天由我开头倒起，这有十五斤重的一大盆粪便，捧在胸前，由拿着手电的警卫引导去花园内的大厕所倒去，这晚是全吼领我，这东西顶坏，他故意作弄你，引你尽在花园里转，好像老找不到厕所似的，足足转了十几分钟，他才把你引到，倒毕，他又要你冲洗厕所，而水管子地方在另一端，你就捧着这个臭气扑鼻的盆子跑来跑去弄水，冲洗，扫拭，他还不耐烦似的叱你快些。第二天，是老骆，第三天老吴，第四天老蔡，工农分子都在后面，至于那个江特务，他是无份的，我们就当没这个人一样。

这时香烟也实行配给制，因为吃香烟的多半都是知识分子，这是歉然的；两个河南老乡吃不来米饭，每天由公账买大饼吃。

我们这个社会，过得快乐而"安全"的。和我们窗口遥遥相对的女号子，她们五六个人（向、陈二位只住了一夜又调走了，听说调到劳而东路去了）。这时经济上陷于绝境，似乎连手纸，肥皂，和咸菜也买不起了，这是一个早晨老骆发现的，——女的们就在我们窗下蹲着，吃白饭。

老骆立即转过身向全体说：

"我们的邻人三号，似乎穷得很了，我们似乎应该援助一下！"

"赞成！"一片欢呼声。

"财政部长，"老骆笑着说，"库存若干？"

老吴摸铺下面，掏出用手纸包着的钞票来，数了一数，仰起头来，说："库存十万。"

"援助五万！"小宁波说。

"赞成！"又是一片欢呼。

但是这援助的技术问题，还得商量一下，若是以全体名义送去，警卫一定要借生事端，他要咬定你们是什么"同志"之谊了，这对于大家的案子都不利；在女号子中的现押人犯，和我们这个屋子有外面关系的，只有我，和老吴。因为，赵革非，小竺，我的妻子和我是一个案子；另外水小姐，是老吴的爱人，还有一个小姑娘韩月娟，则是《文萃》社的"娘姨"，和老吴有关。吴他们这一案因为进来两个多月了，经济情况，警卫一目了然，而吴是没有什么经济援助的，现在由吴出面送，似乎不行；我则因进来不久，经济情况，警卫似乎还不很清楚，虽然我已然不名一文，由我送给我的妻子比较不露痕迹。但是还不能直接接受，否则，警卫一定猜疑，又是麻烦，他必要赖你们通信。结果，我把钱给了姓宴的警卫说：

"我腰里还有几个钱，请你交给我太太。"

他还好，没有像全警卫，要把钞票一张一张地张在亮处照一下，他只数了一下，就交过去了。

警察老李提去了问话，这是在吃晚饭前，过了半个钟头，愤愤然地满脸气得发火地回来了。

"怎么样?"大家仰起头来问，不胜盼切的样子。

老李茫然地走上铺，靠墙坐下，摸着自己的光头，半天没有说话，像忘了人类的言语。

一直到吃过晚饭，他才在大家的围坐中，公布了他的审讯经过：

他们先要他承认，他是替"奸匪"做生意，拍桌子，打板凳地恐吓他落供，但他坚持这是他上司的钱，他们灵机一动，又咬了一口，说这款来路不明，准是贪污来的，要他签字"捐献"，否则，要按贪污治办云。他还是不认账，但又说不出所以然来，最后只好签字"捐献"，——因为他的上司这个款子实在也是"搞"来的，他说不出一个正当的来由来。承认了"捐献"，他们说他最近就可以出去。

"这是做贼的碰见拦路的了。"老吴笑眯眯地评论说。

接连几天，特务们似乎都非常忙碌，日夜似乎都有新案子，在我们屋子里，最显目的人，该是那位光头的吴姓近视眼，他几乎每天都被提出问话，只是歪着头写东西的时候渐渐少了，他露出一副悲苦的神气，找人谈话，像有意地做出来驱除他的恐怖，和培养他的希望似的，因为可巧一次买咸菜的纸包又是一张什么报，上面又登了他的消息，帽子戴得很高，他成了他的公司的工人运动的"最高领袖"了，同时又登着市政府悬赏缉拿另外二十六名"奸匪分子"的布告，他看了这报，茫然地摸着自己的光

168

头，凑近江特务，小心地问着：

"这是怎么一回事，他们把我抬得这么高？这二十六个人，怎么都成了受我指挥的？"

江特务用罐头盖子挟着胡髭，浮肿的脸上，闪过一抹冷笑说：

"你在上海滩出了风头，——一举成名了，这还不好？"

他着急地分辩说：

"不要开玩笑，——他们简直胡说八道，我又没这么招认呀？这不是冤枉人？"

"冤枉人？"江特务停止了手里的工作，瞪着他，"不冤枉人，他们怎么能领赏？你还不知道哩，为了你这种案子，还死了一口子哩！"

光头拍着赤瘦嶙嶙的膝盖，低了头。

屋里荡起一片轻蔑的笑声。老骆打趣地说：

"吴先生，你读过《四书》吧？"

"读过，"他连忙抢着说，"我在乡下读了几年古书，就跑到上海学英文，进公司，共党的书却一本也没读过，我下了班就回家，闲事不管……"他像在公堂上的神气。

在大家的哗笑中，老骆笑得仰着身子说：

"《四书》上说，已所不欲，勿施于人，——你以为责任推到别人身上，就会没事，却不想越弄越麻烦，结果就成了天作孽犹可为自作孽不可活的情形了。"

他悚然地低了头没有话说，有着像忽然发现掉在深坑里的表情。

大家谈论到江特务所说的死了一口子的问题。原来在富通公司的案子后，特务们大开庆功宴，一个特务狂饮过量当场倒下死了。可不知是哪一个。谈着这些事，大家带着复仇的愉悦心情纷纷猜论，希望死了的那个家伙，就是审自己案子的那个家伙；有的人带着不满足的口吻说，这些东西可惜只死了一个，要是多死几个才好——最好全死了才好，这些东西没有活的价值。话说得激越，似乎忘了江特务在旁边的忌讳了。

光头老吴一个人寂寞地自言自语说：

"唉，运气！家里五个孩子，一个老婆，一月四百万的薪水，这下完蛋了，他们骗我说，说出几个来，马上就放我出去，想不到才是骗局，四百万拿不到了。"

169

没有人答腔，他又凑过来问道：

"我可以就出去吗？"

有人嘿嘿地笑着……

另外还有中纺的染色工人老张，他整天睡在阁楼上，除过吃饭就不下来，提出问了一次，摸着被打得又红又肿的脸颊回来，又上了阁楼。一天的中午，全警卫带着一个穿着黑大褂，歪带着黑呢帽的人到了窗旁，喊他去窗前谈话，这个人露出满口金牙，向他交代了一句："你好好坐几天，就出去了。"并且塞进来一包饼干就转身走了。

他眼睛苏醒过来似的，灼热着，显得又黑又深，没有看见饼干似的回到铺上，自己却两手捧着脸地坐在铺上。

"他怎么能直接进来？"有人惊异地问道。

"他在厂里不干活，带手枪，是一个特务。"他声音发涩地说，眼看着前面。

"哦，"江特务向后仰着头内行地说，"这小子是三光麻子，他卖了你，又做好人，这包饼干，是毒药呀！"

那包饼干孤独地在窗台上，没有人动手，后来全警卫拿去了，他和江特务把这个"毒药"分了。

老蔡，小华都问过一次，似乎都没有结果，小华挨过几个耳光。看来特务们现在集中全力在外面捕人，这里的人似乎不大顾得了，好像把要洗的衣服都泡在盆里一样，听其泡了。

人口虽然增加到在屋里没转身余地的程度，大家却都厮混熟了，一天没有寂寞的悲苦时间，不觉得日子长，常常发出很高的欢笑声。就连三天都吃不下饭的商人王先生，也颇能自寻快乐地找人聊天了。老骆提议说，屋子应该糊一糊，这么看来清爽一些，有人还笑着用官不修衙客不修店的老话作为理由反对，但老骆说，不然，我们不能不作长久打算，就是我们放了，或调走了，甚至呜呼哀哉翘了辫子了，但还有后来的难友，我们不在这里了，后来的难友们一进来，先有一种清净之感，不仅可以驱除他的恐怖阴暗之感，而且予他以安慰，觉得吃这个官司的人，是长江后浪推前浪似的多，在精神上得到安定和安慰。这么一说，大家雀跃似的站了起来，爆发了欢呼，全体赞成。

老骆站在窗前和应请而来的全警卫商议，要旧纸和打糨糊，这个小特务满脸惊讶的神气说：

"怎么，这又不是你的家呀，还要建设一番吗？"

但答应了拿纸张和糨糊了，因为这与他们也不无荣焉，上面一看，功劳还是他们的，这就是所谓管理有方吧？他哪里知道，我们的行为背后，有悲惨的决意和用心呢？

报纸拿来了，是一些过了时的旧报，这个小特务又捎上一句说：

"我知道你们捣鬼，借题目要报，所以我拿了旧报来了。"

他的"笑话"，在我们耳朵听来，不仅是一种侮慢，简直是一种无耻。但就是这旧报纸吧，我们还争夺着一个字一个字地看去，如遇故人似的感到亲切。糨糊一到，工作就开始，自然地分了工，——在纸上抹糨糊的，传递的，往墙上贴的，还有人做着纠正的工作，——因为还在希求糊得整齐和美观，高一些的地方，是人踩着人的肩膀贴上去的。

半个钟头以后，屋子焕然一新，女号子的人都在窗外拥挤着，参观新房，于是又激动地一哄而散——她们也糊去了。

大家的这种激动，似乎还有别的原因，——那是这天下午发生在院子里的一件"花絮"。

四点多钟的时候，在木楼梯旁警卫常坐的椅子上坐了一位衣着显得刺目的女人，她在那里显得悲戚地坐了一个多钟头，后来姓苏的特务来了，命令警卫把她关进去，而发生了可怕的场面：这个女人号啕着跪在地上哀求，用一口广东官话说，请把她先放回去，她在工作的地方被捕，家里只剩下一个托邻居照应还吃奶的小孩，她要是不回去，孩子准会饿死的。这个姓苏的特务，在别人的痛哭中，嘿嘿地冷笑着，声调安闲地说：

"小姐，进去吧，不要啰唆。"

"先生，你救我们母子吧！"女人哀求不已。

"哈哈，"姓苏的特务还笑着，睖着她，她已抱着他的腿，"你这有什么用？"忽然面目一变地，大声喝着，"废话！你进去！"

"先生，你做好事！……"

姓苏的特务面孔铁青，喝着旁边的警卫，"拉她进去！"

于是，这个女人放声大哭着，腿拖在地上，被两个警卫拉进了女号子。

在这之间，全监狱毫无声音，阳光寂寞地照着院墙边沿的一角……

但是半个钟头后，这个一直没有断了哭声的女人又被提走了，再没回

171

来，过后听警卫说，这是一家毛线公司的出纳员，公司被查封了，老板出来转圈，结果全公司所有的毛线都算"没收"了，特务们每人都分到毛线，连起码的角色，都分到两三磅，这个女人才出去了。

但是这个事件，给我们的激动很大，这大概就是老骆提议糊墙的动力之一吧？女号子的响应糊墙，也是这个事件所造成的结果，这其中的意义，是伟大的！请读者仔细想一下吧！

中秋节的前一日，与我案子有关的商人王先生，郭先生，还有我的妻子突然在快开午饭的时候都释放了。——他们共住了十五天。

这天天气晴朗明丽，热气似乎也褪去许多，我们烦躁的精神，似乎清静了一些；但是这三个人的释放，又造成一种新的激动，——替别人高兴和庆幸的欢快的激动。

当好心的难友们把我推在窗子最前面，和妻告别的时候，四周都爆发出零碎的笑声，这笑声是仁慈的，亲切的，虽然有着戏谑的成分，但那更增加了那种仁慈和亲切的丰厚性。

我扶着铁栏杆，眼睛发亮，微笑地看着妻，她穿了进狱时那件宽大褪色的蓝布衫，消瘦，衰老，苍白，显在她的脸上，她却用异样的微笑向着我，我的心胸中汹涌着感激的激动情绪，我不知道我们那个巢还在不，在这偌大的上海滩上，她将如何取得她的生活资料，和这是不是永别。我只向她说，只管自己生活为好，在警卫的监视下，不能再说什么也没有什么可说。两个商人朋友，显出复活的欢快，都穿了他们的绸长衫，显得亲切的，向窗口挥手，妻眼光忽然阴暗地向窗口痴望着，在警卫人员的督促下，几次回眸地走了，——一直还笑着。向监狱笑着。

释放的人走了以后，欢快的激动，突然崩陷下来似的消失了。但是有一种凝然之感，意志力量无声的凸现了出来。

江特务则大声骂着刻毒的话，光头老吴跑去问他，关于自己是否可以出去的话时，碰了他一个钉子。

我和骆坐在窗下吃烟，老骆说：

"你太太既然能出去，你似乎没问题，似乎又有不少问题。"

"怎么呀？"我询问着。

"这很明白，这次释放，表示你们的案子已大致告一段落，该放的放了，该押的就押下去了。看样子，你似乎是常客了，但他放你太太出去，

172

或许是放她出去活动的意思，比如她能弄到一笔钱，或许就把你赎出去了，否则，出去似乎不易。"

人既然是感情的动物，那么或多或少的总有一种自私的幻想的，在监狱里，谁都渴望自由，虽然这自由似乎是不可能的，但他在这种希望里生活，这种希望要变成纯粹幻想的话，那不是跌倒，——出卖自己，就是疯狂——残废自己，要是这种希望成了理智的东西，那么，除过死去外，就坚强了自己，这就叫锻炼和考验。整个的监狱内，是在这种精神状态中迷漫和汹涌着的。在我们这里随了时日的迁延，流行着一种问答体：

"你什么时候出去？"

"民国末年。"人笑着回答。……

下午，胖欧阳也释放了，——这事先我们知道，宴警卫昨天给他跑回条子时，就知道。条子上云，已有了路线，"手续"已办妥，说票的人保证日内即可释放云。但是仍然带回吃食——牛奶和牛肉罐头。

胖欧阳出去了，我们还吃了两天他留下的罐头，每逢开罐头的时候，动手的小宁波总要说：

"欧阳先生现在大概洗过澡，荡马路去了。"

下一次又说：

"今天大约和朋友吃饭去了。"

别人响应着，有一种精神上负担又减了一些的庆幸感觉。

黄昏的时候，宴警卫悄悄地给了我一个条子，是妻送来的，在大家的放哨下，我在隐蔽的地方读它：信上说，王先生和郭先生都花了一笔钱出去的；至于我们的巢，现在被特务们占据着，一切用具衣物都被拿光了，她交涉住回去，特务回答说，要我出来才能发还云。她现在先住在 K 朋友家里。老宴说，她还在门口的小铺里等着，要我写几句话去，我在手纸上写着，原则要她托几个朋友替她找一个职业，作长期打算。送给她去了。

她带来的吃食，我留下一份，另外送给女号子一份，一号室一份。

今天晚上很平静，特务们似乎都在家准备去过节了。小宁波歪着头，在墙上日历的地方写明天的日历，用墨笔写了四个大字：

"中秋佳节。"

我们则挤成小堆，讨论过节事宜，我们要欢快地过一个节。一号室里这时送过来一副用香烟壳子做的扑克，还附了一个便条：

"谨祝佳节。二号诸难友哂纳，一号公民工业社敬赠。"

佳节来了——大家有这种喜悦的激动。在惨暗的灯下，眼睛都发亮，喊喊喳喳地谈着各种过节的快乐。空气一转换，似乎成了茶馆的风气了。

第六章　中秋佳节

这个节日的天气很好，要是自由地在外面，一定更好。但是我们是牺牲了这个"更好"的人们，我们要在这个阴惨的世界里创造比那个"更好"的"更好"。

特务们今天似乎没有上班。老蔡用教员的风度，论特务机关说：

"这真是一个标准的国民党式的机关，这些东西为金钱而工作，在金钱里毁灭自己。而且品类低劣，全是一些和牛马驴羊知识程度差不多的东西。要有一个新中国，这些东西非全数毁掉不可。耶稣在十字架上说，原谅他们吧，因为他们不知道他们做的什么；其实他们之不可原谅，不能原谅，正因为他们很明白他们做坏事的意义，而且加倍努力去做。"

老蔡的理论，在身受特务的魔手迫害和虐待的我们耳朵听来，是有绝对的真理性的，我们真想要寝其皮而食其肉，如果有这么一天，——一定会有这么一天，我们就为这一天而生活，这一天就是我们跑到世上做人的最大目的和野心。大家眼里放出毒光，工人出身的弟兄粗糙地破口大骂着，用力地向地上吐口水，像向特务们丑恶的面孔上吐出似的愤烈。老江脸色灰白地低下头，他才清楚地看到他的孤独，他的失掉人的意义的身份，他的可怜的存在。——而在这个习惯上意义重大的节日，这种发泄，愤怒和狂暴，是有着它的根源的。老江灰白地笑着，像一个可怜的战抖的鼠子，知识分子的我们看来，却又生出一丝怜悯，老骆先用别的话头想换过这种发展下去的泼辣空气，但毫无成效，于是，他又得如果实一样地明朗地笑着，我们大家的眼光相遇，觉得像在初夏的小河里游泳似的快感，觉得工农分子的坚决性，是我们这些常常油然生出莫名其妙的恻隐之心的知识分子要好好学一学的。陀思妥耶夫斯基说，知识分子的无用和无能，最大的致害处，就是凡事都有一种解释，我们又往往美其名曰"策略"的那种不彻底的妥协性的东西，所以才常常有着悬在半空的痛苦存在，知识分子真要变做一种有用的存在，就非消灭这种习性不可，而消灭之道，就是向工农学习，和工农一道。

这种对特务的烈性攻击，不仅没有破坏我们节日的美好空气，相反，它增加和丰富了这个节日，使它显得结实和泼辣、乐观和可爱，——使它显得"更好"的凸出面。

两个警卫今昨两日特别忙碌，向各处跑条子，到黄昏的时候，我们已积聚了月饼、罐头、咸蛋、几包上色香烟和两瓶白干。这个节日的豪华，是我一年来监狱生活中一切节日中最丰富的一次，虽然规模似乎比较小，——只二十多个人的相聚。小广东的老母亲上午突然到了——这是站在窗上的他自己发现的，这天窗台上整天没断人，一个个的都伸长脖子，眼里发出炽烈的光眺望墙外的街上，寻找自己的亲人，人们有一种奇怪的自信，觉得自己的亲人总会在这天来望望的，虽然大部分人失望了，因为家属们实在不知道他们的人被押在哪里，那个时候的被捕，是所谓"失踪"方式的，警卫跑条子，第一个禁条，就是不准在条子上写明人在什么地方，家属们能发现人在这里，都是在外面花了钱东一捞西一拐地找出路线后的事情。上午，站在窗上的小广东忽然向屋里回过头来，声嘶一样地说：

"我妈来了。"说完，又赶快转过头去望街上，脖子伸得更长，脸颊变得紫红，泪在脸上流了下来，向着街上扬手，又做出一种古怪的笑容，——泪中的笑，健康的笑，世界上最有价值的笑容之一。大家一拥都挤上窗户，但是都不侵害小广东的权益，有人甚至扶着小广东的脚，使他更高一点，看得更清楚一些，但是头都伸向前，脸子都是灼热的，口张得大大的，嘶哑地说着不成话的短句。小广东的母亲，好似是大家的母亲。监狱中儿子的母亲，是属于监狱全体的母亲的。

褴褛的老妇人站在那家起首老店的台阶上，白发银丝一样的在阳光下飘拂闪烁着，她机械地挥着手，手里拿着一个罐头似的东西，又时时提起衣襟拭眼睛，脸上辉映着奇怪的笑容，——这种笑容是和监狱内儿子面上的笑容统一的，同属的。全警卫忽然出现在窗前，发现这一情境，这匹畜生阴沉着脸向挤在窗前的人群说：

"这是谁的家属？"

"我的妈。"小广东忘记了在什么地方一样的欢欣地说。

"谁叫她来的呀？"畜生有点要咆哮了的神气。

小广东站在窗上仍一动不动地说：

"她自己来的。"

"她怎么知道你在这里？下来！"

小广东双手紧紧握着铁栏杆，对于畜生的发怒的口气，没有听见似的，毫不作理会，脸上仍然浮着热切的笑容，专一的眺望着街上。

退到一旁的我们众人，向这匹畜生求情，众口纷纷地说：

"全先生，得了，就让他看一下吧，这是不容易的事，晚上我们请客。"这类的带着内心愤激的不自然的笑声说。

这匹畜生摆出一副威严的架子来，使力推小广东下去，连声地叫着，"下来，下来，要不，我就报告上去，给你铐起来。"

小广东还挥着手，就被从外面的手推下来了，他跌在地上，仍然向窗口扑去，畜生大吼着，摸着屁股上的枪，发出哗啦的声音，我们就又一拥而上，站在小广东的左右和身后都准备挨他的放出来的枪，畜生连连地怒吼着，提了手枪，风一样地跑了出去，大约要抓小广东的母亲去了，我们想，我们忘记了一切地把小广东抬上窗沿，他向外挥着手，示意让她快走，脸上没有笑，是决然的神色，老妇人仍然不舍的，忘记了所在的呆站着，小宁波又爬了上去，挥手做出叫她快走的姿势，于是老妇人才趔趄地走去了，又不断地回过头，拿起衣角拭眼睛，终于杂入人丛去了。他们两个迅快地从窗上下来，我们都沉默地坐在铺上，没有言语，但是空气突然显得一种无畏的坚强，和准备抵抗的决意。

畜生仍提着枪地回来了，在窗口大声叫着：

"周××！"

小广东站起的时候，这个畜生破口骂着说：

"你妈的，谁叫你母亲来这里？"

小广东还没有回答，老骆忽然冲出一样的站起身子，说：

"警卫先生，请你不要开口骂人！"

"什么？"这个畜生意外地吃了一惊，却迫近窗口。

"你不能骂人，你没有权利骂我们！"老骆大声说。

"这是我的自由！"这个畜生放屁了。

"自由！这里没有这种自由！我们做犯人有我们的人格，枪毙可以欺负人可不行！"老骆顶上去。

"骆仲达！"这个畜生显得狼狈了，却把责任推在老骆身上，"我没有骂你呀，你想暴动吗?"

这时我们全体，——除过江特务和光头老吴外，都一律挤在窗口，眼睛放出毒光似的抗议地瞪视着这个畜生，准备打这个畜生，他更狼狈了，不等老骆还口，就抽身子跑了，大声说：

"我报告去!"

老骆紧加上一句：

"随便!"

这时，宴警卫跑过来，问着：

"什么事!"

没有人答话，眼睛都直挺挺地瞪着他使人有置身刀剑林立中的感觉，自己先缩了下去，江特务这时上前来了，显然这是他讨好我们的机会，他朗声笑着说：

"宴先生，本来没有事，大家站在窗前往外看，老全就神经过敏地说和外面打招呼了，他跑到外面走了一次，又没找到人，回来就大家起了误会。今天是好日子，请和全先生解释解释，晚上我们请客，哈哈……"

宴，这个还没有完全失掉人性的青年，歉然地笑了笑，向窗内说：

"没有关系，我和老全说一句，往后不要和他闹才好，他这人脾气不好。"

"宴先生，帮忙帮忙。"江特务加上说。

宴走去了。于是江特务又成了活跃的人物，朗声地和大家谈着，拍着胸脯说，这事绝无关系，我写保票，姓全的小子要真不识抬举，我和他干，趁机他拿出昨天下午他家中送来的两瓶啤酒，一个菜盒，和一盒月饼，硬交给掌管伙食的小宁波。他算又窜进我们的晚上的团聚中了。可怜的人呀，精神的孤独和寂寞，是生存中最大的威胁呵!

警察老李站在当地上，不服气地说：

"操他奶奶，这东西太不成东西，丈人才不敢打这舅子!"一边卷着他的油污的制服袖子。

"算了，老李，"江特务哈哈着，"我们打扑克吧!"

于是，他拉了老李，小宁波，和小广东上阁楼打扑克去了，向老吴讨了一号送来的礼物。

黄昏在盼望中莅临，特务们鸡飞狗散地忙于在家中过节，我们清静地过了一天，没有问讯，没有新朋友进来。倒过马桶后，我们开始布置，大家精神十分兴奋，动作活泼，好像是一个住在小店的演剧队的情调，你整理铺上的东西，他弄饮食，很快就妥当了。我们照吃饭的秩序分成三摊，每摊都有月饼，酒，和一些熟菜。由老骆做主席，大家团团坐定后，我们的"鸡尾酒会"开场了。浑圆清冽的月亮，透过铁窗，射进昏浊的狱室来，照在暗污的赤膊上，尖瘦的脸孔上，映出一种奇异的光彩和跃动，显示出这些不可侮的受难的生命的庄严和高贵。奇怪的是每个人都彬彬有礼的下筷子，酒只倒在三只茶杯里，一个递一个喝着，发出声音来，月饼都切成小块，每人有指头大的一块，但大家都不忍一下吃去，恐怕食物一光，早早地散了会，有着难分难离的心情。两个警卫都喝得醉醉的，站在窗外，显出寂寞地艳美地望着我们的欢诚的聚饮，有说有笑，一如一个劳动家庭的团聚，他们灼红的眼睛里，初次露出无邪的人性来。全这匹畜生上午和我们闹过一场，现在摇着手里的钥匙，站在窗前，但是没有人理他，我们沉醉在自己创造的欢娱里，他就像一匹在荒野中失落的兽类，无聊而岑寂，失掉了存在的价值。那点威风，和残性，好像也失落了，像几个纽扣没有声响地掉在黑暗里的地上一样。渐渐他搭讪着靠近窗子，显出一种可怜无邪的笑容，喊老骆，老骆背向他坐着，没作理会，他正在香烟的尘雾里和老吴高谈着，发出他特有的结实的笑声来。他显然装作没听见，又喊了几遍的时候，老吴才机警地推了他一把，他应声地站起来，拿着香烟站在窗前，几个人马上跟着也站起来，防护地站在老骆左右，嘴里嚼着东西，眼睛却发亮地注视窗外的畜生。这个畜生笑得眼睛成了一条缝的用一种小人的甜蜜开始向老骆解释说：

"老骆，上午的事你不要误会，我这人虽然思想和你们不同，站在敌对立场，但是我最讲私情，最顾朋友。这几天正颁了动员令，上面工作正紧，我不能不小心一点，你们诸位也不能不受屈一些，尤其你已然来了两个多月，我们可以说是故友了，还有说的吗？今天我实在出于不得已。"说到这里他装作地后顾了一下，好像看有没有人，似乎并没有人，他又接着说，放小声音："我怕老宴，因为正是我值班，他要发现你们私自和外面打招呼，他一报告，我就要吃苦头，所以我不能不制止，当时我说要往上面报告，其实我并没报告，好在别人也没发现，我何苦呢？你们在里边实在太苦了，我真心同情你们。不过希望你们以后要自爱，免得出毛病，你们不看报，不明白外面情势，现在自从一有动员命令，你们的身份都成了国事犯，罪名也成了叛国罪，这以后要受军法审判的，听说要送到南通的绥靖区司令部处置，所以不可不小心一点。其实，人谁不爱惜生命，既然吃了这种断命官司，总是安分一点好，你越安分守法，越出去得快，越有希望出去，你越调皮捣蛋，上面对你的印象越坏，你越没希望出去，处境也越危险，你们都是聪明人，自己都有数的，我不和你们是好朋友，真不愿意费精神说这些话，老子要是公事公办，你犯规，我就先铐起来，你再闹，拉出揍一顿，重的就枪毙，这还有客气吗？我和你们闹一点小脾气，这是为你们好呀，你们应该明白我的心啊，是不是？"

老骆哈哈着，那声音是愤怒的，表现是宏阔和无畏的，他说：

"谢谢你，全先生。我们犯人有我们犯人的人格，不能为了吃官司连祖宗都不要，我们既然吃了这个官司，家破人散，活着也觉不出什么意思来，人以礼待我，我以礼待人，人若把我们看成乌龟王八蛋，我们就要抗一抗。你全先生人好，我们明白，我们谢谢你，哈哈……"

小特务在老骆和众人的笑声威胁下，狼狈地挣扎着自己说：

"老骆，你太固执了，何必这么悲观呢？"

"你们要我们悲观呀？"老骆调弄地说。

小特务词穷了，他想逃脱，于是换了一副口气说：

"你们喝酒吧，我不耽误了，"他脸向着月亮，纯白的月光照亮了他的丑脸，他惋惜似的说，"可惜今天人少，要不我就开了门，教你们到花园赏月去。"说着廉价的骗词自说地走了，咚咚地跑上楼梯，凄凉地唱起了"一马离了西凉界"。

我们得到补偿地大笑着，这笑表示了我们的无畏和坚定，自由和高贵。有人嘲讽一样的与其说是恭维不如说是虐待地在后面喊着：

"全先生，喝一杯呀！"

这个夹着尾巴跑掉了的小畜生早就听不见了，他早在那个空洞的楼房内不顾一切地凄凉地哭一样的高声地唱他的"西凉界"去了，这时又唱起"我好比"，信口乱唱，像是坚强自己，又像是打自己的耳光。——可怜的东西呀！

空气泼辣而混乱，人被友情所陶醉，三轮车夫老王，工人小张，和两个报贩子，——小宁波和小广东，老蔡的两个高足，都立了起来，在窄狭的地上七歪八扭地扭秧歌，像忘了这是监狱的，唱起"八路军，真光荣"，

179

光头老吴，坐在一个角落里吃惊地瞪圆了两只失光的近视眼。江特务说：

"老弟们，有几个脑袋呀？"

"一个，交给中统局了。"他们不考虑地应着，大声笑了，更高地唱着"八路军，真光荣"，像给江特务示威，精神上揍了他一顿。

女号子门没上锁，小姐们却都聚在屋子里，L穿着她的漂亮的短白外衣，口红涂得红红的，却是泪眼模糊地跑到我们窗前，拿着一个广东月饼，两只香蕉，和一包骆驼牌，向窗内说：

"二号，这是我们的礼物。"

小宁波接了礼物，小广东连忙弯下腰倒了满满的一杯酒双手捧上去，说：

"还礼！"

"三号万岁！"大家随着爆发了欢呼，隐约又听见隔着砖墙的一号在喊：

"二号万岁！"

我们又爆发出：

"一号万岁！"

女号子的人们都拥出来跑到窗前，小姐们好像没预备酒，这时一个传一个地喝了酒，隔着铁窗，互相问候着，交谈着，正像家人重聚。有人拍墙，隔壁的一号也在拍墙相应。

"鸡尾酒会"零乱了，只有老江和电力公司的老吴还一动不动地孤单地坐着，我们都立起来，屋子里充满了快乐的烟雾和自由散发着的酒香。月亮照得更明亮更清冽，小院子完全浴在月光里。干瘦的面孔红润，发歪，旋转……

一直到女号子的人们渐渐回去，我们才恢复了秩序，老吴小声地唱过"跟着共产党走"后，光头老吴身子发颤地站起来，向四周鞠了一个躬，说：

"我也贡献一下，我唱一支《苏武牧羊》，这还是我在山东老家念小学学的，唱不全的地方请大家原谅！"

这和古树开花一样，大家虽然觉得可笑，却也奇异，鼓掌欢迎，老吴笑眯眯地向我低声说：

"操哪，这个人唱的歌和这个人一样的老旧了。"

我笑着摇头制止他，听这位吴先生的歌声。

他大概有二十年没有唱过歌了吧？他挺直地站起来，手先无从安放，最后放在背后，歪着头，想了一会，空气停滞，团坐的脸孔都朝着他，带着热望和好奇，嘴巴都半张着。他终于艰辛地唱出来了，那陈旧、迂腐的调子，却奇怪地带着一种新生的光润从这个中年的麻木的身子里发出来，使人觉得它的完整和悲剧，好像一个苏醒了的古老的梦。在他的鞠躬下，赢得了热切的掌声，有人还不满足地吆喝着再来一个，这要求，是仁爱性质，是要把他从旧梦中拼命地拉到新鲜的广场中的一种用意。他结巴地笑着，又一鞠躬地安谨地坐下身子。老蔡站起来说：

"我有一个提议，"他好像还站在教室的讲台上说，"你们可不可以这么决定？我想，五年以内，中国终该是一个好中国了吧？所以我想，今晚我们在场的难友，不妨同意一下，五年以后的今天晚上八点钟，只要是我们在场的人，都各自去外滩公园相聚，最好带着自己的老婆孩子，我们像这样地欢聚一场，那一定是欢笑渗着眼泪，意义满大。要是不在上海的朋友，顶好按时起来，实在赶不来，写一封信给我们中的一个人和自己相好的，大家可赞成哦？"

"五年太多，用不到五年，明年就行了。"他的高足小华先吵着说。于是，在时间上展开了争论，老蔡的期限太长，小华的又似乎短一些，最后，决定了三年的这一天，通过了。

这个提议也许引起了人们的回思吧？屋里的空气渐渐奇怪地沉静下来，高度创造出的欢乐似乎痛苦地渐渐撕成片片，烟雾加重地凝滞着，我们听到三号的啜泣声，这准是 L，和隐约传来的一号的欢呼。人们都靠在墙上，彼此间像筑起墙似的沉静下来，沉重地低了头想心思，没有人愿意说话。

这是监狱啊，苦难的中国，苦难的人们！在黎明前的黑暗中呼吸困难的人们啊，在自己所创造的节日的欢娱中，突然沉在深渊中一样的发现了自己，想起了破碎的家庭，流落着的亲人，和展开在自己面前的命运！战士的眼泪，是最伟大的，这是敌人必须灭亡的信号！

在极端的静默中，我不愿意打扰别人的幻想，站了起来，拿了一支烟站在窗前，望着外面，月亮已在移过去了，小院子恢复了黑暗的阴影，花园里的虫声发着单调的悲鸣，我才看到女号子年纪最小的肥短的韩月娟一个人站在我们窗前，正吃惊地研究我们的沉默的屋子。

我问她：

181

"韩小姐，怎么一个人站在这里？"

她扭了扭头，带着少女的天真和娇羞说：

"她们都在难过，她们都是小姐呀，想家，我不愿意看见眼泪，一个人出来了。"

我抽着烟，不能回答什么。

她转过身去，望着天空，忽然用低小然而是健壮的充满情感的声音，唱起"茶馆小调"。越唱越激昂，声音越大，唱到末句"倒不如干脆"，她顿了一下，就很快地响亮地接下去："大家痛痛快快地说清楚，把那些压迫我们，剥削我们，不让我们自由讲话混蛋操的，通通杀掉！"

她在原词外特别加上"操的"两个字，骂了"混蛋"的两辈，惹得屋里低着头的人们都笑了起来，这笑声是平和的，但使屋里又突然站起来似的，恢复了活力，但是没有了泼辣和狂乱，只是清澈的温厚和明畅，人们恢复了交谈，清朗的笑声，划火柴的声音，茶杯在木桶里汲水的声音，……秩序地进行着，成了普遍的生活状态，但又异于普通的生活状态的气氛，节日走过去了，但是它雕刻了每个人的灵魂深处，使它整理了自己一下，又负着笨重的压体的行囊仰头出发了……

翌日，在节日的余绪中，给我们增加了新的欢快。吃过早餐，宴警卫向我们说，今天开追悼会，追悼在富通公司喝酒死了的那个野兽，所以今天大概不会问案子的，因为昨天大家都玩了一日，疲倦了，乐得今天开追悼会这借口，胡乱报一下到，再回家歇一天。

宴警卫离开窗口后，我们大家以这为题目地讨论起来了。

骆说，"特务这东西毫无心肝，彼此之间绝少感情，这仿佛一群拴在一个槽上的畜生，胡踢乱咬，争权夺利，一个死掉了，别的还很痛快，因为这匹畜口拴在好一点的位置，就又要有一匹'提升'的拴到这个好一点的位子上了，你看，警卫不是说吗？今天开追悼会，原来不过续放假一天的意思，他们又可以痛痛快快嫖赌一天了，这些兽类。"

老蔡则补充他对特务机关的观察说：

"国民党的特务机关，其实和日本帝国主义的特务机关有别，就是这伙东西，除过可惊的愚昧无知，用脚后跟思想，和穷凶恶极以敲诈发财，在别人的痛苦中找欢乐以外，却并没有什么信心和它自己那一套的政治认识，所以没有什么政治的责任心，全是混吃等死的东西，譬如这中统局，是国民党的心脏地带，但是你看看他们的行事，不就是说明这国民党不仅没有一个政党的风度，简直不能说是一个政党，没有一般政党的资格，只是一伙图财害命，杀人放火，无恶不作的匪帮！"

话题转到追悼会，小华叹息说：

"这个家伙说起来还算好运气，他倒自在地死了，所谓死得其时，我们则希望这些东西现在万万不要死，到那一天再死，那才热闹哩！"

说着，这个少年的美丽的眼里闪着清朗的光辉。

但是，在现实的意义上，死亡了一头，好像在我们身体上拔去一根刺的感觉，我们总是愉快的。所以这一晚间，我们的狱室成了俱乐部，阁楼上和铺上有两摊扑克，只剩下我和老蔡两个在墙角围着那只三条腿的椅子喝酒（昨天晚间剩下的），蔡在微醉中向我说他的恋爱故事，分析着自己，认为知识分子在行动上往往是懦汉的缘故，就是理论太多太杂，所以往往演悲剧角色，使别人失望自己失败，——算作他的恋爱结论。说完，我们这两个知识分子，歉然地举起了盛酒的茶杯子相对大笑着，仰着脖子喝了一大口酒，像痛击自己，要力改前非。但是在后一天，情形变了，空气紧张，下午四点多钟，L在窗口悄悄向我说：

"老全说，今天晚上有人要押送南京。"

说完，恐怖地走了。当时中统局的"犯人"，似乎解决不了的案子或定了的案子，都送南京和苏州两地，听说苏州的监狱现在有一百多人，都是由上海解去的，这没有什么了不得，反正在那里也是吃官司，送到美国都一样。但是在情绪之间，激起了骚动，那不是不安，而是我们同难的朋友眼看要分散了，谁要是被释放，我们是愉快的，但要是谁被调押，则却增加了我们精神上的负担。因为这样地离开后，真不知有没有再见的机会了。我们既然已把生命交在国民党的手里，那是只有抱定"悉听尊便"的主义的，就是要杀，也只有伸长脖子的这唯一的"自由"。

吃过晚饭，宴警卫来打招呼了，但不能证实L的消息的正确性，因为他只笼统地说，今天晚上有事，希望不要吃烟等等，光头老吴凑到窗前，颜色大变地急忙问着，是什么事，宴警卫却一笑走了，又笼统地说，没有什么大不了。这是一个还没有完全腐乱的灵魂，还存在着人心的人。

在惨黄的灯光下，空气落寞，大家孤坐着，听候命运安排，像都在准备自己，想象新环境的生活，和这以后的命运。但一直到十二点还没什么动静，全警卫在路过窗户的时候，面上露出一种怜悯和示威的笑容，大声地摇着手里的钥匙，紧张地在楼梯上发出急迫声音地跑上跑下，好像他很忙的样子，一次路过窗口，他非常着急似的自己念着说，警各司令部的卡车怎么还不开来，向屋里投了一眼，又咚咚地跑上楼了。老骆打破沉默说：

"睡吧，我们身体要紧，反正那里也是吃官司，旅行一下也好。"说完，他先曲着身子，拉着被子角盖了肚子闭眼睡去了。

只有江特务似乎高兴，他认为他是不会调走的，反之，他倒希望我们调走，而且相信我们必然调走，尤其对几个知识分子，他的内心非常痛恨，这个屋子因为知识分子和工农的团结，使他无从展翼，而且还要低曲一些，才使他在这里可以不太寂寞地活下去，他认为这都是知识分子的"坏心眼"才有以致之，而他是无可奈何对抗的；再则，他认为要调走的人，一定是案情严重的，而知识分子打这种官司，当然严重，只要在屋里的知识分子一调走，他就可以出头露面，支使一切，即或再有知识分子进来，但在他的既成力量前，也得低头的。所以他从下午 L 报告消息以后，就喜笑颜开，拿出他的"本机关"身份来，发言人一样的大声大气地说话，光头老吴恐惶恐惶地坐在他身旁，不断地问这问那，问他可有资格上南京没有，到南京后是不是永远出不出来了，他照例恫吓他，捉弄他，——这当中自然还蓄意恫吓我们全体，老骆提倡睡，就是对这种恫吓的抗议。我们都睡去了，只有光头老吴越来越不安的一会在窗上望望，一会又趴在江特务身旁问讯问过不只一遍的话说，"我有没有关系？""我会不会调南京？""去南京是不是就永远出不出来了？"等等，回答的还是恫吓和恫吓，这个可怜的人儿好像拿一条绳子系自己的脖子似的，越系越紧，越紧越显出恐怖的苍白和失措，后来跌倒一样地叹息说：

"唉，个人运气，四百万元的薪水拿不到了。"

江特务却枭鸟一样地露着白牙齿哈哈地成功地笑了。

但凡转入这种畜生道的东西，都是不可饶恕的！——我愤愤地这么想着，一直到睡着了。

忽然被嘈杂的人声、步声、钥匙声，搬动枪机的金属声警醒，睁开眼睛的时候，门开得洞圆，门口站着几个提手枪的特务，难友们都警觉了，但没有抬起身子来，门似乎才打开，特务们正在围着查看人名表，那个细高的，两腮无肉的姓王的警卫队长，闪着小眼睛向屋内望张了一会，才低了头看人名单子喊人名，第一个就是江特务，第二个就是我，在每喊一个人的名字后，照例说，带上自己的东西。我拿了自己的毡子，和坐起来的难友一一握手，我们眼光关切地相遇，说着"保重"，我刚要转过身出门，小宁波喊着我，递给我一双筷子和一个饭碗。我被引到大厅内，那里已然有几个带自己行李的难友排好队，我挨次站着，特务又点了一回名，于是被监护着引导到花园里，我仰起头，鼻孔贪婪地吸着新鲜的空气，好久不见这么高大广阔的天空了，它还是这么高大和无际，没有月亮和星子，灰色的云层不动地停滞着，犹如不屈的坚强的人类，向下凝视。犯人谁寂寞地说：

"要下雨了吧。"

特务们没作响，用手电照着地上的路子，园里停两辆黑色小轿车，我被推在第二辆，车里没有灯，犯人坐在当中，两旁都是特务，车开了，冲出大门，拐了一个弯到了马路，飞也似的疾驰起来了，我伸头从玻璃处看街，地上已有了落叶，街睡沉了，偶尔有一个有灯光的窗户，显示出人间生活的温暖和幸福，这窗户里的人们，当然不会知道这时有政治犯，坐着车子在死寂的马路上急驰，向不知其所的命运里奔去。

车子拐了许多弯，我实在辨不清这是什么地方，忽然看到上海戏院，我才知道这是拉都路口，记得我初次到上海就是和妻在这里看过《保卫莱茵河》的，引我们看这电影的是 H 兄，他们当不会知道我在这时候坐着特务的车子在这里驰过，祝福他们的平安吧！

车子终于开进了一个洋式大门，在一个铁门前停下了？我想，怎么不到火车站呢？还是把我们送到警备司令部了呢？我正迟疑着，车门开了，特务跳了下去，我们被命令下来，被排成队，数了数目，鱼贯地进入铁门，迎面的照壁上，写着蓬莱警察局，我才知道我们被送来这里了，怎么送警察局了呢？我们站在照壁前，从楼梯上走下来中统局的警卫向辉，我们被赶上楼去，我才明白，我们还在中统局的管辖内，不过换了地方了，但是腾出亚尔培路的房子来，一定有许多人又要被请进去了。

这是一个两层的方形建筑，四边都有房子，当中是一块空地，屋顶是平台，有岗，有电网。这是一个正式的监狱设计，房子是红色，门窗都是铁的。我们这一群被关在右首正北的屋子里，这是第四号室，门和走廊相对。屋里除过一只马桶，和一个微弱的悬得高高的电灯，空无所有，原来我们还是开创者呢。

D也来了，他瘦了，但显得坚朗一些了，我又发现陈子涛兄，原来他和D关在一号室，他吃惊地说：

"老贾，你也来了？"

我笑着说：

"来陪你的。"

"不寂寞了。"陈笑着说。

陈又介绍我认识了记者老张，他来得更早，已然三个多月，陈笑着说，这是亚尔培路的元老。还有印刷工人老杨，是老骆那个厂里的，——这就是一号的客人。二号是我和江特务，我关照了陈，说明江的身份。陈又把话传给他的同室人。

不久，第二批人马到了，老骆，老吴，小华，小宁波，三轮车夫老王，五个扛着行李包袱笑嘻嘻地进来了，不是小宁波还提着我们那个黑盆子，倒像刚下了火车的客人呢。

这个屋子广大，比起亚尔培路来，使人有解放之感。

第三批又来了，这是陌生的一批，说是富通公司来的，有七八个人，行李却不多。

我们先不去整理床铺，老陈腰里摸出了一包烟，大家吃了起来愉快地谈着，——我们会师了。

结束了亚尔培路的一个月的生活，我们到了一个新环境，展开了新的命运，我在这里有了十一个月的生活历史。

人的斗争

——《一个人和他的记忆》续篇

在一九四七年中秋节后的第三个深夜，我们由亚尔培路二号被押到蓬莱监狱来了。在亚尔培路二号，我们两号室的朋友包括了骆仲达和吴二男，这是在监狱中结识的；陈子涛则押在二号里的一号室。这时，在蓬莱监狱的第四号监房中我们会师了。

老吴和老陈也会师了，他们蹲在隐僻的角落里，谈着彼此的遭遇，老陈要我去听他的故事，老骆也早参加在那个谈话堆里。

老陈他们的杂志，为了坚持斗争，在一些进步的报纸和杂志都被黑手扼死了以后，仍然不懈不惧地坚持了更尖锐的斗争，简直成了文化界的中心和重心，特务的鼻子追嗅着他们，他们转入游击方式，仍然艰苦地做到不脱期的努力，老陈的一只皮包就是整个的办公室，他东到一个地方，西到一个地方地营着游击队员的生活。在被捕前两个月，这才住到了老骆家里。被捕的那天，说也奇怪，他下午还在亚尔培路二号的门口等公共汽车，那是十路车子的站口，在等车子的时间他还无聊地向这个魔窟望了望，想不到回到老骆家里，刚洗过澡，特务们就大群地冲开了门进来了，在书室里一把抓住他。

"这全是知识分子的小趣味主义惹了祸，"陈说，"我的一支笔上刻了我自己的名字，特务一搜到笔，在电灯下一照，如获至宝似的喜欢地说，

187

可找到你了，马上啪、啪、啪的就是一顿耳光。"一说完，他清朗地笑了。

一到了二号，不容分说，他一直就被押到楼上会客厅里，一个穿长袍肥头大耳的戴眼镜的中年胖子，高高坐在桌子的上首，吸着雪茄。他立在地下，身旁是几个杀气腾腾的小特务，都显出一副精力横溢的样子，像劫得财宝回山的强盗。房子里出奇地静。

"你就是陈子涛吗？久仰久仰！"胖子鼻子里喷出青烟，两个圆眼睛透过凸出的镜片冷峻地瞪着，肥腮帮上拉出两条弧线，是一种充满了轻蔑的仇恨表情。头微微向一旁傲慢地摆动。

"不错。"陈的瘦削的身子昂然地挺向前。

"我是这里的主任秘书，姓彭，你记清楚。"这个胖子慢吞吞的一个字一个字矜持地说，眼睛向下平视着，怨毒在积聚，"我就是你说的特务——国民党的走狗！"他大声地威严地喊着，尾音发尖。

"你说得差不多！"陈以鄙夷的声调倨傲地说。

"你混蛋！"这头畜生积聚的怨毒一下燎亮地燃着了，他大声拍着桌子，地上站着带枪的小特务，一下全前进了一步，挤拢在陈的身边，摆出要动手的样子。

"好，"这头牲口声调阴沉地继续说，又缓和了下来，"你到了这里还是这么蛮横，你这才真是一个好共产党，我佩服！哈哈……"他伸起大拇指，嘲弄地说，鼻子里发出粗重的恶笑声，显示了他的胸有成竹的不慌不忙先玩弄你一下、消遣你一下的可恶态度，"你真有种，你算好汉！你不愧受过毛泽东的教育！好极了！哈哈……"停了一下，忽然面孔一变，绷成铁青，"我今天就先考试考试你这个共产党！来人呀！"围在老陈周围的特务抢步向前，左右都是两个，抓紧陈的臂膀，后面一个双手揪着陈的衬衣。"先剥光他！"牲口用非人的声音怒嗥着，陈一动也不动，眼睛直直地射着这个坏种，小特务们手脚利落地像剥窗户纸似的连扯带拉地剥下了陈的衣裤，只留下汗背心和短裤袜。

"这样子不大体面了，哈哈……"牲口又玩弄地鼻笑着，面孔好像被疾手操纵的机器似的马上又一扳，"拉下去！"他随着离开了桌子，把半截雪茄使劲扔在痰盂里。

陈像臂生两翅，半空半实地被一群小特务拥着走，一股风似的下了楼梯，来到一间阴沉的小室。这里灯光阴惨，刑具俱全，是特务们出卖祖宗三代的地方。那头胖畜生跟着走进，先习惯地关紧身后的门，坐在小桌后面，面孔威严地向着凛然挺立的陈，瞪了足足有好几分钟，忽然堆下笑容来说："你有种，真正做到临危不惧的古话，我佩服，佩服！哈哈……"忽然歪了头，伸向陈的面孔说，"我瞧你这个文弱的书生，身体恐怕吃不消吧？我也是个读书人，最能体谅读书人，你老实招了吧，我一定从宽处理，怎样？"

"……"陈挺立在地上，在小特务的挟持中。

"怎样？"

"……"陈仍然挺立在地上，在小特务的挟持中。

过了空气凝结了似的二三分钟。

"你怎么样？"牲口的声音大而厉，严厉地胁逼着陈。

"……"陈仍然挺立在地上，在小特务的挟持中。

"好，"牲口勃然大怒了，蠢笨地跳了起来，拍着桌子，"我是先礼后兵。"说着跳到陈的面前，肥掌在陈的两颊上飞快地挥动起来，啪，啪，啪，啪……

"老子给你先尝尝小点心！"打停了，牲口卷着袖子，气喘咻咻地说，"老子向来文明，不亲手打人，你太可气了，你用沉默来抗议，你不把老子当人看，你太侮辱人了，没有客气，今夜我陪你到天亮吧！先上他老虎凳！"

小特务们把陈突然往下按去，陈的腿硬撑着，后面的小特务向陈的上腿部狠狠就是一脚，两旁按肩臂的特务，趁势就把陈按倒在地上，提起脚来一齐重重地向陈的弯放在地上的小腿部踩下去，骨节折断似的发出干硬的响声，陈的眼前摇晃，汗珠开始大颗地淌下来，他闭了眼，仍然没有声音，只是吃力地咬着唇皮。

"你有种，好汉！"大牲口双手叉着腰，冷峻地说，"提上去！"

小特务们把陈举在靠墙的老虎凳上，陈的双腿失掉作用地拖拉着，小特务们动作熟练迅快，一个使劲地当胸把陈推得脊背顶着墙，左右两个特务，一边一个拉直陈的两臂，又一个把陈的双腿拖在凳子上放平，一边向里推着两腿，使屁股结结实实地挨着墙，一个就解下挂在墙上的粗绳子，把陈的双腿和凳子绑在一起，绑一周，吃力地拉紧一下，一条很长的绳子密密地绑好了，这才拭着脸上的汗，拿起屋角放的粗木棍子，双臂挺直地用力地塞进陈的小腿和凳子的中间，又撬上去，露出空隙，那个负责陈的腿部的东西，就把预备在手里的砖头塞了一块进去。

"加！"大牲口喊着。

加上一块。

"加！"大牲口喊着。

又是一块。

"加！"大牲口声音发尖地喊。

又是一块。

"加！"大牲口非人性的声音。

又是一块。

撬腿部的棍子半垂直了。

"再加！"大牲口非人性的声音，尖锐地接近音阶的最高峰，尾音空虚。

又是一块。

"再加！"大牲口的声音恍惚了，只有一种尖而细的余音。

棍子垂直了。

塞进了第七块。

始终毫无声音。陈的眼睛深陷了下去，两颊发凹，本来是黝黑的面孔，成了青色，豆大的汗粒像泡沫似的全脸都是。

大牲口咧着嘴狞笑。

"招不招？"

"……"

"好！"他逼进一步，伸开肥掌，向陈的面颊上挥动，啪、啪、啪、啪、啪……和打墙一样。

"拧他的胸部！"大牲口气咻咻地憩了手，命令。

塞砖头的小特务，拿衬衣袖子拭着汗，握紧拳头，把陈的湿透的汗背心推上去，露出干瘦的胸脯来，这个畜生用他坚硬的拳头的棱角，在陈的胸上骨骼之间，贴着肉皮地由上到下又由左到右地全胸蹂躏，陈的嗓子里发出断续的嘶嘶声来，这么有四五分钟……

"招不招？"

尖锐的喊声响在陈的耳膜上，是微细的像一个蚊子的嗡嗡声，他的头本能地激烈地左右摆动着……

野兽们静静地睨视"人"，焦急地舔着自己发咸的唇皮。

"人"在凳子上，毫无声息，仿佛是一块冷却了的铁。

一个特务叹了一声气，马上为遮掩自己的懦弱，点了一根烟大口吸着。大牲口夺过烟去，把红红的烟头烧着青红交加的"人"的胸部，发出吱吱的声音，冒着青烟……

"人"的头倒一样地垂在一旁，汗珠遮没了眼睛，清鼻涕拖过啃得青紫的唇皮……

野兽们在寂寞中绝望地摇着头——没有法子。

大牲口到底是大牲口，他惊觉到"人"的流在胸前的口沫，和愈愈歪下的头，连忙说："喷水!"

小特务慌忙在地上水桶里舀了一碗水，重重地吸了一口，猛然喷在"人"的脸上，又喷一口，一口，一口……

"人"头部蠕动着，微弱地睁开了眼，无神的眼里射出安详的光……

"先放下来!"大牲口凄厉地喊着，倒像他绑在老虎凳上。

小特务右脚伸起，向叠在腿下的七个砖头狠命地踢去，砖头哗啦地掉在地上；另一个小特务七手八脚地解绳子，解完绳子，踢砖的小特务双手提着"人"的两只脚猛然向后推去，发出"咯——吱"的干裂的响声，"人"彻骨地喊了一声……

"这个共产党真可恶，我也弄倦了，"大牲口手发颤地燃着雪茄，"几点钟了?"

一个小特务看手表。

"快四点了。"

远处有鸡叫，是艰涩的模糊的从远处传来的啼声。

"先送他下去!"

五个小特务像拖一块木头似的把他拖到第一号囚室里，摔在地上，大声地锁了门，走了。

有人扶着他在狭小的地上转，他微弱地说：

"我要休息。"

"不行，"一个着急的声音，他下意识地明白，这是难友，他们大概没有睡着，或者被开门的声音惊醒了。"你不能就睡，这么要残废了。"他在

191

难友们轮流的扶持下，在狭窄的地上转圈子，外面鸡响亮地叫着，繁密地叫着，晨风吹进来，他才觉得彻骨的痛疼和凉意……鸡更多更多地叫着，此起彼落，成了一片声音的海。电车在空旷的街道上驰骋了，这个醒来的都市开始了一天的生活和工作，他才沉沉地睡了去。有人揉着他的腿，他只感到身子不平衡的摇动，腿像脱离了自己；身子感到凉气，汗背心和短裤子都胶在身上……一天在迷昏中吃过两杯开水，黄昏的时候，他又被拖上去了，这次的凶手是苏麟阁。他不要搀扶，倒下去似的倚在地上，面向着这个因荒淫于酒色瘦得和骷髅一样的恶兽。

"先生，"这个恶棍皮笑肉不笑地嘿嘿笑着，"你是一个好汉！一个好共产党！共产党员都像你，我们早没有饭吃了。"他一边目光尖锐地考察着冷然的陈，但是像猛然开了门跑到刮风下雪的寒冷的气候中呼吸了一下却又被噎住了似的，这个兽倒吸了一口冷气，他竭力坚强着自己，用兽性打击着自己，一边却是还要柔和地接着说："昨天晚上，姓彭的对付你那套太软了，他是这里的一个好人，一个趴在桌子上写等因奉此的人，不大来得手，所以给你造成了当英雄的机会。我兄弟你大概还不知道，我自我介绍，我姓苏，在这个机关提到我，铁人也要发抖，马上你就明白，嘿嘿……"更加紧地研究着陈的面孔，故意地停滞了一下，更柔和地接下去——这是最可恶的战术，好像是一种跑得快的人，他并不用笨重卖力的大步迈进，而是机警地、集中地用着灵活的小步，越走越快，估计到了目的地，然后伸前一步，把路走完了。特务们则是柔软，较柔软，更柔软，于是——面孔一翻，兽性泛滥地冲出。这是最可恶的一种兽类，做到这种功夫，是很需要有点"修养"的。这个兽更柔和地接下去说："本来我们对于知识分子先生是最尊重的，没有确实的证据，我们不给他下手，要是有证据而不认账，这是和我们为难，这最不可原谅！对不起，我们要好好地请他享受享受，即或死掉，也该由他自己负责，这是他太不原谅自己嘛！"这个兽歪着头，摊开两手，简直是"可爱地"笑起来了，但那个丑脸已然成了青色了，笑只在上面随便地滑着——这个兽类作恶的阴谋在加速地努力和进步着。

"但是，"声音变了，是一种尖利的高声，脸色完全成了铁青，凶手的形态完成了，"我今天晚上要你负责答复我的第二句话：交出你的组织关系来！"

"什么组织关系，不懂！"陈冷然地说。

"不懂？哈哈！你好外行！先生，"这个兽又是那副嬉笑的神态了，"你开了口可真不容易，像我们这种人，能得到你的回话，真就很不容易了！也罢，我说给你几句，这是咱们的私人感情，回头再办咱们的公事——姓彭的昨晚那一夜是多余，害得他今天睡了一整天。我给你说吧，你的第一个问题'是不是'，我们早解决了，你瞧，"这个兽类拉开抽屉，取得几张纸头出来，摔在陈的面前，笑着说，"这是不是你的东西？"不等陈回答，他就把桌子上的东西收回来，扔在抽屉里，叹了口气地说，"所以，我说这第一个问题本来解决了嘛，昨天那一夜只算是一个小小的见面礼，今天我正式奉陪。我们这里，哈哈，是以武会友！你说吧！"他玩弄地盯着陈，脸的下部却已开始变得冷峻，终至全脸是一片冷气，特务的脸型摆出来了。

陈蔑视地站着，没有言语，没有表示，他仿佛一个人站在狂风的荒野，精神独立。

"怎么？你真想领教我的本事吗？"野兽赫赫地说。

陈仍然如挺立于荒原。

"好吧，"野兽绝望了，"请你坐下来——推他在椅子上。"他摆了摆头，大声地命令地上伺候着的小特务。椅子像摔倒似的发出呻吟，陈被按在椅子上，在写字桌的另一面。野兽拉开了抽屉，拿出一包针摔在桌子上。这个东西，这个时候发了野性了。

"手伸上来！"大声吆喝着。

陈却像伸拳似的把右臂向野兽伸上去，这个野兽像精神上被这个充满了力量的拳头重重地捶击了一下似的，寒噤地站起来，头歪向后去；但马上他就获得了他的咆哮的据点，他带着反击的示威坐在椅子上，充血的眼睛直直地瞪着陈，头发像都要耸立起来。他很快地拿了一支针，一只手抓着陈的手腕，在旁边伺候的小特务冲上来，弄直陈的手指。一支白森森的针插进陈的指甲缝里。

于是，右手五个手指甲缝里都插满了针。

陈勇敢地伸出左臂，另一个小特务奔上来弄直陈的手指。

于是，左手的五个手指甲缝里都插满了针。

野兽露出白牙笑了。

陈凝视着那纵出的白牙齿，静静的。

"你真是一个好共产党员！"白牙齿间发出虎虎的声响。

"说！"咆哮了。

陈静静地凝视，超过了白牙齿，向前。窗布在飘动着，外面的天空漆黑而美丽，繁星闪烁着……

野兽拿起了沉重的墨盒盖，于是叮当地发出声音来——墨盒盖在针前后敲打着……

陈闭起了眼睛。

"说！"

陈还是闭着眼睛。

于是，墨盒盖又发出声音——它从针头上往下敲！

血，鲜红的血，油油地浸出来了，畅然地染红了手，流在桌子上。

陈的眼睛紧闭，汗珠坠一样的像能听见响声地掉在桌子上，和血结合在一起……

接着，又是，"第二套"，还是在静默中进行的：

陈被按在条凳子上缚紧，用毛巾围了嘴，这个野兽亲自拿了一只水壶，把水向毛巾倒去，陈艰辛地呼吸着，挣扎着，失掉了知觉……

水被喷在面上，他睁开了眼，清微的眼神。

野兽呆然地瞪视着他，开始失掉了工作的把握……

但是又来了第三套！

几双兽爪搬开陈的嘴，于是，红的香烟头在陈的舌上、唇上、颈上烫着，发出一片嗞嗞的皮肤烧焦的声音。

野兽"害羞"了，它忽然发狂似的用拳脚在陈的身上踢去，就正像蒋介石的刀兵这时在中国大地肆无忌惮地蹂躏一样，这是一幅具体的缩图。

陈在迷糊中听到鸡的高啼的清亮的鼓舞的声音……

这第二夜的"工作"完成了，他在"明天晚上我还要陪你一夜"的吼声中被拖到号子里……

在听"故事"的群中，记者方插嘴说：

"老陈被拖回来的时候，我们全号子的人都在焦望中睡去了，我忽然听到布撕裂的声音，我一个翻身坐起来，我看到老陈已然扯下一块衬衣布，往自己脖子勒去，我哭了，我夺了布，老陈已讲不出话来，他只指着自己的伤痕，发出模糊的语音，说他已抵抗不了痛苦，特务们是不让他活下去的，还是自杀了，免得再受侮辱，一边他又撕衬衣。我抱着老陈哭着说：活着就是希望，我们无论如何要抗过去！陈才不撕衣服了，忽然从眼里射出燃烧起来一样的光芒，和烈焰一样，我又伏在老陈的背上哭起来了。这时大家都醒来了。我们围着老陈，让他躺下，又没有调羹，我们只好用碗向老陈的唇边送水，用毛巾擦他的水湿的身子……"

老陈在方的叙述下看了围着他的大众一眼，又把香烟放到嘴上去……

第三夜还是这个姓苏的野兽下的手，这夜是绞头，这野兽说："知识分子当共产党是从思想出发，要头部负责任，所以要绞头。"完了，又上了老虎凳。末了，这个兽狠狠地咧着嘴说："我真要用那个办法了。"所谓那个办法，据说叫"猪鬃扎马眼"，是用猪鬃向生殖器的眼孔穿进去，这是清代北京的五城兵马司衙门审江洋大盗的刑法，铁汉也要死过去的，但仓促间没有刑具，"算你运气好。"这样陈突过了三关。此后再没有问过话，那野兽们费了两夜工夫的第二个问题现在还摆着，永远要摆着……

这就是我们会师的第一个夜间，所知道的老陈和敌人血的战斗的故事……

长篇《人的证据》第二部之一章；一九四九年八月写于胶东旅中

195

血的记忆

严厉的拷问进行了整整三夜，年轻的犯人除过用他衰弱的身体义愤地抗抵一切暴刑外，没一句话说。现在又是夜间，组长喝老酒就该回来，那么，刑讯又要开始了。

一阵战栗通过马得生的身子。这三天来，他从犯人的痛苦中所感染到的痛苦，忽然一把抓紧他，他感到苦恼的窒息。

那是在抗战的末期。这个躲在山里的小镇第一次安上这个奇怪的机关后，马得生便被从县警备队调到这里来当警卫，负责看守这个青年犯人。三个夜间，都因为他帮着组长给犯人用刑时的手脚发抖，挨了组长的拳打脚踢，都是在鸡叫的时候；他一手摸着自己红肿起来的脸，一手扶着昏迷的犯人走向监房去。今天早晨，他扶犯人出门的时候，听见副组长向组长说：

"马得生这东西是不是有什么问题？每次上刑，他都是脸色发青，手脚发抖，很不像样子！"

组长却仍是带着那种审犯人的口气说：

"你简直神经衰弱，马得生从乡下抽出来不过一个来月，人老实巴交的懂个屁！这只是不习惯，所以看见我们摆的这个场面害怕。我们慢慢训练他，这和小姑娘乍和男人睡觉一样，慢慢就会爱上的，哈哈……"

两个特务，忽然用了那么大的力气无耻地笑开了。

下午，组长换了新的衣服，预备出去的时候，微笑地拍着马得生肩膀说：

"在外边跑腿，心要狠手要辣，不要那么胆小，这里打死人又不要你偿命，还有重赏哩！像你这个熊样，简直不配穿军衣。唔，好好干，亏待不了你！……"

马得生当场没想到回话，只是听见组长的皮鞋声音远了，他才忽然觉得，他应该跟他说：他自己并不愿意穿这个军衣的，刚想到这里，他心里发了一阵冷，觉得这话是说不得的。他被抓来警备队当兵的第二天，一个兵开小差被逮回来了，高个子总队长，集合了所有的兵丁，亲自用扁担把那个兵活活打死，然后用一副外路腔调教训大家说：穿了军衣就是公家的人，不要说不准开小差，就是家里死了爷娘也不准请假，这个开小差的兵，就是一个例子。然后抬起那张发红的马脸，手里提着扁担，凶狠狠地环视着大家。他知道：总队长，组长，都是一块泥捏的，抓在他们手里，就只有受下去，一直到死……

还有，马得生也不明白：这个年轻的犯人到底犯下什么法呢？他又没操了组长的妈，为什么人家把他打得那么狠心呢？这个门口没有招牌的机关是干什么的呢？他头一天来到这里的时候，组长吩咐他说：

"马得生！你给犯人送饭的时候，不要把碗送进去，把米饭从门口倒在牢里地上就行了，他背绑着，让他趴着用嘴舔饭吃。你在乡下喂过驴吧？对，就照喂驴的样子，对共产党不能当人看，懂了没有！哼！"

这个他也不明白！看人家小伙子那副神气，受了那么大刑法，还是那么镇静，组长虽然拍桌子打板凳，可是人家硬挺在地上，眼里放光，嘴角含着叫人害怕的笑，真是可敬！共产党绝对不是坏人！倒是这个什么组长，动不动就打人，每日喝得东倒西歪地回来，有时公然把破鞋带到办公室里打闹，倒是一个坏人，一只狼！……

现在天气完全黑下来了，小镇上人家都睡了觉，没有一点声音。一股什么花香飘到院子里来，马得生狠狠地闻了一下，吐了口口水，像吐出一个不小心吃下去的苍蝇。他苦恼地仰头望着天空，一群灿烂的星星，高高地嵌在深蓝的天空上，那么安静，那么不可捉摸。马得生忽然奇怪地说："快下雨了吧？"说着，他大踏步踱到狱室外面。狱室是一间仓房改成的，在昏暗中发出霉烂的气息。犯人被倒绑着蹲在墙角里，桌上的菜油灯映着他的脸，那么平静而深沉，使马得生奇怪地想到头上的星空，那是一种只

197

可以仰头望着的东西。

马得生觉得有许多话要说，但他一句也说不上来。这时犯人温静的眼神碰到他的脸上，马得生混乱地去摸自己的衣角，脸上显出一种奇怪的笑容，犯人看到他这副羞涩而笨拙的神气，懂得似的笑了笑，又把眼睛望着微弱的灯光，仿佛那里有一个深广的世界。

"先生，"马得生忽然连自己也想不到地讷讷地说，"你真受苦了，我们没冤没仇，今天晚上，唉……"

"我明白，我知道。"犯人简单地答道，声音清亮。

想起犯人站在组长面前那种山一样的神气，在受刑时，只是把唇啃得出血，但一句不吭的神气，和现在这种温静的眼神，清亮的声音，马得生突然感到一种说不出来的欢喜，他觉得自己可以自由地说话了。

"先生，"他望着犯人说，"我也是一个好百姓，保长抽壮丁，咱没有钱，没法子才到这里来，"他低下声音，"我还不知道这是一个什么机关呢。"

犯人有点吃惊，但随即也就明白了，他淡淡地说："这是一个特务机关。"

"特务机关？"马得生学着犯人的声音，虽然他并不明白这是什么意思，"他们为什么抓你来受罪呢？他们说你是共产党，共产党是坏人吗？我看你先生决不是一个坏人！坏人哪有这份勇气和志气呵！"

犯人苍白的脸上非常平静，他望着马得生温和地笑着，这笑，证实了马得生的结论。

就在这个时候，马得生听到组长发嚷的声音喊他。

"有！"他大声应着，跑步穿过院子，走进组长的办公室。组长新理了发，那个三角的脸孔被蜡烛光照得发出青黑色，全身倒在椅子里，双脚跷在桌子上，鞋尖闪出一团暗光，一支牙签在嘴里吐进吐出。秃头的书记正恭谨地整理一堆案卷。这时，组长打了一个酒嗝，眼睛尖利地射在马得生出汗的脸上，低沉地问道：

"那个东西和你说什么没有？"

马得生有点慌乱，他记起了组长的嘱咐：不准和犯人说一句话。他恍惚地说：

"没有。"

组长站了起来，驼着背在地上踱，马得生直直地站在门旁，不住地用手摸着衣角。忽然，组长停住了步，向马得生说：

"今晚不问话了，你要好好看守，听到没有？"

"听到了。"马得生赶紧回答。

他举手行了个礼，快步跑出屋子，当他重又站在狱室外面的时候，他用一种喜悦的声调，向犯人报告说：

"先生，今晚不问话了，你好好睡吧。"

这就是第二天发生的事情。

早上八点多钟，马得生挂了手枪，押解犯人往县城走去，组长骑了自行车先走了，只是吩咐马得生说：

"你把犯人带到总队部，路上要当心，这东西要敢逃跑，你就开枪！"

他们出了小镇。犯人带了三斤重的脚镣，只是背绑的手松开了，换了一副雪亮的美式手铐，双手铐在胸前。

天气真美，是真正的春天。田野是一片绿色，闪出雾一样的光，使人觉得生命的可爱。这两个人在弯曲的小道上并排走着，不时有一只鹰一样的大鸟在他们头上的晴空里盘旋，发出奇怪的叫声。路上很寂静，充满了花草的刺鼻的香味。马得生和犯人一样，感到一种自由的舒畅，他向犯人大声地谈起自己来，说是因为抗战，他被从家里赶出来了，家中扔下一个母亲，一个老婆，结果却跑到这里干这种伤天害理的事，这就是抗战吗？等等。犯人却是直直地望着前面，艰辛地移动着脚步。他悲愤地想到这三天的战斗生涯，这是保卫中国，保卫真理，保卫人格的神圣斗争，但总算挺着胸平静地走了过来。斗争就是工作，坚持就是胜利。但是，无疑问的，对于自己的这种斗争气概，特务们的恐惧是与日俱增的，那么，他们是会用出残杀来完成他们的恐惧的呵。他面上显出不向死亡屈服的笑，摆动着乱发，疯狂地呼吸着洁净的空气，脚镣因为他狂猛的脚步碰在碎石上更高声地响着。

马得生看到犯人没有答他的话，觉得有点奇怪。他提高声音问道：

"先生，你怎么啦？"

犯人这才在精神上醒过来，回到马得生的问话中来。但也就在这时，好像被人推了一把似的，使他惊醒地想到自己现在的处境。他想，一个革命者必须尽可能设法从敌人的魔手中逃开，回到工作中去。眼下就是这个逃跑的机会。但马得生怎么办呢？他能伤害一个无辜的农民吗？因为他绝不是他的敌人呵！但为了服从革命的利益，他是应该从马得生这里逃开的，这就是他的责任。这样，他的思想得到了结论，精神泼辣了起来。

这时他们正走在一个小山下，小山不因为它体积的小，就损伤了它的坚强的存在，它是那么坚定，那么独立，那么沉静地站在大地上，得把头微微抬开，才能看清它，才那么吃惊于它那副岸然地支持自己的傲气。现在它是绿茸茸的，这仿佛就是它斗争得来的胜利。他的精神更加狂乱了，也更加尖锐了，达到了一种战斗开始时的心境。他们本来是并排着身子走的，这时他向马得生说：

"我要小便，你先走一步。"

马得生，对于犯人那种阴沉而狂乱的沉默，本来有些伤心，但在他的纯净的心灵上，是能理解犯人这种精神的，他原谅他，"人家难过呵。"他向自己说。所以对于犯人的请求，他高兴地应允了，从这里，自己得到了一些小快乐。他于是迈步向前走去，一边抱歉地想道：真惨呵，这样重的刑法他都挺过来了，还受着牲口的待遇，这回送到城里还不知道是怎么回事哩。想到这里，接连地想起自己，他一下子又伤心了。他自己在总队长、组长这类人眼睛看来，还不是一个牲口吗？将来也不是慢慢地被折磨死吗？他突然决意地想到，这位共产党的先生，他能那么挺住，是有道理的，只有把总队长、组长这伙人的天下搞掉，他才能不受这份气。看来，共产党是救人的呵！于是，他又伤心地想到家上来，自己被绑走后，他们不知死活怎样呵！

正在这时，身后的犯人，已用两只上铐的手迸举起一块石块向马得生的头上掷去，这是在目前的情况下他得到自己的自由的唯一办法。但是不想伤害这样一个人的犯罪心理使他的两手无力、发抖，他闭了眼，像母亲为了生活去杀害一个无知的婴儿似的忍心地把石头掷了下去，马得生唉地叫了半声便倒下去了。

"跑吧！"

这个思想奇怪地并不使他感到自由的欢乐，但他到底向田野奔去了，脚镣哗啦地响着，他充满了站在生死界限上的恐怖和一种负疚的心情。

但是，他的步子，正像掷在马得生头上的石头一样，是无力的，监狱已把他的健康毁掉了；他正拐过山脚，领子就被一只手抓住了，他听到发喘的声音，在他耳旁哀告：

"先生，你不能跑，你救救我！我出来当壮丁一家几口的命都抓在保长这伙人手里，你要跑了，我怎么交代呢？他们会说我把你放了的，那我和我的一家子都没命了！"

他叹息了一声，颓然地坐在地上，怅然地望着那个站在自己身旁哭泣的农民。

他完全陷在绝望中了。那么，就用自己的生命为一个被蹂躏的农民祝福吧。

他猛地从地上站了起来，大声说：

"咱们走吧！"

头上晴空里盘旋的鹰鸟，忽然嘹亮地叫了一声，伸直翅膀，飞向罩着轻雾的蓝天。他们沉默地向已然望得到黑幢幢的墙影的县城笔直地走去。

犯人当夜从县城押回小镇，已是半死状态了，特务们在那里给他受了那么多的刑法，比如美国人的电刑，这里已经有了。但还是没有一句口供，犯人只是说了一句："我犯罪的理由是因为我爱我的祖国。"就把眼闭上，听候特务们的蹂躏了。至于在押解路上的经过，马得生没有报告，他是用感激的心情来看待这件事情的。

把犯人扔入狱室后，组长把马得生喊到面前，拍着桌子向马得生吆喝道：

"从明天起，不准给那个东西吃饭，喝水！"

这个特务像要炸裂地从椅子上跳起来，像受了委屈似的疯狂地叫道：

"老子整了十几年的共产党，不信就治服不了你，你要死我就让你死，我让你活活饿死！"

马得生看见组长这时又背着手，在地上踱着短促的步子，头发像要立起来似的，眼睛发红，睁得很大。他虽然觉得害怕，但又非常快乐。他觉得组长这个东西像给人倒提着脚挣扎的小鸡，除过吱吱地叫毫无办法。

当组长偶然注意到马得生脸上的笑，一下子爆发起来了，他提起黑皮靴照着马得生踢去，马得生躲在门后，他就连门带马得生乱踢，嘴里绝望地叫着："老子不活了，都死了吧！"但是这不能解决问题。这个特务被苦恼着他的东西一下子冲走了。他失掉了力气地、无声地倒在一把椅子上，两只手抱着头，不说一句话，像一个走了气的皮球。

马得生得到了报仇似的快乐，他觉得像看见一片绿油油的庄稼一样，忽然觉得有一股说不上来的大力气，这力气真可以使他把一头牛扛在肩上转一个村子。但当他退出办公室，到了自己住的狱室旁那间小屋以后，这些力气一下子失去了，组长的话他一下子明白了过来：他们不让他吃饭，是要活活地饿死他呵！天呀，要活活饿死一个好人！他惶乱地走向狱室的门口，从那个小窗户望进去，微弱的灯光映出它旁边地上污乱的一团，犯人直挺挺地躺在地上，他的头部、手部都闪出刺目的血光。没有一点声息。他放低声音叫道：

"先生!"

没有回答，犯人只痛苦地把头在地上左右摆动了一下，把脸朝向外面，还是那么平静安详的脸，痛苦显现在他的耸起的眉毛上和紧闭的两眼中。

马得生伤心地摇了头，他突然想起，犯人今天水米还没沾牙呢！而且受了那许多种毒刑，他仿佛又闻到烧焦的气味，那个细长的美国人和组长几个人，他们把皮绳子绕在犯人的胳膊上，还用手扶着旁边一个黑匣子，于是犯人身上就发出这个刺鼻的臭味来。他听人说，这叫作电刑，是那个美国人带来的。马得生毫无精神了，但是一种强力的冲动，向他涌来，他忘了自己是在衙门当差，好像是在自己的家内，抬进了一个被狼咬伤的人，作为主人应尽的义务一样，他跑回自己的屋子，用自己喝水的碗盛了满碗水，开了狱门，直直地走向犯人，蹲身扶起犯人，把水向他的嘴唇送去。

桌上的灯光这时跳了一下，照亮了窄小的狱室黑暗，燃得非常炽烈！

三天以后。

当特务们发现犯人还没有饿死，而且仍然蹲在墙角，用一双强烈的憎恶目光回答他们在门口的注视的时候，便不禁勃然大怒。但特务是知道自己工作方法的，他一声不响地离开了狱室的门。

这天深夜，马得生照例端了自己所留下的残饭送进狱室去，他正背向着门，微笑地看着犯人匆促地吃饭。这时，身后的门一脚被人踢开了，他猛然扭回头，看见组长脸色铁青，卷着衬衣袖子，提着手枪，站在当门口。他还没有顾得及站起身，便被一脚踢开了手里的碗，接着他的身体上到处被皮靴踢着，他倒在地上了。

这个特务又回过身来，一脚踢翻了桌子上的灯，灯光熄灭了。马得生在昏迷中听到组长尖着嗓子所喊出的声音：

"妈的，你同情他，你就是共产党，没问题，从现在起，你就住在这里头，和他一起饿死吧！"

他明白这话对他的意义。但当他听到他也是共产党，仿佛有人用手把他高高举起来一样，他感到一种震动，一种无上的欢乐，觉得自己和神庙里的菩萨一样地尊严了起来。

门发出很响的声音被关住了，接着又是下锁的声音，皮鞋声也慢慢远了。黑暗的狱室没有一点声息。马得生觉得浑身酸痛，身子像裂成几块子，他挣扎着想坐起身，突然觉得有带泪花的脸贴在他的脸上，他听见一个发颤的声音，在他耳边说：

"兄弟！"

马得生觉得精神先冷咽了一下，接着便忽然充实起来。他摸到犯人背后，想替他解掉被倒绑的手，但他没有这力气，伸出的手，反被两只背绑的手一下子握紧了。

……月亮的光缓缓地透过小窗射进狱室来，有什么小虫在墙外清脆地高亢地唱着……

一九五一年四月，在上海

歌 声

一个小鸟说："我的歌真是太多了，我想把它们都唱一唱。"

——A.都德

唉，从我的感觉来说，那好像是多年以前多年以前的事了，其实呢，那也不过是一九七五年的事。

是一个上午，我一个人走在街上。天气美好。那时正值晚夏。盛暑的气焰已成为过去了，虽然仍有余威，但已然失去了那种咄咄逼人、使你喘不过气来的力量。所以，我称之为天气美好。我进入市内的一条大街上，虽然我在这个大城市里生活了好多年代了，但由于长期的意外遭遇，现在这个城市却把我当作一个陌生的人，我也用陌生人的感觉和眼光，看待这个城市的街道、行人，一切有生命和没生命的事物。因此，热闹的街市，在我的感觉上，和广阔无垠的沙漠一样，它对我有说不出的冷漠。

我在一个小街口上的小铺里买了一盒"勇士牌"香烟和一包火柴，我站在当地，习惯地抽出一支，凑在嘴上，刚预备擦亮火柴点燃它，突然背脊被人从后面猛击了一下，这个击发，充满了友情的温暖，而这种感觉，对我来说，是很陌生和遥远的，属于记忆一类的东西，所以一下子就感觉到了。我仍然带着生活教给我的警觉性扭回头，哦！一个头发雪白的人

（他的头发和他穿的那件衬衣一样地白得耀眼。），站在我的身后，他的面孔，正像一朵绽开的花朵，纹纹路路里都填满了笑意；他紧紧地望着我，嘴角含着不无惊异的表情，看到我扭过身来，连忙友好地伸出了手。

我呆然地，甚至显得恐慌地望着他。深山里的矿石，如果有生命和感觉的话，它们对首次发现它们的存在的人类，大概就是这副表情吧。他大概是看出我的犹疑的样子来了，放声地笑起来了：

"老许，你忘了我们了，我们都没有忘记你哩！"

他说"我们"，这"我们"是些谁呢？……我愣住了，我在回忆——我不能不回忆，就像我们往往跑到贮藏室里去取什么物事一样。

我一手拿着一支烟，一手拿着一根火柴，茫然地站着。忽然像被什么力量猛推了一把，我的记忆的大门一下子豁然打开了。

"哦，老陆啊！"我喊道。眼下站的这个白头发的人，分明是在四十年代我在监狱相识的一个朋友，一个"同监犯"，那时他是一个地下印刷厂的工作人员，我却是一个在报刊上写写什么的被称为不安分的知识分子那样的人，我们那时可都是青年。

他听到我的回声，更放心地大笑起来了，我看到他张开的嘴里的稀稀的几颗黑色牙齿，那微微打战的下巴，我的心抽搐了一下，哦，他已经在人生的道路上走向衰老了——而他好像还不应该这么衰老。

"唉！"他忽然长叹了一声，那片欢乐的笑容顿时消失了，变成一副困惑和愤然的表情，脸孔甚至有些扭歪了，"可真是做了一场噩梦啊！"他认真地瞪着我说，又像留心我的反映。

"噩梦？"我向他说。我能理解他的意思，前些年，我从当时的报纸上知道他被戴上叛徒的帽子在挨整。可怎样一下子又忽然站在我的面前叹息和愤慨呢？唉，人生！唉，历史啊！……

"不，这可不是梦，更不能轻易地说成是一场噩梦就算了！"

我大声地说，我觉得我的声音很生硬，像抓着谁的头发喊叫。

他身子厉害地抖动了一下，但马上又镇静了自己，嘴角荡漾着一丝鄙夷的神气，又像侥幸地跳出了什么困境似的，用一种悻悻然的口吻说——他显然是在回答我的发言：

"反正我没有多久就退休了，虽然被出了一场丑，总算活下来了；识点眼色，还是早早退休算了，省得弄得不好，又是大祸从天而降！"他说着，又像疲倦又像清醒地自己笑了起来了，虽然这笑声，在我听来，却是非常陌生的，也是使人不快的。他这是在劝慰我？因为我又看到他的闪着真诚的眼光。我完全听懂了他的意思，这是说，他对生活再没有什么责任了，也不会有什么要求了，按照自然的安排，躲到一个角落里，低下头听天由命地活下去吧，只要不再陷入他所说的噩梦里就行了……因为他在生活里得到这么一个野蛮的回答和斥责：赶快跪下来！……

他像学生们交过了课卷后放心地走出了课堂似的，安然地打量着我，有些冷漠；他似乎从我的脸色上也看出些什么来了，连忙转换了话题，谈起了家常，似乎忘记了方才那些谈话，或者是有意逃避方才的谈话所引起的那些"老、大、难"问题。

"小田，"他说，像怕我听不懂似的连忙注释了一句，"就是你的爱人，今天怎么没有一块出来走走？"

"我这些年就是一个人生活，她不在这里！"我说。

"哦！"他吃惊了，"这这……"

"不要误会！"我连忙笑着说，"她还是我的妻子，她回到我老家种地多年了。"

他身子又抖动了一下，但马上又稳住了，好像觉得这并不稀罕，是司空见惯的生活小事，像对自己非常熟悉的东西那样，情感上反倒有些麻木了。

"前些年了，"他低声说，"听说你已经上吊死了；后来又听说从青海放回来了，在一个里弄工厂做工？"他望着我，考察着，等待回答。

"不，还在监督改造，今天是请假出来剃头的。"我连忙订正说。

他像是又吃了一惊，眼睛闪闪地望着我，好像不相信：噩梦怎么没完没了？

"哈，那你身体可真好，我们年纪差不多，你可一根头发也没有白，真是个乐天派！"他爽然地笑起来了，不知是同情还是安慰，或者是又同情又安慰，还带点羡慕。

"哈哈，"这回是我放肆地笑起来了，"不乐天，难道哭天？咱们又没有屈原的本事，他还会问天哩！"我笑着说。

他再没说什么，我们却奇怪地对着大声笑起来了。这笑，显然有着互相渗透、感染的能力，在它们的奔驰和追逐的过程中，它也唤醒了经久被压抑的心灵深处的东西，他的布满皱纹的脸突然变得年轻了，我又看到了三十多年前的我所认识的老陆。

"你的女儿呢，长大了吧?"他忽然停了笑，忙问道。

"大概长大了，她早和我们划清界限了，可是还是上了北大荒，总该还在那里吧! 她成分还是太高……"

我们又沉醉在笑声里了……

当我们从笑里醒过来，才发现我们是站在一个照相馆门口，占了一方地方。这时行人更拥挤了，他们带着惊异的眼色望着我们，匆匆地流过去，流过来，有的走得老远，还回过头望一眼，像是放心不下的样子。他的带着醉意的眼里，焕发出热诚的光亮，恳切地说道:

"到我家里坐吧，走几步就到了。"

"不，"我悍然拒绝，眼睛望着照相馆墙上那些斑斑驳驳的大字报说，"那不好，很不好!"

他马上就领悟了这种"生活知识"了; 他歉然地望着我的平静的笑容，因为我又说: "总有一天我会来看你的!"

他放心地走了，我们现在才紧紧地握了手。他已经淹没在杂色的人群里，白衬衣像个晃动的影子，越来越小。我仍然站着，一手拿着香烟，一手捏着一根火柴，我控制不住自己的激越的感情了，对他去的方向大声吆喝起来:

"老陆! 要活得像一个人!"

他从遥远的地方站住脚，回过头来，又往回走了一段路，停了一下，抬着头，我看到他的白发下的两只眼睛，依然闪着一抹年轻的光辉，那里面燃烧着一种新生的希冀和渴望，一种勇气和力量。他重重地摇了一摇手，就又转过身子，迅速地消失在杂色的人群中了。

看到他的突然变得年轻的、炽热的眼光，我一下子跌进了记忆的深渊里，我忘了是在什么地方，我的手有些颤抖。我木然地擦亮了火柴，点燃了手中捏着的香烟，我大大地吸了一口。望着飘散的青烟，我呆了一会儿，才信步向前走去。我照直地向前走，好像置身于荒漠的旷野，跌进了艰难的、噩梦似的历史年代……

那是四十年代中期的秋天。在我存身的这个大城市里，我被关押在一个没有招牌的监狱里，这是个很有"名气"的政治犯监狱。在我进来大约一个半月以后，牢房里又塞进来一个穿半旧西装的青年人，黑而柔润的长发，嘴角总是荡漾着一抹轻蔑和自信的笑意；他和我的岁数差不多，但肤色显得很白皙，白得有些灰暗，说明他的生活是劳碌和奔波的。在那种特种监房里，犯人们容易从人们的举止和表情上判清同志、朋友和敌人。

一天，他和我在监房里的一个角落里相遇，好像是不谋而合，彼此有意的。他小声对我说：

"你是许立吧？听他们这么喊你，我还是你的一个读者哩！你是六月间来的吧？我在一份大家都喜欢的报纸上看到过你们夫妇被捕的消息。我是一个厂的会计人员，那个厂你知道的。我叫陆清，也喜欢写点诗什么的。"他自我介绍说，真是开门见山。

这就是我们订交的开始，我们是在这里第一次握手的。过了两天，他被提审了，当天晚上，他和我在放马桶的角落里相遇，他小声对我说：

"老许，事情不好办，他们抄到我在根据地的一张照片，想从这里打开口子。"

"你怎么对付的？"我关切地望着他说。

"我不承认那是在他们认为的地方照的，抗战时期嘛，谁不穿军衣？连商人们为了走路的方便，也穿军衣哩！他们不信，让我考虑一天。"他说。

"一天？你答应考虑了？"我认真地盯着他问。

"啊，"他笑了一下，坦然地望着我，"没有，我没这么贱骨头！"

我紧紧地握住他的手，他懂得我是在祝贺他，也紧紧地回握住我的手，我们四只眼睛对视着，它们很亮。

我又说了一句："要活得像一个人！"

他更使劲地握着我的手。……

第二天中午不到，他就被提出去了，审讯室正对着我们这排监房，当中隔着一个天井，我全身贴在铁窗的栏杆上，像是为一个远行的朋友送行，紧紧地望着审讯室的动静。

老陆先是坐在小桌对面，我看见他的上半截身子，那一面坐着一个穿绿色西装的中年特务，嘴里大口地喷着烟，一刹那间，那个特务猛地站起来，照老陆脸上狠狠打了一连串耳光，从屋子角落里一下窜出四个高低肥瘦不一的汉子，这里称为警卫的特务，他们把老陆悬空抬起来，按在窗口前的老虎凳上，老陆背向着墙，两个警卫特务用绳子很麻利地捆绑了他的全身，有两个警卫特务把木棍撬得高高的，塞进老陆被绑在凳子上的双腿下面，两个捆绑绳子的警卫特务已然腾出手，忙着低下身子往老陆腿下塞砖头，一块、两块、三块、四块、五块……我看见老陆长长的黑发在厉害地晃动，听不见什么声音，我的心要爆裂开来了……就在这时，沉默得出奇的监狱，忽然从一角里响起了一个女性的清亮的歌声：

> 伟大的中国共产党，你是灯塔，
> 照耀着黎明前的海洋……

歌声像一个战斗的号令一样，紧接着从四周的监房里得到了回响，像一堆爆竹突然燃烧起来，"犯人们"一下子都拥到铁窗、铁门前，挤得密密麻麻的，跟着放声地合唱起来：

> ……你就是方向，
> 我们永远跟着你走，
> 中国一定解放！
> 我们永远跟着你走，
> 中国一定解放！……

大小特务们一下拥到监房外的天井里，大声怒吼着，奔跑着，哗啦哗啦地拉响枪栓，歌声反而更高亢了，更激越了，音波占领了整座监狱的空间，仿佛无数的拳头在空中挥舞，我眼里噙着泪水，声嘶力竭地用全副生命力量跟上反复歌唱这几句歌词：

> 伟大的中国共产党，
> 我们永远跟着你走，
> 中国一定解放！……

我继续直挺挺地在街上走着。我觉得自己嘴唇皮又干裂了，仿佛我在唱了一路的歌，还继续在唱着……我感到分外饥渴，这是一种不属于生理上的东西。于是我又站住脚，抽出一支"勇士牌"，嚓地擦亮了火柴……

"……历史的回忆，往往给人以新的力量和勇敢，把人从迷惘中解放出来，重新认识到生活的责任，自己的价值和存在的意义，它是一眼永远不会枯竭的井泉。"

几年以后，我的一个朋友这么庄重地对我说。

一九七九年二月写

戏　剧

家①

——呈婵娥君之亡灵

时： 一九三七年的晚秋——开战的第三月。

地： 北方乡村。

人： 金绍轩——四十岁以上，任过洋事；民国十九年以后回乡，做地
方绅士，现在是"务农"为职。

李　氏——四十岁以上，金妻。

金　平——金子大学经济科的毕业生，同时是收押在北平模范监
狱里的政治犯。（不出场）

杨　英——二十二岁，一个受过相当教育的女子，金平妻，结婚
后即住在丈夫家的田庄里。

金淑娟——金绍轩的大女儿，十八岁，中学生。

金淑媛——金绍轩的二女儿，十一岁，小学生。

武　梦——受过相当教育的知识女青年，二十岁，因战争流亡到
异地，现寄居金家。

跟　管——金家的长工，一个二十五岁的茁壮青年。

刘　妈——四十五岁，金家女仆。

日　兵

景： 金家的客堂。虽是在乡村，但因为金家是世代书香人家，金绍轩且做过洋事的缘故，所以颇显得富丽。在浓郁的封建气氛中，也多少挟些洋味——比如顺墙摆的旧式硬木条几，太师椅当中，也夹杂一些轻便沙发，藤制椅子等；墙上的古色古香的名人字画中，合适的小空隙里，也挟带有玻璃店买的装镜框的油画。对面的壁上有一只窗子，窗门敞着。可以看见远远的山境和田野，这时都沉在落日的橙黄色的带有雾色的芬气里。窗旁的壁上，一抹由窗口斜映进来的夕阳尚在逗留着。右首有一只门掩着。屋内的光景，像经过什么变动似的，看来很不整齐，笨重的桌椅显出更其笨重和老旧。空气极闷。时间正向着黄昏进行着。

开幕时，右首的门刚被一只由外面伸进的，枯瘠的手倒屋掩，当中的圆桌上摆了新端来的饭菜——是刘妈放下菜出去了。

刘妈在门口的声音（苍老低微）太太、太太！饭摆好了，吃过饭再收拾吧！

（她的半个身子随着顺屋内看了一眼，恰好李氏由她身后出来了，——她的头发微苍，形容颇为憔悴，着一件半旧的衣服。——刘妈跟着她进来。）

李： 他的爸爸还没回来？

刘： 没有。老爷吃过午饭就出来了，说是到……

李： （打断刘的话）是，我知道，说是到镇上余家去和余大爷商量，走呢，还是留在家里受日本兵来保护，——据说日本兵保护有钱人，只要有钱人肯替他做事。可是前一回他们路过黑龙村，崔家就上了他们的当，完了被他们把人杀了，房子烧了，他的爸爸就这样才心神不定，走了，祖宗几代积的家业也就抛了，留下呢——真是弄不清楚！去年闹"土匪"，衙门里出告示说是杀人如割草，让大家还是赶快逃，咱们不是也在后山里住了半个来月？后来，"土匪"来了，除过杀了专吃利子的老段，别的人可没伤害半个，这兵灾真难说！就说咱家，当时东西抛是抛了一些，但还是村里穷人后来拿的，可是不碍事，麦谷什么的，在仓里还是在仓里。

刘： （插嘴）那是老爷人情好。

214

李：嘿，说的是，可是这次真不一样了。这次是日本，崔家上了他的当，笑脸迎他，吃的喝的拣好的奉承，顶丧德的，连村子里的年轻的女的也都应酬了他，他走的时候，崔大爷的脖子上就是一刀，院子一把火——唉唉，长毛反乱我都听过了，就是没听过有这样伤天害理的事！

刘：（感动的）这日本才是杀人如割草！

李：唉唉，年境一年不胜一年，好男好女的就这么一堆一堆地给活糟蹋死了。唉，刘妈，今儿十四，明日又该向菩萨敬香了，你记着！这二年我的记性坏透了，真是心乱如麻，明日千万莫要忘了，再开罪了菩萨，人还要遭大祸呢！

刘：是，明儿我一准提醒你。可是老爷临走的时候说，要是他回来迟，那一定要走，眼点灯一定得准赶到后山洼里，——村里扎的兵今天又开走了好些，也有起身逃了的呢。

李：对对，可是菩萨总得敬，一生了媛儿，我就诚心诚意地敬奉他老人家，整整十一年了，逢初一十五我总烧香，后来他爸爸嫌我身子累，就在村口起了这座观音庵。那好，要是他回来迟，一定要今儿搭晚走，那就在起身前，在院子里敬香吧！他老人家不能生我的气，——我的愿心尽到了，他老人家领我这份愿心，多多保佑全家平安就是了。

刘：（庄严而沉痛地低头）菩萨保佑！
（屋内压死般的沉默，碗口荡着的热气越来越稀薄，——李氏忽然瞥见他，——她醒了。）

李：（声音干枯的，带有疲倦）那去喊他们来吃饭吧。——（惨笑）娟这丫头现下倒是越来越用心的念功课。

刘：（现喜色，奉承的）大姑娘本来就挺细心，现在凭空添了武小姐，她这份热心可就了不起了。这武小姐总是第一号的女人，长得好看不说，又能说能写，精明强干，满肚子心眼儿——这样女人，我四十五年头一回看见。

李：（突然陷于沉思，低声的）可是她是个苦命人，一家子死得惨呢，——就逃出她一口子。亏得她是个知书识礼的人，真的，兵荒马乱的年头，认得字还是占便宜，娟儿她认真学，也是好，反正有事做，倒

215

不慌慌怔怔的，教人多费心。媛儿年纪小，不识好歹，现在更贪玩，这也好。只有她嫂子，这是我的一宗心事——她越来越死板，越看不见她的笑脸了。

刘：（劝慰的，激动的）太太，可是大姑娘说，自从和日本一开仗，少爷就给放出来了，那他不远就会回来看您的。那时候少奶奶也就保好了。

李：（沮丧地摇头）不会，不会，刘妈，你是我多年的跟前人，我对你说实话：他不会回来，他不会回来，他的良心丧完了。你要说我们这样的家道，他爸爸是做过大生意的，他，他，（激动的脸变得苍白起来）他竟在外头做出这个事，给狗腿子（北方乡村人对一切"衙门"内公役的称呼，后来的警察也是列入这一范围。）拉到狱里先说要枪毙，后来又说要押十年。十年，押十年不是连头发都会变白了吗？我这一辈子还能再看见他？当时，可真把我吓死了。我的精神就是打那时候坏起的！这三年里，我真是寝食不安，——我想他，我不信他要坐十年狗腿子监。他，他在省城进中学，北京进大学，都是好好的，只是进大学后把眼睛弄近视了，戴了一副眼镜，那是过于用心。我不怪他。（回忆的，脸的表情随话的情绪而迭变。）那时他娶了她，她也是有钱人的女儿，杨先生又和他爸爸同过事，亲事真是美极了。她的嫂嫂自回到乡下，经常是笑脸。可是那一个暑假，他一个人又跑到北京。这就出了事，没上两个月，他就给狗腿子拉走了。（暂时的沉寂）和日本开了仗，他们把他放出了，这三年里，他的身子，一定坏完，可是他后来来的信，竟说，竟说他不能回来，他不能回来！北京老早拿日本占了，他跑到哪里去了呢，日本又那样惨？

（她突然中止，过于悲伤而突出的两眼视屋内。刘妈伤心地低了头。刹那的静寂。）

刘：（抑压地）太太，真是，凭空我又引起您伤心，真是不应该。说得饭菜早凉了，我就喊他们吃饭吧。您也憩憩，等老爷回来，要是情势不好，还得赶路呢。（惨笑下）

李：（半晌沉默，突然醒过来似的）刘妈！

刘：（在门口转身，惊愕的）太太！

李：（还是倒在椅子里）你去喊他们，武小姐不用怠慢了人家，念书的人

216

有心眼，不教人家背地说我家小气！

刘：（明白的，安慰的笑）知道了，太太！（下）

（沉默李氏呆坐于椅上，眼光钝而疲惫。墙上一抹日影渐渐消去，隐约地飘来少女的歌唱，——是淑媛从她的朋友家回来了。）

李：（沉思的）唉，这又是媛丫头唱，她们年轻人心情真好！

（武梦上，是一个圆脸大眼的女子，衣饰简朴，很像一个有热情有毅力的女子。）

武：（热情的笑声）伯母，您等我们好久了？娟她们就来。

李：啊，请坐下来，武小姐，我们就要吃饭了。

武：伯父呢，他不是还没回来？

李：他一下回不来，我们先吃了再说。武小姐，您知道外头风声很紧呢，村子驻的兵开走好些了。

武：是，担心的是伯父能早些回来。我想再用不着商量，日本人一定是背恩的坏东西，留下一定不行。你们老人家还是暂避到什么不相干的地方去。伯母你们拿我当自己人看待，我的话是真话。我的爸爸妈妈要是原来打算干脆，也不会有今天的下场。我凑巧是跑到别的地方的亲戚家里，要不，也一定完了。（稍停）真是，要不是中国军队退得快，伯母，我一定还要赶去当女兵，这是真话。可是后来，我只有做难民。辗转跑到这里，承伯父收容。伯父他们想，乱了这二十几年，大家都算混过去了，这次也这么马虎过去，可说那二十几年是中国人自己打，就比如大家害怕的"土匪"，说他挺厉害，杀人放火，去年打伯父家过去了，完了呢，人还是人，地还是地，房子还是房子，东西还是东西；可是那时候人都跑光了，完了又都后悔了，所以这次又想照那一回的例子，把这事情当上一回的情形看。可是不同了，我亲眼看见，亲身经过，日本人根本不把我们当人看！尤其我们年轻的，他恨得更厉害，所以守在家里不行，跑开也不行，因为他终究会追来，比如现在的我。所以日本兵要真的又来，那我就去投队伍，打死他几个再死，万一死不了，我就赚一条活命。

李：（有点哆嗦，惧怕的）快不要说了，女人当兵，连好男人也不去当兵，你真说的是孩子话！咳，她们来了，你看！

（淑娟，——一个秀丽而聪敏的姑娘，脸孔因过度的兴奋红涨着；淑

217

媛，活泼的女孩子，她新近去村子逃来的逃亡者那里学了些新的流行歌，唱不停地呷呀着；杨英一个忧郁的少妇，消瘦，厌倦，带点颓废的神情，两眼深沉而呆滞，她走在最后，悄悄的，手里拿了一本卷起皮子的书，活像一个幽灵。）

李：刘妈呢？

娟：（跳过来）她去厨房了。妈，我又看完了一本书。

李：（装作冷淡的）我知道。

（大家就座，开始就餐。）

娟：（盲目的热情）这书上说——

李：快吃，菜都冷了。

娟：书上说，这次和日本开仗，是因为日本侵略我们，就是想霸占我们的金银财宝，并且还要杀我们的大小人，所以我们要大家齐心，打走日本。日本真的来了，富的，穷的都不会有命。妈，我与武姊商量了，要是日本兵来了，我们一齐去当兵——

（李氏一声不响地嚼饭，她的表情越来越悲苦艰辛；媛跪在椅子上，用汤匙吃，一边吃一边还在小声地唱。杨沉默。）

李：（向媛）真的，吃着饭还唱，唱的别人头痛！

媛：（顽皮的）你头痛，我更要唱！（放下汤匙，大声唱）

李：这死丫头！

（媛笑得打滚，可是只她一个独笑！屋内空气像爬不动似的，沉闷，难堪。）

武：（难为情的）媛快不要唱，吃过再唱，打扰伯母吃饭。

媛：（快嘴的）你也帮她，你们是一伙人，你们这伙人这些日子就只知道害怕，吵嘴，叹息！可是我，我以前闷死了，老师又那样的厉害，这下他可跑了。好容易来了容姐，她是一个好人，她住在二叔家。我们不闷了。吃过饭我还得找她呢。

武：伯母，多吃些吧。

李：（离开）你们吃，我得去收拾东西，无论事情怎样，东西总得收藏一下。

（出门时她看了娟一眼，转向媛。）

呵，吃过饭，不用教媛再跑远了。

武： 好，伯母。

娟： （赶上去）妈，我刚才说的，你可答应我……

（她们走出，屋内沉默。可以听见李氏哀痛的声音："你的爸爸回来再讲吧。"和娟的啰唆然后隐了下去。）

媛： （跳下椅子）我也走了。

武： 媛妹，你只到容姐那里玩玩吧，不要跑远，天黑了，伯母要生气呢。

媛： （狡猾地笑）你看你们这些大人，总是忧忧楚楚的；——还有你！（指杨，她呆坐着。）你整天在你的破屋子里来回走，还哭！（笑。唱歌。——细小而快乐的声音。下。）

杨： （静默半晌）人在这样大的年纪才好呢！

武： （感动性的悲伤，过去握着杨的两手）杨姊，你的脸色越难看了，快活些吧！媛这样的快乐时代，在我们身上是过去了。其实我想，在中国这样大的一个地方，像媛这样的年纪的孩子，不知道有多少万千，但是像媛一样快乐的，恐怕是很少的很少。通常是没有衣穿，没有饭吃，于是冻死，饿死，病死，正是这样大的年纪。但是战争来了，那意思就是说，死的方法更多更残酷了，死的机会更多了。就像媛这样快乐的富家孩子，身上居然也会有死的影子！多么可怕呀！一切的人，都成了死的对象了。唉，杨姊，我也不过一个二十岁的孩子，太平时代还会耍娇气的，可是现在我就得自己做人。不能做梦。我的一切亲人都给战争夺去了。（微憩，眼做梦般的看定天。杨低头。）我有时天真地想，我们和日本起码隔一个大海，这真是童话里的想法：我想，我要看见一个日本人，除过在图书里，要见真的，就得在大城市里，没有想到，日本人会跑到我的家里，远远的乡下，和一切人的家里，而且提着那黑色的枪！杀人，放火，多可怕！我现在才知道自己住的是一个什么样的世界！这真是一个噩梦！我睁开眼睛做着噩梦！我要不自己干，我就连在噩梦里打滚的运气都没有，我得死！我想，死有颜色的话，一是黑色的，不是极端的黑色，带点灰，它是灰黑色的东西，这东西多可怕呀，它像一只恶狗！对，对，我现在正在噩梦里打滚，我要打破这噩梦！杨姊，快活些吧，我们做着一样的噩梦，生在这块土地上的一切人，都快拿这噩梦给弄僵死了！你是一个人，至少也得为自己一个人想！……

219

杨：（极端悲怆的）是的，"你是一个人，至少也得为自己一个人想！"可是，武妹！我不知道，也许我们女人真是一种没出息的东西。我和他一结了婚，我就把自己忘记了，我像是已经不存在了。看着他的时候我会笑，想起他的时候我会笑，甚至听到他的时候，我的心里也要爆发出笑来。笑，这或许就是女人唯一可赞美的感情。我没有一秒钟没有想到他，我没有一秒钟完全想到自己。武妹，你说这是没出息呢，还是糊涂？我自己不知道，我也不愿意知道。武妹，你是因战争才失掉了一切亲人，我呢，我早就是自己一个人了，只有这点我是知道的。可是有他，我忘记了那一切我失掉的亲人。跟他到这乡下来，我就想，我要忘掉城市里的一切人和事，我厌烦他们了。我想在乡下过着俭朴，快乐，自由的日子，虽然这也是梦，乡下并不太平，更不会有自由和快乐。去年的春天，我就逃了一次。但是我有他。他就是一切。所以我还是快乐的。他在大学学经济的时候，就有了初期的肺病，我在世界上顶劳心就是这件事——他的可怜的肺。在乡下住了半年，病慢慢好起来，他也就更快乐。朋友约他到青岛，那里一个银行给他预备了合适的位子。我想，我们真正的幸福就要开幕了，他也笑着答应我，在物质上我们将更幸福，因为自民国十九年以后，父亲做的洋行就关了门。我在大学时还替人当家庭的英文教师，辅助他的费用。可是他一到北平，就逗留住，过了两个月，一个黄昏，像现在这时光，我从一份小报上看到那消息，我哭了。我在人的面前为他哭了。我相信他，但是我不了解他。城市，在我的想象里，是一个恶鬼，我真要放一把火烧灭它的，结果他判决了十年！十年，你看！我日夜都看见他，他似乎长满了满头的白发，穿着灰的长衣，像和尚的道袍，背渐渐驼下去，只有那两只眼睛，还是那样亮，可是我怕，它的可爱的地方完全没有了，它是那样的强！我仿佛在那里看见了我的全命运，我停止呼吸，我不敢再往下想了。三年，我就这样过了三年，在乡村里，在寂寞里，在哭泣里，在恐惧里……（她的全身可怕地痉着，她整个混乱；脸是灰白，两只眼灰白得发光——，一种死滞的光。暂短而紧张的沉默。武像是涌出了眼泪，她的眼睛发亮。）可是，战事发生了，我看到日本人在卢沟桥开了炮，我快活死了，他给我带来了喜讯，我要从寂寞里自由了。我要恢复了我的被封的财产。

可是，（她不能再自制，她的眼望着前方，像从一个可怕的噩梦里醒来。短短的沉默。）他完全忘了我。他是自由了。但是我并没有自由。他给别人的信里说，他暂时不会回来，他随着沦陷的北平，卷入了战争。我恨他。我想他，我害怕想他。他的信里说：教人要像人的活下去。他没想到，一个人快要死了，完全是他的蹂躏，他的罪过，我是穷光了！我什么也没有，只有死，死是一切人都有的财产，我现在就要动用它了。为穷的人，只有死是快乐！……？（突然静默，用手捂脸。）

武：（仿佛一种良心的启发和冲动，她是极激动了）杨姊，你过于冲动了。你并没有忘掉你自己，只是你把生命看成单纯的幸福，快乐成了你自己人生的全体。而在你想象里的快乐和幸福又不是独立的东西。战争前，我读着一本英文转译的俄国小说②，书里一个叫玛霞的贵族女子说："生活就是快乐。"我曾梦想了半天。那个玛霞就像你，杨姊。她是孤独的，住在冬季的乡间，死了母亲，没有安慰，幸福，她厌倦了一切，整日做梦般的在屋内踱，她说，当人向她提起一切问题的时候，眼泪是她唯一的回答。后来她找到一个中年的丈夫，他是诚实而能干，那时候她才说，生活就是快乐这一句话。可是这日子不长久，他们在乡间过了些幸福的日子，终会有的那一天真正到了，他们彼此感到厌倦、嫌恶。终结生命的还是痛苦。我的先生们给我当时说过：只有刻刻地保持着自己，向前迈进，生活才会幸福，因为幸福是活的，需要时时更新它，才能实行新陈代谢，所以需要时时有新的生活，就是创造新的不断的生命。若把生命停滞于一点，幸福立刻会在你跟前泯灭，幸福的残骸就是痛苦。现在，你这样年轻，这就是将来幸福的保障。你并不穷，人在年轻的时候绝不会碰到穷。可是我们现在，要求得幸福，先要求得生存，人只有活着的时候，才能做，才能想。杨姊，快活些吧！

杨：（听得不耐烦武这一片"哲理"的话，她仍是发泄般的说下去）你说的这些，我也零碎地想过。可是我没有勇气信这些。所以我恨这些。好，好，战争，战争，（她的表情痴呆，像在做梦。）日本兵今天或许明天就要到这里了。我不会跑，我要尝尝死，这样的死，比自己一个人单独的死在一间阴暗的房里，还热闹些吧。我需要热闹。那或者

221

不会痛苦。……

武：（无可奈何地痴笑）唉，这样一个人！不过真要到那样的时候，你就该知道了。人往往立于危险的面前，才会觉悟出生命的可贵，才会勇敢。希望你现在快活些！杨姊！（走向门）

杨：（惊醒般的）武妹，你要去了吗？

武：（笑）呵，我是去看看娟，和她商量一件事，再看看伯母收拾得怎样了。她刚才才叫人挖地洞埋东西，现在恐怕就要埋完了。——你什么事？

杨：（先是口讷的，忽然变做坚决）不，那么你去吧。

武：好，那回头我有工夫再来。我们好好谈一谈，你是一个很理智的人。（下）

（杨在屋内开始踱步。）

杨：（自语的）他们这些人都忙活着自己的事：妈妈忙着收拾她的东西，爸却忙着找人商量，看日本人是否会杀他，抢他；娟和这位武小姐忙着看书，讨论参加实际工作；就连媛也忙着唱她的歌。我呢，我从前忙着想他，现在连这也不要忙了。我啊！

（掩面，坐角落椅上。黄昏渐浓，夜像一个黑纱帐子，将蒙住一切，只有从那稀疏的窗孔洞里漏出点点的白光。窗外远远的树上，一只麻雀致着清脆的晚词。）

杨：（不安的。失望的）好些时候不听得鸟的声音了。这样兵荒马乱的时候居然能有一只小鸟悠然自在地唱！不过我不喜欢这声音……

（倒在椅子里。麻雀似乎飞去了，屋内更阴沉。隐约由右角门后——院子传来人和东西相撞的声音。刘妈上。）

刘：（吃惊的）只你一个人留在这里，少奶奶！

杨：你收拾你那些碗，去忙你那些事情吧。只有我是一闲人，我现在在享闲福。

刘：（故意怒气的）看你年纪轻轻的，就老说这些泄气的话！我的少奶奶，少爷就要回来了。你快活些吧！要不，他可不高兴呢，他看见你这样没好气，他要骂我们——少爷是一个有火性的人。

杨：可是你在这里七八年，他在的时候骂过你们一句？

刘：谁说少爷骂过人！老爷有时候还嫌他对下人太丢了体面呢。他和你一样的进过洋学堂，是一个开通的人，是好人，就是脾气有点儿躁。

杨： 可是好人给人家关了三年，差点儿要了命！

刘： （悲叹）这年头倒霉的都是好人。可是你快活一点吧，说不定待会儿就得上路呢。（收拾饭具下）

（杨站起身，在桌上取了那本带来的书，翻着。）

杨： （念出声）《爱的成年》（自语的）。这本书你可看惯了我的幸福，也看惯了我的痛苦。这些都是你带给我的。我奇怪，想不到我们这样半封建的结合，会这样牢固。他为我用的力气太小，但他却是用全力爱我的。这就是一条铁链，使我失去一切。那时我怎么不轻视他，反对他？他是一个好人，但是太好了，所以有这样一个坏结果！那除非他变坏了，我才有幸福。但是他不回来，他不回来，他，他，——（她抓住自己的发，忽然站定了，刹那的静默后，她笑了。）啊，我糊涂了，我去看看他们怎样生活吧！（她像狂风般的奔了出去。）

（屋内绝端黑暗，夜已经到了；只有古屋敞开的窗口，还留着一点秃亮的余光。窗外的方向飘来有狗吠声，一个人沉重的脚步走近，狗声沉默了；屋里的黑暗的秩序被搅乱。一个中等身材的人影撞入。——是金绍轩。）

金： （站在屋当中）一个人都没有。他们大约是吃过了。（坐）刘妈！

（他站起来在屋内踱了几下，复坐，未几又站起踱步。——刘妈拎菜油灯进，金扳过半个身子看着灯。他的头发已半苍了，身子却是相当的宽壮，眼内发出像要掠取什么东西的神气；他的声音发沙，穿一身短裤袄。——这是荒乱时，乡下绅士的"化装"打扮，借以饰自己原来的身份。）

刘： （赔笑的）刚才听到街上狗叫就知道老爷要回来了。只是拿灯迟了一步。

（金像没听她的话，眼睛直盯着灯。）

金： 怎么点起菜油灯了。

刘： （惊愕的，随即恢复了平静神色）这就早点了几晚了，老爷想情是大意了，开了两个多月仗，哪里还买得到煤油。（灯放桌上。）

金： （踱步）我真糊涂了，哦，哦！——刘妈，你先把跟管叫来吧。淑娟妈他们呢？

刘：太太在后头收拾东西，跟管帮着她；大姑娘和武小姐在东房里笑什么；少奶奶还是在自己屋子里。终是二姑娘到她二叔家找那个容小姐玩去了。刚吃过饭。

金：去把淑娟找回来。把跟管先给我叫来，你去帮助收拾东西。

（刘妈担心地看了他一眼，下。）

（跟管上，怯怯地站在门口，两只手像没地方安放。）

金：跟管。

跟：有。

金：你站近点，做着什么呢？

跟：给太太收拾东西，没有别的事，村里驻的兵今天走了好些了。刚才出去听人说，站到高处，还能听到炮声呢。……

金：（沉静的）跟管，你在我这里长大的，我现在说给你。你把马喂饱，把那支枪在楼上找出来。去年"土匪"来时你没跑，现在可不成，我先送他们到山洼里，那地方你知道，就是去年避的地方。你在近处巡视，要是不碍大事，你不用跑，要不，你就自己投队伍去。

跟：（无语，只显出惊异。）

金：好，你把她们喊来。

（跟管下，他的动作很拙笨。金坐椅上，灯光照着，他苍老的发亮的额角，那里的智慧似乎用空了，显得干燥、平板。李氏上。）

李：早回来的？我和他们收拾东西，好点的总大数弄清楚了。

金：嗯，淑娟她们呢？

李：她们两个在后面，淑娟近来倒很用心呢，媛倒是越来越顽皮，——唉，媛——（她向屋内四处看。）这鬼丫头又跑到哪里去了，吃过饭我不准她跑出去，这小东西又跑到哪里了？

金：不要吵了。刘妈说她到二叔家找那个容姑娘去了。我教刘妈去找她了。

李：唉，这东西总是不听话，瞧着命都难保了，还是老高兴。

金：小孩子不知道命的贵贱，就连平儿，大学都毕过业了，放下好好的事不做，给人抓到狱里。我从前以为是人家冤枉了他。他太老实。今天我才知道是他自己作的孽，战事起了，放下家不回来，跑到河南参加了队伍——

李：参加了队伍，他？

金：今日我收到汉口复生来的信，说是他参加了队伍，后来病了，回到汉口。复生一次在街上碰到他。复生的生意现在很不错，他不回来。（李呆呆地听着，她的眼睛亮了，湿了，默默的。）我回了复生一封信，说是平儿好了，也就让留在汉口，现在走路难，等等再看时势吧。我和余大爷谈了半天，在他那边吃了饭，慌是慌得很，崔大爷的事都知道了，现在就只有走，这些日本鬼子真惨，沿河的一带烧杀一空，真是只剩下几只苍蝇是活东西了。我们收拾收拾就得走，这些东西，就只有留在这里，听天由命了。

李：（沉默的）那——

金：是的，赶快收拾应用的东西带上。我先去看看跟管弄得怎样。（脚步急下。）

李：（呆若木鸡的）啊，走了！我得好好看看东西埋好了没有。（下）

（武梦与淑娟上，穿了一点厚衣服，拿个包袱。）

武：伯父又出去了？

娟：大约是看牲口去了。我们不必再求他了，他一定不答应我们，他只要我们避到什么山洼里，和去年避"土匪"一样。近来我更害怕爸爸了。他说话的声音都变了。……

武：（苦笑）那真……，娟妹，那真对不起伯父，我这一个流落人受了伯父的大恩，现在却拐走了他心爱的女儿，伯父知道了，一定要骂我呢，他要恨，我可是——

娟：不会。真的，武姐，我在省城念了二年书，总觉老舍不得妈，可是有了你以后，我就像换了一个人，我忘记了妈，现在要离开她了。我决心。

武：那是我调坏了你。

娟：不，书调坏了我。不是你，是你的那些可爱的书。我哥哥的书里写着说，书店的招牌，在他是一只最亲爱的友人的手，现在我觉得这是实话。吓，不过嫂嫂呢，她怎么办呢，只好再劝劝她，要她和我们一同走。

武：（改换了刚才的感情。）但是你说不动她。她是一块石头，不，就是石头你坐久了还有点热气呢。我刚才和她在这里说了半天，她只做梦一

225

样地说着她那些过去的事，她好像谁都不信任了。

娟： 她就是这样。

武： 那还是我们走吧，再迟了就赶不上，她这样的人，她不是活，她是混。（下）

（屋内灯光渐渐黄暗，金低着头上，无声息，他站在屋当中，于是坐下，随即又站起，又坐下，……他的表情像失了主持一样，未几，李氏上，她浑身哆嗦，脸像一张白纸，眼疯狂地四射。）

李：（神经错乱的）娟儿，娟儿，哪里，你跑到哪里了？（她瞎子般的在屋内乱摸。）娟儿，还有姓武的丫头！

金：（极端的吃惊）你怎么了？你？娟她们不在后头，刘妈找媛去了——娟她哪儿去了？

李：（才看见屋内的金）你，你回来了，我在楼上收拾东西，猛可听不见娟儿他们说话了，我下了楼，我问她嫂子，她还是一个人在她的屋内走，可是她摇头，我到东房里去，东西乱了，这两个鬼东西一准是跑了，吃饭的时候她麻烦过我，我不答应她，她竟然跑了，这个姓武的鬼东西，这个不明不白的人，全是你收留她，她，说仁讲义，不像个坏人，可是做的是坏人事！我呵！（她停顿了一下。）我找她们去。（她疯狂地跑去，金呆呆地看着她。）

金：（粗气的）你往哪里跑！村子现在紧极了，你往哪里跑，回来！（他追出。屋内沉默。老妇人悲怆的呼喊，与中年男子的粗厉的吼叫，渐去渐远。一阵夜风吹过，灯光闪烁着。杨英像一个幽灵般的踱进，她的眼更阴沉下去，动作迟缓，像没有声息，手里还拿着那本书。风势起了，她的长发一飘一飘的，她寂寞地向着窗外看去，外面是漆黑的天空。窗户看去就像一只失望的眼睛，……枪声听见了，有微小的火花在空际溜过，渐渐繁密，可是都在碰着黑暗的时候熄灭了。有众多的嘈杂声起：狗吠，人叫，有人大声地喊出："我们的兵开走了。""跟队伍一块跑。"……跟管背一支枪，面色仓皇地跑入。）

跟： 老爷，快走，日本兵进了村了，队伍早退了，马拉在外面，你们先要走，老爷！

（他忽然发现是一个空屋子，失望而惊惶地退后去，——杨从阴暗的角落里走出，跟管才恢复了意识地涨红了脸，嗫嚅着说不出话。）

杨：(有点开玩笑的) 日本兵来了，你看见？

跟：是，少奶奶，你不听见枪响，村里人跑了好些了，军队也早退了。马在外面。

杨：老爷们走了，找娟姑娘去了。

跟：(拙笨的摸不着头脑的) 走了！怎么不骑马？(摇摇晃晃地走了出去。)

杨：(尖笑) 好老实的人！

（忽然停止了笑，她的脸色愈来愈苍白，她渐渐严肃了。屋的四围都涌起混乱，但是模糊而低弱的各种声音。门给踢了一脚，伸进一只红色的靴子，稍顷，是半个笨重的，带着死的恐怖的黄色身子。日兵进，沉醉而混乱，他一手提一支上了刺刀的枪，一手拖一个衣服、头发极乱的女子，她像一件衣服似的软弱。没有声息。杨惊叫了一声，退后，面色雪白。）

杨：哦，媛！

日兵：(低着头，声音含糊而粗犷。向着被提的女子) 是你的家？

（女不语，日兵愤怒的一摔，她倒下去。）

日兵：死了，妈的！(抬头，他发现屋角的杨——她由于过度惊惶现出极端的美，像一件玉石的雕刻。)

日兵：美人！

（他扑向杨，杨退后去，她一刹那的表情很复杂，最后她达到一种"觉悟"——绝端变态的感情——她狂笑了，日兵一怔：呆着面孔，最后跟着狂笑了，这声音非常阴沉，像两匹兽的嗥叫。声音突然停止，刹那的静寂，日兵再上去抱杨。忽然——一个老妇人发疯的声音喊着："你们这鬼，这鬼，媛姑娘，姑娘！"冲入屋子，——是刘妈。日兵吃了一惊，看着她，——用两只塞满疯狂的欲火和极端疲惫的眼睛；乘她还没站稳时，他提起刺刀向她刺去，于是像一件软绵的东西，她倒在门口。）

杨：(突发的，打日兵一个耳光) 鬼东西，畜生！

日兵：(扔下枪，半跪着身子) 打得好，打得好，我的姑娘，——啊，我的千代子，可爱的千代子，不见半年了的千代子，不用打我，你不用怪我，我真不愿意去，狗才愿意到支那去，可是没法子！你该想念我，我是你的丈夫，现在我回来了，我的千代子！我，我——
（他像嗫嚅似的在地上爬。）

杨：（挣扎）鬼东西，滚！
（日兵继续在地上爬，杨打他的耳光，突然一刹那的沉默，日兵狞恶地大声笑了。）

日兵：哈哈，你打我，是你，一个陌生人，一个支那姑娘，我又尝到一个支那姑娘了，反正就是这个身子，终了要死在支那的土地上，给支那的农人作肥料，痛快吧！他妈的，你来，你来，来，——（他半缠的诡卑地笑。）我们，我们，我——
（他往门外拖杨，杨挣扎，骂打，她完全想到自己了。终于她给拖了下去。油灯渐渐熄灭。被两个身子顶开的门，像麻木了一般，一会以后关闭。门的方向传来日兵的声音，忽而低弱，忽而高亢，有怒，有急求，有恶笑，和杨的喊声，骂声，肢体挣扎声……窗外天空的黑暗和屋里的黑暗流在一起，间断的小小的火花寂寞的爆着。一片模糊和倔强的叫喊声，夹在狂笑和听不懂的哭一般的歌声里③渐渐扩大。）

（幕徐徐地落下）

注：
①原载《七月》第三集第六期，一九三八年七月十六日。
②这里所指是托尔斯泰三十五岁所写的中篇《家庭幸福》（*Family Happiness*）全书两部，共十四章。
③此处所指当系日兵的歌，可酌情用日本的流行歌。

当心，匪特造谣！（活报剧）

人：

黄清和——四十多岁，伪中央银行职员，解放后轻信匪特谣言，辞职在家
　　　　等反动派"回来"，积蓄已用光，生活陷窘境。

林　曼——黄清和的妻子，是一个典型的城市消费妇女，被生活所逼，服
　　　　来沙尔自杀被救。

收破烂的汉子

楼上阿姨——小市民，一个店员的太太。

张惠民——阿姨的丈夫。

任大贵——星期日在家休息的工人。

人民警察

卫生事务所的医生及看护同志

群众若干人

时：一个星期日的下午二时左右。

地：在一个楼下客堂内，室内家具零乱不全，仅有的几件家具，原来都是
　　考究的套头家具；散放的几只旧衣箱，样子都是瘪瘪的，显出箱内已
　　空空如也，床头挂着主人的结婚照，挂得歪斜潦草，表示主人已无心

229

于此，只是搬来时候马虎挂上的。墙上另外还挂着几张美国电影明星的照片，都已破旧。杂物零乱不堪，处处表示出一个中等家庭破落穷困的景象。窗外刮着风，窗布已没有了。

幕启：林曼正躺在床上一个人扪着脸哭，脸色苍黄，她刚服过来沙尔。

林曼：（哭泣自语）我活不下去了，真是到山穷水尽的地步了，我就要死了，……唉，小昭，我的宝贝儿子，妈不能眼看着叫你饿死，你跟了人求一条活命吧……（忽然折起身子来，脸上显出药力发作时的痛苦神气。）啊哟，肚子痛死了，哎唷，痛死了……

（在床上打滚，声息渐小。）

（门被推开，黄清和入，他洋服已破旧，面容憔悴，后跟一个收破烂的汉子。）

黄清和：（指着桌椅等）这些都卖。你先看看货色，都是上等美国木料造的。

（收破烂的汉子去抚摩台子，椅子等。）

收破烂的汉子：（点头）料子是好料子，可惜不是整套的！

黄清和：（痛苦地）原来是整套的，有些我都零星地卖了……不，送给人了，像沙发、衣橱、梳妆台、五斗柜……只剩下这几件。要不，干吗我卖给你收破烂的呢？你说给多少钱吧？合适我就卖，这也叫没法子！

（收破烂的去看床，忽然看到林曼在床上微微挣扎的痛苦样子，吃了一惊，退后。）

收破烂的汉子：这……这是怎么啦？

（黄清和这才注意到床上，急奔去。）

黄清和：（着急地）曼，曼，你怎么啦，你……

林曼：（声息甚弱）清和，我对不起你，这个日子我过不下去了，孩子送到人家，不闹吧？我管不了啦，我……

黄清和：（去扶她，她已垂危）你，……曼！曼！（带哭声）

（林曼已少声息，头低垂；黄清和放下她，在床上乱找，发现来沙尔瓶子，他把瓶子拿起摔掉，急得团团转，忽然哭声的叫起来。）

不得了啦，你喝了来沙尔了！救人！救人！我的曼，我害了你，

230

我……我该死！……

（他抱着林曼失声痛哭；收破烂的着慌了。）

收破烂的汉子： 救人！救人！出了人命啰！服毒自杀啦！……

（向黄）你不要光哭呀！快想法子，救人要紧。我替你把电话叫卫生所车子。……（匆匆而出）

（黄昏迷状，精神错乱。）

（楼上阿姨奔入，另有群众数人，任大贵在内，一拥而入，大家嘴里叫着"怎么啦，怎么啦"，一齐奔向床前围观。）

黄清和：（痛苦之极，用力揪自己头发站在圈子外）我真该死！孩子刚送了人，太太就闹自杀，我也不能活了，活不下去啦！（他猛的用头去撞桌子，桌子跌倒了，他也跌在地上，众人被闹声惊转身子，又一齐去扶他，他已撞得鼻青眼肿。）

阿姨： 黄先生，你这可不能寻短见，太太说不定还有救，（她转过头对众人）还不去叫警察，快打电话呀！

（任大贵转身往外走，黄忽然跑前阻止他。）

黄清和： 别，别，别叫警察，共产党我害怕！我讨厌共产党！

任大贵：（惊奇状）咦！你这是什么怪思想！不是共产党来解放我们，害人的反动派能消灭吗？物价能得到稳定吗？我们能过安然日子吗？……（他还要讲下去，被阿姨阻止。）

阿姨： 这个时候不是斗嘴的时候，你快给卫生所打电话去，弄堂口有公用电话，救人要紧。

任大贵：（愤愤地）这种人思想不通！怪不得家里闹事。

（出门）

（黄清和乏力地坐在一张椅子上，叹息沉思；阿姨等众人又去招呼床上。）

阿姨：（对一个群众）你去招呼黄先生！劝劝他！不要叫他再寻短见。

群众之一： 黄先生，这是怎么一回事呢？

（黄不语，落泪。）

（人民警察随收破烂的进门。）

收破烂的汉子： 同志！就是这里，我正来这里收东西，可巧碰上啦！（众人见警察进来，都去注意；黄见到警察，精神微微一震，

　　　　但仍坐着不动。）

警察：（态度和蔼，关切地）哪一位是这家的主人？（众人指黄，黄仍坐
　　　　着不动，警察走近，问黄。）这是怎么搞起的？是夫妻闹气吗？
　　　　（黄不答，低头不语。）

阿姨：（走向警察，快嘴地）同志，我是他的邻居，我们原来住在隔壁的
　　　　亭子间的，两个月前才租了黄先生的楼上房子，他自己搬下客堂间
　　　　住。亭子间两个月前也租给教书的王先生，他是一个光棍，整天忙
　　　　工作不在家。据我们邻居看，他们夫妻平常感情很好，他们有一个
　　　　男孩子叫小昭，也满讨人喜欢。黄先生解放前在老中央银行做事，
　　　　日子过得满惬意，（看黄一眼，低声）就是近来生活困难了些，嘻
　　　　嘻……

警察：哦！是生活困难的缘故。（忽然注视到床上，换过口气。）哦，我
　　　　来时已给卫生所打过电话了，他们就来。（群众随着警察围观床
　　　　上，黄仍坐着不动，低头不语。）

群众：（传来了救护车的叫声，停车声。）救护车来了！
　　　　（众人一拥而出，房内只留下警察和黄，黄仍坐着不动。）

警察：他们来了，真算快，请他们尽力救治吧！
　　　　（黄不语；众人拥着穿制服的医生同志及护士入，任大贵跟了进
　　　　来。）

任大贵：就是这里，我才在门口等了一下，想不到车子来得真快，这才真
　　　　叫为人民服务哩！
　　　　（大家围近床，医生同志迅速打开皮包，拿出医疗器械，替"病
　　　　人"检查，看护在一旁照料，众人的视线集中医生，黄也直直地
　　　　望过去。）

医生：脉搏还在跳，不要紧，还该有救，打过强心针再说。
　　　　（群众听说有救，屋内空气马上活泼起来，医生和护士忙着打针，
　　　　黄也颤巍巍地站起来，走向床去。这时，张惠民跑入，神气很焦
　　　　躁，他一看见自己老婆——阿姨，拉上她就往外走，没有人注意到
　　　　他们的走开。）
　　　　（寂静。"病人"开始呻吟，众人纷纷说："有救了！""有救了！"
　　　　护士拿出药片。）

232

护士： 有没有开水？

（群众去找水瓶子，水瓶里空空如也。）

任大贵：（自告奋勇地）我家去拿。 （外出）

黄清和：（声音发抖地问医生）先生，真有救吗？

医生： 大概不成问题，你就是她的丈夫？ （打量他，黄退缩在一旁，任大贵拿着水瓶奔入。）

任大贵： 开水来了，喏。我还带来一只碗。 （倒水递给护士，护士和医生照顾"病人"吃药；"病人"呻吟声增大，断续叫出，"我难受煞了""难受煞哉！"……）

群众： 活过来啦！有救啦。

任大贵：（得意的走向黄）你不是讨厌共产党吗？这热心救你老婆的就是人民政府的医生！你好好反省一下吧！这事要放到反动派时代，谁管你，自杀活该死！还有我们的人民警察，听到报告马上跑来照应，就是我这个工人，也放下自己的事替你跑腿。大家为的什么？为了救人哪！刨刨你那讨厌共产党的思想根吧！

黄清和：（有点清醒，状极狼狈）先生，请你不要这样说，我……我难过死了。 （以手掩面）

任大贵：（反语地）你难过？是你自找的！

（警察过来劝任大贵。）

警察： 同志，不要和他顶嘴，人家正在事头上，应该安慰他才是，再说，任何不了解人民政府、共产党的人，只要他不是成心的反动派，而是在思想上受了欺骗和蒙蔽的，他会慢慢地觉悟转变过来的，每个人进步的快慢程度不同，不能着急…… （这时"病人"大声呕吐，警察和大贵都转回头去，黄也奔前照顾"病人"，喜极。）

医生：（用药水擦手）好了，不成问题了。

（黄上前抓着医生的手，感激至极。）

黄清和： 先生！你救了我，我真不知道应该怎样感谢你！

医生：（和蔼）不，同志，你不应该感谢我，你应该感谢人民政府，这是我应尽的责任。

（"病人"这时喊"清和""清和"，黄转向她。）

黄清和： 曼，我的曼，你好啦？

林曼：(衰弱地) 清和，我们差一点永别了，要不是这位先生 (指医生) 我已经死了。(夫妇对泣) 清和，这是谁把我们逼得走这条死路？(哭泣)

黄清和：(睁大眼睛站起) 谁？
　　　　(群众纷纷发言。)

群众：对对，你为什么闹自杀！这个时候还有闹这套把戏的人？真笑话了！
　　　(正在乱纷纷，忽然听见楼上吵闹的声音；刹那间张惠民和阿姨吵着进入。)

张惠民：这里有警察同志，咱们说说理！……

阿姨：(哭着) 我也是为了两个人的生活呀，我又不是故意的呀！

张惠民：(责问地) 是谁叫你借钱买多余的东西？是谁？弄得我平白无故地背了一屁股债，叫我丢人现眼？
　　　　(转向群众和警察) 同志，还有你们诸位邻居，你们大家替我评评理，我做店员，生活过得蛮好，蛮好，她 (指阿姨) 不知从哪里听的谣言，鬼话：说什么美国要打世界第三次大战了，什么老蒋反动派要回来了，什么物价要涨了，她也没跟我商量，沉不住气，瞒着我借了许多钱去买这买那，买了一大堆无用的东西，这几天物价越看越稳，有的还在掉，这些东西都买贵了，还不是活得不耐烦，自己寻倒霉吗？

阿姨：(啼哭的) 我是一片好心呀，人家都这么说；过去我们吃惯了物价涨的苦头，谁想到现在时势变了，物价涨不起来，还在落呢？这是我运气不好呀！

任大贵：你是上了匪特谣言的当，关运气屁事！谁要用老眼光看新社会，谁就是自找倒霉！

黄清和：(如梦初醒地) 匪特？

张惠民：匪特！(问警察) 政府为什么不杀这些坏东西呢？专门胡说八道，造谣害人！

阿姨：我就是从小菜场听来的闲话呀！

群众：那正是匪特放谣言的地方！

警察：同志们，政府为了保护人民的生活安定，为了建设好我们的国家，对于这些坏蛋是要办的，但是也需要群众帮助政府搞一个工作呀！群众都起来，看他匪特往哪里藏？往哪里逃！

黄清和：（突然冲出门）我抓他去！

　　（大家惊愕地看着他，有人前去阻止他。）

警察：同志，你去抓谁？

黄清和：谁？匪特！（大声）我的女人就是他杀的！

　　（众人听了一愣，望着床上，女人掩脸痛哭。）

　　我，我该死！（向警察，他越说越激动，声泪俱下。）我上了匪特的当，谣言害死人！我对不起共产党、人民政府。解放前，我在伪中央银行当职员，认识了一个姓林的坏家伙，解放以后，政府把我留在人民银行工作，生活过得蛮好，谁想到姓林的这坏家伙还留在上海，他来我家找我叫我快不要干共产党的事，说"国军"要回来。我没用脑筋想了想，就听信了他的鬼话，真的向上级辞了职，把他说给我的谣言当消息到处传播。半年以来，我把积蓄都用光了，日子越过越艰难，无路可走，今天我把孩子领出去送给人，给他找条活路，回家就碰到我女人自杀，这一切为了什么？（稍停）还不是那个姓林的匪特谣言害的？今天要没有这位同志（指医生）来救她，我就家破人亡了，谣言害死人，匪特是我的死对头，我被骗得太惨了！我要报仇！我要杀他！（痛哭）

　　（"病人"一跃从床上跳下来，抓着黄的双手。）

林曼：（悲痛愤恨之极）清和，我们上当了！匪特差点杀了我！人民政府救了我，我认清了，谁是我们的仇人，谁是我们的恩人！我们跟那个坏蛋拼命去！

群众：打死他！打死匪特！

警察：同志们，不要激动，只要我们认清了匪特的真面目，把他的线索调查清楚，再动手抓他，一网打尽！

任大贵：（忽然把墙上的美国电影明星照片取下，向林曼）美国鬼子，反动派匪特，都是一个窑里的货色！美帝是匪特和谣言的根源，我们要斩草除根！

林曼：你说得对，我们听谣言，就是从这里起的。我现在很难过，我以往

235

是专看美国电影，崇拜美国，也就相信了匪帮，才把我害到今天这种地步。我觉悟了！我誓死不再看害人的美国电影！（把照片撕得稀烂，群情激动大家高呼口号，任大贵带头。）

群众： 肃清匪特！

扑灭害人的谣言！

打倒匪特谣言的老祖宗美帝国主义！

拥护毛主席！

中国共产党万岁！

（室外抗美援朝宣传队的锣鼓声，和室内的口号声连成一片，表示出坚强壮大的人民力量。）

（幕急落）

《当心，匪特造谣！》后记

　　反特反谣，应该是和我们保家卫国运动密切联系，而且是这个运动的具体工作之一部分。把匪特和谣言从我们的生活中、意识中彻底干净的驱除出去和扑灭掉，就是我们当前的政治斗争和任务之一。

　　这个活报，就是采取了这样的事迹，来写作的，这既然是个群众性的剧本，所以希望在实际的演出中，能借助于群众的生活和智慧力量，把它丰富和深刻起来，以便具有更强有力的政治教育效果，对我们的反特反谣工作，能有一定的启发和助力。

　　这个剧本曾发表于《文汇报》的《文学界》上，这里印出的，和原稿并没什么大的改动。

杨力　一九五〇年冬初

散 文

（1930—1980 年代）

关于《唐·吉诃德》之类①

听说有人要着手译《高尔基全集》，这消息，骤听之下，颇使人惊佩。

中国的"译人"，在过去说，多半是小贩，虽然有人也曾"卷起袖子"来"干"了某一外国作家的全集，可是就印出来的几册说，有些地方译得是"连娘家也没有了"，屠格涅夫的几大名著（当然不是全集）有译本，有的似乎还有两个，好坏勿论，总算"竟了全功"。托尔斯泰，对于文学有点眉目的，全都知道这个名字，可是一直到现在，他的《战争与和平》(*War and Peace*) 还没有全部的译本呢！果戈理的《巡按》等算有人译了，然而他的最大著作《死掉的农奴》(*Dead Soul*) 还没缘和这方块字握手呢！无怪《鼻子》的译者许遐先生要说"较文明的国家都有译本"的话，渴望着译本的青年，对翻译界的这种零贩政策的抱怨，甚而有超于许遐先生。

这是其。—②

更滑稽的是有外国名著，却是只被介绍过来一个名字，其中如塞万提斯 (Cervantes) 的《唐·吉诃德》(*Dan Quixote*) 虽然被本国的作家在自己文章里左拉右引，像"阿氏"一样的嘴熟，然而本书，好像至今，还没有一个译本出来。

我们的翻译界，先前曾有一个"洪水泛滥"时代，不过到了近两年以来，译本少见，近乎沉寂了。不过，最近据说翻译界又要振作起来了，单就杂志说，《译文》当其首，《世界文学》殿其后，这自然是可喜现象。

记得《我与文学》中有顾仲彝先生的一篇《我对于翻译的意见》，顾先生的意见，撮其要，是要一些治翻译的人对翻译要有个整体计划，现在有人译《高尔基全集》之类，总算是一个满意的答复。

我也有个意见，可不像顾先生的整个计划，说起来，渺小得很，我只希望"译人"们能将一些作家在作品里引用过的一些未译的作品译过来，这叫"远账"，因为我们的作者指导青年学习的方法，有的是，叫到坊间购一册"文学史"之类的书，检其中各派各代表作家之代表作来读；有的只笼统地说，"从外国作家学习"；有的则提起笔，刺刺不休地的③开一个"最低限度"的文学"书目"，然而，一句话：坊间文学史上所说的各派各作家各代表作，或开出来的"最低"书目，对一些学习青年的功用，至多是示威一次，没有别的。

在现代中国，一些文学青年，十之八九是不大"阔气"，他们读一些外国书，是像"吃天鹅肉"那么难，这是指会打洋话的一部说的；至于不是学校出身没机会学通洋文而居然也想闹闹文学，如小职员工人之类的青年，当听到作者的"非从外国作家学习不可"的谈话或论文而捞不到该作家底作品译本，这不是迎头一盆冷水，给他们定了"没有文学资格"的"命"吗？

话扯得远了，我们嚷着需要多量的后备作家，而又不给他们粮食吃，或给一星半点的"剩食""零食"之类，当兵还要哗变呢，学文学的似乎还不这么野，可是半路改行的是少不了，即或守节到底，而所产出来的作品本身，是面黄肌瘦，营养不足。

这是将来的危机，只要我们不承认文学是绝对某一些特别人物在象牙塔里玩弄的东西。翻译家有整个计划做也罢，"择要"着手也罢，然而且莫要像北平的早挂了几年牌子的"莎士比亚全集翻译会"，徒许愿而不还愿。不但此也，开除"还愿"以外，我们还要请国内翻译家们，暂莫开空头支票！

注：
① 载《申报·自由谈》，一九三四年十一月一日。

② 原文如此，疑为排印错误，应为"这是其一"。

③ 原文如此，"的"字疑衍。

脸　谱①

聪明人往往是把自己打扮起来，像绅士，或淑女——总之：除过一身照例的阔衣裳之外；他们的特征，是一双会微蹙的眉，和表示轻视记号的轻鼻音——来教诲他们眼里的"愚妄者"，或"下流人"的。

他们一出，一手指天，一手指地，曰："天地之间唯我独尊。"别人，仿佛真就像一些庙宇里塑的泥像，望着袒胸露肚纨绔气十足的如来，是理应做"站神"，或简直就该谁在他们的大脚趾下。

他们如果是大学文学系的"正牌文学家"，于是对一个没这个能力去受像他们一样教育的机会的，而同时也居然弄弄文学，写点东西的人说了：

"读过 Dhntw 底吗？读过一本较好些的文学大纲之类吗？"

这话是带了浓厚的怜悯口气说的；他方面，也足衬得出自己的才丰八斗，学富五车。假如被教诲者，真太那个的话，那么，真像是太伤了他们的心似的，他们立刻能暂抛开了自己的身份，红起眼睛，竖起脖子，宣言要口诛笔伐了，哇啦哇啦了。于是，"愚妄"，"浅薄"，甚至"甘心下流"，"受人利用"等等词句，足以堆砌成一个坟墓，使你出气不得，总才算合了他们的心。

然而他们自己是死也不肯写出来一篇，比试比试，这或许就如厨川白

244

村所云，是存心讲究一下"缺陷美"？但就历来事实所证明，原来他们乃"金枝玉叶"，大概不须动弹一下，而已早是"名流"或什么家之类了。

所以他们，用不着我们去"强行无礼"地去剥掉阔衣裳，拉破粉面皮，他们自己倒是最忠实于自己艺术的艺术师，曰：他们的脸皮自己早已画得微妙毕肖的。他们虽没有作品，据说也是修养颇深的，他们闭着眼睛说别人的"愚妄"，"浅薄"，是素不后人的人。

不过假货总没要有一天现出原形，不用我们费劲去剥掉褂子，戳破面皮；人们也会看出那副画好了嘴脸是伪制的。

注：
① 载《申报·自由谈》，一九三四年十二月四日。

记　忆

　　大前年的七月，因为生活的灰色，我到日本去旅行。那时北方已是很热的天气。一个人在塘沽上了大阪商船会社的"长城丸"，第二日早晨出帆，天色很晴朗，站在充满着异国人欢笑的甲板上，看着渐渐变黑的海水，初次感到去国的悲哀。……神户换了火车，是晌午那一趟东京行的急行列车。驿站买的一束红花，和一份 *Japan Times*，放在身旁的沙发椅上，自窗口一直观览着窗外的风景。车到名古屋上来一个中年的绅士型的客人，是一个瘦子，光头，架一副金丝眼镜，上唇留着浓黑的小胡髭，很光烫的洋服。他一只臂搭着雨衣，另一只手揩着额角的汗腻，在我对面的空沙发椅边停留住了。我呢，因为过去过惯了缺少机警便不能继续生活的日子，对着现在面前这位客人，自然早就盯着了。来客弯下身子，态度和蔼地向我问了一句什么话，我是一句日本话都不懂，但那近乎神经衰弱的戒严心理，却放得轻松了一点，便谨慎地向问者说了一句英语：请他原谅，我完全不懂日本话。客人愕了一下，随即微笑了，把身子轻轻地倒在看定的沙发角里，手支着腮，那表明受过近代西洋学问熏陶的极有定见的两颗黑眼珠，滚到眼眶的中间，似乎是盯着我，又似乎是盯着那一束红花和一份 *Japan Times*。车开行了，车内恢复了停车以前的秩序与平静。来客缓缓地把头凑过来，用流利的英语说：啊对不起了，莫非是中国来的客人吗？

246

我点头。他接着说：是上海！我摇头答说：不，华北。就接着问他：可曾到过中国？……他笑得响了，手托了托眼镜，身子倒后去，一边说：去过，不过是经过一下罢了。……于是我们继续着谈了开去。……中间交换了名刺，是东京一所不甚知名的大学国际法教授，姓冈本，名古屋地方的人，客居东京，不过因为一种情趣的关系每周总喜欢偷闲从东京回来住两日。

对着这一位中年的，态度谨严的绅士，我忘了自己的身份和理所应当的戒卫，近乎放肆地纵谈着。大约也因为三四日寂寞的关系吧，正如安特列夫所说，说话是人的天赋，一个人不能开口毋宁是一种苦刑。但对于中日纷争，我没有提及，倒是客人无意间说到了，虽然只是笼统地抱歉。在那变得阴沉而低微的声音里，我低下了头，随着那声音，正如一把黄昏的惨淡的野火，逐渐的自己熄灭了。接着是一个极难堪的沉默。再把头抬起的一刹那，我看见那紧张而黯淡的瘦脸上，两只有神的眼珠子带点忧郁，却是更其显出精黑地直地向前面，超过我的头顶，不像是避开我，而像是看着一个模糊的远境。这情形给了我很大的感动，我想起那个老诗人，在垂暮之年所写的题名"求乞者"的一首诗。……

我们所谈都是一般文化情形。日本的新闻事业，欧洲人在日本的文化活动，都在谈及之列，他总是详尽地给以说明，有时还带点批评和分析，指手画脚的像在教室的讲台上。这里我发现他有点口讷的毛病，额角时时渗出兴奋的汗珠。抵横滨的时候，他做了一首中国的五言律诗送我，我却毫不懂得这，他表示了惋惜的样子。

夜十时到东京。我们一同步出车站，在幽暗而宽阔的街上走着，依在比自己高一个头的冈本先生的身旁，每在谈话落脚的一刹那，似乎听见那胸内发出的急促的呼吸声。……终于找好了一家旅店。"我们是青年，生活总是节省的好。"踏上那发亮的旅店门槛时，他说。其时大家好像是久识的人。彼此的用句都很简洁，他那在灯下看来略显红色的面孔，似乎丰润了，眼内发出灿烂的光……到了我的居屋里，一切都替我安置就绪，他又嘱咐了下女，说明希望以后能多见，名片上印有他的住址，接着说了一个法国字：Adieu，扬着手，微笑着走了。……

以后却一直没能相见，……只是后来看《日本新兴文化运动史》，在头几页里看见他的名字，知道是一个曾为日本的幸福努力过的先进，后来，大约是"没落"了吧……

我在日本流浪了一年多，时时遭到刑士（政治警察）和浪人的轻蔑与侮慢，每每感到悲愤的时候，那有两只一直望着前面的极有光彩的黑眼珠的瘦而严肃的面孔，就浮现了出来。我从僵冷的感情里走出，感到了温暖。

我们的敌人是日本军阀，大部分人民却是我们的友人。——是一句口头禅似的话，不知怎样，看到或想到这句话的时候，我对它特别感到真实，甚而生出了希望。

一九三七年二月二日

悼黄浪萍君

　　接 C 君的通知，浪萍君的死难，到现在已届四个月光景，读信的刹那，是一种原始性的单纯而茫然惆怅，匆匆地回答说，希望能是讹传。但廿七年九月间，汉口的追悼会已举行过，——人确是死了，没有疑问。好像手里明明拿着的东西，偏要说它的并不存在一样，这种欺骗式的安慰方法，结果将更加重悲哀的担负。

　　我现在索性承认了这一真实而经受应有的感情变化。困在落寞的荒山内，营着长期地失掉了尖锐感觉性的生活，转到现在的春天，好像也苏生了过来，突然泛起的这个悼念的感情，竟是那样复杂和活跃，恍如骑着一匹劣马在丛杂的山岳地奔驰，是茫然而又现实的，以至挤得要写这样的文章。九月间追悼会发起人的罗君的信里虽然也说要写点什么，但那时候，正碰到敌人向山内"扫荡"，在雨地里连连跑了六天六夜，把事情搁起了，但大半还是因为不信任它是事实的缘故。说来很歉然的，浪萍君了解我不是一个完全自私的动物，现在来写点悼念的东西总该得到原谅，也该知道我不是一个从死人身上剥金来镀自己生活的残忍的人，那会是在活人身上剥衣服一样的流氓行为。

　　浪萍君是广东台山人，认识他是在一九三七年十一月的南京，但得到充分了解和认识该是去年春天的××和夏天的汉口，因为当时我们同怀着

249

同一目的，而亦遭着同等命运的待遇。最清晰的印象，是他一口难懂得的广东式的普通话，大家取笑说，在北平的艺术院做了两年的教授，就用着这怪腔调吗，怪不得还是独身者呢。但浪萍君是严谨的、沉默的，甚至有点口讷，——是一切艺术家一样的一个不善于高谈阔论的人；常常一个人在雪地里闲走，和独坐在小茶馆里做速写，——是和一切艺术家一样的一个孤独的人。

大约是在一九三五年，政府招聘制作中山先生遗像的雕刻家，而浪萍君便是被甄取的第三名或第四名，记得另外几位，有江小鹣先生等，弄不很清楚了。总之，此后一直到抗战，他是在南京的立法院里静静地工作着——塑着中山先生的雕像，而受着优宠的生活。

卢沟桥的炮声该是插入近代中国历史上的一支金箭，但也像污水的被棍子一搅，一切好的坏的都很清楚地浮现了上来。一切高等中国人，是如赛珍珠所说，都转到我们"祖宗的发祥地"西南和西北。浪萍君没有流转去，虽然他似乎有着这种资格，去做悠然自得的艺术家；他放弃了自己的工作，舍弃了多年的妻子一样爱着的作品（雕刻和画幅）服从着政府抗战的领导，加入一个短期的训练班里，营着兵的生活，学着兵的技能，好像是由台子上走到平川地来。浪萍君是有肺病的，这在一种社会状态下，是艺术家特有的装饰，浪萍君现在放弃作品，是没权再来享受这种特别的装饰的，所以只是一个病兵了。

短期的军营生活，青年原是仰羡的，但腐臭的气息，在中国是雾一样的一种自然状态，到处迷漫着，凝结着，良善的艺术家，严肃的生活者，得到的只有悲愤和更大的决心，小城市的茶馆里，枯坐在柴桌子旁的浪萍君的周围，正溶着一部活的官场现形记，虽然包围这堕落与无耻的是大规模地为生存与好的生活而战斗的流血史剧……

五月间在汉口大家见着的日子更多，几乎天天都看见，都谈话，现在记不起谈些什么了。只有一个整个的印象，整然存在着，这也是一个好的浮雕：用柔线条雕的，严肃而有力的作风，虽然是带有悲剧性的……

六月初旬，我离开汉口到西战场，浪萍君也参加了××师在九江一带的活动，而就在八月间的中旬的保卫九江的战役中，死了……我现在只有零碎的记忆。浪萍君的作品是和首都一起沦亡了的，而这半年多绝少作品，简直可以说是停止了。但这也如冬天河水在冰层下流荡，春天转来，会更有清新壮丽的面容，我们是这样预期着浪萍君的，这现在是落空了……

　　托尔斯泰说，人生的幸福是能为人类写一部书，但必有伟壮的生活才行。浪萍君是完成了生活，停留在英雄的阶段……

一九三九年二月廿六日在中条山

距 离

游击地风景记之一

我和 C 同志沿着土堤走下坡来，谈着工作的事。猛抬头，就在眼下的一块窄而狭小的坪上，放了一副担架，围着几个闲兵和老百姓，似乎在忙，却是很沉寂。

担架在前方是最最平凡的事物，和后方马路上的汽车一样。但虽然平凡，却在在总惹起人们或多或少的注目，真是藏着一种不可思议的道理。C 君像是有人突然触了一下他的肘子，吃了惊似的说："呀，伤兵又来了!"说着，抛开我，奔了去!

我是才从最前线到师指挥部来，这里距敌地十五里，是山路，地方位置在山坡上，房子是一例的土洞，就从高处看，也不像一个村子，不要说在飞机上直着看了，所以是绝对没空袭危险的安全地带。虽然敌人的炮曾经向这里打了近百响，但那更没有关系，他不到这里来，就没有危险。想到今日上午火线一带的紧张，再想到现在的境况，像是洗过一个热水澡，身体轻松了许多，随了 C 同志的背影，自己也悠然地走在担架前边，渗进似乎忙碌的人伙去。

252

那是一副老百姓用嫩叶树条扎就的担架，但那躯体，完全遮没在一张褪色的淡青色绸料的被子下了，被子呈着悲剧的面色，大概是遮着伤者的腿子的地方，印过两朵逐渐在扩大和加深的红黄色血团，像两朵凋零了的大牡丹花。C君边在和老百姓做着紧张的谈话，边在忙着用一条浸着血渍的白布，蹲在那里，替那被子盖得只露下的头包扎着，裹得只剩下一个三角形的脸是紫色的，眼垂闭着，微掀的嘴角内，小偷似的流动着微弱的呼吸，还有那像一片，固体的黄色牙齿。一个声音在耳边说："是我们的兵。"但我看，就知道实在是一个老百姓，这比是我们的兵，还使我的心阴沉。我没有说话。

一个敞开衣襟，不断地拭着额头上不断流出来的汗，歇斯底里地说着话的小伙子，用匆促零乱的话语证明了我的猜断。他就是伤者的表弟。

伤者龙家凹村闾长，一个农人，名叫冯焕堂，龙家凹离敌人占领的镇子有三里地，快一年了，每天有日本兵到村上来，村子经常地被摊派着钱、粮食、柴草，和一些零碎东西，最伤脑筋的，就是摊派姑娘和壮丁。房子是早给烧了许多了。队伍下山反攻以前，上边的事情，就是他们生活的最主要内容。

队伍在盼望中下山了，前夜的袭击中，冯焕堂不听营长的话，说他没有军事常识，最好帮助运输就够了，他把队伍带到敌人的阵地跟头，走在最前面，倒像个久经战场的人，而一颗子弹，在正在前进的冯焕堂的两个腿肚中挤过，腿肚的两块肉，在冯焕堂的倒地声中，都飞去了。汉子说着哭了，用拭汗的手巾揩眼泪，像一个孩子的动作，边就把一封信递给我，是团部卫生队来的公函，说是人流血过多，野战医院颇感棘手，药是上了，但希望无论如何送到后方治疗，"以尽军民合作之全功"云云。汉子再补充着说，营长发下十块钱，村里人也七凑八钻弄了四十来块钱，作为冯焕堂治伤之用，"因为是国家事"，末后，汉子用这句生疏而带硬性的话结束了谈论，害羞似的红了脸。

C君已把伤者的头包好了，周围的几个人，——老百姓和杂兵，却是低着声音严肃地谈论这事。一个阔下巴生满乱髭的马夫，小心的，微躬着身体，端来一碗开水，蹲下身，鲁莽地把碗向伤者的唇边碰去，伤者已入于糊涂状态，口唇失了控制力，水泼了一些在被子上。一个麻脸的老百姓看到这，马上嚷起来："同志，你瞧我来。"说着跳到担架旁，不费力地

253

用臂把伤者扶起来，马夫欢欣地又把碗凑上去，这回是更多的水泼在被子上，伤者也顾不到这些了，而且似乎因为这一扶，他的精神更坏，喘气更短促而粗了，在几个人同声的"干涉"下，麻脸的老百姓和马夫都失望地站了起来。

沉默，沉默，实在没有什么要说了。流汗的汉子已随着 C 君打办公的土窑里走出来，拿了给医院的公函。我心里默想：冯焕堂恐怕到不了晚上了，但没有人敢讲这句话。虽然浸在伤感而激动的氛围里，在汉子一露面，马上就有人嚷着"公事拿到了，那，走！"两个也流着汗，坐在石头上啃着干馍的老百姓，以最敏捷的动作跳了起来，把馍擦到屁股后的吊袋里，拾起担架，另外两个本地老百姓也默默随了去。马夫瞪着眼，寂寞地说："不喝水吗？"……

夕阳还徘徊在山头，光线像是更有力，在山头旁的羊肠道上，这一小行列，以平稳的姿态前进；山里蹲的闲兵，在担架经过时，本能地站起来，用激动的口气问："又是我们一个弟兄？"……

人与人之间，原来是没有距离存在的！……

一九三九年五月二十一日在中条山

沉闷期的断想

一　人之子

　　读一篇安特列夫（Andrejew）的创作《齿痛》，写一个卑小的商人般妥别忒（Ben Tobit）一面患着剧烈的齿痛，发脾气，站在楼上栏杆旁皱着眉望着街中正在进行的事，——这是别人给他提议的一种临时止痛办法，一种精神娱乐。耶稣在如狼似虎的罗马兵的鞭子下，在被欺骗而变得蠢昧的观众的呼笑声中，带着"原宥他们吧"的感情，走向各地屠场的情形，我们觉不到狼狈，而想到创造的艰辛，再看到现在的大城小乡的教堂，就觉得滑稽。

二　被损害的灵魂

　　杂读古田大次郎的《死之忏悔》，春秋文库本。这样的书，我怕一页一页地读。虽然只是零碎地乱翻，但我已看见那痛苦，是如深冬荒原的积雪一样的深厚洁白，便忘记了自己要保养身体的话。伟大的精神生活者，尽人的义务的人，总常是忘了自己的肉体（也就是忘了世俗的所谓幸福），而努力创造人间精神的联合。古田大次郎是刚刚踏进这条爱的路，便被刺伤了，损害了，因之在他的书里还留着疑问："死可以解决事情吗？"的话。他才二十六岁，就离开了他热爱着的世界而走到另一个他不愿去的世界了。

三　书与生命

书这东西是可以增进世界的发育，但也可以消没著书人的生命。中国古时一个文士说："大有为人不著书。"似乎是一种市侩的说法，带"人生营业"性质的，姑置勿论；但一个年轻轻的有血有骨头的人就躲进书斋，以著书立说为事，总是可怕的事。而且是一种无聊。安特列夫说，"垂死的人想活在著作上，是太可悲的事"，这位被谥为"一个负伤的知识阶级"的话，确实是可以思议的。

看到过一册论陀思妥耶夫斯基的书，题名为"理智的败北"，作者记不清了，那书里有一句话："理智往往压倒了生命。"虽已几年了，我还没忘掉这句话，而且写了出来。

四　平凡人战栗的图绘

安特列夫说，他因为看了一本叫作《天才与遗传》的小书（这书有日译本，岩波文库版），把一生过坏了。近来想了想，觉得颇有道理；太相信书的人，往往是悲剧的。市俗说法，说这是违反"自然生长律"；医生说，这是神经衰弱，迂阔可笑。但可悲的是，因为人间有这样的人，我们才有现在这个声光化电的世界，人生才显得深刻，有前途，完成了和完成着"人在历史中的意义"。

痛苦的人生创作者，是怎样可哀地使凡人战栗的图画啊！

五　文字以外的力量

一生能为人类写一卷书，是高尚的德行，但这写必建筑在坚固正直的人生基础上。在这个时代，我觉得文字还不够是一种真正的手段，用来报复自己所切恨与憎恶的。

像一个多恋失败不再相信爱情的女人，我不大相信文字，虽然爱情和文字都是创造的力量。

拿破仑说，我教你一个字，要做"主人"，拿破仑的"主人"是指人生征服者；但我们要一种"人生的主人"。

六　神的出路

读芥川龙之介遗书（这位"鬼才"是自杀而死的），说是自以为很早便是神。这是一个良心者不要妥协的感觉。这里芥川自杀的原因，可以说他把自己只看作一尘不染的神，所以终了变作缥缈的虚无的神，这样没出息的"神"，活在这个到处是窟窿的世界上，肉体精神极是痛苦的，在不打破精神现状的局面下，那唯一的出路，便是把这副身子从地上移开，完成了诗人的"美化"或"升华"。

我也觉得自己是一个神，但我同时也觉得自己是一个恶魔。我并不是马基佛利的徒弟，我的简单意思，就是和肉体存在的世界，定要斗争。

七　要和世界一齐痛苦

一个人不仅要温习过去生命里的欢乐，更应该温习过去的痛苦，后者对于"人"的生长上，极为重要。

开拓者的生命，就是痛苦继续的生命，生命的开拓者不唯有一个修道者的忍耐，殉道者的意志，而且他也必须是一个力士，能一脚踢开一切，就是纷纷滚到他面前的，向他献媚或恐吓的各式诱惑。

能和世界一齐痛苦的人，是最伟大的人。这痛苦包涵了创造和斗争意义。

八　伊尔文一瞥

看《伊尔文见闻录》（*Irving's Sketch Book*）是无聊地消遣地读着。伊尔文在现在看来，是一个"浅见"的人，但在当时，美国战胜英国而独立，却是一个怀了解放的大的喜悦而讽刺过去的加在他们身上的奴隶色彩的人。因为此，就不免有一点夸张，有暴发户气味。

257

九　成立另一个系统的进化

——难道进化了几千年的人类，还是这样的和一切动物差不多吗？我的心里时时这么想着。

但是，这是爱世而厌世的年轻的迦尔洵（Garfhion）的思想。他说"你们卑怯而自私的动物！"于是他要爱不能的（不是爱莫能助），愤愤地从世界离开，以事实完成他的"思想体系"。

这该是社会进化来的悲剧。"进化就是罪恶"，这话不能成立。亚里斯多德要提高人类精神生活，主张限制财富和禁欲，这种神经不健全的办法，被人说是"犬儒"。

要改造，得用另一种方法，就是成另一个系统的进化。这又叫作革命。

十　小论合理的生存法

一个人在马路上无目的地荡，泛起一个感想。就是觉得世界的人应该分为两种。一种是太不爱惜肉体，而视灵魂至上的人，灵魂不健全，比吃不饱还难受；另一种英雄，是在无论怎样的局面下，只注意健康，而不在灵魂上找出路的人。这种人自己衷心的佩服，社会也公认是一种合理的生存法。

十一　接论记合理的生存法

关于两种人的说法，我觉得萧伯纳的分类法对：世界有两种人，一种是努力做事的人，一种是努力阻止别人做事的人。

十二　卑劣灭亡的时候

卑劣这东西，我想，有它的势力存在的；在人类生活的土地上，它当是一股剧烈的暴风，盲目地摧毁一切，许多可爱的天真的生命都被卷得无影无踪或是残缺不全了。

可怖!

我想，没有整年继月地刮风天气，甚至没有整天都是刮暴风的日子。人应当乐观。——不是达观。

要正直地生活，青春就会为这暴风所消没。

在旧社会，人感到孤独的时候，每每就是迈步前进一步的时候。

十三　不是简单的一件事

文学，一定得赌着自己的年命。那样，玩弄了文学，首先就得玩弄自己的良心。

这并不只如随便玩过一个女人就抛弃了毫不足奇一样地简单。

十四　生命的话

打倒生命平凡!

十五　近乎敷衍的奋斗

有一种卑下的生活：小见，无聊，自私，捧人，打呵欠，睡觉，看相，谈性交，说骂人，真是一种生活范围最狭的生活。——许多人就这么活着，麻木了，老了，死了。……在这样地位的眼睛看来，这"花花世界"也许真是不可思议吧!

易卜生说，一个人能保持着自己的内心生活是难事，是一种超等的唯心论说法；但做起来确是近乎一种苦行。否则，就会是近乎敷衍的奋斗。

十六　两种"超人"

易卜生把《国民公敌》里的医生司铎门——一个为公众谋福利而遭到侮辱的人，写成一个尼采式的英雄，把群众的盲目症看作群众性的全般，所以他悲观，讲孤独的伟大。但在另一个被称尼采式的浮浪人的剧本里，却有另一种群众性的写法。*Night Lodging*里的小偷沙丁说："你给我五卢布，我就承认你是英雄，天才……"

十七　易卜生的愤慨

一本好书和一个好人在这世界上生存，都是很不容易的事。难怪司铎门医生失败后，要找一个无人的小岛去居住。

"世界太卑鄙了。"全个易卜生的生命和著作喊着。

十八　俾斯麦的人性

看着有名的传记家依·路德威忌（E.Ludwig)的《俾斯麦》。这位以"仇恨，骄傲，气勇"构成生命力的"铁血人物"，爱树爱狗而不爱人的人物，是真正地理解了和运用了人类的恶根性，——绝对的残酷；但在普法之战里，当这位伟人正和威廉第一谈话的顷刻，突然报说他的大儿子负伤了，这位俾斯麦，立刻"面呈灰白"，不顾一切地，驰马向战场而去了。——充分的一个弱者的面相。

作者说，普法之战所以完得快，这也是一个原因呢。

我们发现，俾斯麦是也存在着浓厚的人性的，不过他的表现法是自私的。

十九　马基佛利要在战争中毁灭

看着马基佛利的《帝王论》（*The Prince*），这是一本西洋的政治古典，专讲统治，奴役，灭亡，霸占诸事的，仿佛中国"法家"的学说，是马基佛利这位"臣下"给意大利皇上上的"条陈"，听说莫索里尼为这书做过一篇有名的序（这是从路德威忌的《莫索里尼传》知道的），可惜是没有看过。

西洋的政治恶棍，差不多都是这位作者的徒弟。至于莫索里尼自称是尼采的连襟，却是冤枉的事。

我想，这是一本罪恶的书。这书的出世，等于给人类历史涂上了一个污点。

祈祷这书的"精神"，在战争里死灭，不要再扰乱我们这个已经痛苦得够了的世界吧！

二十　生命的零余者

一年多了，我住在一个没有公园的城市。公园，是城市的精神排泄所，矛盾的城市人的生活缓冲处。但后来我才发觉了，这里也原有一个公园哩！而且照例还摆着几种"生命的零余者"的动物哩。

一切东西都贵了，这些动物们，也是怪可怜的。但想到它们对于人类社会生产活动本来就没什么用处，——甚至作为生产原料；这些不能产生市场价格的动物们，以它的存在算是它的价值的；失掉了上帝赋予它们具有的"性情"，寂寞地接受着人们的鉴赏、好奇、嘲笑的眼睛，甚至小孩和无赖的石头，都麻木地忍受了。

这是一种什么美学原理呢，可怜的动物们！

一九四一年

蛇

那时候的太阳是灰黄色，夜里月亮倒清亮，地上空无所有。它们限于职业不得不敷衍着，其实很不耐烦。因为，谁愿意老守住一枝不开花的树呢？……

有一日，它们大为喜悦。像教徒吃了复活节的饼。——东方被迷雾所罩，片昏暗。太阳躲进云里，到后来伸出半个脑袋，看那雾已然稀薄，洁白，一片发亮的线条，澎湃地在动，地上乱作灰暗的一团，挟着可怕的鸣声。太阳害怕而且叹息，绝对要不听主人的话，不管责罚，退职永居于云里，像失了业一样，因为云里是一团灰，单纯得无聊，觉着还不如无物之地，闷不住，又伸出脑袋了，这次，它要高兴得舞蹈，——地上变成一片绿，绿里杂着夺目的五色光朵，只见一个细长的动物在其中游行，嘴里咿咿哑哑，那声音比那发亮的线条更柔曲，受听。他便伸出整个脑袋，火球一样地悬着，大地金光灿烂，它像后来地上的官吏领了薪水似的，起劲地永远照耀着了。

晚上月亮不那么清亮，仿佛躲在毛玻璃后面。大地迷漫着薄烟一样的气，色调隐去了，那细长光腻的动物，已然在一棵树下安息。"要防备。"他想，记起创造者的话，他无法睡着，这声音在他的身体内滚过，像火样地燃烧。他不信仰当中的善恶树上的果子，当真吃了以后便会灭亡。灭

262

亡？他立刻泛起一股害怕，冒渎了神的恐惧，但立刻又平静了。他有一种诱惑，诱惑，人类意志的敌人，这时在亚当的心上闪烁了，像一颗美丽的珠子。

他站起来，忘了创造者，只径走开，河流在树荫下的黑暗里淙淙地流着，禽鸟拍着翅膀，草根下的百虫和鸣，兽们在远远的山岭大吼，它们在亚当的面前都像是光那般的夸耀，诱惑力像河流般的畅荡不止，他一直低了头，向当中的善恶树走去，这时他心里塞满希望的喜悦，但又塞满了空虚。河流流到另一个方向了，没有声音，禽鸟，大兽，和小虫，像都停止了鸣叫，他止着前进的左脚，抬起头，两只眼睛，像两朵美丽的花，在月光里饱满地开着，那半个月亮，一点点地从云块里退出，像一个明朗的盘，像创造者的严肃面孔，和草地上的影子一齐跑着，他跑到一棵树下了，浑身战栗，禽鸟，走兽，小虫都一齐放开声音，河流在打着节拍。

他的眼前是一泛暗，暗里涌现着创造者的面孔，他把头埋在双手里，不久这个影子自己消失了，眼里是一片纯暗，他得到暗的安慰。

他的脚趾被一个东西啃着，他猛然翻起身，在月光中，分明有一条纤长的小东西，水银般的闪耀，婉转着身躯，那尖细的头向他仰起。他心头动了一下，用涩的声音说："蛇！"

蛇把头抬得更高地说："是我。"她看了周围一眼，安静地说："我比你生得早些呢，理应我起你的名字，但是你竟叫我蛇，你倒替我取了名字。好，你聪明，但是，你应该利用你的聪明呀？"

她的眼更闪得活泼了，身子美丽地动。

他却是生了恐惧，人类第一个感情；但又感到甜蜜，只听她说："是的，你应该利用你的聪明。你知道你也是创造者啊，有健壮的身体，就有健壮的事业。啊，你怎样发抖呢？哈哈，"她笑得很响，他完全迷惘了，"是你那创造者警告你说的吧。但要你是'人'——我给你起这个名字，你有血肉的存在，你就不该承认和害怕那一个幻想。他们给你的，是你不应要的，他们禁你的，是你应该要的。他们所指的灭亡便是你的新生，你的繁荣，不要忘了你的聪明。去，把那当中的善恶树上的果子吃一个看！那枚果子会给你带来幸福，幸福越渗加，人便近于神。神就是美和快乐。你应该利用你的聪明。你是创造者！"

在渐次光亮的月光中，她婉转着身躯走了，她虽没有一个固定的地

263

方，这"神"眼里的叛逆，却在溜过的每寸"美丽的"地皮上，却留了"粗暴的"痕迹。

他惊得呆了，突然像一块云，他冲出树的阴影，爬上那当中的善恶树！

月亮照得更亮了。

太阳一直照耀，绿的林里，这时耀目的不是各色的花，而是各色的屋顶。钟声振鸣，压下了鸟的吟唱——

屋顶里出现了高大的屋顶和更高的屋顶，和更多的小屋顶，还有草棚，他又看见以前所看见的事情，但是地上早忘记了。看着这迷漫了雾的世界，他不相信它能隐藏深厚的痛苦，正像他以前不能相信它能隐藏快乐一样。

在寒冷里

《时事新报·青光》 创刊词

近来上海的天气特别寒冷，就是我这北方人，也显得冷的样子，觉得北方的天气，亦不过如此，对于江南，真是又一层失望了。

好在，这就是新年。一个新的岁序又将开始了。江南的春，据说是春寒料峭的，很有一个时候；在春寒里，我们是还得像冬天一样地生存的。但是，这以后，就该是宜人的季节了。

对于死于寒冷中的人，我们哀悼；对于挣扎于寒冷中的人，我们同情，觉得这是人的本能的表现；对于敢然挺身与寒冷战斗的人，如我窗外的被狂风刮尽叶子，扯断枝丫，而仍挺着光秃的身子在风的不断地摧残里怒吼着奋战着的树，这样的人，就值得我们崇敬，是伟大的战斗者的榜样，我们应该学习。用这种精神，来突破寒冷的封锁，走向万物欣欣的春。

如果新的一年，都要有一个希望的话，那么，我的希望，就是不仅要有而且要充实战斗的精神，一如在这自然的封锁季节，——冬天。

本刊"复活"在这转换期的春冬之交，在这充满艰巨与勇往的时代里，这块暂商借来的小地盘上，谨希望正直的作者和读者，以"相濡以沫"的精神，各以坚实的声音，不屈的体魄内的温暖，挤在这里，生点光与热，正如与可怕的寒冷战斗一样，努力做点什么吧。

一九四六年

黑夜颂

　　我的精神，每每在深夜中最振奋，能一直熬到天亮，我才甜然地去睡；因之，以我惯于黑夜的生活，和对于黑夜的感觉，我真想总结起来，写一本《黑夜的经验》，那么一本小书，想来也颇有点意思的。

　　真的深夜里，富于一种发现与创造的美，一种精神力，只有在黑夜里，才能得到充分的发挥和锻炼。就因此，我对黑夜的感觉是庄严和神圣的，在艰苦恐惧中充满一种抵抗的作战的欢乐。往往能完成许多出乎意料的工作，而且这工作完成得犀快和精美，也很完善和奇出。

　　先是，黑夜降临了，忧郁的黄昏已去，你在一个孤寂的斗室内，心情有点彷徨地踱着，一边吸着廉价的纸烟，仿佛面对着一个讨厌的客人似的不快，你用纸烟来安慰自己解放自己。渐渐地窗外一切嘈杂的声音安静了，你的嘴喉也被尼古丁弄得辣而苦，甚至失去感触的能力，你的情绪，也就从彷徨里走了出来，黑夜的序幕阶段从此完结，你会先安静地坐下来觉得像走到旷野一样的开朗，和无限的包容力。从这个基点，你就变得和一个大兵团的指挥官一样，沉静地运用自己的兵力，作展开的部署和运动，你会不觉地把手伸到烟盒里取出一支烟，而划亮一根火柴（这种有光有声有色的综合艺术，使你的情绪变得轻快和欣悦），于是，你闭了眼吸烟，面部的肌肉也就渐渐地随了烟气的迷漫开始变化和紧张，而你已沉入一个单一的内心世界，开始了战斗。烟快吸尽了，你也睁开了眼，如果对面有一面镜子的话，你会发现在烟雾缭绕中，你的脸部肌肉已充满了精神力的坚定和一致，你的睁开的眼睛，也必然已洗去一切的不安，苦恼和忧郁，变得光亮而闪烁。你整个人，仿佛是站在阵头的一个将军，充满了神奇的战胜一切的力量。从此，你将要开始你的工作，于是，笔尖和纸激急地作战，你把自己埋在工作的潮浪里，忘了一切。黑夜这时加浓了，窗外已没有一丝的亮光，黑暗封闭了一切，冻结了一切，一切归他掌握和支配。你的工作速力也愈充沛，仿佛在战斗激烈俄顷的兵士情绪，为了得到的胜利战果，忘记死亡和负伤。外面风起来了，风头而且这样锐利，屋里的气温往下低，你的工作情绪已然受到打扰，你开始不安地皱眉了；但是黑暗它还不甘心的，它除了以本身沉重的色调吞没你，他还指挥野马似的夜风，作为尖兵来攻击活在它的压治下的有生物。屋子越来越冷了，你的工作情绪开始迟钝，减弱，你忽然又坚强地啃着嘴唇，眉头松开了，表示你已不再屈曲地忍受，而是拿出坚毅的意志，抵抗侵略者。一直到屋里完全变得冰冷，电灯光已然惨白得像一张死于野战的兵士的脸，这里你就进入另一种激情，你或许有一点疲倦，或许有一点昂奋，（这叫作不承认失败的情绪。）或许对于这种景况，发生了一种恐惧退缩的心理，使你想放弃了未竟的工作，逃到床铺上去，在无知的睡眠中来逃避向你加紧攻击的黑暗和寒冷的袭击，这就是一个关键了。你或许会为这个决定，站起来低了头在屋内来回踱步，你脸上已然带了疲倦和困惑的闪光，像一个陷在战场混乱中的兵士。但是你还没向敌人伸起手缴掉的武器，踱过一会，你的体内发散出新的活力，你获得了体力的温暖，相对的寒冷的力量减低，这样，动荡的局面安定了，你会抓起一支烟，闭了眼睛狠狠地吸去，这正是更激烈的战斗前的短短的沉寂，而你，已完全是一种悲烈的战士心情了。烟很快地会吸完，你也会马上毫不犹豫地重新做起你的工作，你的昂扬的精神力，和战士的单一的感受，会使你的写作工作分外地迅快，也分外地新鲜，有你所想不到的字句神奇地跳跃到纸上。而你也皱着眉也啃着唇，表示了你的忍耐和抗争。这样的时间，总有好几个钟头，你也会因为厉害的寒冷侵袭，挥动脚踩踩地板，或搓搓手，舒一口气，但你决不会再站起来在地上踱步了，而且很可能你在这工作狂热的中间，除过专心看着面前的纸，不再浪费地看窗外（都是黑暗的大本营）或周围一眼，渐渐地远处的鸡啼叫了，这隐约的声音，带给你一种胜利的喜悦，你的工作就做得更快更好，风也似乎停止了，滞重的黑暗在悄悄地退却，一直到群鸡乱啼，窗子也渐渐露出白色的时候，屋里也增加了一种清新的气氛，你的工作，也多半就近乎完结的阶段，你的因积久浸在寒冷里的身子也忽然抖擞着，这时映在对面镜子内的你的脸孔，已变得又青又瘦，但是仍旧显得坚定和单一，心里却为喜悦全部占领，只觉得黑夜已尽，太阳马上就要出来了，这一种快活的"历史心情"。你有了经过长期艰苦剧烈的战斗后，终至得到胜利的兵士的骄傲。而和黑夜一同逝去的烦躁，不安，恐惧和退缩，也变成可笑的史实。黎明终于堂堂地莅临，清晨的风予你以友爱的抚慰，你觉得清新和振奋。而当太阳的第一道光线照耀到你憔悴的脸上时，这憔悴的脸上却布满健康的笑纹，才感到黑夜对我们的考验的伟大！

　　因此，你甚至衷心地感谢黑夜的锻炼的赐予，它使你可以完成巨大的工作，使你变得伟大！

一九四六年三月一日夜，写

掘墓者

漆黑的深夜，我在旷野上独行。凄厉的风吼过去，卷过来，像一群无告的冤魂在这人世都入梦的时间，做着他们的悲哀的申诉和抗议，仇视着生活的人类。猫头鹰在远远的山林间咯咯地纵笑着，竟是胜利者的欢呼一样，使人心悸。这黑暗的胜利者，他在这寂寞和寒冷中欢呼，没有顾忌，没有怜悯。蝙蝠们，先前还是在这低空上匆忙地回旋，现在是收起了翅膀，又到他黑暗的洞穴中做自己可笑的梦去了。当他已真的造出了这一个他悲哀的恐怖的场面，完成了使命，自然可以放心地休息了，因为他还有他"明天"的工作呢。……

没有恐惧，我是深沉的悲哀，——不，简直可以说是寂寞。难忍的寂寞，使人愤怒的寂寞。……

我挺着身子站定了，风的吼声是更大了，好像是加入了新来的悲屈和愤懑。大地被激烈地震撼着，砭骨的阴气刺入肌肤，直到心的深处。森林中，狼又开始他的嗥叫了，起先是婴儿的哭声一般，婉转而哀凄，渐渐地声音嘶长了，竟压过风的怒鸣，在大地上抖动，使我毛骨悚然……

我从寂寞中感到绝望了，于是继续移动我的失掉知觉的脚步。这不是散步了，我想，这是无目的的行。于是，我低下头去，舐着干涩的嘴唇……

风势卷过山峡去了，猫头鹰的笑声和狼的嗥叫，像也暂时停止了，宇

270

宙是真空一样的寂静，好像掉一根针在地上都听得见响……

我听见金属掘在石头上的清脆的声音。我心里起了一种温暖的混合着希望的情感。我想，在这样的深夜，在这样冻结的土地上，竟有掘着土地的声音，好勤劳的播种者啊！

我怀着羡慕和渴望奔向声音的地方去。一个人类，身材是这样的高，一张宽阔的脸上，两只迷乱的眼睛，在黑暗中闪着阴凄凄的光。他是这样的衰弱，正弯着腰，用脚踩着铁锹掘着，并没发现我这个同类者。

金属激烈地响在冻结的土地上的声音，……

"喂，在这样寒冷的深夜，你一个人这样的工作，是——?"

我怀着极大的同情，温和地发问，觉得自己牙齿上下地磕响着。夜太深了，风卷过山峡，像是休息去了，猫头鹰的胜利，已然庆祝完毕，"倦勤"了，只有狼的嗥叫，又是细而长地延续着……

"我在掘坟墓！"

他仍旧弯着腰，辛勤地工作着，并且冷冰冰地答复我了。我感到迷惑，实在太迷惑了。

"掘坟墓——"我低语着，重复的，舐着自己越发干涩的嘴唇，"是村子上，或是，——请你原谅我，先生，自己的家里，有急病的人？但是，先生，即或有这样不幸的情况，那你也得朝希望的路上想办法，比如，走一点远路，请个有名的大夫，或者，就干脆送到城内的教会医院里，即或万一人不中用了，那你也得请阴阳先生，然后按次序举丧，何必这样上紧呀？而且……"

"我在给自己掘坟墓！"

他的答语，显然没第一次温和了，腰弯得更深，铁锹的声音，已不复发出金属相撞的音响，他已掘入地层，在松土上工作了。

我是窒息一样的，从头顶到脚跟，都冰冷了。寒冷，狼的嗥叫，都像到另一个世界去了。

"先生，"我温婉地说，"你有什么事想不开？要知道，一个人的生命，是贵重的呢。一个生存的价值，是无从估量的……"

"这不用你管！"

他竟愤怒了，一直没有望我一眼，身子弯得更低，因为他的脚，已踏进了他掘的土中，工作在加速着，而且也容易……

"先生，你不能!"我几乎是含泪地大声喊，"你不能! 你的生存价值……"

"说不用你管，不用你管，简直是讨厌!"他的声音，竟这样激烈，使我在悲哀中吃了一惊。"因为这是我的意志。我不是带着使命行事的，这是我的意志!"他又像解释，又像自白，但声音温婉一些了，我惊然记起古人的话，"精诚所至，金石为开"，大概我的真诚已经感动他了，于是，虽然是更激动地，但也更兴奋地，我竟一步奔上去，夺住他的锹把。

"先生，你要想开，希望，朝希望的路上走，一个人不可自寻短见……"

他没答语，我是已经喘不上来了。他激烈地抗拒着，我的脚已经踏入他掘的松土上了，像掉去一样，我吃了一惊，——已经掘得这样深和广!他的抗拒却忽然停止了。

灰白的面孔上，鼻翼掀动着，他笑了。——阔嘴边有两道深深的纹。

"你真可感谢，"他平静地说，"但是你一个人，在这深夜的荒场上乱走什么呢? 这样寒冷，恐怕也是怀着什么悲哀的心思吧?""我在想一个问题，这已经好久好久了。"我说，心里想，事情有转机了，于是，心里竟洋溢着成功的温暖……

"问题?"他歪着头，正式打量着我，"我看，和我一样地解决这个问题吧!"

忽然，我觉得自己已经在他的脚下，没有疼痛，我看见他的笑，——是这样的笑，死的笑，刻在他的灰白的脸上!

恐怖! 我的全身都冷却了，我挣扎自己……

我到底离开他了，我在旷野上狂奔!

风尖厉地刮着，天空突然出现了星群，空间是淡蓝的；在东方的天际，开始闪烁着血红的光亮。

村中的鸡啼叫了，许多声音应和着……

一九四六年四月十日

窗 外

在我的阴暗的窗外，是一片荒场。据说，在上海还没这么大的时候，这一带是漠漠的荒坟，见不到人迹的。后来，上海逐渐侵蚀到这里，荒坟的上面盖起高大的洋房，住满高等华洋人们，只有我的窗外的这一块荒地，还被保留着，显着原来的面目，不过也有一点改变，就是虽荒不野，显得分外寒窘和龌龊好像是被遗弃的零余者。

这一块荒地，白天是附近下等人或过路人的便解之所，垃圾也一堆一堆地横七竖八地堆着，仿佛一个软弱的人，任凭尊意处置，没有什么性格，可是一到夜里，这里就热闹起来了。

在不是人的世界里，有着非人间的热闹和喧嚣。

我的迟钝的感觉，注意到这非人间的热闹的开始，实在由前几天的风雨的夜里。早晨，我冒着雨在街上走着，低着的头忽然听见婴儿的啼哭，很远又很近，我略一迟疑，发现到就在荒场的那边沿一家红色洋房的转角处，放着一个用布包包紧的婴儿，他啼哭着，挣扎着，不仅表示了生的奋战，而且像对这个世界提着愤怒的抗议。雨濛濛地下着，我低压帽檐，站在这一个同类的跟前，觉得惭愧和抱歉，我的处境，使我对他爱莫能助；但我接着就断定了他的必须灭亡的命运，而且是很快灭亡的命运，在这个只知道对着欢乐笑，而不知道向痛苦看一眼的世界，这战后剩余的世界！

到我从又冷又湿的街上走回来路过这里的时候，一切早已照着我的断定实现了！那一个白色的包袱，已完全浸湿，而且被扯开一角，露出白白的人类的肉！

夜间，雨住了，起了很大的风，我扯过窗帘，静静地望着，抽着烟，什么也不想做。忽然，一只狗子快乐地吠着，像得到了什么的喜悦，接着静寂了一会，忽然加进了几只的也充满喜悦的声音，随着奔过去；又加进了几只的也充满喜悦的声音随着奔过去……竟是一曲喜悦的交响乐；但当达到它的快悦的顶峰的时候，猛然转作嫉妒和愤怒，群犬在互相吼着，扯作一团，激烈地斗争起来了。

这种斗争的喧嚣延续着，一直到我走上床，狗子们，静寂了一会，又更热闹地喧嚣起来了，像已经分成几个势力，并且都加入生力军大规模地混战起来了。在狂风的怒吼里，丑恶的吠声充塞了整个世界……

一夜我没有能睡，我想起那个角上的婴儿，这一个人类生命的灭亡……

从这以后，每夜，群犬都在这个地方互相喧嚣战争继续不绝，我照例拉了窗帘，坐着抽烟，或躺在床上，看着灯冥想着……

一九四六年十二月廿日夜

在寒冷的上海

说是受原子弹的影响也罢，说是气候反常也罢，今年上海的天气，确是很特别，夏衣穿了一个超过季节的时间，马上就穿了冬衣。

特别的寒冷统治了上海，上海在寒冷里。

今天阳光晴丽，是一个好天气的样子，闷在屋里是不行的；想"放解"一下，于是走到街上去。但就在一条不算热闹的路上，也还熙往攘来着许多人，却有两种遭遇使我很不痛快。第一件，是一个留着将军式的威武的胡须的白俄，他一再阻拦我，以很高贵的姿态，轻微地用法语喊我先生，一边就把他的头贴到我的一只伸着的手上去，表示亲切求援的意思，追了我很长的一段路，但终于失望地走了。我想起屠格涅夫的诗《乞丐》。虽然我也是一个穷人，和这个白俄，我自认还不能算人类的兄弟。没有伸出物质援救的手，也没有伸出精神援助的手。是的，想想他们那些高贵的祖先吧，想想他们的残酷地想消灭历史前进而终被历史无情地消灭的祖先吧。他们逃难到这东方的巴黎来，满以为是短期的，还可以在那人民的土地上恢复统治地活下去的。但一等，十年，又十年，快三十年了，他们终究由逃难变为流亡，被历史判定终生流亡以至无穷代的流亡命运。于是公侯伯子男们，元帅们，将军们，变成了瘪三和流氓，由罪恶到罪恶，求着无耻的生存权。贵夫人们，小姐们，也变成了"街头真心"，由荒淫到荒淫，求着无耻的生存权。

对于被历史判决了的人们，被和我们精神相连结的弟兄们击倒了的人们，应该没有同情和怜恤，让他们死吧，快快地死吧，早点干净我们这个本来是华美的人间和世界。……

这样正冥想着，突然和一个胖子撞着了，他高喝一声："抄靶子，举起手来！"我看见那酱紫的脸色，闪光的金牙。后面是一个穿制服的巡官，提着枪。

有什么法子呢？于是在阳光的街道上，在这被市长自称的民主精神的模范的都市里，我只得"守法的"，尽着一种中国国民的义务，伸起两手，被一个不知姓名，不明任务，不说情由的彪形大汉，摸索复摸索约有十分钟。到最后他看到另一个目标了，我才算被解放了的，准在这阳光的街道上走着……

跟在一旁的妻苦笑地说：

"为什么就抄你呢？"

我无言。

她又更进一步地说：

"是不是你这样子显得野呢。看你！挺着胸走路，这就是第一个被注意，被抄的目标；剃着一颗光头，又横眉裂目的，这就不像一个顺民，这就是第二个被注意，被抄的目标，还有……"

我低着头无言，我也再没听下去。

是的，在被原子弹的精神征服和毁灭着的上海，气候不正常的在寒冷里的上海，这实在是一件小小的，小小的事。因为，你放眼看吧，这上海正浸在广大的中国的血泊里，像一只汪洋上的摇船。但是这血，岂只有奴隶们的卑贱的血吗？

对于流血的中国，对于寒冷的上海，这说着法语求助的白俄，这突然就抄你靶子的三道头，这就是历史判决出的加紧和限期施行。

于是，我的感情，就不只是愤怒。因为战斗的感情，就是战斗，单纯的，非感情用事的了，在淡淡的灰色的阳光里，我们漫然走着……

一九四七年一月五日，夜

276

魔术班子

在街口的转角处，是一片瓦砾场，和周围壮丽整洁的建筑物，显得一种不调和的存在。白日里，下等的路人们，在这里便解，已然成为一种光天化日下的展览；夜里，附近的狗子们，聚在这里做争噪的比赛，也已然成为黑夜中的公开秘密。但大批的时间，这里是颇寂寞的。

前日吧，照例路过这里，却使我观感一新，原来就在污臭的瓦砾上已经搭起了一片白布帐子，周围用绳索围绕着，对着街路的一面，有一个门，门里仍然被布遮着，门的两旁歪斜地挂了几张野兽和人打架的画片，一个三十多岁的汉子，敲着铜锣，一边用了悲凉的声调喊着："看呀，看呀，各色新鲜的动物，狗熊、大蟒、豺狼、狐狸，一应都有，看呀，看呀！……"

我猛然想到，这是一个江湖的魔术班子，在这里开张了。但是因为是阴沉的清晨吧，实在很冷静，路人向它投着陌生的眼色，匆匆地过去了。

我一边向前走着，实在替他们的营业担心，忽然生出一点"恻隐之心"。

可是，这"恻隐之心"也实在多余，到我从街上回来经过这里的时候，在晴丽的阳光下，这里已经热闹非凡了，白布帐子映出一片清新的亮光，门口的玻璃画片也增多了几张，挤成一排；那一个壮汉已经站在一只凳子上，一边清响地击着铜锣，一边神情焕发地在叫喊，词句和话说也复杂许多，据说，各种出色动物，这里全有！机会非常难得，不可轻易失去，而且价钱公道，每位三百元，云云。

我看见：不仅贩夫走卒之类慷慨地缴了三百元，伸着脖子，进去了，就是有些绅士淑女模样的上等人，也皱着鼻子，带着轻蔑的笑容，随便地扔下三百元，低着头进出了，另外，一些穿各色制服的人物，则就昂首挺胸地进去了，凳上的壮汉，对着这类特种顾客，先是苦笑，马上又换成一种亲切欢迎的笑，表示"敬谢，赏光"的意思，就又直起嗓子，击着铜锣，有响有色地自我宣传着，……

而且，布帐的附近已聚集了各种摊贩，嘈杂一片，已形成一个"市"的局面……

我一边向回走，一边低着头想着那个壮汉口里的言辞，这样一个范围的小布帐子，就说是网罗了所有的出色动物，真是胆大妄言！但他居然把一个臭气的瓦砾场变成一个闹市，而且有高等人前去买票观赏，也真是不容易的买卖，对那一面铜锣和那破裂的嗓子，我就不胜钦佩之至！

接连刮过几天风，报上说是蒙古的寒流来侵，过几天就可以转晴变暖云。我整天躲在屋子里，苦闷地吸着烟，听着风在街上奔驰所发的呜咽，窗子发抖地撼响着……

这天，天气真的晴暖起来了，我又走向街上去，照例路过街口的时候，使我意外吃惊，不仅没有了铜锣的激鸣，壮汉的吆喝，向着光的布帐，各色摊贩聚集而成的市，贩夫走卒，或绅士淑女的看客，而且又照例的是一片瓦砾场，几个下等的行人，蹲着或站着在它上面便解，一切又恢复原状了。

魔术班已经收拾了他的摊子，率领着他宣称的各色兽类出发到什么地方去了。

我不禁怅然地低头走我的路，但忽然有了一种领悟：原来如此！

一九四七年二月三日夜，上海

就是这样的

我"爱不忍释"地读着今天的报，那上面有一帧叫作梁仁达被打死的照片，和一大片血淋淋的记事。

这就是中国的现实，这就是实施"宪政"的标语！

同住的友人的孩子，啃着面包，凑到我的书桌前来了。他踮着脚尖，也把头伸到报面上去，两个大的眼睛一闪一闪的。他也在看报，他还不认识多少字，但他看到那死者的照相了，他惊奇地问道：

"伯伯，这是什么人的照相，是不是外国人马歇尔?"

"不是。"我低着头回答。

"是什么人?"他迫进一步。

"是中国人。"我答道。这里，我就感到悲哀了，我们的孩子，他已然"先天的"觉得那登在报上的重要地位，和登在报上的照相，一定要是外国人，而且还举出一个名字来——马歇尔！

"是死人呀?"他看清楚了梁君的死的面容了，忽然进一步严肃地问我，"是谁把他打死的?"语气是昂激的，一个七岁儿童的昂激。

"中国人把他打死！"我平淡地回答；我怕伤了孩子们纯良的心。我们这一代的丑恶行为，还是不要伤了下一代的好，这是我一向的一种"作风"。

"中国人为什么打死中国人?"他又进一步地问。

"……"我没有回答。

"打死人的人是不是关起来了?"他怀疑地看着我。

"没有!"我悲哀地回答,我的"作风"已然开始崩溃了。我一边觉得自己这种"作风"简直是卑劣——不应该向下一代隐瞒。隐瞒?就是欺骗。

"他理由在哪里?"他还是问,仿佛打死人的凶手是我,我从他的眼里看出这一种神情。

我低下头,用自己也很难听见的声音说:"他还坐在他的家里。"

于是,——他就用"行动",以他的小拳头连连地击着桌子,"你混蛋,你混蛋,你不是中国人,你打死中国人的中国人!"

……

在他的"行动"下,我把头低得更下,我已看不见报上写的什么。

在一个愤怒的小孩子面前,我流出了眼泪。

"可怜的幼小者呵!"我从心里喊着说,"你们的负担太重了!"

……

一九四七年二月十日,黄昏时

280

热 力

卖水瓶的又过来了，你听：

"修理热水瓶子，卖水瓶子！"

我正在读福兰克赫大将的《德意志最高统帅论》里带着冒火的口气在详述第一次世界大战德国的战败史，"亏他还满呢，"我火气地想，"这些败类！"可是，正在躬着背劳动的妻，忽然侧了耳朵出神。

"你听，"她说，"卖水瓶的又过来了，我们原来那个水瓶子。……"她站起来向我追述我们那只破了的水瓶子，正像福兰克赫参谋总长在《德意志最高统帅论》里追述他的祖国的失败，"你不小心就打破了，里边还有凉水，你懒得倒出，就把滚水倒下去了，像放了一个炸弹，水瓶破了，现在……"她抱怨地看着我，没讲下去。

"你的意思，"我乐观地笑起来，"另买一只吧？"

"不买怎么办呀，"她快乐了，像福兰克赫希冀着他的祖国还要有一次胜利的战争，真是出了一个希特拉一样，"没有一个热水瓶子，简直就是浪费，你想，东西这么贵了，你烧了一壶水，刚倒了两碗，倒第三碗就是冷的了，又得去烧，或到老虎灶花钱买？——如果有一只热水瓶，……"她的结论来了。

我没响，把《德意志最高统帅论》抛到书堆里，点了支烛，往楼下走，我的太太擦了手，担心地跟下来。

阳光很好，是真正的春天样子。卖热水瓶子的照例是那一个年老的山东人，照例地把担子放在我的门口，照例除过一些嬉戏的儿童外，没一个人照顾他。他寂寞地蹲在担子旁边吸烟。我一眼瞥见：他抽着金鼠牌，而我呢，则是烟店老板所称的，瘪三烟三猫牌。

妻也发现了卖热水瓶的和我之间的抽烟上的距离，笑眯眯地说：

"劳动者和你这知识分子……"这一类令人深省的话。他的担子上总共有五个水瓶子，都是没有牌子的竹壳货。

"你先生知道：这蛮经济，保你暖二十个小时。"

六千元成交了。妻总是唠叨着，把五个瓶子一个一个地反复检查着，在阳光里照耀着，五个都差不多，没有特别的缺陷，也没有特别的优点，五个水瓶子就是五个水瓶子。

"你看，怎么办？"

她的疑问的眼睛望着我，我已接抽了两支烟，对于女人的这些可惊的耐性，我又佩服得有点不耐烦了。我在附近踱步，没有回答。

从此，我们多了一份财产：一个竹壳水瓶子。但是，当兴高采烈的妻把它装满滚水，小心地塞住塞子以后，当我又继续读着《德意志最高统帅论》的第六章《一九一五年夏季与秋季对俄诸作战》，她也躬着腰忙来忙去的时候，屋子里发生了一声空洞的爆击声：我们吃了一惊，原来水瓶子的塞子跳到床上去了，一股澎湃的热气从敞开的瓶口声势壮烈地冒出来、冒出来。

"怎么回事？"我说。

"你也看见了。"她说，"我说，这个竹壳子货靠不住，你老贪便宜，要是个老牌货，金钱的或长城的，——哪怕是有铁皮的，就不会出毛病了。这个竹壳子……"

"那是里边的热力冲击呀！"我解释着。

她捡起塞子，小心地塞着，露出苦笑说：

"这真难伺候，倒水的时候，里边稍有一点冷气，它就爆炸，像上次那个一样。可是这个呢，你把开水倒进去，塞子又被热力顶起来了。真不好伺候，真不好伺候！"

可是，在这时候，水瓶又发出一种轻轻的苦闷声，瓶塞又跳到地上去了，一股澎湃的热气从瓶口声势壮烈地冒出来。

妻站在一旁歪着头苦笑，又拾起塞子准备塞去了。

"不行，不行。"我站起来，阻止她，"你这是徒劳无功，不要塞它，只要塞子轻轻地摆在上面，不要用力往紧塞，那或许就不至再来一次爆发了，而且，你真要塞得太紧的话，说不定连瓶子都爆了，那或许人还得受伤。"

妻苦笑着，显得无可奈何地把塞子放在瓶口上，于是，更浓重的热力，从塞子四周汹涌地涌出着，不久，屋子里热气四溢，我的《德意志最高统帅论》的纸页上湿漉漉的，连我的眼镜也潮润了，起了一层薄雾，再看不见什么。

我听到妻的咒恶的声音，她又在用力去塞塞子，对于她的不能接受历史经验的愚蠢的工作，我从心里叹息。

"你塞吧！非得整个爆炸不可，请用力塞吧！"我可没有说出口，因为，她的不接受经验的智慧，只能让她去硬碰事实，而可悲的事实竟也教训不了她。

另一面，我很爱这个竹壳水瓶子，超出实用的意义以上。

一九四七年四月五日夜

283

悲哀的玩具

　　马路上，一个孩子手里拿着一个带哨子的皮老虎，边走边捏着，皮老虎发出吱吱的声音，颇有"虎"气。孩子笑吟吟的，晃着身子，一个征服者的姿态，像君临一切……

　　迎面，走来一条狗，它拖着尾巴，鼻子嗅着地面上潮湿的地方，警觉地又安闲地走着，纯然一个平凡的狗的姿态。

　　孩子发现了走着的狗，像伟大的战略家发现一个难得的制胜的时机，他突进一步，踏到狗的面前，先把五颜六色的皮老虎在狗眼前晃了晃，接着，拼命地捏起来，皮老虎发出呻吟一样的喊声；"悲烈的"，"狂乱的"，狗经着这样的事变，先是左右地迂回着身子，显然，它想就原地脱离这个灾难。但是"虎"的姿态纵跃着，"虎"声怒吼着，它迷惑了，发出了可怜的吠声，又像抵抗的呼喊。可是，在孩子创造出的压倒优势的阵地前，它到底带着被侮慢的愤怒，拖着尾巴，向原来的方向逃去了。这很难说，它退却了，在那个退却到的地方，它将有一番考虑，布置，和出发。

　　孩子狂笑着，跳跃着，正像世界上一切不义的胜利家所有的丑恶表情一样，他把自己沉浸在侥幸的快乐里，坠下去，忽然……忽然，他惊讶地停止了狂笑和欢呼，低下头去：他手里的皮老虎，经他的拼命的"征战"，已经停止了可悲的呼叫，撕成两片，成了一个废物了。

他要哭。嘴边的肌肉痉动着。就要哭，他先抬起眼睛，瞳仁里是乞怜和自哀，但是，他分明看见，那一只被他的皮老虎（不是他）"吓"跑的狗，这时已经重新出发，以一个复仇家的身份，四脚伸开，肚子要贴着地，一条线一样地向他扑来了，暴风雨一样地扑来了，不可救药地扑来了，……

他的脸子全白，全身抖动。没有失去的悲哀，只有灭亡的恐惧。这个大恐惧迫着他做出最后的行动！他扔了手里的撕成两半个的皮老虎，伸着腿，直着脖子，向原来的方向逃去了，就在一个临街的黑门里，那里大概住着他的娘老子，他跑进去了。

狗还向前扑进着，没有吠声。在战斗最剧烈的时候，往往是没有声音的。

皮老虎，已经躺在街上，准备明天一早的清道夫叹着气把它捡起来，远远地扔到街角的垃圾箱去，为了公共的卫生，和交通的不受阻……

我也是街上过客之一，所以这一幕发生在这街上的可悲的剧作，我是目击者，我的感情被它所支配……

"可怜的孩子啊，"现在，我悲然地愤然地想，"你太滥用你的'虎'的力量了。"

而，滥用"虎"的力量的，往往这样。

悲哀的玩具！

一九四七年四月中旬在上海

285

给战斗者

想起了我们还得用战斗去纪念"五四"的战斗；以鲜血纪念"五四"所流的鲜血，多少感到悲愤。

有人说历史是循环的，这与其说是不通，毋宁说是讽刺；但在战斗者的本身说，"五四"所倡导的科学与民主，现在还得流着血去争取。"五四"开始的战斗任务，到现在变得更艰难，更沉重，我们不能不有一种痛然的觉悟？演到今天的局面，并不是战斗的力量不够，而是战斗的斗争技术不足，以至这个伟大的运动，中途被利用和出卖，"五四"英雄的血徒然染红了一些坏分子的纱帽顶子，"五四"所提倡的民主和科学，也被一些反人民的力量用着盾牌甚至进攻的武器来残民以逞。

于是，流换来了一幕幕的骗局，口号的神圣的意义，也被涂抹得狼藉不堪。人民还在更大的苦难里，中国在继续流血……

今天，我们第一必须用战斗的血洗出"五四"的真正面目；第二，我们必要坚持对敌人的憎恨和战斗：记得"五四"演变到今天的"五四"，我们还得用血去斗争，尤其在敌人近崩溃的时候，宽恕了敌人，以至坐大了敌人，延长和阻挠了战斗的胜利完成，而增加了人民的苦难。

记住：我们纪念"五四"，必须学习敌人的战斗方法：狠和激底！一切中庸的虚伪的说教，一切诱降的花言巧语，一切外强中干地吓唬土包子的流氓辞令，都不要去理他，用敢于轻蔑敌人的精神，奋战到胜利！

应《学生新报》一九四七年"五四"征文作

一张照片

晚上，H 兄送来一本"拿饭来吃"的画集，这是一本纪念发生在南京的空前大血案的，是血和泪的记载。

在灯下翻阅着，对着标着"血，决不会白流"的那一幅负伤者的照片，我凝视了好久，好久，我不忍揭过去。

请看，这就是拿我们人民膏血办的"报"上的所说的"暴徒"的样子：

一个穿着简单的衬衣的青年，因营养不良显得有点弯曲的身子，静静地立着，那一张宁静的宽长的脸，和那广大的额（从这个左额角血在流下去），温定的眼神，正直下垂的鼻子，没有一点皱褶的闭着的嘴。两手下垂着，他站在照片上，——不，他站在天地间，站在污秽间，我发现，这就是千千万万在暴力下救亡喊呼号的我们人民的化身。中国的力量那么平静地流着血站着，善良的中国那么宁静的在污秽中站着！

给全世界看看，这是一个暴徒吗？这是一个"殴"人的人吗？

和他们那些伟大的玉照对比一下吧，谁像凶手？谁像暴徒？谁像个流氓？

不用给后世的史家去鉴别，人民的眼睛是雪亮的！

"用蔑视的精神战斗下去"，如果你被荣封为"暴徒"，那是伟大的，那就确定了你的战斗者的身份！那是好的，他们虽然用"暴"来"暴"一切，那证明他们是懂得这个字，他们也就最怕这一个字！

言语文字对野兽们是空白的东西，无意义的事物，我们的祖先用力征服了森林中的野兽，那么，我们也就用对付野兽的方法，来消灭这些两脚兽吧！

只有用血的力量，才洗得出一个洁净的中国。

暴徒万岁！

一九四七年六月四日，夜

夜间的遭遇

是灰暗的深夜里，只有动物中的败类猫头鹰以可哀的乐观姿态在老树桠上无耻地聒噪。

静，无限的静，海一样深得不可捉摸的静。没有一丝风，屋子沉在秋季特有的郁闷中，只觉得不可耐的烦躁。人，是只想悲愤地走出屋子，敞开胸襟，大声呼喊，向猫头鹰唾几口唾沫……

乡间的一个恶人死了，人们哭过一通后（这哭，很难解释，只能说是借尸哭已吧），母亲是走一步摔一跤地到那座青色大院里给绅士磕头求施舍去了。旁的人们，——没有什么旁的人们，便是这几个邻居的糊涂妇人，也揩干了她们自己的不幸的眼泪，惊觉到自己的"地里人"该回家来了，也一股风地走掉了。

只留下苍白的孩子一个人，守着硬挺挺的死尸，还有作为这可哀的家庭一员的黑猫。

好心的邻家婆婆，临出门时，一边揩着鼻涕，郑重地向挂着泪珠的孩子说：

"儿呵，要紧的，你要看紧那匹黑猫，万万不能教它跳上尸上去，你老子生前不做人，万一猫跳过的话，那就可怕多了。"

孩子记住这忠告，浸沉在无告的悲哀里，低了头坐在地上的短凳上。

但是那匹猫，却意外地跳上了炕，到孩子惊愕地站起来，猫已经蹲在平平的尸身胸脯上，喵喵地叫着，用前爪在丑脸上抚擦。

孩子张大了眼和口，喊不出什么来。恍惚间，他模糊地听见尸身骨节拆裂一样的吱吱的声音，尸身动了，猛然间，它挺立起来，腿并拢着，头几乎碰到屋顶，从死滞的眼里射出青磷磷的光，嘴纹是刚然地代表着委屈和愤怒。它笨重地向前跃动，一刹那间，经过一个使人战栗的震动，它站在地下了。两手鹰爪似的挣扎着伸开，显然，死亡的痛苦，使它要向人间求取报偿和代替。它要攫取什么，这正是地上的孩子，作了它唯一的目标。它正规地向前跳跃了。

孩子向身后的门退出去，僵尸跃着追出去。

于这，在没有星光的沉闷的黑暗院子里，在猫头鹰嘹亮的助威的歌颂中，展开了人和尸，生与死的搏战。

孩子全身的汗都干了，他在僵尸的逼迫中，是完全失措了。

"爸爸！"他用他的幼小者的凄绝的声调哀求着，妄想得到矜怜和原恕。这也难怪，因为那个生前被称为恶人的父亲，也曾依照天性对自己的儿子矜怜甚是维护过的。

但是这死去了的父亲，这失掉人性的僵尸，表现了绝对的听觉的麻痹和感情的残酷。死亡的威胁逼迫它找寻死亡以代替死亡，对面哀求他的，已不是他的生身之子，而是一个可怜的优于自己的有着呼吸的生物，是可以攫取到的解救自己死亡痛苦的替身和侣伴。它的愤怒，就在于他死了，而世界还活着，则是上帝于不公，自己的魄力不足，它想，一切应该毁灭在它之前，或者，它以后，而不应存在，这对它是不可忍受的侮辱和打击，它要复仇。它的青色的失掉视觉的眼睛磷磷地闪动着它的愤怒的欲望，手指骨节咯咯地响动，它迫切地要求成功。

重又浸在汗湿里的孩子狼藉地向那棵老树退去，他的幼小的心灵，往往发生了这样的感情，冲动地想到，这个可怕的僵尸就是自己的生身父亲，那么，就被它抓着吧，说不定还可以得到它生前一样的抚爱的。但这么想着，从逼追到面前的僵尸的绿色眼睛里，他打寒噤地发现到那渴望着攫取到他的生命以代替死亡痛苦的僵尸的可怕的企望。他的可爱的幻想，一下就消灭了。

把精神忽然一振，没有乞怜和侥幸，战斗就是战斗。他从恐怖到愤

291

怒，绝望到希望，充满了坚强的求生意志，绕着树身，正式地以僵尸为敌人作战了。僵尸，在无数次就要攫取到的失望中更加愤怒了，它的全身骨节更激烈地响动，牙齿从枯黑的唇中纵出，用了笨重的身躯，跳跃得更高和更快，力不从心地显得狼藉地向孩子做孤注一掷的扑击和攫取。

孩子在战斗的疲倦里发现到僵尸的最后的用了全副力量的像是从高处向下扑击一样地更凶猛地向他扑来了，他一纵短小的身子，跳到树背后不动，鄙夷地咧开唇，僵尸笨重地扑到树身上，一阵枝叶的摇动后，完全没有动静，僵尸已经抱紧树干，指甲深深地嵌入树皮内，痛苦地垂了头，力竭地死去了，真正地死去了。

天色已渐渐发白，有凉风吹来，树枝哗啦着，鸡声吃惊地呼喊起来了，天地间在涌出一个光华的白日，猫头鹰早就逃到它的卑湿的山洞内了。

天大亮了，母亲才跟着求得的棺木走回来……

第二天丧事办毕后，（这之间，他没有掉一滴对于死亡悲悼的眼泪，而只是微微地变着骄傲的笑容），他对人述说了夜间的际遇，一个念书的老头子说：

"孩子，你枉费力气了。僵尸一来劲是很大的，所谓沛然莫之能御。但这是从猫身上得到的力量，实际是有限的。只要沉着气，转个弯子，——僵尸是不会转弯子的，它走直线，那它就无可为力，完事了。"

孩子再说了他和僵尸的长期的苦斗，和自己当中曾有屈服的心理，因为那是自己的生身之父的时候，老头子拍着掌说：

"你错了，僵尸已然不算人了，怎么能用对老子的感情对它呢。这也是一个办法：你绕着树身转，叫它一直跳，不给它省力和省时，只要时间够，它非死在树边不可。"

一九四七年七月在上海

《热力》序言

对于过惯黑夜生活的人，早晨在他是一种发现、惊奇、忏悔和感奋。因为他蹦挤或沉落于黑夜的喧嚷或死寂之中，忘记了早晨的伟大和美丽，使生命蒙上黯淡或不洁的色彩，造成人生的歧路和损失，——无从补偿的损失，除非来生可赎愆的损失。

但另一方面，懂得黑夜的美丽意义的人，（我在一篇文章里就歌颂过黑夜赐予我们的伟大，它试炼了我们，使我们变得伟大）姗姗而来的早晨就会使他感到更大的愉悦和更新，逼近了生命意义的完成。因为生命的意义，就是击败考验的创造，跨过死亡的征服，和蔑视一切秽污的占领。这就是站在生命顶点上的意义完全的人。我是过惯了黑夜生活的人，在这长期间的习惯性的黑夜生活中，我虽然时时感到它的像蚊子一般的讨厌。淹没了一切美丽的光泽的恐怖，觉得艰辛，喘气，疲倦，和战栗。但后来我发现它还能使我做一点事，把自己淘汰一下，整顿一下，充满了出发和再建的悲愤的心志，顿又感到它的，残酷的美丽，和是一个楼梯的心情，这样的感怀，想起来觉得很可爱，虽然它有损我的健康，减少我的生活年龄，但这是糊涂的动物观念，人生的几何学，不能用这个方程式的。

近来不得不移居乡间，使我不能不告别了黑夜的生活，每天在晨鸡的呼喊中早起，这种新的生活，初来颇使我不惯，虽然久已崇敬它和怀慕它的了。但好的消灭了坏的，这是生物学和物理学的定则，很快的我就被这新的生活所占领，对于告别了的黑夜生活，那"历史心情"只是教训性的仇痛。我完成了一个新生活下的治民。原来历史生活转换点的烙印，努力新的是盖在不忘旧的上的。

我很想这篇文章在阳光灿烂的愉快中来动笔，现在在寒冷甚至还有点黑夜的遗痕中哆嗦着来写，使我懂得崇高的心境是什么，然而我在写这篇文章的中间，将出来的阳光和煦的热力，已然充塞于宇宙中间，在我还坐在窗前，细味着自己文章的时候，万道霞光即以雷霆万钧之力普照一切，解放一切，于是百鸟愉快地鸣啭，花木明朗地摇曳，在肮脏的小街道上疾行的人清癯的面孔上充满了跨过黑夜的庄穆；扑向前面，我单纯地感谢完全从黑夜的轭下挣出来的历史的欢欣，和从一个终点又是起点出发的严肃心境，而放下了这篇文章，微笑地向前望着这苏生的天地。

一九四八年深秋

294

《热力》后记

这一本小书，是从一九三六到一九四七年间我所写的这一类短文的大部，几经离乱，本来连能想出的，收在这里的这些文章，要不是几个热心的友人的帮助，也都在失落之数，现在居然还能凑集这么一本，不能不感谢友情之可贵，尤其是逮兄、刘兄、孙兄、敏君，真真的得谢谢他们。

我是一个偶然拿笔的人，虽然这点兴趣也增加和鼓励了我甚大的生活力量，但处在这样的时代里，它也给我带来更大的愤懑和悲哀。我常嚼味着安特列夫的一句话，"垂死的人想活在著作上，是项可悲哀的事"，我虽绝无在文学上成仙入圣的企图，但按真正严格的人生道路说来，时代的个人主义范围说来，这工作可说是一种"逃避"，而就这样可悲的"逃避"，还是不容易逃避的！

这真如对外战争的沉闷期中，一直鞭策我鼓励我，我尊敬的一个友人来信说，就当作悲哀的玩具那样地写一点什么吧，这种在无可如何中获取一点什么吧的悲寂心情，直使我感泣，我那时正在旧式军中，连像狼那样把嘴按在地上出一口气也不行，我充满了一个兵士的阴暗简单的感情，对于刺刀的信仰……

光阴真快，我"病"了近一年，虽然还在不算恢复健康的环境中，但由于爱我的友人的怂恿，我编了这一本小书，"在战斗最激的时候是没有声音的"，做过军人的我懂得这道理，所以一边我不禁悲哀地想，这本小书，又算什么呢？我想命名作《悲哀的玩具》，就是出于这点抱歉而暗然的心情的；但有的朋友说，这不行，虽然活在失色的生活里，我们做人不能失色，应该有点火力才行，那么，就叫《热力》吧，我只好黯然地微笑着这样同意了。

不过，"悲哀的玩具"呀，我心里要这样大声地吆喝，喊叫。……

一九四八年深秋

附启： 去秋即承友人见告，谓上海某某数报亦有杨力其人，专作军事政治报道评论文章，最好声明一下云云。这些某某等报我是看都不要看的"报"们，觉得殊无声明必要，好在杨力一名，我并未呈请立案专用，"疾痛"近载，昏天黑地，不知晦朔，当更无力顾到这一层，近来较痊，关心我的友人们又以此事相告，但是现在连能声明一下的地方都没有了，就为了这一点，趁这小书之便，顺说一句：该杨力先生当另有其人，我是没能力写出那样的大作的。除示不敢掠美外，并谢谢关心我的友人们。

旧时代的回忆和告别

——关于《晨曦的儿子——尼采传》①

　　尼采，这个典型的负伤的知识人（借用亚历山大·库恩教授评安特列夫语，见 Alexander Kaun's Leoned Andreev: *A Critical Study*），我为他这一类型的知识人曾创立了一个名词，叫"前知识人"（Preintellectual），他的崩溃——疯狂，　就是对于资本主义的精神文明一个绝大的抗议和讽刺，他同于法国文士伏尔泰的命运；在他生前和死后一个世纪里，还处在被误解的痛苦中。如死去的希墨之辈，就曾打了他的旗号，到处招摇撞骗，干他们奴役人类扑灭人性的罪行，他们的"黄脸干儿"，那些无知的流氓，也跟着学样，拍手欢迎，大声叫好，争着为它殉身的，也还大有人在。近来在某杂志上读到布达佩斯大学某教授的论文，他认为尼采以后，知识界人染上了一种虚无主义的气氛，一种精神病症，直至今日不衰。我认为这同样又是一种对尼采的误解。因为尼采，这个叔本华的弟子，讲绝对性的人，"爱惜自己的人不是跌倒就是站起来的"憎恶虚伪的人，"越是在最郁闷的时候，愈是能力最丰沛的时候"的讲创造性的人，当然不会是产生虚无意识的精神之根源。所以某教授所指摘的时代病，我认为只可求之于资本主义的"地狱文明"，求之于尼采所生活的那个现实世界的精神统治之中。换言之，这是野蛮、腐乱、堕落和庸俗环境之下的产物，它的基本精神就是妥协，投降和欢迎欢送，绝对的无为主义，没有什么精神的斗争、锻炼、舍弃、净化诸种过程的人生态度。正如俄国的一个虚无派头目所说，他们的心是冷的，才使他们有着一种动物式的心肠和生存，他们不理解或不需要理解人的价值和生活意义。至于鲁迅先生所痛斥的"做戏的虚无党"的我们中国知识界的腐恶精神，这种殖民地道德，则更毋庸申论，距离尼采更远而又远了。

在旧的精神体系还没有完全溃灭和澄清以前，尼采的精神程度不同地存在于我们知识人的精神之中，则不可讳言，这就是个人主义和英雄主义它的优良的一面和变异性的存在。这是新的纯知识人的危机和优点。至少，在我们新一代的知识人，在与时代和人民结合中，在他的精神的苦斗中，是踏过了尼采的痛苦和战斗了过来的。"许多人都可以我为标本作引导，达成一种更高尚更光辉的更尊严的生命"，所以在尼采的影子中含有我们自己的面相，或是欢快的胜利以后的回忆，或是面临新生时的痛苦诀别，或是正还在个人的监狱中的苦战和恶斗，……

尼采，他的悲剧的生涯，是一首旧知识人的挽歌和颂词。

在今日新的历史性的前提下，我们当然要清算尼采的精神影响，但我以为事先还需要认识和探讨的工作。在明辨和赎罪（justification）当中，我们还需要有取舍的功夫。因为，尼采他起码要我们没有虚伪地做一个真人，坚持了人的价值和尊严，而他的生涯和悲剧却值得作为我们知识人的一个警惕性的训诫和启示。我们要深刻地认识所谓"孤独之伟大"（易卜生语）的危害意义，那是新时代知识人的最大精神危机或堕落。

奥勃伦（Edward J. O'Brien）的《晨曦的儿子——尼采传》（*Son of the Morning: A Portrait of Fredrich Nietzsche*），写来精辟扼要，对于这个巨人的一生，是经过了精密的研究和考证才写出来的，至少在研究人的尼采和思想家的尼采的生长和发展过程，这本书还不失为是一幅清晰的画像。

这本书使我沉思和沉思——知识人的命运问题。在"不是跌倒，就是站起来"的新的时代中，知识人精神上没有战斗和战斗不够的结果，在不是堕落（无耻和反动）就是疯狂（超越现实的孤傲和自满）的历史旋律中，这真是一种空前的战栗和激动。但是我们应该站起来或已然站起来了，我们应该做"没有恐惧的人"，"每个能在无论什么地方建立了一个新天堂的人，都是在他的那个自己的地狱中获得了精力的"，"生之悲剧是出自光明的精神"，这些英雄式的名言却一再启发了我，印证了我。这就是我花了大力气译这本书的由来。

一九四九年四月于青岛

注：

① 原载《文科通讯》，一九八四年第二期。文中未标明出处的尼采语言，都引自笔者的《尼采传》中的译文。

美丽的早晨①

六月一日晚上八时，电灯开了以后，蛰伏在屋子里终日抑忧的邻居们突然显得活跃，大家在走廊上奔走相告，街头警戒的蒋匪都溜光了。

"是在电灯没开以前走的，电灯一亮一个也不见了。"

这些随黑暗而去的东西，在光明中已不复见的东西，到底从这个美丽的海岛上被驱赶着逃走了。

在斗室里的灯光下，我和妻感到一种说不出的情绪，那么汹涌，那么澎湃，我觉得自己的眼睛湿润了，我抬起头来，妻的发亮的眼睛正睨视着我，怕我听不见似的，大声说："从此我们没有了精神上的负担！"

她微笑了。

这是我们期待着的微笑啊，这是开在无数中国人民鲜血上的花朵，是我们把自己生命做抵押到底获得了的财富，这是胜利的征记，这是一切价值的价值！

我点了一支烟，坐在小凳上，默默地吸着。不知烟味地吸着，我哭了，我想起从长期被羁押的上海监狱里出来，在继续不断的迫害中，我们逃亡到这个孤独的海岛上三个月来鼠子一样的辛酸生活，我们只惭愧地感觉到自己对于中国人民神圣事业所做的事太渺小、太不够了。我们竟还能活到这个美丽时日的来临……

外面的炮声又响了，声凄而厉，邻居的布商在门口大声地说："这是国民党的起身炮，东西们逃远了。"……

我们不能入睡。房东关了电灯。我们伏在紧闭的窗上，向外凝视，一切是静悄悄的，静得出奇的美好，显示出这个岛在死亡到新生的途程中静谧的转换面。这里面包含着说不尽辞意的挽歌和颂辞。海上喑哑的汽船声间歇地叫着，杂着零落的枪声。妻说："这些东西们临走还要吓唬老百姓哩！"

迷糊一样地睡了有一个多钟头，我们又醒来了，穿了衬衣，仍然伏在窗上看着街道。街灯正在浓雾中消失着。喑哑的汽船声被夜风从远处的海上送来，已然显得迷糊而低沉，接着经过一段奇特的沉寂以后，在教堂的钟声听来比平常更动人的清亮的振响不已中，庄严的黎明，完全莅临，于是窗前的广场上出现了纷纷的人群，儿童追着小狗，女孩子拍着皮球跳跃，成群的人们大声说话谈笑，雾在消散……

匆忙地在地上穿鞋的妻子发出不耐烦的声调，催促我快穿衣服，好赶快去沧口迎接把蒋匪军赶走了的人民解放军。

六月二日晨的青岛

注：
① 原载上海《大公报》，一九四九年六月二十三日。

温故而知新

　　这两年因为工作和生活上的需要，翻看了一些旧的书刊，无意中碰到一本一九五八年英国牛津大学出版社印行的《俄国文学大纲》(著者 Marc Slonim，此人我无所闻，从介绍中知道，他写过《俄国文学的史诗》《现代俄国文学》这类有关俄国文学史的著作)，其中有一段论契诃夫的话，看了颇动心，抄译如下：

　　契诃夫不属于任何政治党派，他从未发表过任何过激的言论，作为一个知识分子，他具有当时俄国自由知识分子的气质和抱负，当他的朋友高尔基由于政治原因，被沙皇亲自下令免去其俄国科学院职务的时候，契诃夫辞去了自己的科学院院士的职务，以示抗议。正如他常说的："一个人没有任何要求，他既不希冀什么，又不惧怕什么，这样的人，是成不了一个作家的。"

　　这个俄国文学史家对契诃夫的历史评论如何，可置而勿论，但他说的一个事实——契诃夫因高尔基（他的朋友）由于政治原因被免去其在科学院职务，也愤而辞去自己的科学院院士职务，以及作者接着所引用的契诃夫的一条语录："一个人没有任何要求，他既不希冀什么，又不惧怕什么，这样的人，是成不了一个作家的。"契诃夫的这则言和行，却很值得我们回味和深思。这样的作家，值得尊敬。

另外再抄一则那个在旧俄时代被沙皇免去了俄国科学院职务的高尔基的逸事，也是外国文苑的旧话，此事可参看民国十九年（一九三〇年）三月出版的《新文艺》杂志。它在一则题名为《苏联文坛的一场风波》中，报道了被称为"同路人"作家皮力涅克的描写苏联农业集体化的小说《红树》的遭遇：一九二九年皮力涅克写了被当时目为有反动倾向的小说《红树》，稿子送到文艺杂志《赤荒土》被退了回来，皮力涅克于是把它寄到柏林去，被那里的白俄侨民办的书店出版了，消息传到莫斯科，引起了一场轩然大波，舆论哗然，《文学报》著文痛加批判，皮力涅克声辩说，他原是寄给柏林的朋友看的，本书在那里出版并未取得他的同意，他是决不会为那些"侨民"效劳的。他这种申辩被拒绝了，苏联作家协会在同年九月间开除了他的会籍。这时，已成为苏联文学界领袖人物的高尔基站出来说话了（或者用我们这些年来的例话说，他"破门而出"），他说，皮力涅克是个好名心盛的人，他希望自己的作品被译成各种文字，因此在贪求名誉时犯了错误。他说，对皮力涅克的处分太重了，"好像把他对苏联文学的贡献都归之乌有"，说应该要宽一些，又说，现在人才太少，那些能供给良好作品的人不应加以驱逐云云。

这场风波顿时平息下来了。

皮力涅克这个作家，我们并不很陌生，在三十年代前后我们曾介绍过他的一些短篇作品，并且他也来过我国，这在我们的现代文学史上都一一记载在目。至于皮力涅克之为人及其为文，不属于这篇小文论列的范围（只顺便说一下，据查有关记载，他在一九三〇年发表了以五年计划为主题的小说《伏尔加流入黑海》，颇得好评，鲁迅先生在《一天的工作》这本书的《后记》里曾论及之。此事可能便是高尔基说话见效的成果），这里要说的是，高尔基没有从一时一事去看皮力涅克，更没有以"老作家"的资格，带头起哄，往这个青年作家身上扔石头，借以显示自己的一贯正确和义愤填膺；他既充分肯定了皮力涅克对苏联文学的贡献（皮力涅克一九二二年发表了长篇《精光的年头》，便奠定了他在文学界的地位），也指出了青年人难免犯的错误。当时由于这个皮力涅克的事件，很牵涉了一大批作家，这些人大多属于"同路人"作家，也大都是些青年人，如爱伦

303

堡、柴妙金、赛甫琳娜、巴别尔、罗蒙诺夫等。它发展成了一个被史家称之为"讨伐""同路人"的运动。高尔基敢于在一片声讨声中站出来说些公道话，这是从爱护青年出发，从考虑苏联文学的发展前途出发，就是说，他是为了苏联文学事业，而发言、而斗争的。更难能可贵的是，当时的苏联当局能听懂和听进高尔基的进言，这就不仅是保护了皮力涅克这些人，也保护了苏联的文学事业。多少年来（除在林彪、"四人帮"反革命集团横行的那个漫长的特定历史时期以外，这帮恶棍一无例外地对高尔基进行了毁谤和侮蔑），中外文学史家都给高尔基以崇高的历史评价，据我看，人们并不仅是从高尔基写了多少作品一点着眼，而是由于他这种对进步文学事业的热爱和真诚的献身精神，他的崇高的精神品质和情操，使他赢得了这种评价。他具备了正如他的朋友契诃夫所要求于一个作家应具有的品格或精神境界；他是一个对人生和生活有所要求，有所希冀与有所惧怕的人，因此才是一个作家，一个真正的作家。他的声誉是不朽的。

我抄录了二则外国文坛旧话，并题为《温故而知新》，我想，这好像并不是多余的事。

一九八一年二月

蝎子过河

——新寓言

　　小青蛙兀自坐在河滩上，中午的阳光是刺目的，但幸好那里有些芦苇，它的阴影处，却是个好所在，他现在就坐在那里歇凉，——因为太阳晒得河水像要冒泡一样的烫哩。

　　他正在眯着眼睛打瞌睡的时候，忽然听到有人大声喊他："爷叔！"那声音是陌生的，但却是亲切的，而且显然还是受着惊吓时发出来的叫声，充满了压抑的感觉。他顺着声音的方向望了一眼，一只黑灰色的蝎子正在吃力地向他爬过来。

　　"什么事？"他问道。他和蝎子并无来往，因为蝎子的名声不好，虽然蝎子自己曾一再辩解说：他做过和继续做着有益的事，——他吃蚊子，甚至说，老天爷生他下来，就是为了使他执行这个神圣庄严的使命，以吃蚊子为自己的唯一职责。但小青蛙浅见，爷娘不曾这么教导过他，他孤陋寡闻，也没听什么人这么说过，他只相信"眼见为实，耳闻是虚"的真理，所以和蝎子向来并无交往。相反的他倒听说，蝎子是个难惹的东西，冷酷无情。但是碍于情面，人家既然亲热地喊他"爷叔"，已经是很抬举自己了，真是不胜荣幸之至，应该领这个情。

　　不容他多加思索和研究，就听到蝎子一阵大声地喘气，上气不接下气地说道："有人……有人追我，您知道，爷叔，这是河边，我又不会泅

305

水，如果逃不过河，我可就没有命了，看在老天爷的份上，您就驮上我过河吧，俗话说，救人一命，胜造七级浮屠哩，况且，泅水是您的看家本事，我这么小的一个身体，不会太累了您的，您如果救我一命，我总会报答的，我一贯说话是算数的，我不会忘记在患难中帮助我的朋友哩！"

小青蛙并没有认真地听取蝎子的冗长的叙述，可也没有把这些话看成是花言巧语，他明白了这个声声喊他为爷叔的黑蝎子的来意：他要自己背他逃命，把他渡过河对岸去。

他正想对蝎子说："那没啥，您就请吧——上来吧！"他的这个思想还没有变成语言，忽然像被人提醒了似的，他的一腔助人为乐的热情，忽然一下子化为乌有。他对蝎子说："你会蜇我的，你的尾巴上有刺，我不能驮你。"

"唉，误会，误会，这纯粹是一种误会。"蝎子连忙赔笑地分辩，"你不要听坏人的宣传，我是尾巴上有刺，但那是自卫的武器呀。您想，爷叔，咱们都是受那些大家伙欺负的小八拉子，没有自卫的能力，不是早绝种了吗？就连爷叔您不是也陆上水里的两头过日子；那也是一种自卫的能力呀！"

这样，小青蛙就让蝎子趴在他的背上，三跳两跳地跳到河沿，这时他又不放心地停下脚步，再一次地向蝎子叮咛了一句："你可不准刺我，那你就会掉在水里没救了。"

蝎子连忙赔笑说："爷叔，你又想到哪里去了，明人不做暗事，这点做人的道理我还是懂的，我家列祖列宗一贯教导我们……"

"好吧，趴稳，我们过河了。"

小青蛙驮着蝎子渡河了，这条河并不太宽，大约不过一顿饭的工夫，就可以由此岸到达彼岸。

他们这时在河里了，河水发出哗啦哗啦的声音，蝎子喘着气，趴在青蛙的背上，将近河岸了，这时，正在鼓足力气往岸上跳的青蛙忽然觉得背脊上针刺似的彻骨地疼痛，他感到一阵头晕，天昏地暗。原来当青蛙背上的蝎子看到就要登上陆地，脱离险境以后，他并非是出于恶意，当然也不是善意，总之，为了什么，又不为了什么，他只是按照自己的生活习惯，把屁股上的刺伸了出来，他感到那么浑身舒坦，这时，正是小青蛙疼痛难当地栽倒在地上的时候，他索性把自己的刺在小青蛙背上连续地伸缩了一

306

阵，直到感到浑身充满了力气，才坦然地从那张凸凹不平的背上顺势跳了下来，扬长而去了。

小青蛙醒来时，已经是黑夜了，他感到孤独、寂寞，更感到愤怒——怒不可遏。他想不到自己好心不得好报，救了人的性命，却几乎送了自己的命。

"唉，蝎子就是蝎子，他说的话是不算数的。"

后来，有人说，蝎子刺人固然是他的本性，但这是一种习惯性的自卫演习，他不这么经常进行操练，是性命难保的；也有人评论说，这不能怪蝎子不义，首先就是因为青蛙根本不信任蝎子，他驮蝎子过河，那是因为他自己在此岸上找不到生活，要渡河到对岸谋生的缘故，又因为天热，有蝎子趴在他的背上，倒让他少受些骄阳曝晒之苦，彼此都为对方付出了劳动啊。

这种评论，还要继续下去，一时很难得出精当的结论。

一九八二年于上海寓所

《贾植芳小说选》编后记

这里呈现在读者眼前称为小说选的作品，是我多年来的文字生活中的一部分的结集。因为在这类作品里头，往往有情节、有人物、有描写、有抒情等等，在发表和出版时都被目为小说作品来分类，现在依照旧例，我把它们从我写的文字堆里剔出来，编了个小说选，趁有出版机会印了出来。其实，严格说来，它们中的某些篇目（如《嘉寄尘先生和他的周围》《在亚尔培路二号》《人的斗争》等），又类乎于报告文学的体式，但我却是把它们当作用第一人称写的小说作品来看待的，所以也一块儿入选。这些小说性的作品，都是我在人生的途程中的一些真实的认识、感受和思考，都是我眼中的生活现实的不大高明的文字记录，只是作为历史生活中的一些素材，或者说，一些思想和情感的浪花，它们或许可以取得生存的意义或权利，我想。

这部小说选中的作品，自然也不是我这类作品的全部，它们只是把目前我能找到的散见在旧书刊中的这类文章加以收辑整理成集而已。它们写作和发表的时间跨度很大，——从一九三六年到一九五一年。从题材上说，它们写的是我生活了三十年多一些的旧社会的事情，而且也大部分写于那个死去了的社会，只有最后一篇《血的记忆》（发表时题名为《以血还血》），写于新中国成立以后的初期，但写的还是旧社会的题材，也是属于同一历史范畴的内容。因此，也可以说，这里收录的小说性作品是我对那个死去了的社会和时代的认识和感情的一个清算或总结，是我对那个死去了的社会和时代的诅咒和诀别。

第一篇《人的悲哀》，写于一九三六年秋冬之间，那时我还是一个不满二十岁的青年学生，在日本一个大学挂着学籍，它登在冯雪峰、茅盾、胡风几位同志编的《工作与学习丛刊》第四本《黎明》上面（上海生活书店一九三七年四月版）。原来在这以前，我在东京神保町的内山书店看到这个丛刊的头二两本，记得它的头本题为《二三事》，正是以鲁迅先生的遗文《关于太炎先生二三事》为书名的；它的第二本题名《原野》，是以艾青所译法国诗人凡尔哈仑的长诗《原野》为题名的。我从刊物的作者阵容和编辑风格上认识到它是高举鲁迅先生的战斗文学旗帜前进的严肃的文学刊物，因此，把以自己第一次监狱生活感受为素材的小说投了稿。一九四七年，连同抗战时期写的六个短篇，又由胡风同志收辑成书，题名《人生赋》，作为他所主编的《七月文丛》之一，由上海海燕书店出版。对于胡风同志在漫长的历史岁月中，给予我在文学上和生活上的热情扶持和无私的帮助，我将永远感激！现在仍以这篇《人的悲哀》作为这本小说选集的首篇，在我是有很深刻的纪念意义的！

《草黄色的影子》和《一幅古画》两篇，都发表于一九四七年的上海《时代日报》。后一篇交稿后，我已坐在蒋介石的中统局监牢里了，关心我的报馆里工作的同志们，为了大家省事，发表时给我署了个 Y·L 的名字，前后登了九天。一九四八年冬天我出狱后，友人的妻子小方同志才把她精心剪贴装订成册，暗暗地保存了经年的本子交给我，直到今天，我还感觉到那种给我勇气和力量的友情的温暖。可叹我的命途多舛，收录在这里的印文，都是我女儿从图书馆收藏的旧报纸上一个字一个字抄回来的。这两篇文章前后经过两个女性的手，才一次又一次地被我保存下来，这仿佛又是一个不幸的巧合，同时也使我深刻地认识了历史前进的艰巨性，那种如恩格斯所说的"历史的惰力"之可怕和可恶。这两篇小说都是国民党反动政权灭亡前夕，它所培养的那些角色，那些人形动物的崩溃的精神世界的谑画。他们在人民的苦难中寻找自己的安乐，他们断然不配有比灭亡更合适的命运。现在看来，这又类乎人类史前时期的风俗画了。

《在亚尔培路二号》，是我解放前后，在流转生活中写的一个长篇的第一部，是我的第三次监狱生活的札记。一九四九年曾在《人的证据》的题名下单独印过一册；它的第二部的一部分，在一九五〇年初期，我加了个《人的斗争》的标题，在上海一家报纸上连载过。至于它的余篇和没有写完的第三部残稿，在一九五五年命运又向我进行新的挑战时，失落得只字无存了。现在只能把找到的《人的证据》换个题目，加上报纸上发表过的《人的斗争》，重新摆设在这里，看去很有点像古罗马时代留存下来的颓垣残壁，虽然残缺，却也呈现出一种奇特的"缺陷美"。这是些历史生活的实录。屈指算来，这些文字中所记叙的故事，都是三十好多年前的往事了，这里所出现的那些可爱可敬、可歌可泣的人们，或者已然作古，或者正如我一样，步入了人生的暮年，这些记录，就算我捧献给他们和她们的一个花圈或一束鲜花吧！至于书中出现的那些反面角色，国民党反动政权精心培育的"英雄"，他们的那些黑爪牙，当然也自有其应有的历史命运，天网恢恢，疏而不漏嘛！历史的铁面无情，由他们在理论和实践上都做了很好的例证和说明，所以这里又有着檄文的性质。

这里收集的文字，既然是旧作，是历史上的我写的，我那个时候的认识天地就只能是这么大小，我得有严肃的历史责任感。因此，此次付梓重印时，除过改正一些印刷和抄写上的错别遗漏字句，做了一些语言上的润色，加了一些必须的注文外，我是以它们的历史面貌呈献给今天的读者的。它们又是我的青年时代的产物，校完全书，我又为我的青年时代那点对生活的激情而感到慰藉；我虽然已进入古人所谓"从心所欲，不逾矩"之年，但我自信我并没有失去我在青年时期人民和时代所赋给我的那点对生活的激情，那是一团理想的火光，它在我的漫长而多难的生命途程中，一路毕毕剥剥地燃烧着，使我觉得暗夜不暗，光明永远在我的前面，它激发我永远跟着人民的脚步向前，与我们的祖国同共命运。我永远是一个历史乐观主义者。

在这本小书的成活过程中，还凝结着我的妻子任敏同志的欢欣和眼泪。我们在到处是坎坷的人生旅程中，彼此搀扶着，一脚高一脚低地走了过来；抗住了一次又一次的冲天风暴，坚强地活了下来。我感谢四十多年来她对我的信任和理解。老友何满子同志为它写了精美的序言，江苏人民出版社的同志为它的出版更付出了辛勤的努力，对于他们的高情厚爱，我在这里奉献出我的衷心的谢忱！

贾植芳　一九八三年四月，在上海

为了不能忘却的纪念①

　　施昌东死了，他死在一九八三年八月二十一日的上午十点钟。就在那一天的早上，我及我的全家，同中文系领导同志一起赶到医院，只见他昏沉沉地躺在输液器和氧气瓶中间，形销骨立。两眼深深地凹陷着，嘴里一口一口地往外吐着气。

　　看着这张奄奄一息的脸，我的眼睛突然模糊了。这难道是昌东吗？是那个壮壮实实的温州农民的儿子？那个在种种精神和肉体折磨下艰难地写出《"美"的探索》等专著的美学工作者？

　　昌东是我的学生，三十年前，我刚调到复旦大学工作，不久，就认识了这个秉性耿直的年轻学生。他常常来我家里讨论一些中外文学和写作上的问题，有时也随便留在我家里吃顿饭，在他第一篇论文《论"美是生活"》在《文史哲》上发表时，我曾和他一起分享了他的成功的喜悦。可是到了一九五五年，我被卷入一场政治运动以后，他就因为与我平时比较接近一些的缘故而银铛入狱，平白无故地关了一年。这以后，命运似乎很少怜惜他，接连不断的政治运动，在他年轻的人生旅途上投入了一个又一个的阴影。一直到党的三中全会以后，我又恢复了正常的教学工作，那时见到昌东，他显得老多了，脸色苍白，头发稀疏，但心直口快的倔强脾气没有改变。谈吐之中，我才知道这么些年的重重苦难并没有把他压垮，特别是在癌症扩散的情况下，仍然孜孜不倦地著书立说，相继完成了《"美"的探索》《先秦诸子美学思想述评》两本专著和一些有关中国哲学史论文。

接着，他的《汉代美学思想述评》也出版了。他被提升为副研究员，并且当上了中国美学学会理事，中国作家协会会员。

去年夏天，他第二次癌症复发。那时他的精神还很好，态度也很乐观。我记得他给我看一首刚在病床上写完的长诗，题目就叫《向死神挑战》。在开刀以后，他不顾伤痛体弱，继续握笔写作。在此前后，他又完成了一本美学论文集《在美学研究的道路上》以及与他的同学潘富恩同志合著的两本哲学论文集《中国哲学论稿》和《古代辩证法论略》。养病期间，他没有精力去查阅资料搞研究，却以顽强的毅力，用颤抖的手，一个字一个字地修改完成那部六十多万字的自传体长篇小说……

站在病床前，我还能说些什么呢？即使是在最危难之时，昌东也从未动摇过对党、对马克思主义的信念。因为他不能忘记，他像一棵小草一样，承受过党的阳光般的哺育与温暖。是党，把他从一个山区的穷孩子培养成著名的美学工作者，就在他住院开刀期间，学校党委和系总支的领导同志还千方百计地为抢救他的生命而奔波、操心。可以说，在昌东最后一年的时间里，不是他一个人在与死神拼搏，而是许多同志都投入了这个战斗的行列。尤其在昌东生命垂危之际，领导上批准他光荣入党，实现了他一生最大的愿望。喜讯传到病床前，已经靠流汁维持生命的昌东又振奋起来。那一天，他充满欢乐，竟然能一顿吃下几个肉丸子，重新聚集起与死神搏斗的力量。当他病危入院以后，党总支的同志去看望他时，他挣扎着说出一句肺腑之言："我为党工作得太少了。"昌东一生不说违心之言，在弥留之际，他吐出了埋藏在他心底的最大的遗憾。是的，他还年轻，他才五十二岁，应该再活几十年，写完他的《中国美学史》。

然而他终究离开了我们。就在那一天，我在家里整整一夜没有关灯，我默默地坐在写字台前不断地抽烟，迷乱的神思中不停地出现幻觉，耳边也恍惚听到他熟悉的沉重的脚步声，一步一步地走上楼梯。我作为昌东的老师，没有成为他的知识的启蒙者，倒成了他的苦难的引路人，好容易在覆盆之下重见了天日，却又要以我这六十八岁的垂老之年，来为自己的学生治丧，这于我，这真是莫大的悲哀和彻骨的痛苦。

昌东，你安息吧！
你的品质和劳绩将永远留在历史的记忆里，你的死重于泰山。

注：
① 原载上海《文汇报》，一九八三年八月三十一日。

花与鸟^①

屋檐下的花

  在我的蹩脚的"寓所"的阳台上，在公用的自来水旁边，不知是哪位有雅兴的邻居，把他的败残了的两盆花摆在那用一小片旧油毛毡作为屋檐的窗户下面。我理解这位邻居的感情。这两盆花曾给他带来独居中的欢乐和安慰，使他在生之烦恼中体会和领略到人生的意义和要求，理想和爱着，但是它们日渐枯萎了，这仿佛又使他警觉到生命之终不免于枯萎和凋零，正在追求生之理念和欢乐的人，对于冲进生活眼帘下的一切象征着不幸和残酷的事物，是会皱眉和痛苦的，甚至于会给他带来幻灭之预感的；但他不是一个受过残酷成性的"正规教育"的人，他仍然具有人的纯真和善良的性能，或者说，在人性遭到蔑视和毁灭的长期动乱中，他像处女之于自己的童贞之维护和坚持，他仍然执着于自己的人的意义和价值，而不以残酷和无情作为生活的资本与土壤，他没有把它们弃之如敝屣，抛进垃圾箱，然后拍拍手上的土，马上把它忘个干净，仿佛它们根本就没有存在过一样，而是带着哀怜的心意，无可如何地把它们移放在这个窄小而又显得荒僻的屋檐下，把它们的命运交还给它们自己。这应该是我们时代的最高的人性表现，是一种博大的宽容胸怀，一种值得称道的君子之风。

我在一次洗手时，发现了这两盆在风雨中飘摇挣扎的花，我同情它们被遗弃的命运，我的发热的双眼流出了热泪，我本能地折回去，拿了一只小杯，给它们浇了水，我似乎看见它们对我怀着感激的微笑，花的微笑，我感到我和它们的生命与命运之相通，我感到生命之被恢复的欢乐，生之昂扬。

于是，这成了我的一种生活内容和习惯：我每天都浇灌它们，用一只小杯，我看见它们那些枯萎的叶子渐渐脱落了，在它们的根茎上萌发出了新芽，它们与命运搏斗而获得了大胜利和大喜悦，我则衷心感谢那和它们始终共忧乐的那盆中的小小的一撮泥土……

小鸟和它的新居

邻居是个青年工人，他有一个体质瘦弱的女孩，为了给孩子添加一些生活欢快吧，他不知在什么时候和什么地方捉拿到一只平常的小鸟，又亲手用嫩树条做了个粗糙的笼子，作为小鸟的新居。我从此听到小女孩的不断地发出的稚弱而纯真的笑声，她显然从那在笼中跳跃和鸣叫的小鸟的姿态中，发现了自己的快乐，于是纵情地表现出来了，甚至有时候高兴地跳起来了。她的幼小的心灵还不能理解，小鸟在笼中的鸣叫和跳跃，是它对命运的斗争和抗议，那是一种由莫大的痛苦汲取来的力量。

生命是需要欢乐的，问题是它的获得的方式。

用别人的痛苦换取自己的欢乐，这是一种对人性和生命的极大的侮蔑和摧残，这使我感到最大的痛苦和愤怒，我不能忍受，但是我又同情那个稚气的女孩，谁叫她还是个孩子呢？难道我们的成年人，甚至是饱学之士，不是也在生活的急流中被一些花言巧语或豪言壮语弄得热泪盈眶，忘掉了事物本身的性质和意义因而把自己的形象弄得光怪陆离，以至不可收拾吗？

于是，我耳边仿佛又响起了在多半个世纪以前，在我们这个"五千年古国"的土地上那个空前的智者和勇者，第一次响彻云霄地呐喊："救救孩子！"

但这个小女孩从生活中发现的欢乐并不能维持多久。过了几天，我们听不见小女孩欢快笑声了。妻说："这个陌生的小鸟，大概是被几只煤炉

315

的煤气给熏坏了，所以叫不出声音来了。"在我们这个"大杂楼"里，进门的地方，是个空旷的所在，是各家居民做饭又兼交谊的场所，这里没有窗户，门一关，它就密不通风，显得黑洞洞了，小鸟和它的新居就被安置在一个暗淡角落里。这时，我第一次地走近了这个小鸟和它的新居，我看到它垂着头站在那里，正如俗话说的，已近乎奄奄一息了。

我正确地体会到这只小鸟的认识世界；用人间的手给它建筑的这个新居，原来是一个监狱，那是窒息生命的地方，是地上的坟墓。

它的世界原来是在晴空、密林里，不是说"天高任鸟飞"吗！又过了一天，我听到邻居的老妇发出的吃惊声音，"鸟儿不见了!"

我丢下手里的物件，连忙奔向那个小鸟的新居，笼门开了一条缝，主人给它准备好的一些拌着鸡蛋的饭粒，好好地摆在里面，那只垂着首而立的小鸟形象，已成为我记忆中的存在了。

妻子说："昨天邻居阿公提出一个建议，说是这个鸟不吃不喝，不鸣不跳，是因为那个笼子通风的空隙太少了，把栅门放开一些，让它多吸一些空气吧。"而这只小鸟，却用尽它的生命的余力，从那个一条缝似的窄门里飞走了，回到它原来的世界去了。

我站在小而窄的晒台上，抬头望着碧蓝的万里晴空，我祝福那只振翅重新翱翔在自由天地里的小鸟，它战胜了自己的命运，获得了生命的源泉、自由。

注:
① 原载香港《文汇报》，一九八三年十一月二十日。

关于尼采的事

　　一九四九年初，我蛰居青岛，客中寂寞，偶然从街头买的一批便宜的西方书中，发现了一本英国奥勃伦（Edward J.O'Brien）写的尼采传记，题名为《晨曦的儿子——尼采传》，颇给我的生活一些新鲜的慰藉，觉得不妨介绍给同好，便信笔译了起来，用了一个多月的工夫，居然顺利完工，并写了一篇序言式的文章《旧时代的回忆和告别》，连同译稿径寄上海友人，请他全权处理。同年七月青岛解放，我结束了鼠子似的蛰居生活，欢天喜地地回到了旧地上海，才得悉我那篇序文早在上海解放前夕被友人用了个笔名发表在他主编的报纸副刊上，译稿则已由一个与我相善的书店发排，并已打好纸型，等待付印。这时，带着解放的喜悦，我同大家一样，也分外忙碌了起来，觉得浑身有用不完的力量，早把尼采连同那本译稿以及序文忘到九霄云外了。某一天，书肆的主人带着一包油污的原稿来旅舍看我，他苦笑地说，这本译书暂时不好印了。原来他去报馆登广告，碰了个钉子，有位同志对他说，你怎么还印吹捧法西斯的书？他因此只好把原稿"璧还"给我，说："你留下作纪念吧！"我一边接下油污的稿子，心中却不免有些嘀咕：对历史和文化，思潮和理论，我们历史唯物主义者，是决不能采取禁绝的态度的，因为这首先是使自己愚昧的办法，应为智者所不取。即或是敌对性质的东西，也有个"知己知彼"的要求嘛！但是我的这点小感触，真如电光火石一样，一刹那就自行消亡了，那是个翻天覆地的伟大历史时代啊！当时只是把这包稿件塞到随便什么地方，又忙别样的事情去了，像没有这回事一样。人逢喜事精神爽，这是多么激励人向前的时代啊！

转眼到了"那一年"，天降大祸，我失掉了一切精神的和物质的东西，这部书稿当然也是在劫难逃，从此从我的世界的地平线上消失得无影无踪了。二十多年，时光就这么流水一样地哗啦哗啦地白白流走了，当我从漫长的"冬眠"中一觉醒来，真是茕茕一身，了无长物，仿佛光着身子从另一个陌生的世界跳了进来。或许人到暮年，都有怀旧之感吧，在繁杂的日常工作中，我也不时地想起过去有过的生活和生活中的大小事；这几年，可以看到一些国外的书目，才知道这些年来，国外有不少有关尼采的新著出版，而且随着资本主义社会精神危机的加剧，自打二次大战以来，世界上又出现了"尼采热"，仿佛尼采忽然一下子又成为西方世界的精神领导了；这时使我忽然又想起青年时期在困居中翻译尼采传的事，居然有些怦然心动，很想失去的译文和序文能重新回到手里翻读一遍，或者找到原书，重读一遍，可惜这也是不切实际的奢望；但和三十多年前一样，我仍然觉得，无论从研究还是批判的观点来看，作为现代思想家和作家的尼采，我们还是需要知道一些，了解一些的好，战后的西方世界所以重新出现尼采的形象，正是由于他对资本主义社会和一切存在剥削制度的社会的那两根支柱——金钱和权势的超人的轻蔑精神和毫无怜恤的否定和批判态度，以及他的"偶像破坏者"的意志力量。正因为他是一个复杂的人，他才是一个富有的人。阴谋家与正直的人生者都可以从他那里获取自己精神力量来武装自己，逞其所欲，伸其所能。适巧我的女儿在图书馆查阅旧资料，无意间发现了我那篇发表在解放前夕的论尼采的文章，这真是使我大喜过望，颇有点像商人发了横财一样地手舞足蹈，审阅之下，觉得我在青年时代那点对尼采的体会，还值得炒一下冷饭，拿出来献丑，如果能因此引起读书界的注意，能使我们的文苑出现一些有质量的尼采传译著，使我们的社会主义的百花园更繁茂一些，我们的精神生活更丰富一些，有助于我们从思想和精神方面了解西方哲学和现代派文学，那也不全是无意义之举。因此不揣浅陋，重新抄录了我那篇旧文，其意义就因为它是"旧闻"。

读《澹园诗词》①

黄润苏同志从事文学写作教学历有年所，工于诗词。其所著《澹园诗词》一卷，命意清新，格调高雅，内含丰富。或叙事，或咏物，或抒怀，真是笔走龙蛇，纵横自如。无论取材造意，遣词铸句，都能推陈出新，自成风格。足见其修养之功力，能出于古而不泥于古，自成一家者也。

贾植芳

一九八四年八月于复旦大学

注：

① 本书由学林出版社二〇〇一年出版。

《余上沅戏剧论文集》^①序

我和余上沅先生的相识和相交，算来只有短短的三年时间。一九五二年高等学校院系调整时，我们分别由别的院校调到复旦大学中文系，因为都教现代文学，又住在一个宿舍里，彼此为邻，所以由相识而渐渐熟稔起来了。余先生比我大了近二十岁。早在三十年代初期，我因为喜爱文学，杂读各类书刊，所以也早就知道了余先生的大名，算是一个老读者了。众所周知，他在二三十年代，是新月派文学社团成员，属于学院派的文人学士，和我这样奔走在时代风沙中的文艺学徒，是两种范畴的存在。但我也清楚地知道，他是我国最早一代的戏剧教育家之一，毕生从事戏剧事业，早在一九二五年，他从美国学成回国后，就和他的同学闻一多、熊佛西等人，首先把被封建士大夫所不齿的"小道"：戏剧，在当时的高等学府——北平国立艺术学院，正式成立了专业，开展中国的新剧运动，无论是理论建设，话剧的创作和翻译，舞台艺术的研究等等方面，培育了各类专业人才，打开了一条新的事业通路；后来他又当了十四年的国立剧专校长，以迄解放前夕，继续为中国现代戏剧运动培育人才，扩展专业干部力量，奠定了扎实的基础。作为一个戏剧家和戏剧教育家，我对他是敬重的；尤其是后来在工作和生活中我们熟惯了，我从余师母陈衡粹大姐的言谈中，知道他在解放前夕，正在英国和捷克考察和开会，他心向人民，谢绝了英国的聘请，毅然飞回祖国迎接解放，不愿留在异国去过优裕的生活，像他的新月社同人胡适、陈西滢、凌叔华夫妇，顾一樵，梁实秋等人那样。他保持了中国知识分子的传统气节。作为一个爱国学者，更使我对他肃然起敬，为他在历史转折的重大关头的明智选择而高兴。

那时复旦大学中文系正式建立了中国现代文学教研室，现代文学教学课程，由余先生、方令孺先生和我上课，余先生教戏剧，方先生教诗歌，我教小说，我算是教研室负责人。听学生们说，余先生教学认真负责、讲课有章有节、层次线索分明，从不在课堂开无轨电车，因此教室空气很严肃。我那时年轻，习惯在晚上工作，每当夜深人静时分，我走下楼来吃夜宵，总看到对面余先生楼下书室里的灯亮着，他还在备课。他努力使自己和时代同步，跟上新的生活节奏和规律。从这闪亮的灯光中，我看见一个爱国的知识分子那颗对祖国和人民的赤诚的心，他的闪亮的心。

那个时代，人们有一种解放的喜悦感，一股狂热劲头，仿佛长期困于饥饿的人，忽然得到了美味的食物，不顾一切地大嚼大咽一样，人们身上有使不完的劲，总想多干点什么才过瘾。正如余先生一九五四年在《大公报》上写的《谈谈万尼亚舅舅》一文中，他在谈到剧中人物苏尼亚时所说的那样："她又重新工作起来，并且劝她的舅舅也工作起来，一同为走向美好的生活而奋斗。她告诉万尼亚舅舅说：'我们得生活下去，我们要活下去，……我们就会看见一个光明的、可爱的、美丽的生活啊……'"这段话正是从旧社会过来的知识分子心境的写照。余先生来复旦后，除了繁重的教学任务，继续搞起文学翻译，他为良友图书出版公司翻译了苏联短篇集《队旗》，为泥土社翻译了美国进步作家小说集《光明列车》。从这两本译文题名的选择上，也反映了余先生对党的信任和感激之情，他赞美和向往新生活，为新生活唱赞歌，对生活的光明幸福前景充满了信心和力量。

复旦各系学生那时候组织起话剧团，余先生是当然的顾问和指导。就我的记忆，在我们共同相处的短短三年内，他指导学生排演过鲁迅的《阿Q正传》、郭沫若的《屈原》和契诃夫的《求婚》等剧。那次排演《阿Q正传》时，我们夫妇和刘大杰先生都应邀到场观看了排练，在习惯地称为登辉堂的大礼堂内，演员们在台上，他和我们这几个客人坐在台下的观众席上，仿佛是一个观众；他目不转睛地盯着台上学生们的一言一动，不时厉声地喊叫着"不对了!""重来!"等等。更多的是他随时像一阵风似的跑到台上,对演员们言教身教。看到他这种生龙活虎、一丝不苟的排戏精神,我忽然想起契诃夫的话:"舞台就是圣殿啊!"我从这里体味到他那种热爱事业和忠诚于事业的情怀。

大约是一九五三年的冬季,深更半夜里突然有人急促地敲我家的门,我正在楼上工作,家里人早已入睡,我忙下楼去开门,原来敲门的是余师母,她面色苍白,神情慌乱地对我说:"老余昏过去了,你看……"我从她的神态上看出事情的严重性,我一边喊我的妻子任敏赶快起来,一边大步流星地跟她走上她家楼上的卧房,余先生这时平躺在床上,还穿着厚厚的棉袍,脸色灰暗,双目紧闭。余师母喊着说:"上沅,你醒醒,贾先生他们来看你了……"任敏也披着衣服赶到了,我俯身摇着他:"余先生,余先生!"余师母在地上急得团团转,仿佛我是个医生什么的,因为在这深更半夜,宿舍内已一片漆黑,人们早已入了梦乡。余师母说,他今晚照例在楼下书房工作到现在,在她睡了一觉醒来,下楼催他去睡时,就看到他的神情有些不对,到扶他上楼梯时,一个跟头翻倒了。她已给他灌了些什么救急药物。这时他微微睁开了眼,一看到我们夫妇,责备余师母说:"怎么深更半夜地把老贾他们吵来了!"我看到他醒过来了,连忙劝他说:"我们还没睡,余先生你千万不要连续地开夜车了,你比我大了近二十岁,时间长了不是事啊!"我一面说着,不觉眼里溢出了泪水。第二天上午我起床后,首先踅到他家,迎头碰到余师母,她说,他今天有课,一早就上课去了。

到了一九五五年初夏,一场政治风暴自天而降,我们夫妇双双被卷进反胡风运动,先后进入牢房,接受审查。我的四岁的小侄女和她的在上海聋哑学校上学的十四岁的哥哥,我的侄儿,也被打发离开了上海,他们逃难似的回到了北京的父母身边,我们这个家就算"打烊"了,从此我们和余家失去了联系。

大约在一九五九年,我在监房看《解放日报》,那上面报道说,复旦外文系同学用英语排演曹禺的《雷雨》,上海戏剧学院余上沅教授三次来校指导排练,说他不顾年老体弱,在百忙中挤出时间,挤上公共汽车来校热心指导学生,每次排完后又匆匆地挤上公共汽车赶回学院,婉言谢绝一切招待和报酬,云云。……我读到这则报道后,心里先是抖动了一下:他怎么不在复旦了？但看到故人无恙，而且报纸上还对他表扬了一番，又着实安心，因为在这段时间的当中，即一九五七年，又有过一次热火朝天的"反右"运动，我也是从报纸上得知，我在复旦的同事们，一些老教授，文理科的都有，都纷纷"落网"，正如上海俗语说的："眼睛一眨，老母鸡变鸭"，转瞬之间，都成了"人民的敌人"，走到他们生命的末途上了。

历史七歪八扭地走到一九八〇年，党和人民粉碎了真正的暗藏反革命林彪、江青一伙；尤其是党的十一届三中全会以后，祖国大地日月重光，马克思列宁主义又以其真实的健康的本色回到我们生活中来了，随着祖国社会主义事业的复苏，极"左"思潮和路线所制造的一切冤假错案，在党的正确路线和政策指引下，得到了甄别与平反，我这时才"由鬼变成人"，恢复了"人籍"，我又回到人间的正常生活里来了，早已从我的记忆中消逝或变得模糊的一些人与事，纷至沓来，充满了我的生活空间。我又有机会碰到八十高龄的余师母衡粹大姐，我这才知道了在我们一九五五年被"捉将官里去"以后，就在这一年，余上沅先生也为杨帆案件的株连，受过审查，被关押一年后释放，接着调到上海戏剧学院工作，在"文化大革命"中，被迫害默默地死去了。现在他已彻底平反了，党和人民对他的一生做了实事求是的评价。余师母还说，就在他生命的晚期，患了不治之症的日子里，上沅先生还在接受造反派的批斗的同时，译出了美国贝克的卷帙浩繁的《戏剧技巧》等等戏剧典籍。历史证明，余上沅先生作为一个爱祖国、明大义的学者，有贡献的戏剧教育家，忠诚勤奋地死在自己教育岗位上的文学教授，是应该为人民所永远纪念的。

前几天，上沅先生的三儿子安东送来重版的他父亲的旧译《可敬佩的克来敦》，睹物思人，撩起我想到许多前尘往事。现在余先生的戏剧论文集整理就绪，即将出版，衡粹大姐要我写几句话，我更是乐此不疲。余先生毕生以戏剧事业为生命，除了长期从事戏剧教育活动，他的著译，在戏剧领域里，涉猎面很广，从剧本创作和翻译，到戏剧理论和历史，作家和作品的研究、评论和译介，以至舞台艺术的研究，剧院的建设等等，真是门类齐全，样样都有，这是我国现代文学运动，尤其是戏剧运动史上的一笔历史财富，一批宝贵的文献材料，只有用马克思主义的科学态度，历史地加以分析和研究，才能有所裨益，做出真实的历史认识和评价，吸取有益的经验和教训。这部《余上沅戏剧论文集》是他的众多译著中的一个重要部分，我为它的重新出版，感到欣快。同时，我写这篇小文，也是聊以借此表示我对余上沅先生的一点认识和哀思。

一九八四年八月中旬，在复旦大学

注：
①本书由长江文艺出版社一九八六年出版。

《巴金论稿》①序

　　我国的巴金研究，几乎和巴金一九二九年开始走上文学创作活动的时间同步。新中国成立以前的二十年内，虽也不乏一些有见地的评介文章，但总的说来，并没有形成一种专题性的研究气氛，多半还停留在随感性的书评水平。这主要是由于我们的以反帝反封建为其总主题的新文学运动在旧社会处在一种受压迫的地位，当时的反动统治者和它誓不两立，在这个主要的政治障碍面前，不可能形成一支专业化的现代文学研究队伍，更不可能形成一门专业性的学术研究。新中国成立以后，随着人民革命的胜利，我国现代文学的历史地位才正式得到确立，它作为一门专业进入高等院校课堂，这就为造成大批中国现代文学专业化研究人才创造了条件，打下了根基。我国的现代文学研究工作从此得到了充分的开展，作家作品的研究，其中包括对巴金的研究，出现了专业化的新气象，这是一大可喜的历史性进步。在五十年代中期前后出现的一些有学术分量的巴金研究论文，正表现了对现代文学以及作家作品的研究"正规化"的趋向。但好景不长，由于"左"的思潮的旋风越刮越烈，继一九五五、一九五七年文艺界两次大的政治运动之后，在一九五八年的"大跃进"中，文化学术领域又掀起了所谓"拔白旗，插红旗"运动，对于巴金及其作品以至前几年的巴金研究论著，形成了一股强烈的名为"讨论"实为"批判"的狂潮，而且延续近两年之久。虽然那是一次只触灵魂不伤及皮肉的批判运动，而且形式上还采取了争鸣的姿态，但那些由小文痞姚文元定了调子的千人一腔的以论代史的文章，和真正的思想分析和美学评价已相去甚为遥远了。历史也真喜欢和人开玩笑，甚至非常无情的玩笑。到了"十年浩劫"时期，中国又出现了第二次"文化围剿"，整个现代文学运动处于被"彻底砸烂"的命运。包括巴金在内的我国大小作家，同遭厄运，无一幸免。当时出现所谓"巴金批判"文章，实质上是一小撮文痞在林彪、"四人帮"的指挥刀下对文艺界实行"打、砸、抢"的具体表现，作家们陷于明人王夫之在《宋论》中所说的"辱之甚于杀之"的绝境，——被打翻在地。在这样一切学术文艺学科都沦为神学的奴婢的时代，文学实质上也就灭亡了。当时的中国仿佛又步入了欧洲的中世纪，那是一个扼杀一切生机的黑暗历史年代。

历史步履艰难地走到一九七八年，祖国大地日月重光。党的十一届三中全会以后，在粉碎林彪、江青反革命集团的基础上，继续开展了对长期危害我国社会进步的"左"的思潮和政策的深入批判，马克思主义又以其生气勃勃的真实面貌回到我们生活中来，这就为我国整个社会主义事业带来生机，也为发展和繁荣我国的社会主义文学事业带来了亮色，为真正实现"双百"方针，扫除了故障，打开了长期淤塞的学术研究闸门。我国的现代文学研究，包括巴金研究，开始出现了面目一新的气象，正式形成浓厚的学术研究的空气。近几年来，不仅陆续出版了一批有关巴金的专论专著，而且更可喜的是，在我们学术队伍中，涌现了一批中青年有生力量，开始形成一支专业性的巴金研究队伍，这一景象是空前的。现在呈现在读者面前的这部《巴金论稿》，就是两个青年人——陈思和、李辉同志，在新时期巴金研究工作中，经过艰苦的努力，所取得的可喜成果。

这本书原来拟名为《巴金前期思想和创作初探》，并非完全出于他们在治学和做人上的严谨和谦虚，虽然这是他们走上学术道路的基本信条；而主要是表明他们的研究的主题和领域是一些巴金研究工作中尚未触及或尚未深入的方面和内容，这就为这部新著带来了新的生命和信息。

陈思和、李辉两位同志，是粉碎"四人帮"后我国招收的第一代大学毕业生。他们早在复旦大学中文系求学时期，就在广泛学习中外文史哲著作的基础上，潜心研读巴金全部著译，悉心搜求中外有关巴金研究的论著，他们参与了由我负责编辑的《巴金研究资料》《巴金生活与创作自述》

《巴金评论选集》《巴金研究在国外》等有关巴金的资料性和研究性的专书的编辑或翻译工作。因此，作为他们研究工作中的一个主要特色，是把自己的论题建立在充足的资料基础之上，在吸取和借鉴了前人和今人的研究成果的同时，开拓了自己的研究课题和中心。这就有助于清扫多年来在我国评论界成为风气的以论代史，即从某些抽象概念或一时的主观需要出发，即脱离历史特点又背离作家的思想艺术实际的或褒或贬的抽象空洞的议论和不正之风；其次，在他们的研究工作中，一反我们过去多年来成为文学研究工作的定式的孤立静止地研究作家作品，用程式化、概念化和简单化的方法来代替对复杂的文学现象做深入的思想剖析和美学评价的老例，他们首先把问题提到一定的历史范围之内，从广阔的时代背景和中国社会实际出发，兼及世界的政治社会思潮和文学现象，来观察巴金思想和艺术上的表现，从巴金创作的思想和艺术实际来分析评价巴金思想艺术特色的形成过程和他在文学史上的独特成就与贡献；不仅注意到从巴金和外部世界的关系来研究巴金的思想和艺术，而且注意观察形成作家思想艺术特色的主观因素，或者说，注意到考察作家的主观世界——人生观、文化素养、生活经历、作家个性和气质等，在他的创作过程中的影响和力量，结合内外两方面的诸种因素，分题进行综合或单题研究。因此，也可以说，作者们在文学研究方法上也有所前进与突破。马克思说："哲学研究的首要基础是勇敢的自由精神。"这句话，适用于学术研究的一切领域和部门。在这里，是没有也不应该有懒汉和懦夫的位置的。这部散发着清新气息的著作所表现出来的学术上的胆识，正是保持了我国老一代革命文艺工作者最可宝贵的思想品质，以及这一优良的历史传统和风格。

我和他们两位相处既久，又当过他们两位毕业论文（也是收入这个集子内的两个题目）的指导教师。现在他们集腋成裘，又将他们散见于报刊上的有关巴金研究论文，经过认真的校改，整理成一部整体性的专著，我又是他们的第一个读者。现在他们让我写几句话，我心里真有说不出的喜欢，我感谢人民文学出版社愿意出这一本年轻人写的书，也正好借机来说说我对我国现代文学研究的一些感慨和认识、我的一点私见，是为序。

一九八四年九月一日于复旦大学

注：

①本书由人民文学出版社一九八六年出版。

我的第一篇小说①

　　说起我的第一篇小说，我就得从记忆上回过头，想到我少年时在省城太原上成成中学的时代和那里给我的文学和思想教育，或者说，我对文学开始觉醒时候的生活。我十四岁时从家乡山西汾城县（现名襄汾县）的山村跟哥哥贾芝到太原上中学，并一块儿考上了成成中学。这个学校是一个私立学校，由校长到教师都是北京师大出身的山西学生。她以学风艰苦朴实、对学生在学习上要求严格著称。我生在晋南山区，乍一到这里听课，因为任课教师大半是晋西或晋北人，我实在听不懂他们讲些什么。我因年小，长得又矮小，坐在教室第一排的第一个课桌上。同桌是一个石姓同学，似乎比我大些。他是河北人，父亲在阎锡山的晋绥军中当连长。他生在城市，见识自然比我广，也乐于助人，对我很关心，我也从他口里学习普遍话。他是走读生，每天来上学时，书包里都带着石印本的旧小说，如《彭公案》之类，我因为听不懂老师在课堂上的讲课，就似懂非懂地在课桌下看他好意借给我的石印本小说，以致向他借小说看，成了一个习惯，他每天来上学都给我换新书。这些书大概是他父亲的读物，因为都是些公案和武侠小说。但我从这些书里渐渐读出味道，把看小说当作生活中的重要课程，以致不断要求哥哥给我买上海出版的铅印本的旧小说，如《水浒传》《西游记》《红楼梦》《三国演义》等等，凡是能弄到手的，我都如

329

饥似渴地看，并且动笔学着写。大约是初中二年级下半年时，我竟写了篇以我们村里一家富商的家庭生活为题材的章回体小说《古堡笳声》。一九三二年我离开太原去北平前，把稿子投到《山西日报》。编辑部也郑重其事地给我回了信，我第一次在文字上被人称为"先生"，他们表示考虑刊用。但随即我就走了，没有了下文，或者说，我不知道它的下文，因为打这以后我只路过太原一次，并未在太原停留过，也没有和那里有过联系。

我在初中三年级时，学校的教学面目发生了很大的改变，由北师大新回来了一些年轻的教师讲课。他们是革命者，也在这里播放了马克思主义和新文学的火种。我的眼界被打开了，我来到这个世界上的十六年以后，才真正地睁开了眼睛，认真地看这个我所生活着的世界。因为我在努力阅读新文学作品的同时，开始接触马列主义的社会科学启蒙著作，以及国外文学作品，真正从"话说""且听下回分解"的旧文学世界进入了一个崭新的文学天地。这样，我又开始试写新文学体式的作品——诗歌、诗剧、小说，给自己起了个"冷魂"的笔名，并且开始在太原的报纸上投稿。所以我的第一篇小说应该是登在一九三一年《太原晚报》上的《一个兵的日记》。它是用第一人称的日记体写的，写的是阎锡山旧式军队生活的野蛮和腐败，初次表现了我对现实生活秩序的不满和抗议，对它的告发。我自然没有这种生活体验。在"九一八"事变后，学校掀起了抗日救国的怒潮，学校请来了阎锡山军队的一些中下级军官来校给学生上军事训练。这些家伙不仅说话粗鲁，而且作风暴躁，在军事操练时，动不动就挥拳打人，用脚踢人。我们本来出于爱国抗日的热忱，自动参加军事训练，还没有走上抗日前线的疆场上，却先挨这些军阀手下的小军官的拳头，这些家伙完全不把人当人看，真是是可忍孰不可忍！这大约就是我写这篇小说时的一些感性认识和体会。但更主要的是，我同桌那个出身军人家庭的石姓同学（他叫石炳炎）给我日常谈的那些军队生活知识和情况，对我的感触。如前所述，他的父亲是阎锡山晋绥军的一个连长，正是给我们上军事课的那些军官的同僚。这篇小说大约有二千字，记得连载了几天，也因为这是一张对开的小报，报屁股的地盘本来就不大。但是这些习作的发表却对我的文学写作兴趣是一个很大的鼓舞。同时，也从这时起，我开始认识到文学是一种改造社会、改善人生的武器。曹丕《典论·论文》中所说的"盖文章经国之大业，不朽之盛事"的观点，在我的头脑里开始了新的发展。

一九三二年初中毕业后，我又随哥哥到了北平，考入美国人办的教会中学学习高中课程。我在这里学习了两年半，终以"思想不良"受到刁难而被革出校门。我进这个学校以后，就接触到校内以及校外的革命力量，参加了一些有组织的学习和社会活动，开始更广泛地接触了马克思主义著作和革命文学作品，尤其是俄国和苏联的作品，同时在这些学习中，继续学习着写作。一九三四年我在天津《大公报》上用"鲁索"的笔名发表了小说《相片》，应该说，这也算是一篇以社会现实为题材的小说。我并没有这种生活体验，记得当时读鲁迅先生批评梁实秋的文章，梁说出身下层的人们，只要安分守己，努力往上爬，也可以出人头地。这是一种反对青年参加革命和社会活动的反动说教。我为了批判这种理论，写了这篇小说，意思是说明，在那个金钱是统治力量的社会里，穷苦青少年要得到受教育上进的机会简直比骆驼穿过针孔还难，不能在这上面发生不切实际的幻想；同时，也嘲笑了那种一心想使自己儿子成龙而向上爬，以便改换门庭的小生产者的自私和愚蠢的习惯势力，他们的思想认识活动，还不脱旧统治阶级的思想范畴。这倒是一篇主题先行的作品，但我那种热情却是真挚的；文章那种简而短的句法构造颇受当时在文坛上受人注目的张天翼的文风影响。

这篇过了半个多世纪的作品，前年才由我的研究生孙乃修从北京图书馆里找到并复制回来。记得就在同年，我还以在教会学校生活的亲身感受写了一篇题名《米》的小说，在北平的《京报》文艺周刊《飞鸿》上连载了两期。写的是帝国主义分子披着宗教慈善的外衣，在冬季天寒地冻的时期，以发放救济米为诱饵愚弄城市贫民而遭到反抗和失败的故事。可惜目前还找不到这份报纸。编者出题要我写《我的第一篇小说》的文章，我就以找到的《相片》来应命，把它算是我的头一篇小说，因为从这个时期起，我由原先朦胧地以文学为改造人生和社会的思想，渐次具体而清晰地发展起来的文学为人民革命事业服务的思想，日趋坚实地指引了我以后的文学活动。

注：
① 原载《山西文学》，一九八四年第十一期。

331

《热力》 ①新版题记

　　记得幼小时候看旧小说，那上面有一种形象而生动的比喻：一个人的头颅被击碎了，小说作者就形容说，这好比开了一个颜料铺：红的、白的、蓝的、黑的、青的……什么颜色都有。现在在我生命的暮年，动手编印自己多年来信手写的一些散文，杂文式的文章，想到它的五色杂陈的内容，忽然想到旧小说作者这种比喻，认为它恰到好处，因为"什么颜色都有"，就是这本小书的最大特色。

　　三年前，我编印了一本小说选，意犹未尽，又有些手痒，恰好经过朋友们的奔走努力，给我远从海外，近在校内的一些图书馆尘封的旧报刊堆中找到了我失散有年的那类不属小说、又不属于学术论文的杂色文章，加上这几年随手写的一些，居然有了一大叠。从时间上说、最早的是一九三四年、最迟到今年的一月份；从内容上说，叙事、记人、抒怀、杂感等类都有；从体裁上说，大部是散文，间有些杂文。从形式到内容，正如上面引用的旧小说家的比喻；五颜六色；也正如他们所指明的，是头颅当中的物事，——这些作品杂凑在一起，成了堆，不正是我脑海中那些五颜六色的东西的一种展览吗？我们说，人是环境的动物，又是时代的产儿。如果通过这些杂色文章，可以借此从一个小小的角度或侧面，认识我们这个处在巨变过程中的古老社会曲折地走向新生历程中的社会现实和历史情态，也未始全无意义。这就是我编印这本小书的一点儿含意。或许，这也就是它能够取得生存权利的一个因由。青年时期，读俄国作家安特列夫的书，他说："垂死的人想活在书上，是世界上最可怜的事。"这又使我感到恐惶和悲哀，有点儿手足无措。

　　一九四八年冬季，在严寒的上海，我刚从监狱里走出来，为了筹措离开我不能托足的上海的路费，在朋友们的帮助下，仓促间收集了一本题名《热力》的散文集，写了个前题和后记，以银洋十五元卖给我相熟的一家出版社，作为该社的《冬青文丛》之一，解放前夕出版，用的是那几年我用惯的一个笔名。书籍出版的当时，我正在流亡途中。一九四九年夏，我回到解放了的上海，把印出的书照例分赠给有关友人留念。到了一九五五年，由于所谓"众所周知"的原因，我又一次被命运捉弄，进入蚕室，一切的一切，荡然无存。等了二十五年，即一个世纪的四分之一的时间，神州大地日月重光，我由"鬼"变成"人"以后，这本小书竟遍寻无着。我完全明白，从那时以后，在"左"的思潮每况愈烈的时势下，中国知识分子只能在愈来愈低的政治气温中——或者如一位时人所说，乍寒乍暖的政治气温中存活挣扎，我既已被正名定性，为打倒声淹没，横遭灭顶之灾，那么，收藏它实在和私藏军火的危险不相上下。后来的事实证明，那些我照例赠书的友人们，有的就因为这类缘由而受到株连，与我同一下落（或者用法律的语言说，彼此"同案"），身遭噩运；而那些还能生活在社会上的友人们，当然有的是赶紧上缴，以明心迹；有的是暗自销毁，消灭罪证。这种情况和苦衷，我完全理解和同情，以至感到歉疚：大难临头嘛！于是，俄顷之间，在时代的大浪潮的冲击下，它的这条小命，只能化为乌有。现在这个集子里收集的这部分材料，我所根据的是一个复印本，这是日本友人今富正巳教授从他的国家复印寄赠的。这使我不禁想起近代海禁开了以后，我国学子远涉重洋，负笈东西各国，从那里的博物馆藏书楼抄录中国散失在海外的古籍这样的历史掌故。清代诗人陈恭尹诗云："谤声易弭怨难除，秦法虽严亦甚疏。夜半桥边呼孺子，人间犹有未烧书。"他这里说的是清代异族统治，历兴文字大狱以后的情况，同时也概括了中国知识分子的共同历史感；天下有烧不完的书！这个祖传的老办法，并不如想象得那么高明灵验，它只能是逞快一时，而落得个如唐人杜牧所感叹的"秦人不暇自哀，而后人哀之"的可悲后果。

其实，正如车尔尼雪夫斯基所说："在历史的过程中，文学的任务未尝不重要，但那差不多常常是第二义的。"他反复又说："所谓文学，在一个国家的历史发展中，常常只是具有第二义的影响。"我看这个俄国革命民主派的论点，应该是属于对文学的意义和功用的真切理解。而这些年来，我们实在过高地估计了文学作品的功用和力量，由国家命运到社会治安，好像完全取决于文艺和它的作家似的。"四人帮"一伙，把文艺工作者和一切精神劳动者呼之为"教唆犯"大概就是这种文艺观念的最高的科学概括了。我也算是个吃文艺饭的人，年逾古稀，已到了看到火葬场烟筒的年纪了，但始终没有这么高的认识和觉悟。我愤然于这种把文艺和作家的功用夸大到吓人高度的论调，因此，此次选集印行时，我本想袭用日本近代诗人石川啄木的一首诗名《悲哀的玩具》作书名，也凑巧这本小书内收有我借用这个题目所写的一篇散文，就是为了抗议这种高调。因为把一种事物推到极端，它只会走向自己的反面，"物极必反"，古有明训嘛！这样"重视"文学的结果，往往就是以断送文学为后果。"文化大革命"，就是一个"史无前例"的"样板"。

言归正传。现在我却仍然沿用了一九四八年编印散文集时所用的书名《热力》。因为时间虽然已经过了四十多个春秋，但我仍然保持了对文学事业的那点纯真的追求、信念和向往。

关于编辑体例，再交代几句话。这本小书的特点是"杂"，为了保持这个"杂"的概念，所以没有按照一般的编例，从体裁、内容上来分类，而是以写作或发表的编年编月次序来排列，因为形式决定于内容、形式是一种服务手段式的存在，是为了体现内容的需要而采用的。从编年史的角度来排列，或许更便于检索自己的思想情感的踪迹，具有真实的历史的整体感和内在的统一性。

在本书的成书过程中，毛时安同志和陈思和同志从编排到文字校勘都对它尽了培育的努力。因此，它又是我和青年一代同行交谊的一点记录，有它的纪念意义。

家乡出版社的张仁健同志来寓组稿，那么，我就乘机把这本小书，作

334

为远方游子的一份薄礼，奉献给生育我的故乡和那里的父老兄妹们吧！

一九八五年三月下旬在上海

注：

① 本书以《悲哀的玩具——贾植芳作品选》为名由北岳文艺出版社一九九一年出版。

《写给爱人的信
——中国现代作家家书集》①序

　　我国有一句老话：家书抵万金。那意思无非是说我国民族对家书的重视，一封诉自肺腑的家书，不仅可以使亲人知道他的行止起居，更能使亲人想象到他的声音笑貌，起到所谓"如见其人，如闻其声"的作用。但在非亲属的旁人看来，是还有别的更深的意义，正如鲁迅先生在孔另境编的《现代作家书简》的序言中所说的："实在是因为要知道这人的全般，就是从不经意处，看出这人——社会的一分子的真实。"对于作家来说，他的职业或事业决定了他是时代和人的精神、心灵的探索者，可称是"灵魂的工程师"，那么他的家书，尤其是写给自己最亲爱的人——妻子或情侣——的信，其价值就应该更高许多倍了："远之，在钩稽文坛的故实，近之，在探索作者的生平"。

　　这主要因为当作家在给妻子和情侣写信时，写作情绪和他平时写"作品"时的情绪有些不同，他这时就仿佛是脱了制服换上便装一样，多是信手写来，自成一格，他的心处于开放状态，于无意中显示了自己的真实。因此，从这里最能窥见这个作家的心性品质和思想风貌；进而从他的职业来看，更能借此从一个人生活的一角一隅，——而且是最深邃的一角一隅，反映出他那个时代风采以至文坛气候。书信应该是一种更讲究诚实的文学，因而一般书信本身不大重视雕饰文藻，"往往能得到比看他的作品

336

更其明晰的意见，也就是他自己的简洁的注释"。这就更能显示出他的人格和文风。反过来说，如果一个作家连对自己的爱人也装腔作势，谎话连篇，或者讲些充满虚情假意、言不由衷的假话，那这个作家恐怕连一个人也算不上，和"灵魂的工程师"的称号就根本不相干了。

当然，这是指一般正常的历史社会条件下的情况而说的，也有例外。譬如在那个"史无前例"、抄家成风的时代，在抄家"物资"中，被抄者的书信、日记往往是最为令人注目的焦点，由此成为"罪证"的比比皆是。不是在我们的当代文学史上还有凭书信定性定罪的大案吗？不是还有因写了书信日记而遭到杀身之祸的吗？在这样的非常历史时期，人们为了争取生存的权利，只好靠说假话而苟活，依此而推之，往往对最爱的人也说些假话。如有的人自己明明身在羁绊之中朝不保夕，为了安慰和自己休戚相关的亲人，也只好在信上说些"一切如常"，"都好"之类与实际情况大相径庭的话，虽然其目的是为了对付邮检这一难关，其实也是为了使亲人减少些悬念之苦。相濡以沫，反倒更显出其对亲人感情之真实。不过，这只能作为一种颠倒了的时代里的颠倒现象，实在是不足为训的。

在社会生活日益充实与丰富的今天，几位青年朋友怀着一股热忱，广泛搜求，费九牛二虎之力，编了这本《写给爱人的信——中国现代作家家书集》。这是三十多年来所罕有的一部拓荒性的文献，填补了这个角落里的一页空白。它不仅依据了以前公开出版的这类出版物择其精粹而录之，而且还得到一些老作家的赞同和支持，初次发表了他们的私人信札。如前所言，它们反映了这一漫长的历史岁月里，我们的时代和社会风貌，文坛动静，以至政坛风云，作家个人的文风和人格，是给中国现代文学史和现代作家研究提供的重要文献材料。至于作为生活读物，它们当更能给人一种精神和美学的享受，给人一种慰藉和欢悦，甚至像我这样已到垂暮之年的人，读着它，也居然有些焕发了青春的感受，它又何止是历史故实的意义而已？

我喜爱这样的书，因为它是最近于诚实的文字。也因此，不避吹捧之嫌，我写了这篇不成敬意的小序，用以推荐给广大的读者，并感谢这几位热情的青年朋友做了一件早就该做的有益的好事。

一九八五年四月于上海

337

注：
①本书由山西人民出版社一九八七年九月出版。

怀念丸善书店

——海外散记之一①

大约在一九四二年，也就是抗日战争最艰难的时期，那时，我蛰居在西北一个荒漠的城市里，像一只鼠子似的生活着。一天，读到当地报纸上一则简要的消息说，开设在日本东京的丸善书店，已宣告憩业；并介绍说，该店创立有年，为亚洲最具规模的经售外文书籍的书店云云。当时读到这则消息以后，我的心不禁紧缩了起来，好像不意之间听到一个友人逝世的噩耗似的，我有几天很不好过，恍然如有所失，但更主要的是，我感到了不可遏制的愤怒，同时又感到这也本是意料之内的事，不足为异：正在疯狂地进行野蛮的侵略战争的日本军国主义分子，正像古往今来的一切反动派一样，他们逆天行事，干的既然是些见不得天日的黑暗行径，就必然会发展到仇恨人类的精神文明成果——代表人类智慧的书籍，以毁灭文化来自安自慰，妄图用愚昧来维持自己的残暴统治，正像人们需要书籍来开发自己的精神世界，增进自己的智慧营养那样。当时，我很想濡笔伸纸写点什么，来抒发我的愤懑之情，但我当时的处境，也和处在日本军阀铁蹄之下的日本人民差不多：在国民党反动派的封建法西斯统治之下，中国也是大夜弥天的黑暗日子，人们像置身在密封的罐头里，被剥夺了正常的呼吸自由。……

这几年，因为工作关系，我每每碰到来访的日本友人，总爱向他们打听丸善书店的情况。他们总是平平常常地回答我说："丸善嘛，开设在东京日本桥一带，经营外国书籍。"他们并不能从我的问话口气里听出音来，还认为我是打听它的地址呢。这也难怪，他们大多年事较轻，当了教授的也不过四十左右的人，并不了然历史上的情况，因为军国主义统治日本早已成为历史陈迹了，而那时他们还在童蒙时代，甚至还没有出生。但我听了这些内容一律的回答以后，心里又不禁为这家书店在战后得以重生，感到由衷的喜悦。

我之所以对这家书店怀有长远的感情，念念不能相忘，是我在青年时代的学习道路上，在我的建设自己的知识工程的过程中，它是我的一个良朋益友；那时，我每和它接触，总像翻开一本新书时似的感到暖意喜人。因此，虽然和它的交往已是五十多年前的往事了，而我对它的记忆和怀念，却历久弥新，难以忘怀。

我知道丸善书店，大约是在一九三四年，那时我在北平当学生，因为置身在美国人办的教会学校里，已能稍事涉猎外国文学书籍了。那时，北平东安市场有几家旧外文书店，成为我时常出入之所，听说，它们卖的外文书都是从日本的丸善书店批来的廉价书。我的哥哥贾芝和他的同学朱颜（锡侯）在中法大学孔德学院读书，那时已和东京的丸善书店有邮购关系了。据说，这家书店为读者服务的工作真是做到了家。你只要投函给他们，写明你的专业和爱好（我指的是哲学、社会科学，尤其是文学一类），他们就会随时向你提供有关部类的新书讯息。遇有一批廉价书出售，他们会不失时宜地把书单寄给你，听凭你挑选，而无论是你需要购置的新版书或廉价书，你只要把书目寄给他们，他们会很快地照单把书寄来，你如翻看后决意买了，然后再把书款汇寄他们，如果看后不中意，可以在一定时间内把书退还给他们，邮资也概由他们支付。他们像相信自己那样地相信读者。他们经营的书籍语种，除俄文及中文外，世界各种文字的出版物可说搜罗齐全，应有尽有；如果他们书目上未收入的书类，你托他们代购，它也能及时向原出版地代为购置，决不失信。我哥哥贾芝和他的同学，后来也是我的朋友的朱颜，他们的英、法文藏书，就大都是通过从丸善邮购这个关系积累起来的。后来我到了日本，不久，朱颜也去了法国，我替哥哥在丸善买书，差不多成了家常便饭了。

一九三五年底，北平爆发"一二·九"学生运动，我这个一贯不安分的学生，旋即被地方公安机关"逮捕归案"，中国的反动统治者开始用他们的专政机器来"教训"我了。到了翌年春天，由家庭花钱托人，费死费活地把我保释了出来，因为还留着一条"随传随到"的尾巴，我只好三十六计走为上计。查考起来，中国从清末维新运动失败，康梁逃捕东渡以来，日本因和中国是一衣带水之隔，已成为中国知识分子的逋逃薮，以迄于一九三七年抗战军兴。正像十月革命前的历代俄国知识分子和革命者以西欧为逋逃薮那样。我那时是个还不到二十岁的青年，也只好踏上前人的足迹。我哥哥托他学院的一个教授，在日本驻北平大使馆弄到一张入境签证，我以逃亡兼留学的身份，买舟东渡；孑然一身地到了日本，在我的幼小的心灵里，初次尝到了去国的悲哀。

一九三六年初夏，我到了东京，因为学过点日文，所以一边进东亚高等预备学校继续学日文，一边考进日本大学社会科。从这时起，坐落在东京日本桥的丸善书店就成了我时时涉足之地。这是个驰名亚洲的外文书店，它所经营的外文书籍种类繁多，真是琳琅满目，美不胜收。它大大打开了我的眼界，增长了我的见识。由于年深月久，我已不复能记忆它的布局格式。我不觉得这是一个买卖场所，倒像一个研究单位的书库。它那幢三层的红色建筑物和耸立在大门口两旁的纯白的维纳斯塑像，却仍然色彩鲜明地留在我的记忆里，好像还在眼前一样。近阅周作人写于四十年代的《瓜豆集》，那里有一篇记叙丸善的文章，对丸善的历史和规模论述得甚为详尽，好像是一篇为丸善书店写的碑文。但我在日本居留的短短两年的时日里，在和丸善打交道的来往中，有几件事却值得写在这里，以志不忘。

我们现在正在进行体制改革，为了繁荣我们的文化事业，改善书籍流通供应的渠道，打破新华书店独家经营的过度集中局面，各地陆续开设了不少民营书店，为解决读者买书难的问题，提供了不少方便。我这里记述的有关丸善书店对读者服务的故事，大约还不算明日黄花，值得作为参考。

这里我说的几件事，都是国内亲人或友人托我在丸善买书时的经历或故事。

我的哥哥那时初学德文，写信要我买一本斯托姆的小说《茵梦湖》，作为自学教材之用。我跑到丸善的德文部，说明作者和书名后，店员立即在书架上给我抽出一本厚沉沉的，装潢精美的《茵梦湖》。我接书后，正在掏钱包要付钱时，这个店员对于我这个穿一身黑色大学生制服的学生，忽然发问说："你买它作什么用？"大约因为这是一本普通的小说，他看我的服装年龄，绝不像个收藏家，所以才这么发问的。我说，是替朋友买的。他又颇感兴趣地问道托我买书的人的德文程度，以及他是否也是个学生，等等。我说，正是，他和我一样，是个学生，他是把这本书当作初学德文的教材用的。他听了哈哈大笑说："那你犯不着买这么讲究的版本，花钱多，用起来不方便，有一本定价低廉的文库本就满可以了。"说着，他收回原书，去另一个架子上抽出一本用普通纸张印的三十六开的平装文库本递给我说："那种版本要十多块钱，这个文库本却只要一角五分就够了，多便宜呀！"我感到站在我身旁的这位服装整洁的店员，好像并不是一个商人，倒像一个相熟的同学或朋友。我向他付了钱，这时他才像个店员似的，向我道了谢，我感到从这本薄薄的小书上涌现出一股暖流，直透心底。……

一次，一个在北平上学的朋友要去法国上学，来信要我代他买一本英文或法文本的世界地图集。我接信后，直奔丸善书店，我向一位店员说明来意后，一转眼之间，他给我搬来一大堆各种不同版本、不同装潢、不同厚薄的世界地图集，要我挑选，英、法文版的都有。他说，如果对这些不满意，他再去拿。我好像在一桌五味杂陈的盛宴前面无从下箸似的，只好请他帮我挑选。这位店员又像上次那位卖德文书的店员似的，问明了使用者的身份和用途以及他的英、法文程度以后，给我挑选了一本价格便宜、体积又比较小的便于携带的法文本世界地图集。我那个朋友收到我给他买的这本地图集以后，来信对我大加赞赏，佩服我的选书本事，我只有从心里感谢这位店员先生的高明了。

上两回事，都发生在一九三六年之间。到了这年年底，我的哥哥贾芝来信要我给他买一本安那托·法朗士的《在白石上》。我接信后，去神田区的安田银行取了些存钱，又搭车到日本桥，进入丸善书店。那是一个落着小雪的日子，店堂里比平常更寂静，到我进入店堂的法文部，大衣上已是一层白了，学生帽檐上还滴着化雪的水珠。这副样子，当然不是闲逛者或涉猎者了。一群闲着的店员围拢我，不无惊异地问我需要什么。我说要一本法朗士的小说《在白石上》。几个店员连忙分头去书架上找。等不了一会儿，他们纷纷来告诉我说，你来得不巧，这本书脱销了，并一再表示歉意。他们马上又接着说："你如果急需，请留下住址，我们打电报给巴黎的书店订购，到货后，再通知你来取。"我觉得这么一个大店子，大概不会为一本不值几法郎的书这么费周折，他们不过出于商人的礼貌安慰我罢了，我漫然地写下地址后，悻悻然地离开了这里，随后也就忘却这回事了。

第二年的春季，我陷入了"经济危机"的状态，因为帮助一些穷朋友，我把钱早用光了。家里是按期给我寄钱的，离开这个法定的日子还远，我早已靠典当度日了。那时，我住在淀桥区早稻田大学后门一条叫户冢町的小街上一个二层小公寓里。这是个文化区，这个地区的商业结构，大约也是以住在附近一带的学生为营业对象。除了饭馆、新旧书店、吃茶店、麻将店等等与学生生活有关系的店铺以外，就数当铺（质屋）顶招人注目，它们真是栉比鳞次，一家挨着一家。日本的当铺，当时当期以一周为期，利息率很高，名副其实的高利贷。它们除了受取衣物用品外，书籍、大学文凭也可以入当。到眼下我写这篇文章时为止，我还有好几种旧的外文辞书没有赎回来。这年春天，东京雨雪连绵，我除过早把秋夏西装、大衣以及毛毯、留声机、唱片之类用物依次送入不同字号的质屋外，稍值几文的外文书籍也都挨次地当掉了。真是到了山穷水尽的日子，连习惯地在门口日本小饭铺吃一毛五分一顿的"定食"（客饭）也已成为历史的回忆了。我只能用四毛钱买一个长面包，拿回房间里，用小刀切成薄片，烧些开水当汤菜，"节约用粮"地挨日子。好在天寒地冷，雨雪纷飞，不会有朋友来打扰。我坐在房间里一边读书，一边听着肚子叫，又有一种莫名其妙的快感。一天早上，八点钟光景，住在楼下的邻居川口君的妹子，忽然向楼上喊我说，有客人找我。我下了楼，一眼就看见一个披着斗篷雨衣、穿着长筒胶靴的商店小伙计模样的青年站在当门口，身后停一辆摩托车。他看到我下了楼，连忙鞠躬如也地问候，接着把手从斗篷里伸出来，递给我用书皮纸包好的一本书，说："我是丸善书店的，您先生订的那本书，我现在给您送来了，耽误了您的事，真真对不起！"说完，又是深深的一躬，同时把发票交给我。我茫然地随手打开包纸后，看到是法文本的《在白石上》，才恍然想起年前在日本桥丸善总店买这本书的事，竟像一个梦境。发票上的书价是日金伍元，大概我先是茫然不解，后来又显得很狼狈惆怅的神态也使站在我身旁的川口君的妹子吃惊了，她兀自站在那里，呆呆地望着我，好像我碰到什么不幸似的，有些不胜其同情的意

343

思。这个川口一家，在这个小公寓楼下开着一家速记传习所，开业授徒，一家四口，只有一个四岁的小男孩，常常爬上楼梯到我房间里找我玩，他很喜欢我台灯脚下那只用金属铸成的牛，上楼就抚摸它，好像它是这个房间里唯一值得怀恋的物事。我和这家芳邻是相敬而又相远，除过碰头时说几句家常话，并没有友谊的来往。只有他这位二十多岁从北海道乡间来的长相茁壮的妹妹，好像排遣寂寞似的，她除了为兄嫂一家操持家务外，也常常喜欢和我东长西短地说些什么。这是一个身材肥胖、性格明朗的善良女性，她常常喜欢帮我做些杂事，如收信传达之类。当时我身无分文，这五块钱的书价如何付，实在是个天大的问题，我既不能开口向日本邻居借钱，又不能对这个冒着雨雪送书的小伙计说什么推托的话。真是情急智生，我猛然记起住在附近的山西同乡，在早稻田大学政经科上学的侯兄，于是我关照这个小伙计等一下，连忙穿了木屐，冒雨跑到侯兄住处。他还没有起床，听到了急促的敲门声，他睡眼蒙眬地给我开了门。他比我年长，我向他说明近日"苦况"和目下的窘状以后，他像是完全清醒了似的大笑起来说："你怎么早不吭声，这有什么不好意思的，真可笑！"说着，他摸出一张十元的票子给了我，我这才打发走冒雨送书的丸善小伙计，望着他的发出隆隆声音的摩托车的后影，我不禁对这家书店的"言必信"的风格，由衷地感到高兴。

当时，在早稻田大学前门的商业区还有丸善的一个"出张所"（营业所），更是我每日出外就食或散步时必须踅进去玩玩的所在。我在日本近二年时间里，从它的日本桥总店和这家"出张所"里买到不少廉价的我所喜爱的书（新版书我一般是买不起的），如马沙克的《俄罗斯精神》、勃兰兑斯的《俄国印象记》、尼采的《查拉图斯如此说》（英国印的毛边本）、阿尔志巴绥夫的 *The Breaking point*（《〈沙宁〉续篇》）、柯根的《安特列夫研究》、法捷耶夫的《十九个》、高尔基的《日记断片》以及零零碎碎地凑成套的加奈特夫人的英译本陀思妥耶夫斯基的作品集，伊凡·蒲宁的《乡村》、库普林的《亚玛》等等。我还用廉价从这里买进安特列夫的多幕剧《加特琳娜·伊凡诺维娜》英译本，并把它译成了中文。可惜我这堆心血，太平洋战争发生后，在日军占领香港时都毁于战火，弄得片纸无存了。

我在日本居留的时间里，虽然常常受到日本刑事（政治警察）的干扰，他们就像夏日的苍蝇，总在你身旁嗡嗡不已，使你厌恶，认识到这是一个不自由的国度；但那些邻居男女老少，以及我所接触到的日本知识分子，那些善良的普通日本人民，还有我常常流连忘返的那些陈旧书店，却使我感到温暖和慰藉，给我以力量和勇敢。特别是这家丸善书店，更使如今已到了垂暮之年的我，常常带着强烈的感激心情，怀念不已……

注：
① 原载《世界纪实文学》第一辑，一九八五年十月。

我在中条山的抗战生活

　　一九三七年抗战爆发时，我正在日本东京的日本大学社会科学习。我的专业是社会学，但我最喜欢的专业是文学，我不仅参加了东京留日学生的进步文艺活动，也向国内杂志写文章，仍把自己置于中国的左翼文艺活动的行列。像我这一类中国留学生，当时都被东京警视厅亚细亚特高科置于他们的刑士（政治警察）监视之下，经常受到他们的干扰。战争一爆发，这种干扰几乎成了一种每日生活中的中心内容。为此，我离开东京，在神户避居了一个时候，托当地就商的华侨买到英国船票，与一批同学离日返国，投身抗战。同年九月返国，因上海已被日军攻陷，在香港上岸停留了二个月，即速返内地。几经转辗，我于一九三八年八月被当时的军委会政治部派往在山西中条山一带作战的国民党第三军第七师政治部任上尉日文干事，从事对敌的日文翻译工作，受主管宣传的政治部第三厅（郭沫若任厅长）领导。

　　那时抗战，形势还处在正常阶段，即政治上的统一战线的局面还较为稳定。我在这个军队共待了十个月（从一九三八年八月到一九三九年五月）当时这里的政治军事形势复杂，既有国民党的中央军和称作杂牌军队的川军，又有山西牺盟会领导的地方武装和八路军的游击队。我所在的第三军部队大部分在夏县一带的中条山区驻防和作战，而当时的县政权系由

346

牺盟会领导，县长是刘裕民同志，区牺盟会负责人叫干玉梅同志，他们的名字我还记得。因为我是山西人，又不惯于所在的所谓"中央军"那种旧军队所特有的腐败风气，因此除过本职工作（翻译保护敌军文件，包括士兵家书，配合形势，编写日文宣传材料，用油印传单形式在前方散发，在撤退前的村壁上涂写对敌宣传的日文传单标语，教军部侦察队的日语知识，等等），在战局稳定时期，我常到县政府，牺盟会去串门，有时也住几天，和这里众多的青年同志（那时我才二十出头，也是个青年人）在一起，感到自在些！因为大家有更多的共同语言，这也是我当时生活中唯一的乐趣。同时，我仍然继续写些文章投寄后方报刊，因我在日本求学前即开始为报刊写文章。在日本留学期间，又因投稿与胡风同志结识，他当时办《七月》，约我为特约撰稿人。《悼黄浪萍君》《距离》，就都写于中条山战地。《从中条山寄到重庆》则是我给胡风同志的一封信中的一段，由他摘取其中的部分发表，标题也是他起的，这些都发表在当时尚在武汉出版的《七月》上面。

到了一九三九年初，即武汉失守一段时间以后，国民党提出了"溶共""限共"的反动政治纲领，这就是我们史书上所说的"第一次反共高潮"的形成时期。他们的反共活动的一个重要组成部分就是清查因抗战而加入国民党机关或部队的非党团人员。我既不是国民党员，和他们这个圈子里的人更无瓜葛；同时，又在后方的进步报刊上投稿作文章；我到这个军队十个月以来，取同流不合污的态度，又常和地方上的进步抗日势力往来。这些因素凑在一起，也就自然而然地成为他们怀疑的对象，我自己心里也更有数。当时我所在的师部政治部的一个负责人，有一次向我提出，准备送我到洛阳第一战区政治部去"受训"，说这是上面的安排。我明白所谓"受训"就是审查的别称，是一个陷阱。我是来参加抗战的，不是来找生活出路，更不是想借此为进身之阶，讨个一官半职的。我在战前吃过国民党的政治官司，更多一些阅历。原来，战前我之所以东渡日本求学，就是因为参加了一九三五年的"一二·九"运动，因而事后被北平公安局的特务科逮捕关押的。当时蒋介石正为此颁布了臭名昭著的《危害民国紧急治罪法》，在各地大肆搜捕、镇压。我关在牢里快三个月，由家庭花钱找门托人，给一个什么官送了一笔可观的贿赂，好容易才费死费活地把我保释了出来。但事情并不就此了结，还留着一个"随传随到"的尾巴，也就是说，随时都有"二进宫"的可能。因此，我才半流亡，半留学地去了日本读大学。而我这段历史，在这个环境里只有我自己知道。风声既是日见不好，处境既然开始险恶，我就只有三十六计走为上策。因为我是山西人，家住山西汾城县（现为襄汾县）。我就以探视母病为由，请了三星期短假（这是当时作战部队的条例：不准请长假，否则以临阵脱逃论处；短假以三周为限）答应回来后再去"受训"，才得离开这个部队。

当时写的《嘉寄尘先生和他的周围》，是一篇报告文学，写的是我访问当时驻地附近的八路军一个支队负责人嘉寄尘同志的实况。但我写这篇文章时，已是一九三九年秋间的十一月，那时我已辗转到了重庆，它就写在我临时栖身的一个小客栈的地下斗室内。写成后我交给胡风同志，登在当时已移至重庆出版的《七月》上面。

《我乡》是以我从这个部队离开后回晋西南家乡为素材的作品。但它不是报告文学，而是一篇散文体的小说。它的背景是山西家乡，所以收在这里。它从一个侧面记叙了当时家乡人民的武装力量的抗日斗争和抗战给家乡带来的新的变化。但这篇小说却是写于一九四二年的西安，那时是我又经历了一次命运的打击后，流落在这里，过着半饥饿的鼠子似的生活。后来我把它连同这个时期所写的文章，一块寄给从香港回到重庆的胡风同志，由他刊登在一九四五年发刊的他所主编的《希望》创刊号上面。

这些都是近半个世纪以前的往事了。胡风同志已于年前作古，而我也已是年逾七十的老翁了，我们的深厚的友情，正是在这样的历史风雨中建立起来的。在写这篇记叙性的小文当中，我感觉到，仿佛我们又一块回到了历史的昨天……

一九八六年二月于上海复旦大学

悲痛的告别

——回忆胡风同志①

　　我国现代的真正意义上的诗人，杰出的马克思主义文艺理论家胡风同志，终于被万恶的癌症夺去了生命，离开了我们这个日益变得美好的时代，匆匆而去了。

　　那是六月九日的下午，我收到晓谷兄妹拍来的电报："父于八日下午四时去世。"这简单的几个字，仿佛是几枚尖利的针刺。我和妻子的眼里不约而同地涌出了泪水。我们俯首相对，陷身在深沉的静默里。

　　房间里的空气是凝滞的，烦人的盛夏闷热像忽然地消失了。

　　我在泪眼中无意地抬头瞥见了放在案头上的上海书店前几天寄来的他主编的《工作与学习丛刊》复印本，心里愈加难过地说："可惜你来不及看它了！"而它仿佛是一把开启我的记忆门户的钥匙，驱我走入了历史的深处。……

　　那是一九三七年的春天，当时我还是一个不满二十岁的青年学生，在日本东京的日本大学社会科挂着个学籍。我在开设在东京神田区的内山书店里接连看到了上海生活书店出的文艺丛刊《工作与学习丛刊》，头本《二三事》，第二本《原野》。我从它的编辑风格，撰稿人员阵营，喜悦地发现，这是继续高举鲁迅先生战斗文学旗帜前进的严肃的文学刊物。因此抱着试试看的心情，把已写好的一篇小说《人的悲哀》投去。这是一篇以我的第一次牢狱生活为素材的作品，当时我并不知道这个刊物的编者是谁。过了大约两个月，我收到了这个刊物的第四本《黎明》，我的小说登在上面，另外还有三十多元日币的稿费和署名胡风的编者来信。胡风这个名字当时我并不陌生。这个时期，即我来日本以后的短暂的一年多里，日本改造社长山本实彦曾邀请鲁迅先生为《改造》月刊每期推荐一篇中国现代的小说作品，介绍给日本读者。我每期都留心它所译介的对象，而在每月译介的作品前面，都有一个简要的作者介绍，它的执笔人就是胡风。也在这一年，日本左翼文人矢崎弹编了个文化评论性的刊物，它的创刊号里就有着胡风用日文写的文艺论文。而在鲁迅先生逝世前发表在《作家》上面的那篇《答徐懋庸并关于抗日统一战线问题》里，鲁迅先生称他为"明明是一个有为的青年"，这句为他辩诬的话更深深地印在我的脑海里。这时，飘扬在东京各大小书店的日本改造社在鲁迅逝世后出版的七卷本日译的《大鲁迅全集》的巨幅广告中，在编委会的名单里也列有胡风的名字。当时与鲁迅先生有关或影响下的上海几个文学杂志，如《文学》《译文》《中流》《太白》《作家》，以至《海燕》《夜莺》《现实文学》等经常刊载胡风的论文或译文。因此，我从开始注意胡风这个名字时，就把他认为是左翼文艺理论家，鲁迅先生亲密的助手。当时我也参加东京留日学生一些文艺活动，无意间听说，胡风就是谷非，那么我老早就熟悉谷非这个名字了。一九三二年，我在北平东安市场门口的昆仑书店花了大洋一元买过他所译的《洋鬼》，当时从这本书的底面登的出版预告里，得知他正在日本译高尔基的《旁观者》（《萨克姆金的一生》中的一部），我还眼巴巴地盼望能早日读到呢。而那时的左翼刊物，如《文学月报》《北斗》《现代文化》以至大型文艺杂志《现代》等，都刊登过谷非的诗文……总之，以这次投稿为契机，我开始结识了我早就有印象的胡风。

抗战爆发后，即一九三七年九月间，在日本警察的日益疯狂的迫害下，我弃学回国参加抗战，因为上海已经沦陷，我在香港上岸，暂作居留。离去前，我把所有的书物连同胡风这封来信都寄存在一位同船回国的广东同学陈启新同志的亲戚在万寨开的木匠铺的顶楼上，我只身投入了火热的战争，这些书物随后也就没有下文了。

我先是在山西中条山一个前线抗战部队里担任日文翻译和对敌宣传工作。到了一九三九年，抗战形势发生了第一次政治上逆转的暗流，我不得不逃离这个部队，辗转到了重庆。这是同年的十一月间。我被一个政治上的知心朋友曹祥华同志安排在一个报馆里工作。这时我才给胡风写了封信，告诉他我已来渝，在一家报馆工作。虽然在此之前，即我在山西前方作战部队当翻译时，多次向他办的《七月》投稿，被他约为特约撰稿人，又被约为西北战地特派员，早已建立了经常的通讯关系。写过信大约三天，一个早晨，他就找来了。因为我的信上没有说明报馆的名字，他说，他为了找我，几乎跑遍了重庆大小报馆，最后才找到这里。这时，我刚在重庆落脚，和几个光棍的留日同学又是同事合住在报馆租赁的一幢楼房上的两间房子里。因为只有四张床铺，我就睡在地板上，又因为是晚间工作，所以胡风来到时，我还在蒙头大睡。我在打仗的军队里混过近一年，已养成了一种警觉性，睡觉很清醒。当我听到一个浓重的湖北口音在门口高声问道："请问，这里有一个贾植芳吗？"马上就爬了起来，睡眼蒙眬地向发出声音的门口望去。我看到一个体格宽大的中年人，戴一顶旧式呢帽，穿着褪了色的蓝布长衫，中式黑布裤，布满尘埃的家做黑布鞋，提一根手杖，挟着一个旧的黑皮包。他的浑圆的脸上引人注目的是一双清澈明亮的眼神，那里散射出一种温厚而纯真的智者的光芒，和他的这身中式的朴实的衣着配合在一起，他的真实的中国书生本色，令你感到亲切可敬和一见如故。这时几个早起的同学闻声已拥向门口，热情地喊道："胡先生，你来了，请进！"其中一个指着坐在地板上的我说："这个就是贾植芳。"他虽然已跨进了门限，一边和迎接他的人打着寒暄，一边却停下脚步，直直地注视着我。他的情绪显然有些激动，因为我这时正忙着穿衣服，那是一套已看不出是什么颜色的灰白色布军衣，我又黑又瘦，这副落魄的样子，一定使他感到意外而又不是意外，所以显然使他竟有些黯然神伤的表情。他的眼睛湿润了，以致他竟顾不上围绕着他的那片亲切笑容，立即从长衫口袋里摸出一卷钞票，跨步递给还坐在地上的我，声调温和地说："这是二十元钱，你过去在前方寄稿子来，还存有一点稿费。"这以后，他才在大家的纷纷让座声中，脱下呢帽坐下了，情绪上才渐渐安定了。原来我这几个老同学一向在重庆做新闻工作，都认识他，大家都把他当长者尊敬。这天中午，就由这几个同学做东，大家在我们包伙的小饭铺里吃了一顿中饭，他们纷纷掏钱加菜，因为我刚上工，还是身无分文，我来这里以后的伙食，全凭这几个同学维持，因为我们在思想上都是志同道

351

合的朋友。

那时，胡风家住在北碚，他每周来重庆住三天，处理《七月》的编务，包括看稿、划样、上印刷厂、看清样和作者通讯等，一个人唱独角戏。他住在叫作重庆村的一幢楼上的一间斗室内。室内几样简单的家具，其中两把旧藤椅，和一个油漆剥落的写字桌算是顶出色的东西，屋角放一些炊事用具。他说，家原来住这里，大轰炸后，梅志和孩子们搬到乡下去了。从此，胡风每次进城都带信给我，约我在一块欢叙畅谈，多半是在这间斗室内，我们各坐一把藤椅，或者在化隆桥一带的小茶馆里。有时碰上吃饭的时间，就随便找个小馆，吃上两个烧饼一碗汤面。我们既谈文学、文坛，也谈抗战形势与个人的生活，真是海阔天空。我在重庆只住了三个月就又离去了。但这段发光的日子，却留给我显明的记忆，于今历历在目。

一九四一年，我又一次受到命运的敲击，流落到西安，只能和一些小商贩混在一起，做些小买卖以自活，抽空写些文字以自娱。处于和文化层隔绝的状态。偶然在书店里翻阅当地出版的官方文艺杂志《黄河》，看到上面登了一则杂文式的报道："香港被日军攻陷后，'左倾'文人胡风已步他的同志袁殊的后尘，做了汪伪南京政府的宣传部副部长去了。"而在这以前，又从什么地方看到一则报道说，香港沦陷时"胡风殉难"，后者使我难过，心怀故人；前者使我愤怒，直觉地把它看成了无耻文痞对他的造谣毁谤，因为正像鲁迅先生说的："我不信"。这以后，又在街头贴的一张叫《中国人》的小报上看到与《黄河》上同样的报道。我把这个自称"中国人"的小报的这种作为，看成有如鲁迅先生所云，是"有背中国人为人道德"的卑劣行为。鲁迅先生说的"胡风耿直，易于招怨"，那是指的"自家人"之间，这些造谣家却有别有来头的根子。语云："认识来源于实践。"我的这些愤怒结论，是生活实践教给我的。直到看到胡风登在桂林出版的一份文艺杂志（大约是熊佛西办的《文艺创作》或什么丛刊之类）的文章《当死人复活的时候》，他借用了易卜生的一部剧作的题目作标题，对这些谣言世家的恶啄做了纵身一击的回敬时，我才感到满足和快意，认为这是一个人应该有的生活权利。而且从当时的政治形势说来，这又不只是他个人的荣辱问题。

一九四四年，我又得离开我流荡数年的西北远行，在此以前我从重庆出版的《大公报》获知，他已回渝在复旦大学执教，我们又恢复了联系。我把这些年写下的文章加以整理后，一块儿寄给了他，余下的不成篇章的东西扔在一个朋友家的枯井里，还存在手头上的他的几封来信和一些书物都由已成为我的妻子任敏托她的一个在钱庄当伙计的亲戚去保存，我们又远行了。这些文章，由他发表在《希望》《抗战文艺》等刊物上，后来又由他收辑成书题名《人生赋》，作为他主编的《七月文丛》之一，一九四七年由上海海燕书店出版。

一九四六年抗战胜利后，我们夫妇又辗转到了上海，暂时借住在胡风家里。那时他一家也回到上海不久，他正在继续编《希望》和《七月文丛》《七月诗丛》。他住家的地方在雷米路文安坊，那是一座上海普通的弄堂房子，原来是周树人的旧居，战前就转让给他了。我们和他的一家——梅志和孩子们从此在生活中建立了真正的情谊。第二年秋天，我又一次被捉将官里去，我的妻子任敏同时被捕。这是我的短短三十多年生活途程中的第三次牢狱生涯。因为是以文学贾祸，捉我的那个特种机关，像以前提我的那些官老爷一样，忙着追查我的所谓"背景"。关了半年多似乎没审出什么，我就只好坐在里面听天由命。翌年春天，来了一位衣冠楚楚的官员，他的社会称呼是"特务"，由本机关的一个官员（他们是一票货色）陪同，说是来"看看"我的。这位衣冠楚楚的官员，吸着高级绿炮台香烟，拖着长长的腔调说："你来了时间不短了，我们也不是只会吃干饭，你是什么人你自己清楚，我们也清楚。"这仿佛是个过门，然后才做到题目上来了。原来他们非常关心我的"前途"，并指出了一条"光明的出路"："这在你并不难，所谓一举足之劳，只要你领我们把胡风捉来，或者你不好意思出面，只把胡风住址告诉我们也行，那我们就是个朋友了，这样大家方便，要不，哈哈哈……"这两个官员彼此觑了一眼，一起仰着身子哈哈开了，笑得很可爱。我也紧紧跟上，放声地哈哈开了，我这么一哈哈，他们反倒不哈哈了，而是奇异地望着我。我哈哈了一阵子，才放下笑声说："先生们，你们弄错对象了，我混在上海滩上，没得吃饭，胡乱写些小文章到处投稿，找口饭吃，我不认识什么文化界人，包括你们说的那个什么胡风，所以非常对不起，哈哈……"他们先是有些勃然之色，但随即抑制了，那位衣冠楚楚的官员跟着干笑了两声，咳了一声说："我再说一句，这是我们一番好意，愿意不愿意，这就要看你了。你的命运现在还掌握在你自己手里，我们给你时间，允许你继续考虑，你要自己珍惜自己。你不过才三十岁吧？太可惜了！"随即我就被押了下去，只好继续坐在里面，听凭魔鬼的安排。……这类时代命运的播弄，反而加深了我们相濡以沫的情谊。我们夫妇和胡风与他一家的大小的友谊，就是这么在历史的风风雨雨里一步一步建立起来的。

　　而对于我们这些人来说，个人的命运总是与时代休戚相关的，正如一位革命伟人所说，历史喜欢和人开玩笑。或者如一位革命伟人所说，"历史总打着圈子前进的"。到了一九五五年，命运又向我进行了严厉的挑战，或者说，开了一个大玩笑。瞬息之间，胡风被当作"暗藏的人民的敌人"，"被押上了历史审判台"，我也照陪末座，经历了长达二十余年的天路历程式的悲苦生涯。这是历史惰性的一次反射，是前进中的历史的一次迂回曲折。在一九五五年以后长达二十五年的漫长岁月里，我们真是天各一方，生死不明。直到一九七九年的春天，我忽然接到他从四川成都寄来的一封短信，信就寄到我原工作单位，虽然我那时还没有恢复原有的职称和工作，但确实回到了这个原单位，而他也显然是根据记忆或传闻投寄的。从这封简短的来信中，我才得知他刚被释放出来，现在才过着对他说来算是"养尊处优"的日子。一九八一年的春间，他在四川监狱里服刑期间所生的内因性精神失常病症，又在北京复发，为了求医，他在梅志和女儿晓风的陪同下，来到上海的龙华医院住院。从这时起，我们在相别二十余载之后，才又在上海相见了。我先是从梅志那里获悉了他们这些年的生活际遇。原来在"文化大革命"的前夕，一九六五年的十一月间，胡风被关押十年以后，在北京以所谓"反革命罪"被判处有期徒刑十四年，剥夺政治权利六年。随即被押到四川服刑，但那时他还被允许在专人的监视下，住在普通民家，生活上还有一定的自由，而且和梅志在一起生活，这就是俗语所说的"软禁"，算是一种"优厚"的待遇了。但到了这一年（一九六六年）的九月，"文化大革命"的烈火已在四川全省形成燎原之势，造反派夺了权，这时他独自一人又被收监关押。在四川雅安山区的大足县一个劳改农场里，与重刑犯同监，劳动的工种是用手搓麻绳，算是一种较轻的劳役。梅志也被同时收监关押在别处。他原来就不能理解他的所谓"反革命"犯罪和又被判刑的缘由所在，为此曾多次上书申诉，虽然照例遭到驳斥。这时身处与世完全相隔的绝境，又被与书籍彻底隔绝，虽然被允许看当地的报纸，但当时那些脱离生活实际，满纸浮夸的豪言壮语，使他不能卒读。他还怀疑这是专门编印出来给他看的，为此，他一次次地提出抗议，但也一次又一次地受到造反派的着力打击和迫害，落得个以镣铐加身的下场。梅志说，在此前后，他已习惯于借写作旧体诗词来抒发自己的愤懑之情和对友人的怀念之感。但劳改地方缺少书写的纸张，他不明利害，竟将自己的诗词随手写在毛主席像的周围和背后，一切有隙的地方，填得满满的。一次农场管教人员来监房搜查，被发现了，认为这是对领袖的莫大不敬和冒渎，是罪该万死的滔天罪行，于是本来已服满十四年刑期的胡风，又被造反派的公检法判为无期徒刑，这使他的精神受到致命虐待，加深了他的分裂性精神异常的病症。他这些年前后写了二千多首旧诗词，在他出狱后，才被发还，虽然已残缺不齐。梅志这次也带来了上海，要我得便翻阅一下。关于他在狱中写有旧体诗词一节，这在事先我已知道，因为他还在成都的时候，那时他的意识清醒，在收到我回信的第二封来信中，除附了一张他近期游峨眉山时和长孙张健的照片外，还寄来一首由梅志抄录的他在狱中写的怀念我的旧诗。他说，这是在缺乏纸墨的情况下写的，这是他的百首《怀春曲》中的一首，题为《酒醉花赞——怀贾植芳》，但他在诗前亲笔写的《小记》中说："当时原稿上没有怀贾植芳的字样。"这是不言自喻的。梅志当时从他带来的这众多的旧诗词中捡出一首题为《怀念鲁迅先生》的七绝一首交给我，我送给南京一家学院编印的刊物上发表了，这应该是历经二十多年的劫难以后胡风第一次和社会公开相见。

隔了几天，梅志第二次来我家，她通知我说，胡风约我明日上午去医院相见。梅志说，他虽然大部分时间处于昏痴状态，有幻听幻觉，但有时神态却极清醒，当上次梅志从我们家回到医院后，胡风询问了我们夫妇的健康情况，精神状态，居住环境，生活条件，等等。问得很仔细，也很周全，同时，注意倾听着梅志的叙述。他还告诉梅志说，我们到医院时，他自己要到医院大门口相接。第二天一早，我们夫妇和几个朋友一起坐车来到上海郊区的龙华精神病院，晓风引我们走上二楼，他住在二楼的单身病房里，是所谓高干病房。我们进屋时，他还在床上躺着，听见我们和梅志说话的声音，他吃力地挣扎着下床，眼里已经涌现出了泪水，我们也很激动，但强自克制着，强颜欢笑地扶他下床坐在沙发上。他显出一副呆痴状，很少发言，只是悄悄地流眼泪，梅志不断地替他拭泪水，它们又不断地涌出来，……直到我们离去时，他呆呆地望着门口我们的身影，兀自流泪不止。我们也不能自持了，我们夫妇泪流满面地离开了这个变相的监狱——精神病院。是的，时隔二十六年之后，我们终于又相见了，我们的泪水里，有着欢欣的激动，而在他的这种激越的感情里，还包含着对因他的名字而遭株连的许许多多朋友和青年的歉愧之情。但是人们是不会怪罪他的，因为这是历史的恶作剧，咎不在他。

这之后，我每次因事进京，或路过北京，总要抽空去看望他。在他逝世前一年多，梅志一次在信上说，他已好久没有犯病了，精神很正常，每天埋头写作，几乎到了废寝忘食的地步，全家为他的健康担心，又不好去干扰他，怕伤了他的心。这时期，他为人民文学出版社付排的三卷《评论集》写了数万言的《后记》，并为《新文学史料》开始撰写回忆录。在这些文章里，他回顾了自己一生所走的道路和文学生涯。间或也为报刊写些零星文章。我们听到这个讯息，一方面感到欢欣鼓舞，因他好不容易又回到了正常的文学生活中来了，这是一件巴望不得的大好事；另一方面，又不免为他的健康着急，八十开外的年纪了，又是久经劫难之后！不久，《中国比较文学》杂志创刊，辟有《中国作家与外国文学》一栏，我写信一方面劝他节劳，同时约他能写一篇这个题目的文章，想不到不到半个月的工夫，他就寄来了厚厚的一叠原稿，约一万八千字。他在这个复苏时期所写的文章，仍以文艺理论性文章为主，仍然思路清晰，论证缜密，行文主浅分明，语言清新可诵，不像出于一个年逾八旬的老翁之手。这篇《我与外国文学》，由我写了个简要的作者简介，发排在《中国比较文学》的第二期；另外，我又将原稿复制了一份，经寄广西出版的英文本中国比较文学杂志《文贝》(*Cowrie*)，由他们译成英文，也刊登在该刊第二期上，在他临终前夕，这期《文贝》的样书恰巧寄到。据晓风说，他把摆在他面前的《文贝》望了望，但已无力翻阅那内容了；而《中国比较文学》第二期，和上海书店重印的《工作与学习丛刊》一样，他都来不及看它了。……到今年八月，我又冒着盛夏的暑热从上海赶到北京，把他的遗体送到八宝山，和他做了最后的诀别。……

我在一九八三年出版的自己的小说选的《后记》里，写了一段话，现在引在这里，就算是我捧献在他亡灵前的一束用野花编成的花圈吧：

对于胡风同志在漫长的历史岁月中，给予我在文学上和生活上的热情扶持和无私的帮助，我将永远感激！现在仍以这篇《人的悲哀》作为这本小说选集的首篇，在我是有很深刻的纪念意义的！

正如人们所议论的，胡风是一个悲剧性的历史人物。他在残酷的历史大考验中，巍然屹立如山，不变初衷。他的残酷的命运，反映了我们这个古老国家走向新生过程的艰难性和曲折性。他正确地理解历史，对待现实的坦荡胸怀，作为文苑一代精英的他的道德文章，包括他对我国现代文学运动在理论上的伟大贡献，将会日益得到人们的理解和感激。他执着于真理，因忠获咎，直言招祸的悲剧遭遇，一如屈原、司马迁，以至韩愈、柳宗元那些古代先贤的光彩照人的品格，将作为我们民族的宝贵的精神遗产而永留人间，受到崇敬；同时，又将作为我们时代的沉痛的历史教训，而永昭垂戒。

敬爱的胡风同志，您静静地安息吧！

注：
① 原载香港《良友》画报，一九八六年二月号，发表时有删节。

遗失的原稿①

　　灯下翻阅上海书店赠阅的作为"中国现代文学史参考资料"翻印的周作人的《知堂乙酉文编》，这是我过去未读过的周作人的一本书，它成书于一九六○年，难怪我没有看到它的眼福，因为那时我已然羁身蚕室，过着"山中方一日，世上已千年"的日子哩。

　　这本集子中的《遗失的原稿》，用回忆的形式叙述了他年轻时翻译的小说作品《银公爵》的投稿遭遇。比写《战争与和平》的列夫·托尔斯泰大了十一岁的亚历克赛·托尔斯泰的历史小说《银公爵》，写的是被称为"可怕的伊凡"的沙皇伊凡四世的故事，这位"可怕的伊凡"似乎有精神病，"很有信心而又极端凶残"。但是作者把它写成一个二花脸，却读来令人发笑。他因为读得津津有味，所以从英译本转译了过来，但投稿多次，终于在稿件辗转的过程中失落了。他说："失掉自己写的东西不可惜，失掉了译的东西（因为是别人写的）就觉得特别难过。"关于周作人的功过是非，是一回事，值得深入研究；但他尊重别人的精神产品，看得比自己的东西重要，因此为它的失落而感到难过，这个观点，我看倒是无懈可击，不能因人而废言。而我读到这里，却深有感触，触景生情，不禁手痒，也想用回忆的形式，把自己失落译稿的故事，写个大概，因为从我这个人生活的一个小小侧面，或许可以窥见我们这个古老的国家走向新生途程的艰巨性与曲折性，来说明恩格斯所说的"历史惰力"的可怕与可憎，未始无益于世道人心也。

说起来，我共失掉过三部译稿——两部戏剧，一部传记。

一九四八年，我失掉了学生时代在日本译的俄国作家安特列夫的剧本《卡列尼娜·伊凡诺维娜》，那还是在战争前夕的一九三七年初夏，书译就后，我曾投函给上海的商务印书馆，毛遂自荐，要求出版，也很快得到他们复函，答应先看原稿再取决，但我为了加强投稿的保险系数，又从头着手校改，希望马到成功，快改好了的时节，"七七"事变爆发了，中日进入交战状态，本来一向自称"照顾"我的东京警视厅的亚细亚特高系的刑士（政治警察），这时就彻底撕开了"帝国警察"的"君子动口不动手"的"文明"面纱，他们几乎每天来打扰我，一来就翻箱倒柜，出言不逊，闹得你鸡犬不宁，无法安生，我看这次战争势将成为燎原大火，因此决意辍学回国，参加抗战。在神户躲避了一段时光，好容易托当地就商的华侨买了一张英国船票，与同时撤退的一批同学离日返国，船至中途，上海被日军攻陷，我们改在香港登陆，我在香港居留了两个月不到，即与同船回国的陈启新同志回到内地，所有带回来的书物都寄存在他的在香港开木器铺亲戚家里。一晃近乎十年过去了，到了抗战胜利，一九四六年我来到上海，托在香港《华商报》工作的陈闲同志去打听我的失物。他回信说，书籍原稿还有存余，他不久取回整理后付邮，但那已是一九四八年秋天了，而这时我正被国民党中统局关押在南市的看守所里，当然毫无知悉，因为我来这里快一个年头了，同年冬季出狱，我才听妻子说，陈闲已寄来一堆稿件，其中装订成册的就是这部安特列夫的戏剧——《卡列尼娜·伊凡诺维娜》，她那时寄居在郊区的朋友家里，收到邮条，她去北四川路口邮局领取到手后，雇了辆三轮车，拉到拉都路雷米路胡风先生家里，但是为了避人耳目，她把书稿包在一条床单里，车子到了地头，她因为惊慌，下车后只顾往屋子里跑，竟忘了放在身旁的东西，到了胡家三楼上胡风的书房里，才想起是来送书稿的，这时胡风和梅志都在家，许广平先生也在座，当她说车上还有稿子时，他们一块奔下楼，但三轮车早已不见影子了。胡风先是跌脚叹息，他说，贾植芳还坐在里面，你们的经济又这么困难，（我的妻子一九四七年九月与我一同被捕，关押近三个月取保释放后，被尚丁同志以中华职业教育社的名义介绍在一个小学当教师，后来被查出

359

是我的妻子而被解雇），如果有这部稿子，卖几个钱，倒是救急的法子。许广平先生当时出主意悬赏登报寻找，胡风立即动手起草，托人送到《新民晚报》，报是登了，但译稿终如石沉大海，了无下文……

一九四八年冬我出狱后，上海不能立脚，又潜赴青岛，改名换姓，以一个行商身份住在当地一个小店里，那时青岛已处于解放前夕，外侨纷纷回国，我从马路上的旧货摊上以买废纸的价钱购进一批外文书，英日文的都有。反正穷居无事，我就潜心翻译，在同年七月青岛解放后我回到上海以前这个短促而又漫长的不到半年的时间里，我翻译了三本书：从英文译了英国奥勃伦的《晨曦的儿子——尼采传》、匈牙利剧作家 E.维吉达的多幕剧《幻灭》，又从日文转译了恩格斯的《住宅问题》，我把这三部稿子又先后寄给了在上海《大公报》工作的友人刘北汜同志，请他转给我相熟的一家出版社。到我回到上海才知道，三十多万字的《晨曦的儿子》已由这家出版社付排，我写的序文也用笔名在《大公报》上发表了。那时私人出版社出版物要请新华书店经销，要事先在市报上登广告，近乎一种审批手续，这位出版社老板去登记《尼采传》的广告，报馆的广告部同志对他说："怎么现在还宣传法西斯？"一句话吓得老板汗流浃背，只好把原稿退还给我了，我也只好叹口气把它原封不动地摆在家里。我之所以叹息，因为很有点想法，对于像尼采这样一位在第二次世界大战后又重新在西方热门起来的近代思想家，不是一句简单的断语可以概括了的。要研究西方的现代哲学和文学思潮以至社会，不研究尼采就近乎无知，更毋庸说探讨我国的现代文学和尼采的关系了，作为一种参考资料，《尼采传》还是需要一本的。至于匈牙利剧本《幻灭》已由北汜同志连同原书送到一家有名气的出版社。这其间，我又按照当时的习惯，托在北京工作的朋友通过有关机构向匈牙利大使馆打听这位作者的近况，因为这部作品还是第一次大战后的作品，虽然据英译者的序文介绍，作者维吉达（Ernest Vajda）曾因不满当时的统治当局遭到政治迫害被判劳役，但这个作者嗣后的生活创作情况我一无所知。也很快地得到回信，说大使馆已用电报问过他们的文化部，答复说，这位作家现寓居美国好莱坞，"对现在的匈牙利还不理解"。按照当时我的政治观点，我立即托友人取回了原稿，原书却遗失了。因此这三部译稿，其中只有一部恩格斯的《住宅问题》在解放初印出来了。到了一九五五年，由于"众所周知的原因"，我们夫妇又同时进入蚕室，这两部译稿连同我们的一切书物，也就从此下落不明了……

最近进京参加了胡风先生的追悼会，归途中心潮澎湃，忽然脑海中闪出这一宗往事，就伸笔记了下来。但愿这段历史中反映的真实永远成为历史，永远不再在生活中重现。

我们在历史上的损失够多的了。

注：
① 原载《新民晚报》，一九八六年三月七—八日。

学而时习之，不亦说乎[①]

我生性顽劣，幼时不喜读书，我的启蒙老师为了"挽救"我，用正楷写下一首七言诗，要我每天照它临摹，不得有误。诗云："小子读书不用心，不知书内有黄金。早知书内黄金贵，夜点明灯下苦心。"他这样苦口婆心教育我，无非是要我明了读书的"好处"，或者说得深一些，是教育我认识生活的目的和它的至高意义是什么，怎样才算不枉活一世。

大约上初中二年级时，我开始接触"五四"涌来的新思潮、新文学，开始读鲁迅先生的书。这才恍然大悟地认识到：被注入我脑海的那些旧诗老话，它们所宣传的读书之乐，说来可怜，它们不过把读书当成一种获得个人一己名利富贵的手段——鲁迅先生称之为"敲门砖"。而抱着这样的目的去读书，那人生的境界未免太低下了。因为这时，我又懂得了列宁的名言："为了生活，但不要忘了生活的意义。"而读书就是获得知识的一个重要的或主要的来源。知识不仅帮助我们认识人生和世界，认识自己，认识生活的真正意义和目的；知识也是一种改造人生和世界的手段，人类由野蛮进入文明，就是依靠知识的力量。

岁月不居，我已进入生命的暮年。现在回头来算一下账，我又感到此生读的书实在不够，这虽然大半是由于我这个不守本分的"读书人"，生活中曾遭受过不少大大小小的劫难，在各个年代都吃过性命交关的政治官司，几经贻误了如水的年华，但疏懒成性，毕竟是主观要求不严有以致之。我深有"吾生也有涯而知也无涯"之叹！为了使自己有限的余年还能发几分光和热，还得好好读书。

而在我过去所接触到的书群中，却有五部文艺作品，实在大有助于我对人生境界的认识、理解和评价。它们是：但丁的《神曲》、塞万提斯的《唐·吉诃德》、笛福的《鲁滨逊漂流记》、歌德的《浮士德》和吴承恩的《西游记》。这五部书，我青少年时读之，老年时又读之，越读越有味道，真是百读不厌。有些书啊，真像橄榄果，越是细嚼细品，越是感到其味无穷，真是如《论语》开章明义所说的那样："学而时习之，不亦说乎！"

注：
① 原载《新民晚报·读书乐》，一九八六年七月二十九日。

363

《艺海一勺》^①序

　　艾以同志的《艺海一勺》是一部记叙文坛人事、评文论艺的文章结集，用他自己的话说，这里所记述的是"艺海中所曾发生的花花絮絮和雨雨风风"，那些"都随着我的坎坷的足迹深深地留在我的记忆里"的艺海中的轶闻逸事。从这个意义说，它是一部具有文献史料价值的个人回忆随笔，类乎我国流传已久的私人笔记体著作。它们都以记人论事为主，夹叙夹议，自成风格。但以写作背景来考查，艾以同志的这部书又和那些古人或前人的这类著作迥然有别。因为过去的这类著作，多半写于比较宁静的生活环境，出之于书斋，作者或者是在朝为官作史之余，信笔涂来，用以自遣；或是暮年退居林下或以朝政不纲离身宦海，有感而发，有为而作，等等。要之，作者大抵都有不必为五斗米折腰的小康以上的生活境遇，他们于诗酒茶饭之余，缅怀往事或浏览群籍，偶有所感、所忆或所见，随笔记下，自觉地或不自觉地作为历史的见证者或史料考证家，写下他认为应该见诸史册的人和事以及正史官书所不载或虽见诸记载而与事实本身有所出入的人和事，以为当代和后世之鉴，这就是我们通称为"野史"的私家文录。从这点上说，艾以同志的这部文录与传统的这类笔记体著作颇多类似之处，因为正如他自己所说："也提到了不应为人忘却而实际上已成为'沧海遗珠'的诗人和作家"；就是他所记述的"……谈到革命前辈和良师益友的为学、为艺和为人"，"描述了当代学者的不同风采和处世态度"的篇章，"记载了艺海的若干轶事和掌故"的文字，也很难见之于正史和专著。而这类材料，正是我国传统的笔记体著作所津津乐收者，是它们的一大特色，这也就是它们之被珍视和得以传世的根由，它们的实际的历史价值之所在。

我前面谈到艾以同志这部书的成书背景，说它与传统的这类著作迥然不同，这不仅指它所各自的成书的时代不同，历史条件不同，更主要的是作者生活际遇的特异。因此，为了有助于读者了解这部书的成因和背景，这里不能不对艾以同志的身世和行状略作介绍，而这就说来话长。由于他生活于"以阶级斗争为纲"的非常历史时期，因此，也免不了在时代的风风雨雨里淋湿身体，因之，他的个人生活际遇，实际上也是应该见诸文字，作为收入这本《艺海一勺》中的一篇别有风致的题材。因为，借用作者自己的话说，"其中可供研究之处却竟意想不到的多"，把它记下，实在是我这个吃文字饭的人一种义不容辞的职责。

说来，艾以同志原来和我竟有"同案"之谊，虽然前此我们互不相识。一九五五年的反"胡风反革命集团"的运动中，他也被株连了进去，因此，我们成了"同案"，这真成了俗语所说的"天作之合"，只得归咎于个人的命运了。艾以同志早年毕业于上海民治新闻专科学校后，即投笔从戎。上海解放后，他以新华社随军记者转业到地方报纸任编辑，后来又转到上海文联的机关刊物《文艺新地》及其后身《文艺月报》当理论组的负责人，作为一个专业杂志的编者，他曾约请了当时上海文艺界搞文艺理论的彭柏山、刘雪苇、王元化、耿庸、张禹等人写文章，反胡风运动一打响，他的这种组稿行为，就被作为罪状，而遭受逮捕下狱审查之灾，从此他的苦难历程就开始了。先是，他被关押了一年有余，终以查无实证，以"和胡风思想有共鸣"的案由，"教育释放"；一九五七年"大鸣大放"时期，他在当时上海市委宣传部某主要负责人的一再动员和劝说下，怀着对党的整风运动的信任和赤诚，把自己无辜被关押审查作为一种工作中的失误在座谈会上谈了出来，希望能引以为训；同时，他也提出了自己对反胡风这一政治运动的真实看法，认为这是一次"文字狱"，等等。他这么一开尊口，祸从天降，在这个"阳谋"运动中，他被定性为"极右分子"，被送到改造农场"劳教"，在那个荒山野岭的环境里和妻小儿女苦苦度过了二十一个春秋，由青年而进入中年，直到一九七九年，他才得以平反改正，重又回到人间生活，回到文艺岗位，重新拿起了笔……他的这些生活中的坎坷，在那个非常的历史时代，虽然不过是社会生活中一宗司空见惯的日常小事，它不过是汹涌的历史波涛中的一个小小的浪花或一滴小小的水珠，但"江河不择细流"，通过这个小小的浪花或小小的水珠，不是可以从一个小小的侧面窥见整个大千世界的奇异风光吗？"一滴水可以看到一个世界"嘛！作为浩瀚无际的艺海中的一勺，它是具有充分的存在的权利和价值的。

我国古代的大批评家刘勰说："为情而造文"。艾以同志的这本小书就是他捧献给我们这个时代的一件礼品，他在大难不死之后所写的这些文字，不仅有作者的实感，而且更有作者的真情。它们包罗了时代意识、历史情怀、人生体验、艺术思维等丰富的内涵。这些文章就是他的激情的产物和升华，它们有自己的文采和风格，具有天然的美学价值，它们实质上应该作为抒情散文来看待。

作为一个历史上的同难者，我在生命的暮年能以向读者向社会介绍艾以同志的人与书，感到高兴。我更希望艾以同志继续写出更多的东西来。历史的曲折往往成了历史前进的动力，改革的浪潮必将涤尽极"左"路线和思潮所分泌出的一切污泥浊水。我相信，那个缺少民主和法制的旧时代绝不会再出现在我们这个伟大国家的生活舞台上了。

一九八六年七月中旬在上海

注：
①本书由四川文艺出版社一九八六年十二月出版。

《一个探索美的人》①序

　　我翻着施昌东的遗稿——这本三十多万字的长篇小说《一个探索美的人》，不觉想起了鲁迅先生在《白莽作〈孩儿塔〉序》里所说的那些话："一个人如果还有友情，那么，收有亡友的遗文本如捏着一团火，常要觉得寝食不安，给它企图流布的。"捏指算来，昌东离开我们已有三年多了，他生前未及看到出版的著作《在美学研究的道路上》《中国哲学论稿》和《中国古代认识论史略》（后两书与他的同窗友好潘富恩合著）也都已先后问世，似乎销路都不错，都得到了读者的承认和赞许。现在轮到他的最后一部著作即将出版，我心中高兴与感激之情是自然的，但隐隐中也夹着一丝的心酸：这终于是他的最后一部书了，以后昌东再也不会有著作问世了！

　　历史有时也真会安排一些戏剧性的场面。三十多年前，我是最早阅读过施昌东初期一些作品原稿的人，又何曾料及会在今天为他的最后一本遗稿作序呢？那时候我方近不惑之年，而他还是一个二十来岁的青年学生，我给他们上四门课，其中有一门是写作课。一次，他交来一篇作品（类似一篇小说），幼稚的毛病自然是难免的。我批改时对他的作品做了比较多的删改，惹得他很不高兴，于是他气呼呼地找上门来，为自己的文章辩护。——这是在我记忆中他第一次到我家来。从这以后，我们相熟了，就

367

有了交往。而这又好像是一种命运的安排，竟成了使他长期遭受苦难与不幸的根由：一九五五年的所谓反"胡风集团"的政治运动中，他作为我的一个学生，竟然继我之后，也以"分子"的罪名系狱经年；"教育释放"后，在一九五七年的"反右"中，又以"翻案"罪名被划为"右派分子"；到了"史无前例"时期，他更被判定为"永世不得翻身"的"浮在面上的阶级敌人"，被揪入"牛棚"。……总之，二十多年来，他就在"左"的魔掌下，翻来覆去的在苦难和折磨中打滚和挣扎……

据施昌东生前说过，在他准备从浙东山区走向大城市时，他父亲，一个铸造铁锅和犁头的铁匠师傅，曾再三嘱咐他要报考医科，希望他当个医生救人之命。可是爱好文艺的习性终于使他违背父训，考上了复旦大学中文系学习。我想，那时候的昌东，一定是满心想搞创作，想当一个作家的。但是后来命运安排他在狭小的中文系资料室里度过最宝贵的青年时代。生活与他隔绝了，他无法接触到火热而又残酷的实际生活，却在精神领域找到了一块无限美好的新天地。他开始利用资料室的有利环境，认真研读马列著作与哲学、历史、美学、政治经济学、心理学、生物学等各类著作，终于成为一个理论上的美的探求者。在他遭受到不公正的命运打击之际，他忍受着种种精神上与病体上的痛苦折磨，坚持写出了一本又一本美学专著，粉碎"四人帮"以后相继出版，在社会上引起了很大的反响，被美学界目为一个自有体系的学派。但这时候，作为一个理论家的成功，似乎并没有完全压倒他久抑于内心深处的创作冲动，就在第二次癌症开刀以后，他在养病期间，体力已不允许再沉溺到大量的资料之中去研究理论，也更可能是他已经预感到自己生命为期不多了，于是他又重新开始了创作。他写长篇小说，写自己所经历的种种坎坷与不幸；更重要的是，写他一生所追求的美的理想与美好的事物，写他自己所认识的世界和人生，写他所生活的时代史。这就是他最后留给我们的这本书，原稿竟有六十余万字之多。

在昌东说来，这样选择不会是盲目的，他是那么醉心于自己的创作，简直达到了迷狂的地步。有好多次，已经午夜了，他创作进入了高潮时期，突然被一个什么情节卡住了，他会懵里懵懂地跑到我家来，敲开我的门，与我谈他写不下去的情节，谈过后，他又跌跌撞撞地跑回家，埋头往下写。可以说，这部小说的创作时期，是昌东生命之火最为高扬之时，他是在与时间竞赛，与死神搏斗。他成功了，完成了这部长篇小说，但是他也倒下了，永远放下了他心爱的笔。有人曾不无惋惜地说到他：如果不是过于劳累地赶写这部小说，他也许不会去世得那么早。其实这只是一种局外人的看法，知病莫若己，如果不是理智地分析了自己的病情和结局，昌东又怎么会如此拼命地去抢时间，去完成他心中积压了几十年的夙愿？因此，我在读这部长篇的原稿时，所看到的似乎不是一个个潦草的字，而是一滴滴跳动着的、从一个真正的知识分子心底里喷射出来的血。

《一个探索美的人》是一部自传体小说，作者以自身经历为素材，处处闪烁着生活真实的光芒，然而它又绝不是一部纪实的自传；它有生活的影子，却不是生活的复制。艺术的构思与表现手段使它脱离了生活的原型，进而达到了艺术的真实。它写出了一部中国知识分子的人格成长史，力图从一个侧面，概括地反映当代中国社会的种种风云变幻，以及一个正直的知识分子的苦难道路及其精神上的勇敢探求。

表现这一类知识分子主题的文学创作，在中国新文学历史上有着悠久的传统，从鲁迅的《狂人日记》开始，有茅盾的《蚀》和《虹》，有巴金的《灭亡》和《爱情三部曲》，柔石的《二月》和丁玲的《莎菲女士的日记》，也有路翎的《财主底儿女们》等等。但这些故事都是发生在新中国成立以前的民主革命时期，主人公们又大都是出身于剥削阶级家庭的知识分子，他们在封建桎梏的重压下经历了觉醒、挣扎、奋斗的艰辛历程；又由于历史和自身的局限，而注定要在这个世界上受到种种磨难，这是以个人为主体的觉醒者、叛逆者与他们的社会环境相对立和抗争的结果。这样的知识分子命运交响曲，人们是不难理解的，因为那是在一个"人吃人"的社会制度下发生的历史悲剧。然而这部《一个探索美的人》所描写的，却是发生在新中国成立以后，一个出身贫苦、在解放后才翻了身，由新中国自己培养起来的知识分子所遭受的悲剧命运。它写出一个美的探求者，在美被毁灭着的历史条件下对精神理想的苦苦追求，以及他的悲惨遭遇。这样的主题，在当代生活中显然有着重大的历史和美学意义，其深刻性与尖锐性，也更加触目惊心。

一个人民的共和国里，竟然要无端地猜疑、排斥，甚至迫害手无寸铁的知识分子，何况是自己培养起来，对祖国对人民以及对革命事业都满怀忠诚，一腔热血的青年知识分子，这似乎是不可思议的。然而从历史的角度来考察，这样的悲剧也就不奇怪了。它并非是五十年代泛滥起来的极"左"思想路线所独有的。这是一个历史的现象，是中国专制主义文化传统下知识分子常见的命运。在中国历史上，一个政权的开明与专制，往往表现在对待知识和知识分子的态度上，在农业经济与务实传统统治下的中国，存在着这样一个庞大的从事精神领域工作的"士"的阶层，他们一不可能搞宗教，二不可能搞自然科学，只有把所有的聪明才智都转向知识领域，"学而优则仕"，只有通过出仕途径才能实现知识分子的理想价值与自身价值。这一阶层虽有知识但无实权，它不是一个独立的社会体，它必须借助于政权的统治者的力量来实现自我，这就决定了旧时代中国知识分子的两重性：一方面，他们始终忠于王朝，希图依附于朝廷的力量来实现自我；另一方面，又必然独立地使用自己的知识才华，在高度集中的政治体制下千方百计地宣扬自我的个性。"士"与皇权，总是处于这样一种微妙的关系之中：它对开明的皇权主义者来说，是一种正的力量，所谓"明君贺臣"的理想境界即产生于此，它对专制的皇权主义者又是一种负的力量，抛弃民主就必须抛弃知识分子，从周厉王用暴力弭谤，秦始皇焚书坑儒，一直到汉末党锢，明末东林党以及清朝文字狱，以至成为中国统治者的政治传统与心理积淀，也成为中国知识分子的悲壮而不得不然的历史命运。在封建社会里，"文谏死"，已经不是一种耻辱与失败，倒成了一种美德与使命。我们今天从施昌东小说里所读到的故事，实际上正是这种历史悲剧在当代生活中的翻版与重演。"五四"时代在欧风美雨的袭击下刚刚萌生的知识分子的自由意志与个人主义的叛逆性格，在这部小说里是看不到的。它写的是一种屈原式的忠诚，司马迁式的悲愤，历史上多少忠臣义士所一再重演过的故事，然而深刻性也在于这里，它有力地揭示出极"左"思潮只不过是中国封建专制主义残余在二十世纪的死灰复燃和特殊表现形式。

如果从纯艺术的高度去衡量，这部小说还存在着不少弱点，但这已经是难以弥补了——如果作者还活着，他一定会付出同样巨大的心血来修改它和完善它。——但是它确实提供了一个严峻的问题：社会主义社会的悲剧是否存在着？这是一种探索，主人公所追求美与探索美的过程，也正是美在社会生活中被扼杀和被毁灭的过程，这部小说的最大价值就在这里，它引导着读者去向历史的纵深处进行反思。同时，它又写出了主人公在逆境中怎样与一再降临在他身上的悲剧命运作不屈斗争的经历和他为追求美而做出的献身精神，从而又给人一种信念上的鼓舞力量，显现出生活深处的若干亮色。

由于这部小说表现了这一特定的历史时期中国知识分子的苦难生涯，它在成稿以后，一度难以被人问津。前些年文坛上有一股歪风，有些人在"向前看"的名义下，对"伤痕文学""反思文学"不胜反感，甚至宣称：写"文革"或"文革"以前历次政治运动给人民、特别是给知识分子带来苦难的题材已经过时了，"一眼枯井里掏不出什么来了"，似乎几十年的重重苦难只是一场噩梦，苏醒以后即是艳阳满天。这些言必称马列的同志，在具体场合却把列宁说的"忘记过去就意味着背叛"这句名言抛弃得干干净净。从思想感情来说，我看至少与广大人民的思想感情相去得实在太远。这些正说明了极"左"思想路线与中国专制主义的文化传统有着千丝万缕的血缘关系，真是"剪不断，理还乱"，它铸成了悲剧，更加铸成了制造悲剧的人格与制造悲剧的职业，如果人民对这段历史有了真正的觉悟与警惕，那么，有种人就会惶惶不可终日，感到了做戏与生存的困难。我以为《一个探索美的人》就是一部可以照出这种种妖孽嘴脸的镜子。针对这样的现实，它的存在与出版的本身就表现了我们时代的进步与发展，历史老人的无情又有情。

施昌东同志在生活的泥泞中蹒跚地跋涉，但他的目光一直向前，虽然天色尚且朦胧幽暗，但他凭借着满腔热力和坚韧的精神，终于走到历史的光明处。老子说："暴风不终夕，骤雨不终朝。"不正常的政治气候也如不正常的自然气候一样，脱出了变化的常轨以后，猖狂一时，逞凶刹那，但它被历史注定了的没落命运，是不会改变的。党的十一届三中全会以后，昌东看到了光明与春天，并在看到了自己朝夕追求的理想终于开始实现以后，精疲力竭地倒下了。三年以前，我在他的悼念会上说："我本来应当是他走向知识海洋的带头人，结果反而倒成了他苦难生活的引路者，现在以我六十八岁的年纪来为才五十二岁的学生办理丧事，这于我说来是彻骨的痛苦和无尽的悲哀。"这种情绪至今仍然沉重地支配着我，未曾有过半分的减轻。现在在北京十月文艺出版社刘文、廖宗宣、郑万隆等同志的热情支持下，昌东的最后一部遗稿即将问世了，这对于我是一种很大的精神上的安慰。王东明同志对全书做了删节与整理，把原稿的六十多万言压缩成现在这个规模，也花费了大量的精力。我们共同把这本书的出版，看作是一项事业，这不仅仅对于作者是一个永恒的纪念，更重要的是，我们这一代人来为那一段历史留下一个见证。让人们世代牢记这一切血的教训与人类命运的大悲剧，应该是一项庄严的历史责任。

一九八六年十一月中旬在上海

注：
①本书由北京十月文艺出版社一九八七年出版。

由两个小男孩想到的

俗话说：活到老，学到老，学不了。我因为年逾七旬，加上腿脚不便，这几年可以说基本上过着家居的日子，虽无采菊东篱的雅趣，却也能甘坐斗室，抽烟喝茶自娱。眼不见为净，耳不听不烦，倒也浑浑噩噩，觉得天下太平，物我交融。但前一阵子，无意间于耳目之间接触到几件生活琐事，却使老夫茅塞顿开，也便有了前面这句俗话所说的生活实感。虽然事属琐末，但握笔记之，想来也不算是多此一举。

今年暑假，我所服务的大学的一个部门，举办了一个气功学习班，小女在那里做些打杂工作。据她说，气功不仅可以健身，还可以包治百病。我长期患十二指肠溃疡，稍一劳累，便旧病复发，真是不胜其苦。为此，她怂恿我趁这个气功班开办的机会，请气功师傅治治病，或许倒可以手到病除，以收一劳永逸之效。在她的一再鼓动下，我抱着姑妄试之的态度，一天夜里跑到气功班所在地，求教那位气功师傅。这里暂且按下我接受治疗的情况不表，单表我从一个在幼儿园上学的小男孩的言行上所受到的启发。原来我去的那个晚上，正赶上气功班在练功，只见大厅黑黑压压的都是人，真是男女兼有，老中青三结合。于是我只能先坐在一旁，和那些看热闹兼乘凉的妇孺挤在一堆，静等练功结束后去治病。这时，只见一个近乎中年的母亲正在全神贯注地照料自己的只有五六岁到处窜来窜去的小男孩。在小男孩看来，这是一个陌生而闹猛的生活场面，所以尽管他母亲一再吆喝不得乱跑乱动，但实在收效不大。我也是一个过来人，也曾顽皮捣蛋过，充分具有这方面的认识和体验。这样年龄的小男孩，在一切热闹场合，父母的温语劝说也好，摆起面孔训斥也好，他们都是我行我素，是很难做到行不逾矩的。在这个做母亲的犯难之时，为这个气功班做些打杂照料工作的小女从人群中向我迎面走来，这个正欢快地又跳又叫的小男孩看到小女，突然像受到什么惊吓似的，立刻快步跑到他妈妈跟前，一下子规矩起来，一副惊慌失措的表情，呆呆地看着小女，并躲到他妈妈的怀里，像在寻求保护似的。直到小女走开后，他才又恢复了原来的顽皮神气，叫着跳着窜到人群拥挤的地方去了。我看了感觉十分惊异，忙问这位母亲是怎么回事？她回答说，由于他们的住处就在旁边，几乎每天晚上都来这里看热闹兼乘凉，因此那个小男孩已认识了我那里外照应的小女，他以为她是这里的"领导"，是管这些——包括那位气功师傅——人的，所以见了小女，便顿时老实起来了。我听了不禁失笑，那小男孩的判断未免太主观了。但我突然又笑不下去了，因为我从中领悟到这样一个重大的事实——或许说这是我们时代的生活观念和价值标准：权力是我们这个社会生活的杠杆，正如宗教徒认为上帝是世界的主宰一样。我们时代的孩子，从一记事起，就牢固地树立起对权力的宗教观念，视领导为神物，看自己如草芥。为此我感到悲哀！

与这个生活片断成为对照的，是另一个我所亲历的事实，也可说是一个生活细节。

今年上半年，美籍学者、诗人杜国清教授来寒舍闲谈。他此次来上海，随身带来自己的出生于美国的十一岁的小男孩，这次他来我家，也是父子同来。他和我谈起他的这个孩子，说他们一到上海，刚下飞机，这个孩子就问人说：中国对小孩有什么法律规定？我听了不免吃惊，因为照我们的法律观念，一个人生下来活到十八岁成人后，才算具有法人资格，所以我们政府和舆论界一直呼吁保护妇女和儿童的正当权益，禁止虐待妇女和儿童。按法理说，对孩子没有什么成文的法律规定。因此我反问杜先生说："那么美国对小孩有什么法律规定？"他回答说："有。比如，美国法律规定，不准卖酒给孩子，如果违法，要受到制裁。"我这才明白，在那里出生和生活的孩子，从懂事起，就树立了法律观念，懂得用法律来维护自己应有的权利，懂得违法和合法的界限，他是一个有独立人格的公民，有自己的权利与义务观念。

不同的人生价值观念，是会培养出不同的个性和社会价值观念的。

报纸上说，我们还是一个官本位的落后社会，原来此言不谬，它的威力，已深深地埋藏在孩子们的心灵世界。俗语说："在家靠父母，出门靠朋友。"现在此话似乎应该改为"在家靠父母，出门靠领导"才对。

一九八七年秋

旧事重提

——记胡风的一首旧体诗①

悼念鲁迅先生
胡风（遗作）

耻笑玲珑能八面，
敢收盘错对千端。
园中有土堪栽豆，
朝里无人莫告官。
一树苍松千载劲，
漫天大雪万家寒。
难熬长夜听孤鬼，
慢煮乌金铸莫干。

（此诗作者吟于一九五七年）

　　胡风同志的这首旧体诗，是一九八一年春间，他来上海医治精神分裂症时，陪同他来沪就医的梅志交给我的。从那年（一九五五年）以后，近三十年来，我们之间真是生死两茫茫，谁也不知道谁哪里去了。所以这次又在上海相会，真如身在梦中。我捏着写着这首诗的薄薄一张纸头，恍如捏着一团火，那里凝聚着一股浩然之气，胡风还是那个我在三十年代所认识的胡风。诗里不仅抒写了他对鲁迅先生眷眷怀念之情，也显示了他对鲁迅精神和事业的真实理解和评价，同时也衬托出了作者的人格力量。我怀着激动的心情，二十多年来又第一次把它作为文稿，寄给在某地编杂志的一个友人，希望它能得到公开流布，以此作为媒介，告诉世人胡风仍然健在和回到文坛的信息。但等了好久，稿子还是被退了回来，信上说，本来已排在近一期，但最后被抽了出来，实在没有法子。

关于这首诗的成诗经过，胡风自己曾注明说：《怀春室述怀》共二十首，吟于一九五七年。一九六六年在成都默写出，一九六八年被红卫兵抄走，了无踪迹。这是一九八〇年记起的其中一首。

前些日子，我应邀出席了鲁迅先生定居上海六十周年纪念会开幕式。回来以后，我一个人呆坐在书桌前，望着窗外的晴空，思绪万千，联想迭出，由受到隆重纪念的鲁迅先生，我不由地联想到我的朋友——胡风同志。因为，说来话长，我对胡风的认识，首先就是通过从文字上发现他和鲁迅先生的关系开始的。五十多年前，我还是一个在日本读大学的青年学生，当时日本改造出版社社长山本实彦访问上海时，约请鲁迅先生为他的大型综合杂志《改造》每期推荐一篇中国新进作家的小说作品，我对这个信息很感兴趣，因此见到每期《改造》总要急切地先翻阅一下目录，看它介绍了哪个作家的什么作品，记得其中有张天翼、欧阳山、周文、柏山、萧军等左翼作家的短篇。其中有一个现象，引起了我的注意：在每一期入选作品的译文前面都有一篇简要地介绍作者生平的短文，它的执笔人就是胡风。再加上鲁迅先生逝世前夕发表在《作家》上面的那篇重要文章——《答徐懋庸并关于抗日统一战线问题》一文中为胡风辩诬的话，等等，我就直觉地把胡风同志看成是鲁迅先生的战友和助手。而在我东渡之前，当胡风还用谷非的笔名发表著译时，我就是他的一个热心的读者了。鲁迅先生逝世以后，到了一九三七年春天，我读到上海生活书店发行的《工作与学习丛刊》的头一本《二三事》(书名取自发表在这一本丛刊上面的鲁迅先生的遗文《关于太炎先生二三事》)，从它的编辑风格和撰稿人员来看，我觉得这正是坚持和发扬了鲁迅的战斗文学传统的刊物，因此，把自己的一篇小说投了稿。直到抗战爆发前夕，我收到发表这篇作品的该刊第四本《黎明》时，从编者的复信中，我才知道它是胡风负责编辑的，而从此也就开始了我和胡风的结识并在抗战的烽火中建立起友谊。

真是光阴似箭，日月如梭。转瞬之间，胡风同志离开我们所生活的这个世界已快三年了。这些往事的回忆与感触，促使我从抽屉内重又翻出这篇经历周折的诗稿，为了纪念我所尊崇的两位先行者——鲁迅先生和胡风同志，我将它投给《文汇报》的《笔会》副刊公开发表。

注：
① 原载上海《文汇报》，一九八七年十一月十一日。

记还珠楼主

——李寿民先生①

    去年四月间，白先勇先生来寓相访。闲议中，当他说到自己青年时代所喜爱的中国现代作家时，提到他很喜欢读还珠楼主的武侠小说，言下颇有不胜敬佩之意。但我听来，却很感意外。因其一般来说，我国新文学作家很少注意这类通俗作家的作品，往往把他们看成另外一种人——"道不同不相谋"嘛！因此当这位在西方文化价值观念影响之下成长起来，而又长期生活在西方社会的中国现代作家白先勇先生，竟然对这位早已被我们社会遗忘多年的中国现代通俗小说作家还珠楼主还念念不忘时，真使我惊异非常。但经白先生这么一提，又仿佛把我那沉淀的记忆深深搅动了一下似的，在我眼前慢慢又浮现出我忘怀多年的还珠楼主——李寿民先生的身影来了。他虽系川人，但身材高大，浓眉重眼，于文质彬彬之中隐现出几分江湖豪侠之气。一看就知道他是个久经风尘，见多识广，而又富有才情的中国旧式文人。

    我知道还珠楼主这个武侠小说作者的名字，是抗战胜利后到上海落脚以后的事。那时候年轻，又加上是初次进入上海，我走在马路上的时候，总喜欢东张西望地看看。有几次走过大世界附近的"共舞台"，我被这家戏院门口的大幅彩色招贴所吸引，那里正在上演还珠楼主的《蜀山剑侠传》，说是"连台本戏、机关布景"云云。我又喜欢逛书摊，当时的大小

379

书摊上，还珠楼主的作品如《青城十九侠》《云海争奇记》等等，也总是被排列在显眼的地方。这些反复重叠的印象，使我形成了这样一个认识，这位叫还珠楼主的武侠小说作家是个福星高照，走红运的作家。他的作品不仅以书刊形式和广大读者见面，而且用戏曲的形式深入民间。那时我想，这类武侠小说之所以风行不衰，大约是反映了在那个黑暗社会里，有冤无处申，有苦无处诉的平民百姓的一种社会心理：他们把自己申冤报仇的希望寄托在那些路见不平，便拔刀相助，专以除暴安良为己任的"剑仙"和"侠客"这类草莽英雄身上，但也有它的空想性和落后性。所以，我虽然喜欢杂读，也时时看看通俗作品；但当时却没有兴趣去读这一类的武侠小说，只是得空看看那些反映社会现实生活的通俗报刊和通俗文学中的社会、言情以至黑幕侦探小说，以此作为认识中国社会和人生的一种渠道。

一九四八年冬天，我从关押经年的上海监狱中走出来，接着又避居到青岛，到了一九四九年夏天，才重又回到解放了的上海。长期的非正常的生活环境，已经弄得我疲弱不堪，我很想暂时远离喧闹的大城市，找个僻静的地方休息一个时期。到了一九五〇年初，终于由一个相识的书店老板设法在他的原籍苏州给我们夫妇找到个住处，实现了我们的愿望。好在我那时只在震旦大学教两门课，一礼拜内有三天时间来上海上课就行了。住在苏州，少有客人打扰，休息之余，还可以写点东西或译点东西出来。这位书店老板——陆宗植先生开设在山东路的"正气书店"，是一家专门印行通俗小说和实用性图书的小书店，同时又用新潮书店的名义印行新书，它也是还珠楼主的出版家之一。还珠楼主那时也居家苏州。"因友及友"，正是由于这位陆先生的关系，我们相识了，并有了交往。这真如中国俗语说的"人生何处不相逢"。这时我才知道他的真实姓名是李寿民。

现在我已不复记忆他的寓所地址，但离我家住的三元坊不算太远。他的寓所是一个旧式家庭布局，除过他们夫妇和几个孩子外，还有一个天津籍的老年女佣。他当时鸦片烟瘾还未戒除。据他说，他的写作时间是从清晨到中午——他自己不动笔，由他雇用的一个中学程度的青年代他笔录。他每天早晨抽足鸦片烟后，闭目静坐在藤椅上，他一句一句的口述，他的书记用羊头小楷一个字一个字地记录，他讲的很慢，记起来并不吃力。他说，他同时在为几家书店写小说，他准确地掌握它们各自的内容进度和章节段落，凡是某一部作品告一段落就紧接着口述另一部。这同时用口述方式创作的几部题材不同的小说，每天由书记分别记好以后，再由他一一过目，便同时投邮，分寄给各书店付排，直至终篇，再装订发售。他的这种写作方式，颇使我感到惊奇。

大约在相识不久之后，一天下午他匆匆地赶到我家来，一进门就嚷着说："唉！贾大哥，不好了，出了事了！"我被他说的莫名其妙。等他坐定了，接过我递过去的烟，深深地吸了几口，才接着对我说：今天中午，派出所户籍警来他家查户口，刚坐下不久，他家那个老女佣走进来对他说："老爷，开饭了！"她这么一说不要紧，户籍警却马上警觉起来，严肃地对他说："你怎么称老爷？准是在旧社会做过官，官老爷嘛！你考虑考虑，明天来派出所交代历史问题！"他进门就口里嚷着的"不好了，出事了！"原来就是这个事。说完了，他摊开两只手，苦笑地说："这真是从何说起！真是秀才碰着兵，有理说不清！"我安慰了他几句，他才怅怅地走了。

过了没几天，他又来闲坐，还是接着上次的话茬，谈起他家的那位老女佣。原来她是跟他妻子陪嫁过来的。他妻子的娘家，在天津开大中银行。他说他早年在地方军阀军队做文书，行军所至，遍历名山大川，以至边荒远地，这种浪迹天涯的生活，为他后来从事武侠小说写作打下了根基。后来就落脚在天津，靠卖文为生。他现在的妻子，本来是他的一个热心读者，他们由此相识，并萌发了爱情。但是，一个银行老板哪里愿意把女儿许配给一个穷书生呢？因此，他们的成婚费了很大的周折，只是由于他妻子的坚持，后来终于得到丈母丈人的谅解，允许他们结合。他为了和女家的身份相配，不使妻子难堪，也求亲靠友地办了一次很体面的婚礼。他说，因为和自己的意中人成亲不易，为了报答妻子对他的恩情，"所以我生平不二色"。妻子给他带来了丰厚的陪嫁，包括现在这位老年的老佣，她本来就是他妻子的贴身丫鬟。她按照老家庭的规矩，称呼他为老爷，已成了习惯。妇道人家不知道解放以后这种旧称呼已经不时兴了，更为此惹起了那位户籍警的疑心，闹出了这么一场风波。经他去派出所解释后，才算没事了。因为他多少年来都是靠卖文为生的……他用笑声结束了他的长篇叙述。临走时对我说："对了，贾大哥，我还把我和我老婆的这段姻缘做题材写了一部小说，这也是我唯一的一部社会言情小说，隔天我给你送来。我写的那些东西你尽可以不看，但这部小说你却无论如何抽空看一下，它凝聚着我的感情和心血。"

这大约就是我和他相交中最长的一次谈话，我听了他的故事，仿佛读了一部佳人才子式的传奇小说。后来再见面时，他又一再说起，解放了，大家都在学习，公家提倡改造思想，看来他的武侠小说饭吃不长了，他很想写点适合时势的作品，为此求教于我。我劝他不妨写些农民起义的小说，这和写武侠多少有些关联，可能会手顺些。或许这还是一条出路，但要他参看一些用新观点写的这一类历史文章，才不至于在思想上走样。不久，他就写了以张献忠为题材的《独手丐》。他说，因为他是四川人，张献忠和四川关系很深，后来就在成都建立了王朝，最后又死于四川，他听来的口头材料，实在太多了。这部小说就由陆宗植办的"正气书店"出版。他所说的以他和妻子的爱情和婚姻故事为题材的作品，后来也曾带来给我看了，可惜书名和具体情节我已不复能记忆了，只记得它是天津"励力出版社"印行的，薄薄的四册（书名可能是《轮蹄》）。

一九五一年春天，我因课务增加，不得不搬回上海，他一次来上海和出版社算账，抽空来我家看我。他仍然穿着那件深蓝色的蓝呢长衫，还带着一本《联共党史》。他对我说，他去找过文协，希望得到帮助，找一条出路。文协同志虽然鼓励他努力学习、改造思想，为人民服务，但他总感到前途茫茫。他的旧出版家也正在看风色，已经不像过去那样要抢着印他的小说了。过去他的收入一直很好，还有舞台上演费好拿。这次他在我家吃了一顿中饭，陪我喝了不少酒。他酒量很好，但或许由于心情激动不安的缘故，有些喝过了量，喝到最后竟然失声痛哭起来了。我劝慰了他半天。在我搬回上海以后，他还托一家出版社的伙计给我送来两大捆他的作品，他写的东西数量实在可观。他又工于诗词，书法也为其所长。他为我妻子写过一个条幅。在一九五五年我们夫妇碰到那场反胡风的政治风暴的时候，它们连同我们的一切书物，都消失得无影无踪了。

一九五二年上半年，我一天上午在福州路的天蟾舞台听大报告，中间休息时，我又意外地在小便的地方碰到了他。这时他已经换了一身灰布中山装，面色也很红润，他说他已戒绝了嗜好，现在在尚小云剧团担任编剧，家也搬到了北京，此次尚小云剧团南来公演，他也随团来到上海。他这时的情绪开朗了许多，和在我家喝酒那次相比，前后简直判若两人。

六十年代初，我在监房里看《解放日报》，看到了对他的报道。他已改名为李红，说是仍然从事创作通俗文艺作品云云，报上还刊登了他的头像照片。我为他终于能重操旧业，感到由衷的高兴。

现在北方文艺出版社编选《中国现代通俗小说文库》，第一辑武侠卷里收了还珠楼主的武侠作品《独手丐》等，希望我能为它写点什么，我也正好借这个机会写点我对李寿民先生的纪念文章。他作为中国现代通俗文学的一个有重大影响的作家，是不应该被这么埋没下去的。他的作品也还有其一定的社会历史意义和艺术欣赏价值。总的说来，通俗文学也自有其应有的文学史上的地位。时无分古今，地无分中外，通俗文学的存在是一个普遍性的文化现象。"五四"以后，我国新文学运动的先驱者和后继者，如胡适先生、鲁迅先生、郑振铎先生以至阿英先生等，都在这个题目上，花过很大的研究工夫，做出过重大的学术贡献。对我来说，我和李寿民先生之间虽然相交时间短暂，但他是一个可以开诚相见的人，因此也是一个值得纪念的朋友。

一九八八年三月，上海

注：

①本文先后发表于上海《文汇报》，一九八八年六月二十四日；香港《博益月刊》第十四期，一九八八年十月十五日。

《郁达夫年谱》①序

　　一九八三年，陈其强同志从他的工作单位浙江师范大学来到上海，在复旦大学中文系进修，以此为契机，我们相识了，并成了朋友，他那次在复旦大学住了一年，又一次充实和修订了他苦心经营多年的《郁达夫年谱》。上海是中国近、现代文化活动中心，又是出版事业的中心，更是新文学运动的策源地，这就为他的工作提供了先天性的有利条件。他来到这里以后，搜寻资料，走访有关人士，正如他自己所设想的那样：通过以事系时的方法，真实而全面地反映郁达夫的生活经历、创作道路；从他的生活行踪、创作实践、文学主张与人际交往中，揭示出他的人品与文格，为这位在中国现代文学史上最富于个性和才情，为中国文学发展做出重大贡献、影响深远的中国现代作家，用年谱的形式写出一部真实的历史传记。

　　郁达夫是一位饱读洋书而又最具有中国传统知识分子品格和气质的中国现代作家，但他毕生命蹇，不见容于中国社会，他被加上"颓废""浪漫""放荡""色情"等各种恶号，无论在新旧社会，都受到新老理学家的蔑视和歧视，是一个所谓有争议的人物。

　　在我们这个有着长期封建专制主义文化传统的国家里，儒学流毒严重，人往往被异化为失去主体性而充满奴性意识的驯服工具。在这种文化

384

气氛里，知识界最易于滋生假道学、伪君子，"会做戏的虚无党"，以至利欲熏心，寡廉鲜耻的名利之徒和衣冠禽兽，却容不得一个直率而真实的人，一个不尚于虚饰敢于裸露自己的人。人们常说，读郁达夫的作品，使人有亲切之感，原因就在这里。他正是一个具有独立性格、自主意识和坚持自身人的价值的人。这正是在二十世纪前后，中外文化交流撞击中，中国新一代知识分子在思想意识和人格观念上得到了觉醒和更新的成果，是中国现代知识分子不同于传统文化培育下的封建士大夫的最大差异。这种历史的困惑，造成郁达夫终生飘零潦倒的命运，而他的最后以身殉国，死于敌宪之手，又更充分地说明了他不仅是个人生态度严肃、对生活对艺术有着真诚的热情和追求的作家，也是对人民对祖国怀有无限热爱和忠诚，充满历史责任感，而又重视个人节操的中国现代知识分子。他不仅是智者，而且是强者和勇者。正如鲁迅先生一样，他身上没有丝毫的奴颜与媚骨，这又是中国传统知识分子最可宝贵的精神品格，也是西方所谓真正意义上的知识分子的本质和特征。

近十年来，随着新的历史时期莅临，新的政治、经济、文化格局的出现，封建专制主义及其变种"左"倾教条主义长期统治沉淀在人们思想意识和精神世界里的沉重的历史积淀，那种顺应性和驯服性的文化心态，已日益暴露出它的违反历史逻辑和生活逻辑的荒谬性和反动性。中国又进入新的思想解放时代，"五四"开辟而又历经坎坷的中国现代文化和文学之路，也就是中国走向现代化之路，正由挺拔而起的新的一代的历史觉醒者，现时代的中国知识分子，在奋力开辟和推进。历史正经历着它的转轨时期的艰辛和痛苦。为此，深入钻研像郁达夫这样一位有典型性的"五四"一代的历史觉醒者和先行者的生涯和命运，作为一种进行历史反思的佐证与参照，从中汲取新的启示力量，我觉得这一学术活动的本身，就具有它的深刻而独特的时代意义和现实价值。

年谱是一种高等形式的传记。陈其强同志用丰富而翔实的史料所编纂的这部《郁达夫年谱》，在这方面做了一个可喜的尝试。它通过求真求实求全的资料收辑，厘定和考证工作，用文字力量真实而完整地再现了郁达夫的生活血肉和灵魂，这个有爱有恨、有怨有愤的中国现代作家。它既是这位有代表性的中国现代知识分子的生命史和命运史，又是他的人格史和创作史。

如前所述，作为一个在中国现代文学史上有争议的作家，从一九二一年《沉沦》出版以后，郁达夫就成为文坛上毁誉不一的一个热门话题。因此，早在三十年代初期，就先后出版了素雅编的《郁达夫评传》（一九三一年版）、贺玉波编的《郁达夫论》（一九三二年版），随后又出版了赵景深教授用邹啸笔名编的《郁达夫论》（一九三三年版）这三部报刊评论文字的选集。新中国成立以后，一九五八年，曾华鹏、范伯群两位同志曾冲破历史沉寂，在《人民文学》上发表了立论比较持平公允的长篇学术论文《郁达夫论》，可算是空谷足音。此后，随着"左"的旋风越刮越猛，对郁达夫的学术性研究，又复归于沉寂。进入八十年代以来，郁达夫才又作为一个出土作家被发现，再次成为中国现代文学研究的重要课题之一，随着他的著译的大量重新出版，除过散见于报刊的评论研究文字之外，据我所见，成书出版的就先后有下列几种资料性和研究性专著：如王自立、陈子善同志编的《郁达夫研究资料》（《中国现代文学史资料汇编》，两卷本，一九八二年版）和《回忆郁达夫》（一九八六年版），曾华鹏、范伯群同志的《郁达夫评传》（一九八三年版），郁云同志的《郁达夫传》（一九八四年版），许子东同志的《郁达夫新论》（一九八四年初版、一九八五年修订版）以及即将出版的黄川同志译的《郁达夫创作艺术》（捷克安娜·多罗扎罗娃著）等，可谓琳琅满目，反映了郁达夫研究在我国已进入专业化境界这一空前繁荣的局面和那种百废重举的学术景观。现在陈其强同志的这部《郁达夫年谱》的出版，我认为它不仅进一步充实了郁达夫研究的资料储备，纠正了过去一些流行的史料上的失误，进一步打开了人们的研究视野，也为开拓郁达夫研究的新的深度和广度，做出了积极的贡献；何况作者的笔端又充满激情，本书又是一部读之有味的文学传记。

　　这里还值得一提的是，在陈其强同志一九八三年来复旦大学进修之际，日本横滨大学的铃木正夫教授，这位国际上知名的郁达夫研究家，作为访问学者，正在复旦大学从事为期半载的研究工作。他们之间由于业务相同而相识并成了朋友，这就为这部年谱在校正和补充有关郁达夫早年在日本留学时期和晚年在南洋从事抗日文化活动时期的资料需要，得到很大的帮助，使这部年谱求真、求实、求全的编写要求，得到进一步的满足。因为这位铃木先生为了弄清郁达夫在南洋的抗日流亡生活尤其是他死亡的真相，曾三次身下南洋，进行了广泛深入的调查访问，包括他找到的亲手杀害郁达夫的凶犯日本宪兵以及查阅东京远东军事法庭的日本战犯审讯记录，掌握了不少原始资料。因此，陈其强同志编著的这部《郁达夫年谱》，也可以说是中日两国新一代学者进行学术交流的有益成果，它显示了中国现代文学研究已成为一门国际性学科这个新的历史特点。

我作为陈其强同志这部《郁达夫年谱》原稿的一个读者，我深为他的那种辛勤严谨、精益求精的治学精神所感动，因此不避溢美之嫌，写了这篇称为序的小文，在向读者推荐之余，写下我的一点认识和感慨。

一九八八年八月中旬于上海

注：

①本书由浙江大学出版社一九八九年出版。

《东方专制主义》中译本题记

　　三十年代中期，我就学于日本东京的日本大学社会科，师事园谷弘教授从事中国社会的研究。抗战爆发后回国参加抗战工作，在流转生活中，主要从事文学创作活动。一九四六年我来到战后的上海，曾借住在虹口吴淞路义丰里，那里当时还是一个日侨区，我得以与内山书店的主人内山完造老板为邻。因为我在日本生活期间，曾是他妹妹主持的开设在东京郊区的内山书店的常客（这是一家专营中国图书的日本书店，正像它在上海是一家专事经营日本图书的书店一样）。该店后来由郊区迁移到东京市内神田区，离我上课的地方不远，因此，我每于课余之暇总习惯性地顺路到那里溜达溜达，也是借这个渠道我保持了和国内文化界在思想上和精神上的接触和联系。所以和内山老板做了邻居以后，我像在东京时那样，也常常到内山老板家里坐坐。那时他的书店已告歇业，不做买卖了，但在楼下的客堂间的四壁周围，还是堆满了日文图书。一次他对我说："你随便捡吧，有用的就拿去，反正买卖不能做了，我也就要回国了。"在他慷慨相赠的美意下，我陆续从他那里捡了不少书，大都属于三四十年代的日本出版物，有关政治、经济、社会、文化、历史、哲学以及文学译作，其中就包括平野义太郎译的德国马克思主义社会学家卡尔·维特弗格尔（Karl Wittfogel）的《中国的经济与社会》一书的日译本。也是从这本书开始，

388

我认识了这位被称为"西方马克思主义者"和他的学术思想。这位现代德国社会学家他既师承马克思的亚细亚生产方式的观念，而又接受韦伯的思想影响，对东方社会，尤其是中国社会进行专题研究并取得了卓越成就，而为世界所注目。

正是利用了内山老板的这批材料，我当时着手写《中国现代军阀论》一书，书未完稿，我又以文贾祸，被捉将官里去。一九四八年冬季出狱，又利用这批被抄查材料的剩余，写了《近代中国经济社会》一书，作为离开我不能托足的上海的路费而流亡青岛；在那里我又于蛰居中，据日本岩波文库版的加田哲二的日译本译出恩格斯的《住宅问题》一书。（前书于一九四九年由上海棠棣出版社出版，后一书于解放后的一九五二年由上海泥土社印行。）本想继续动手译维特弗格尔的《中国的经济与社会》一书，但曾从什么地方看到一条消息说，战前商务印书馆曾有意组织力量译它。因此，我心下不免迟疑，因为它的篇幅近八十万言，如果和商务印书馆撞了车，出版就成了问题，这对当时以卖文为生的我说来，那就是非同小可的损失。由于心上这么迟疑不决，就把这个翻译计划搁浅了，（其实到今天为止，并未见它的中译本出现。）转眼全国解放，我又由文艺界转入高等学校，从事文学教学工作，当更无暇及此。到了一九五五年，胡风案发生后，命运又向我进行新的挑战，在我们夫妇双双被捕时，又落了个"扫地出门"的下场，包括这部《中国的经济与社会》日译本，从此就再不见其踪迹了。

一九八五年，当时作为访问学者来复旦大学进修的美籍华人学者李欧梵教授常来寓相访。一次在闲谈中，我问起他维特弗格尔在美国如何评价的问题，想不到这位专致力中国现代文学研究的著名学者，竟也是维特弗格尔的热心读者。他说，这个德国马克思主义者由于受希特勒法西斯政权的迫害，早已定居美国，他的学术成就在西方知识分子之间受到广泛的注目。在我们谈话后，他立即写信给他在美国芝加哥大学的两位助手，嘱咐他们为我在美国购求维特弗格尔的著作英译本，这就是现在甘建民同志这本《东方专制主义》 (*Oriental Despotism*) 中译本所根据的英文本由来。

甘建民同志几乎用了半年多的时光，终于把这部引起世界性争议的研究东方社会的著作，以中译本形式引进正浸沉在改革热潮中的我国知识界。三十年代前后，我国曾爆发了一场有关中国社会性质问题的论战。那时还围绕马克思所提出的亚细亚生产方式，进行了争议；后来由于历史的变化，加上斯大林统治下的苏联思想理论影响力的日益显著，马克思这个论述东方古代社会的经典观点，在我国学术界似乎竟再也没有什么大的反响了。这其中的历史沉寂，抚今追昔，实在值得深长思之。

俗语说："无巧不成书"。前年，我在日本大学求学时的另一位指导教授，今年已八十六岁高龄的马场明男先生，经过五十多年的音讯两绝，偶然之间又和我取得了联系，他一次在长篇来信中叙述了他多年的生活和研究课题，原来这位长期专事研究中国社会的学者，也是一位研究维特弗格尔的专家。承他的美意，今年又给我寄来了他在一九八一年发表的一篇论文，它就是现在作为这部《东方专制主义》的中译本的代序《法兰克福研究所的人们——卡尔·维特弗格尔》。马场先生这篇内容丰富、论证严谨的学术论文，对亚细亚生产方式和这部《东方专制主义》及其作者维特弗格尔都做了详尽的介绍和学术上的评论。我想，将它作为本书的代序，借此帮助我国读者理解《东方专制主义》这部在西方有争议的论著及作者其人，也应该很有信息意义和学术价值。为此，我又托我的一个老学生赵博源同志把它译了出来，由我做了一些校补工作，征得本书译者甘建民同志的同意，把它作为本书的代序。

马克思所提出的"亚细亚生产方式"是马克思主义认识东方古代社会的一把钥匙，列宁在晚年也曾担心俄国革命后可能出现"亚细亚复辟"的危险。但在苏联的斯大林时代，马列这一经典论点，遭到禁锢，只是到了一九六四年以后，苏联学者才又打破了禁区，开始接触这个论点。目前社会主义国家正面临改革的大潮，政治体制改革的呼声亦甚嚣尘上。维特弗格尔这本《东方专制主义》作为一家之言的学术著作，它对开拓我们的思维境界，进行深入的历史反思，或许不无助益。因此，我认为，甘建民同志的辛勤劳动成果，理应受到我国知识界的欢迎与尊重。

一九八八年十一月下旬在上海

我的难友邵洵美①

我和邵洵美先生相识，纯然是偶然的机遇，虽然从三十年代初以来，通过报刊等传播工具已对他相当熟悉了。与他开始相识的时间记得是一九五二年。

那一年，韩侍桁在南京路新雅酒家请客，宴请斯汤达的小说《红与黑》的译者罗玉君教授。邀请作陪的有李青崖、施蛰存、刘大杰、余上沅、邵洵美诸位文苑人士，我们夫妇也叨陪末座。那时韩侍桁在自己从事文学翻译工作的同时，还办了一家叫国际文化服务社的出版社，他自行编辑了一套《世界文学名著译丛》，很想将原来由南京正中书店印行，当时已经绝版的罗先生的旧译《红与黑》收入这个译丛重新与读者见面。所以举行这个座谈式的宴会，一来和新老故旧叙旧，二来也是请大家共襄盛举的意思。其中邀请的客人中，除了李青崖和施蛰存两位是我在震旦大学的旧同事外，余上沅、刘大杰又是我当时在复旦大学的新同事，都算是熟人了，只有邵洵美、罗玉君两位，却是初会。

记得是在众人已入座举杯的时候，邵洵美才匆匆地赶来。他身材高大，一张白润的脸上，一只长长的大鼻子尤其引人注目。他穿了一件古铜色又宽又长的中式丝绸旧棉袄，敞着领口；须发蓬乱，颇有些落拓不羁，而又泰然自若的神气。

这就是我第一次与他相见时的印象。

一九五四年秋天的一个晚上，我们夫妇又应邀在韩侍桁家里吃蟹，也是吃到中途，邵洵美撞进来了，匆匆入座就食。这两次相会，大家都是天南地北地闲聊，我们之间并没有多少对话。但在事后，却引起我将他和自己印象中的邵洵美相对照。他早期办过"金屋书店"，出版过《金屋月刊》，后来又是新月社重要人员之一；还主编过《十日谈》《时代画报》等。他的诗集《花一般的罪恶》《火与肉》等，更被视为中国唯美派诗歌的力作。解放初，四川中路出现过一家时代书局，用突击的形式出版了不少宣传马克思主义的早期著作，因大半属于第二国际人物，如考茨基、希法亭等人的著作，而受到《人民日报》的严厉批评，这个书局也就昙花一现式地消失了。据传言说，它的出资老板正是多次经营出版事业的邵洵美。由于对于他在文学界的旧印象，我当时不禁哑然失笑：他怎么忽然异想天开地要吃马列主义的饭来了。

一九五五年，我因胡风案被捕关押，到了所谓"自然灾害"期间，由于饥馑成灾，我在长期的羁押生活中，也像大多数同监犯那样，得了浮肿病，大小腿全肿得又粗又亮，差不多快要蔓延到腹部上来了。一九六〇年秋冬之际，监狱当局终于把我送到提篮桥监狱的病院住院治疗，那里的"人民医生"（因为在这里看病的还有"医务犯"，即犯法前的职业医生）略为检视了一下，便开了个"高蛋白"的药方，我被留下住院治疗。我吃的所谓"高蛋白"，其实就是黄豆芽、豆腐之类的蔬菜，偶尔有几片油煎带鱼。但就是这样的"高蛋白"，也有神效，我在病床上躺了不到三天，腿部的浮肿居然逐渐消退下去了。其实这病医生不看，我这个"医盲"也明白，那不过是"饿病"，只要能吃饱肚子就一切正常了。因此三天后，在监狱病房服役的"劳改犯"（判刑的犯人），就叫我下床劳动，打扫卫生，负责照料重病犯的大小便，并为他们喂饭、喂水。我曾向这位自称是病区负责人的劳改犯提出抗议："我的病还未好利索，而且我快五十岁了，那些仍然躺在床上休养的年轻犯人，身体比我强，你为什么不叫他们起来劳动呢？"他理直气壮地训斥我说："你怎么能和他们比？他们是普通刑事犯，你是一所来的政治犯、反革命，你没有公民权，叫你干什么你就得干什么，要不报告管理员，说你对抗改造，那就要吃手铐了，我劝你还是识相点！……"这不啻是一堂政治课，使我恍然大悟：自己眼前的身份还不如那些年轻的阿飞流氓，因为他们是"普通"刑事犯啊。因此，怪不得当这位"头头""教育"我的时候，那些懒洋洋躺在床上的年轻病犯，个个挤眉弄眼，向我这个政治犯投来蔑视的眼光，嘴里还不干不净地奚落我……

我在病院住了十三天，就给搬到称为"休养监"的八号楼监狱。那个面积长宽六尺只能住一只老虎的狱室，竟密密麻麻地挤了七个人，还有一只臭气四溢的马桶，放在身旁。这里一天虽然也是三餐，但在午晚两餐，都发一个犯人称之为"巧格力馒头"（其实是高粱粉、玉米粉与花生壳的混合品）的杂粮馒头，大约有一两重，像我这样的食量，就可以吃得半饱了，到底比我原来住的第一看守所的伙食丰富多了。

在这里"享福"不到五天，我又被押回第一看守所，被收押在二楼的一个监房里。这在监狱生活里叫"调房间"，同"抄靶子"一样，是监狱生活的例行公事，我一脚踏进狱室的门，发现里面空荡荡的，只有一个体弱的老人蜷缩在一个角落里。当管理人员在身后锁好门以后，他抬起头望着我，呆滞的目光，突然发亮。他小声对我说："我们不是一块在韩侍桁家里吃过螃蟹吗？"我向他点点头，一边用下巴指着门口，要他不要再说下去。因为我从几年的监狱生活中摸到一个规律：凡是管理人员押进一个犯人后，他虽然把门锁上了，但都会在门外停留片刻，从门上的小监视孔里观察室内犯人的动静，如果发现异样情况，他会马上开了门冲进来，进行盘问，甚至一个个地调出去审问："你们谈什么？""坦白从宽、抗拒从严。你们认识不认识？"如果交代了相互原来认识，马上会被调离，并要你交代彼此的"关系史"。总之，要弄出一大堆麻烦来。因此，当我这么向他示意后，他马上就醒悟了，看来他也是个"老举"，生活已教他懂得了吃这号官司的"规矩"了。

开过午饭后，我同他各自坐在自己的铺位上闭目养神，虽然刚吃过饭，但至多 600cc（注：当时犯人以"cc"为计量单位，来估量所领饭食的多少）的菜皮烂饭，仍不堪果腹。因此，闭着眼睛静静听着彼此的肚皮咽咽地叫，倒也是一种奇妙的音乐。这时，他忽然向门口走去吆喝"报告"，向管理员讨来钢笔墨水，说是要写交代材料。等拿到钢笔墨水后，他却从屁股下面的铺位上拿出几张草纸，放在膝盖上低头写着什么，过了不一会儿，我忽然被他撞醒，他把写好的草纸塞给我，我向门口警惕地看了一

393

眼，才低头读他写的东西。原来是一首七言诗，题为"狱中遇甄兄有感"，其中有"有缘幸识韩荆州"一类话，我含笑地向他点点头，表示我看过了，谢谢他的盛情；同时告诉他，这东西马上得撕毁，撂在马桶里，要不给管理员"抄靶子"时发现了，我们都得吃手铐。说着，我动手把它撕掉，起身掼在屋角里的马桶里，又端起旁边的脸盆，把留下准备擦地板的洗过脸的脏水冲了进去……

我说了半天，这里得交代一句：我在这个狱室里所碰到的正是邵洵美先生。想不到从此我们竟在这间狱室里做了近四个月的"同监犯"，这真如俗语所说，"人生何处不相逢"啊！

从第二天起，监房里陆续来了不少新客，有十几个。记得其中有一位是白俄，他在英国剑桥读过书，原来是上海英文《字林西报》的编辑。此人有五十多岁，彬彬有礼，虽然身在囚中，仍不失绅士风度，还有一个日本中年男子，据说敌伪时期在济南大观园开过一个店名"壶"的咖啡馆，大约是个日本浪人，还有一个台湾人，五十多岁，是上海一家细菌研究所的研究员。其余都是中国大陆上的人，都是五十岁上下的，他们都属于旧社会的上层阶级，有新式资本家，也有上层官吏，还有天主教的神甫，好在这里只准用番号互相称谓，谁也不知道谁的真实姓名，虽然墙上贴的监规上写着不准互相交谈案情，但时间一久，也多少互相知道了一点；同时，监房的人多了，也便于相互低声交谈，一发现走廊有管理员的脚步声，就有人警惕地大声咳嗽打信号，马上就沉默下来了，个个规规矩矩地坐在自己的铺位上。最佳的彼此交谈机会是一日三顿饭后，大家排成一队，绕着地板"活动"的时候，大家边活动边窃窃私语。这个监房的犯人谈话使用的语言，除了汉语外，还有日语、英语、法语等多种语种，因为在押犯人，大都懂得一种或两种外文，很像一个"国际监狱"。

我从邵洵美的谈话中，得知他是一九五八年继续"肃反"时被抓进来的。他说他在早年和南京政府的要员张道藩与谢位鼎（早年在开明书店曾出版过一本研究法国文学的书，也是一个现代派诗人，后来弃文从政，做过国民党政府驻梵蒂冈大使）三个人磕过头，结为把兄弟。抗战胜利后，张道藩给了他一个电影考察特使的名义，他自费考察了英美电影界，会见过卓别林等著名影星，所以"肃反"时被作为"历史反革命"给关了进来，已关了快五年了。

我和邵洵美同监时期，正是冬春之交。我们这个监房关押的人，大概都是些老犯人，所以很少有提审，大家都莫名其妙地挨过一天又一天，谁也不能掌握自己的命运，只好听天由命。那时正是所谓自然灾害时期，因此大家每日关心的并不是何时被释放和与家人团聚，而是如何能活下去，万不要"竖的进来，横的出去"，因为我们都挣扎在饥饿线上，一天盼来盼去，就是希望早晚两餐稀饭能厚一些、多一些，哪怕多一口，也是运气；中午那顿干饭能干一些、多一些。因为早晚那两餐稀饭，都是些汤汤水水，除过一些烂菜皮，米粒历历可数，中午那一餐干饭，其实是菜皮烂米，形同烂稀饭，用筷子都挑不起来。按照不成文的监规，每个犯人由当局发给一只腰形铁皮盒子（俗称"铁盒子"），开饭前，犯人们向着监房的小窗口排好队，一一把手里的铁盒子伸向小窗，由狱警逐一打饭。打好饭后，犯人们显出非常珍惜的神情，如果铁盒子外面留有几粒米粒，就赶紧伸出舌头舔干净，然后又小心翼翼地把稀饭或干饭倒在自己早已准备好的搪瓷杯子里，按通常的标准，稀饭约有 1000cc，如果能有一千挂零，就沾沾自喜，感到自己额角头高，别的犯人也露出不胜羡慕，而又不免带点嫉妒的神色；如果不到 1000cc，那简直像受了天大的委屈似的，感到愤愤不平。中午的干饭能有 600cc，就算是最高标准，甚至算是一种荣耀了。——这些受过高等教育，又是都有些社会身份的人们，此刻的生活境界和人生欲望已经缩小到一般动物的境界了！人的穷富贵贱原来不过一张纸的两面，它们之间并不是不可逾越的。犯人们把领来的饭倒在自己的搪瓷杯子里后，就都回到自己的铺位上，以一种庄严而郑重的神情来吃饭，大家都吃得很慢，吃得有滋有味；吃到一半，就都舍不得吃了，而是把饭盒包在自己的棉被里，留到肚皮叫的时候（上午十时，下午三时，晚上七时以前，因为开饭时间为早上八时，中午十一时，下午五时），再拿出来吃。吃完后，一般人都再用手指一下一下地刮光搪瓷杯子里的剩余粥汤米粒，放在嘴里舔，一副副不堪入目的贪婪相，活现出动物本能的求生欲望。邵洵美并不听从大家的好意劝告，几乎每餐饭都一下子吃光、刮光。他一再气喘吁吁地说："我实在熬不了了！"这时也往往使他触景生情地谈到自己的过去生活。

邵洵美的岳祖父是清末的邮传部尚书盛宣怀，他的妻子是盛家的大小姐。盛宣怀去世时，除了法租界的大片房地产外，光现款就有三千万两银子。几个儿子都是些只知道吃喝玩乐的纨绔子弟。邵一家五口人，仆人倒有三十多个，他是英国留学生，在国际饭店没有建立以前，西藏路的"一品香"是上海最大的西菜馆和西式旅馆，他是"一品香"的常客。他那时每年过生日，都在"一品香"，因为他属老虎，他事前都向"一品香"定做一只像真老虎那样大的奶油老虎，作为生日蛋糕。到生日那天，这只奶油老虎摆在一只玻璃橱内，橱的四周缀满红绿电灯（因为那时候还没有霓虹灯）。他过的就是这样的豪华生活。只是几次经营上的失败，他才家道衰落了。他说，他被捕前，虽然作为人民文学出版社的社外翻译，每月可先预支两百元稿费，但他仍入不敷出，往往以卖藏书补贴。那时外文书不吃香，一本牛津世界文学名著才卖一毛钱。而他就任人民文学出版社社外翻译，还是经夏衍同志力荐取得的。为此，他很感谢夏衍的助人于危难之中的真诚友情。他告诉我，大约在一九二八年至一九二九年间，他正在上海办"金屋书店"，一天有个朋友来对他说，有个叫沈端先（夏衍原名）的朋友是你的同乡（浙江人）刚从日本留学归来，生活无着，你是否可以为他出版一本书，接济他一下。邵洵美听后，欣然同意，接下由沈端先翻译的日本作家厨川白村写的《北美游记》一书后，马上拿出五百元钱付给沈端先。此事，邵洵美并未放在心上，但新中国成立初期，邵洵美生活困难之际，夏衍却不怕惹出麻烦地及时给予他帮助，使他很是感动。临被捕前，《新民晚报》的朋友曾约他以他的家庭生活为题材写一部连载长篇小说《大家庭》，他觉得这个题材很像现代的《红楼梦》，可惜还来不及动笔，他就被搭进来了。

他患有哮喘病，总是一边说话，一边大声喘气，而他又生性好动，每逢用破布拖监房的地板，他都自告奋勇地抢着去干。他一边喘着粗气，一边弯腰躬背，四肢着地地拖地板。老犯人又戏称他为"老拖拉机"，更为监房生活增加了一些欢笑。

又因为我和他在"外面"有两面之谊，又都属于同一行业——文化界，所以我们交谈的机会就更多一些。当他得知我在解放前写过《近代中国经济社会》一书时，答应将来在外面相见时，将自己收藏的有关盛宣怀资料送给我，作为研究材料。因为他比我晚进来三年，又为我带来不少外面讯息。另外，我还从他那里知道，我的妻子任敏释放后，和他的小女儿同在一个出版社工作，往来甚频。他的小女儿和莎士比亚的翻译者方平的婚事，正是由我的妻子从中作伐而结合的。因为我们和方平也是朋友。他说，也是这位方平同志，他的第一部莎翁著作译本《捕风捉影》，因为在翻译时，得到过我的一些资料上的帮助，他在出书时写的序言中，提了一下我的名字表示感谢，又托我转送胡风一册请教，为此"罪行"，一九五五年被人检举，下乡劳动了一年，……

由于饥饿的监房生活，加上他的气喘病日渐严重，他对自己出狱的希望不免感到渺茫，甚至绝望。一次他竟郑重其事地对我说："贾兄，你比我年轻，身体又好，总有一日会出去的。我有两件事，你一定要写一篇文章，替我说几句话，那我就死而瞑目了。第一件是一九三三年英国作家肖伯纳来上海访问，我作为世界笔会的中国秘书，负责接待工作，肖伯纳不吃荤，所以，以世界笔会中国分会的名义，在'功德林'摆了一桌素菜，用了四十六块银圆，由我自己出钱付出。参加宴会的有蔡元培、宋庆龄、鲁迅、杨杏佛，还有我和林语堂。但当时上海的大小报纸的新闻报道中，却都没有我的名字，这使我一直耿耿于怀，希望你能在文章中为我声明一下，以纠正记载上的失误。还有一件，我的文章，是写得不好，但实实在在是我自己写的，鲁迅先生在文章中说我是'捐班'，是花钱雇人代写的，这真是天大误会。我敬佩鲁迅先生，但对他轻信流言又感到遗憾！这点也拜托你代为说明一下才好……"

一九六一年初夏，我调到另一个监房，想不到竟这么突然地和他分开了，而这竟又成为我们之间的永诀！

一九六六年三月底，我以"胡风骨干分子"罪名被判处有期徒刑十二年，旋即押回原单位复旦大学"监督劳动"，经过接踵而来的十年"文革"的苦难，我总算活了过来，在一九八〇年底得到平反，回到了原来的工作岗位。在"监督劳动"期间，我一次问和我一块被"监督"的潘世兹先生，知不知道邵洵美的情况，因为他们都是早期的留英学生，潘先生在调来复旦外文系以前是圣约翰大学的校长，家又住在沪西一带。他告诉我说，他们多年没有来往了，但似乎听说他已从"里面"出来了，日子非常艰难，听说连睡觉的床也卖了，睡在地板上，我一边庆幸他终于活下来了，一边又不免为他的处境担忧。而当时我泥菩萨过河，自身难保，更谈不到对他有什么帮助和关心了。一直到我平反后，他的在中学教英文的儿子来看我时，我才知道他在"文革"前就释放了，和他们夫妇一块挤在一间小房里艰难度日，挨到一九六八年在贫病交加中病故了。

　　我现在写这篇文章，一方面为了履行二十七年前邵洵美先生在狱中对我的委托，一方面借此表示我对这位在中国现代文学界和出版界有其一定影响和贡献的诗人、翻译家和出版家的一点纪念的微忱。因为多年来，在"左"的文艺思潮和路线的统治下，他的名字和作品久已从文学史和出版物中消失了，被遗忘了。这个历史的失误，也到了应该纠正的时候了。

注：
① 原载《上海滩》，一九八九年第五期。

且说说我自己（代序）

　　编者同志给我出了个题目"说说我自己"，我听了不禁失声笑了起来，因为这是一个大家都面熟的老题目。从五十年代初期知识分子思想改造运动以来，以迄史无前例的"文革"，在频繁地以知识分子为对象的一浪高过一浪的历次政治运动中，接受过现代科学和文化，具有自己的独立人格意识和思考精神的中国现代各类知识分子，在大一统的政治权力意志的支配下，被作为"改造"和"再教育"的对象，他们都得以深厚的原罪意识，一而再，再而三地在"说说我自己"的陷坑中，挣扎图存，以致往往被扭曲变形，甚至殒身亡命，酿成了一代的人生悲剧，历史悲剧。以至到了七十年代末期以后，当中国历史发生了重大转折的新时期，他们步履艰辛，跌跌撞撞地走出这个近三十年的历史暗谷以后，仍然惊魂未定，心有余悸和预悸！

　　对我说来，顶着一个所谓"作家""教授"的招牌，当然在劫难逃，而且情况还比较突出。一九五五年那场"胡风反革命集团"斗争兴起以后，我就大祸从天而降，蒙御笔亲批为"分子"，捉将官里去，以"钦犯"身份，"说说我自己"十一年；一九六六年"文革"前夕，我又被定性为"胡风反革命集团骨干分子"，判处有期徒刑十二年，押回原单位，作为"胡风反革命分子""监督对象""四类分子""阶级敌人""专政对象""牛鬼蛇神""臭老九"以及什么"打着红旗反红旗的老反革命""孔老二的徒子徒孙",等等,在"群众专政"的红色风暴下,"说说我自己"凡十有三年,前后共"说说我自己"二十五年。一九八〇年,"胡案"作为冤假错案平反后,我由鬼变成了人,真是眼睛一霎,老母鸡变鸭,我又被作为"作家、翻译家、教授",应一些编纂人名辞典的单位及个体以至英国剑桥的国际传记中心来函来访,要我"说说我自己"。因此,我真可以说是"说说我自己"的"专业户"或老油条了。这不仅又使我想起三十年代初,我在北平的美国教会办的学校读书时,我那些带洋气的同学常讲一句口头禅。"人生本是 to play, 何必终日 study",真有些玩世不恭的虚无党味道了。但这次受《收获》这个严肃的文学刊物的嘱托,要我"说说我自己",因此,我得避开过去老一套的报流水账的公事公办的手法,写点我的人生际遇,以及我对人生的一知半解的零碎感受,就教于今天的读者朋友。

我虽然从三十年代以来,就开始学习写作文学作品,并出版过小说集、散文集,也写点剧本和杂文等,但我充其量不过是文坛上的一个散兵游勇;虽然我甚至因文受祸,在新旧社会都吃过断命的政治官司,但它们只能是我在崎岖不平的人生道路上的一些零星的体验和感受,我自己的一些思想和感情的浪花的自我表现,有的还是鲁迅先生所说的"遵命文学",真如向黄浦江小便一样,它们没有什么影响力量,并且从五十年代以后,就基本做了"绝育"手续,实在算不得什么作家,而且我也早忘了我自己还曾是一个作家。八十年代初期,我又蠢蠢欲动,试图重新挣扎,写了小说和散文,当时中国大的政治气候虽然开始改变了,文艺界的小气候似乎还未变,或者由于历史的惰性,变得很慢。我是一个有"前科"的人,这又使一些编者同志望而变色,甚至排了版还得抽下来。为此,除过一篇散文被朋友转到香港《文汇报》发表,一篇小说被我们家乡的文艺刊物登出,为我亮相外,此后我就很少写这类东西,面带微笑地向我从青年时就迷恋的文学创作告别,完全办妥"绝育"手续了。

一九三五年冬,我由于热血沸腾,在党的影响下,参加了北平的"一二·九"学生运动。当时国民党政府发布了所谓《危害民国紧急治罪法》,规定,"凡在马路上游行、散发反动传单、呼喊反动口号、张贴反动标语者,格杀勿论,就地正法"。我为此被北平警察局逮捕关押,受到该局特务科的审判。我那个当商人的伯父，为此特地赶到北平，并到处找门路营救我。我们家住山西吕梁山区，世代以经商务农为生，祖辈没出过念书人，和当官为宦的更不搭界。正是因为我伯父在大码头经商，又办的是洋务，他见多识广，知道在现代社会知识的价值，因此，他才决心让我们弟兄走出闭塞的山区到城市上学。三十年代，正是中国深受内忧外患、困扰最严重的时候，加上从国际大局看，也是世界上的有良知的知识分子，包括作家，都仰慕十月社会主义革命的故乡苏联，"左倾"成为世界性时代思潮的时候，我由于身处这样的历史环境，接受这股时代思潮，又受地下党的启蒙和影响，由文学观念的确立到投身社会运动，由报刊的文学投稿者变成"政治犯"，年方二十八岁，就身入牢房，尝到了铁窗风味。我的伯父，作为一个交游广阔的商人，终于辗转托了一个官面上有权势的人物，花了一千元银洋和五十两鸦片烟把我"保"了出来。但因为保单上还留着"随传随到"的政治尾巴，为了避免"二进宫"，再吃二遍苦，受二茬罪，伯父花钱买了一张大学经济系文凭，送我到日本亡命兼上学。临行前，他嘱咐我说："你到日本住五年，每年我给你一千元到一千五百元，你脑筋好，就学医科；脑筋不行，就学银行管理，将来回国以后我对你都好安排，千万不要再参加政治活动了。你在中国参加这类活动，我虽然不认识官，但我有钱，钱认识官，官认识钱，老话说：'千里为官都为财'，'若要官都一般'，我还可以花钱托人把你保出来；你若是在日本闹政治，被日本警察抓去，我花钱都没法子花，因为我不认识日本人。还有，你决不能娶日本老婆，因为生下小孩是杂种，杂种进不了祖坟……"但由于我生性顽劣，除过最后一条遵照不误外，其余都没办到，实在有违家训。我参加了东京留学生的进步文化活动和李春潮、覃子豪他们办的文海社，出版了《文海》月刊第一期，由上海印好寄到东京后，全部被日本警察没收，我也陷进了东京都警视厅亚西亚特高系刑士（政治警察）的监视网中，不时受到这些不速之客的诘问和干扰，直到抗战爆发后，我辍学回国参加抗战。也是在这个时期，我从东京的内山书店内看到上海生活书店出版的丛刊式的文学杂志《工作与学习丛刊》的头一两本，我从它的编辑风格和撰稿人员阵营，惊喜地发现这是坚持鲁迅先生所开创的战斗文学旗帜的严肃文学刊物，因此把自己的一篇小说投了稿，从此结识了胡风，并在抗战的烽火中结成友谊，谁知这就种下一九五五年那场文字狱的祸根，我们文学上的朋友竟被说成为相互勾结进行反革命阴谋活动的团伙，他被御笔加封为这个莫须有的反革命集团的头目，我则被定性为骨干分子，这真是从何说起？虽然经历了这一场生死劫的大难，但正如我在八十年代初出版的《小说选》上说的："我始终感激胡风同志多年来在文学上对我热情的扶持和生活上的无私的帮助。"他是一个正直的人，一个可以相信相交的真正的朋友。去年初间，我又对来访的上海中新社记者说："胡风为人诚挚正直，有中国知识分子的忧患意识与历史使命感，明知不可为而为之，对中国文学理论发展贡献甚大。"这些就是我通过多年的生活实践对一个可以相依相托的友人的认识的告白。

我在日本读的专业是社会科学，跟上园谷弘教授学习对中国社会的研究，以致一九四八年冬天，当我从关押了经年的上海国民党中统局特务监狱由友人辗转托人保释外出后，我在蛰居沪西乡间一家农民阁楼上的两个多月时间内，利用妻子和相知的朋友们多方为我借来的图书资料（多半是日本学者的著译），我编写了一部研究中国近代社会和经济的专著。这也是我多年在流转生活中打滚时养成的一种习惯和嗜好：读各类有关中国社会、历史、文化的书，以便能深入认识和了解我们这个国家的历史和现实。当时风声日紧，我又不能安生了。为此，我以贾有福的化名，用我伯父商行职员的身份，弄了一张"国民证"，离开恐怖的上海，避居到青岛。我在一家小客栈安身以后，从街头旧货摊上买的一大堆便宜的英日文外文书内，选译了恩格斯的《住宅问题》，英国传记作家奥勃伦（Edward J. O' Brien）的《晨曦的儿子——尼采传》以及匈牙利作家 Ernest Vajda 的多幕剧《幻灭》。但除过《住宅问题》解放初得以印出外，其余两本译稿，都以不合时宜，未能印出。到了一九五五年，命运又向我进行新的挑战时，它们都在抄家时失去了。我为它们的遗失惋惜，因为我喜欢这些作品，尤其是那本被称为"一个负伤的知识分子"尼采的传记。

一九五〇年开始，我到高等学校插队落户，当了文学教授，为了教学上的需要，也为了不甘寂寞，并且还为了弄些钱补助生活，"著书都为稻粱谋"，我又译了几种俄国和苏联的文学书。其中那些写于斯大林东方式专制主义统治时代的文学批评和作家研究的苏联著作，它们的理论和学术价值，现在已由历史做了公正的判决，只能作为历史的资料而存在了。而随着一九五五年那场灾难的来临，我的短促的翻译史也就结束了。

我写了上面说的我那些杂七杂八的文字活动，只能是它们消耗我的生命力的一点历史记录，虽然它们寄托了我的理想、希望、爱憎和思考，也只是如此而已。说我是一个作家或译家，那还差得很远；作为一个学问家，更不够格。我赞同梁漱溟先生在《自述》中的自我评价："我不是学问中人，我是社会上的人。"总的说来，我只是个浪迹江湖，努力体现自我人生价值和尽到自己的社会责任，在"五四"精神的培育下走上人生道路的知识分子。我在这个世界上生活了七十多年了，眼看就要进火葬场了，可以自我告慰的是，在上帝给我铺设的坑坑洼洼的生活道路上，我总算活得还像一个人。生命的历程，对我说来，也就是我努力塑造自己的生活性格和做人品格的过程。我生平最大的收获，就是把"人"这个字写得还比较端正。

一九八九年六月，上海

我的老乡

——王瑶先生①

十三日晚上近十时，我正在书房和几位研究生学生谈话，忽然接到一位北京大学青年同志从华东医院来的电话，他声调低沉而悲怆地告诉我说："王瑶先生终于抢救无效，竟于八时四十分在医院病故了。"……仿佛大晴天遇到霹雳，我一下子呆住了。当我神情恍惚地回到书房，向正在谈笑的几位研究生学生讲了这个噩耗时，笑容顿时从他们年轻的面颊上消失了。我们俯首围桌默默而坐，为王先生的不幸病逝默哀、悼念。

同学们散去后，我转身回到卧室，妻早已关了电视，默然独坐，我更无心于夜读，熄了灯躺在床上，但又实在难以入睡……

我知道王瑶先生的名字，应该是在一九四八年冬末，那是我刚从关押了经年的国民党中统特务监狱外出两个月以后，为了措办离开我不能立足的上海的路费，我埋头编写了《近代中国经济社会》。书稿匆匆完工后，我把它拿给一家愿意一次付清稿酬的出版社。这家名叫棠棣出版社的主人徐启堂，在接受了我的书稿，并付清稿酬后，大家作为朋友，他送了我一些他近期的出版物，其中就有王瑶先生的《中古文学风貌》等研究中古文学的著作。因此也可以说，从这时开始，在我的脑海中，印上了王瑶先生的名字。

一九五二年开明书店出版的王瑶先生的《中国新文学史稿》一下子在

404

学术界引起了轰动，被誉为一部卓然成家的严谨的学术著作。从一九五〇年起，我到高等学校从事文学教学工作，主要从事中国现代文学的教学，因此，王先生的这部专著，也成为我所欢迎的严肃的学术读物之一。王瑶先生这部关于中国现代文学史的专著，不仅是中国现代文学史研究的开山之作，而且作为一家之言，它以其开阔的文化视野，翔实丰富的史料，具有自己独到的思想见解等特色，确立了自己在学术界的地位。因为它较全面地反映了中国现代文学的历史风貌，不但受到国内学术界和读书界的好评，普遍地被采用为大专院校的专业教材，而且也引起国外汉学家的瞩目，大约在五十年代末期，它就有了日译本。近些年来，我因工作关系，接触到不少治中国现代文学的外国学者，他们大都是通过王瑶先生的这部专著，开拓了自己的教学和研究事业。我尊敬他，因为他是一位具有开阔的学术视野、严谨的治学精神而且成绩卓著的学者。

由于众所周知的原因，在与世隔绝的二十多年之后，我又回到了自己的教学工作岗位。一九八二年九月我回到久违的家乡太原，参加首届赵树理学术讨论会，在此与王先生首次相会。相谈之下，才知道他是我的老乡，我们都是山西人，他比我长一岁。俗话说："人不亲土亲"，这层乡谊，又为培育我们之间的友情，提供了新的催化剂。那次我和他们夫妇一起冒雨观看了家乡的晋剧，又一块畅游了五台山，并合影留念。此后，在岁月的流逝中，我们又多次在学术性会议的场合相遇、相处、相谈。这当中他几次到复旦讲学，也都是我家的座上客。近几年，我每次到北京开会，他一见面就问："任敏（我妻子）怎么没来？"然后又一再叮咛我说："你往后来北京开会，一定与任敏一块来，你开你的会，任敏就住在北大我家里。"因为我们都已入老境，他又一再郑重其事地对我说："咱们身体要好，争取长寿，一不要戒烟，二不要长戒酒，三不要锻炼。"下次碰到时，他又照例嘱咐一遍。我笑着回答说："你早就对我说过了，我奉之为养生之道，而且力行不误。我本来就是一个按照自然规律生活的人。"说罢，我们这两个老山西相对开怀大笑。

一次在我家闲谈中，他谈起自己家世，说他的祖上是开钱庄出身。我说，我也是商人子弟。我家大门口虽然刻有"耕读传家"四个字，但到了我们兄弟这一代，才出了个念书人，祖上都是务农经商的百姓。我们山西人做买卖，世界有名，从明朝中叶以后，山西商人在中国经济、金融界举足轻重，日本人还写了专门著作《山西商人研究》……

今年八月间，北京开全国书展，我应一家地方出版社邀请，进京出席该社在这次书展上举行的一套大型丛书的座谈会，我也想进京看看家人和朋友们。在北大勺园住好后，我在食堂出乎意外地碰到了我战前在日本读书时的母校——东京日本大学的今西凯夫教授。因为他去年来上海时，曾在闲谈中说起，王瑶先生那年应邀到日本讲学时，由他任翻译。因此，我这次在北大和他相遇后，一开口就问他见到王瑶先生没有。他说："他前天刚从烟台回来，我有他家的电话。"

第二天清早，我给他挂了一个电话，身旁的出版社负责人老周同志关照我说，王先生是驰名中外的学者，本来准备发请柬请他来参加座谈会，因为听说他不在北京，所以未发，既然人在北京，就请我在电话中代为邀请。我在电话中把这层意思传达了，并说："你有兴趣，我们就一块去坐坐，散散心吧。"他满口应承，并问了下午出发时间和地点，说一定按时来，并约我晚上到他家吃晚饭。但搁下电话不久，他就来了，说又快有一年不见了，大家聊聊。他说，十一月在苏州大学举行中国现代文学研究会理事会。他是这个专业团体的会长，我也被列为顾问。他动员我无论怎样忙，到时候一定来苏州开会，借此在苏州大家快活几天。我也顺口约他在苏州会议之后，参加在上海青浦举行的由复旦大学和上海作协等单位举办的首届巴金学术讨论会，会后再在上海住几天，讲讲学，休息休息，并请王师母一同来。他是我国老一代巴金研究家，他在五十年代中期发表的论巴金小说的专题论文，影响很大，为我国当代巴金的学术性研究开了先河。因此，这个会他非到不可。我们都互相应承了。我们都是七十开外的人了，见一次就少一次。他不停地抽着烟斗，我手上的香烟也不断，在这间烟雾缭绕的斗室内，我们放声纵谈，其乐融融。我看到他面色正常，精力充沛，想来经过住院治疗后又到烟台海边休养了一个时候，身体完全得到复原了。不禁暗暗地为他高兴。后来他起身告辞，说是先回去料理一点事情，下午一点半再来。我送他到门外，原来他是骑自行车来的。我开玩笑说："你千万不要再骑这个东西了，卖了完事。我四年前被它撞伤，在医院躺了半年，现在行走还得拄拐杖，由两条腿变成了三条腿。我们都年纪大了，摔碰不起。"他也笑着说："骑了好多年了，现在在校园内骑骑，比较方便。"说着，他跨上了车子，挺着腰杆，一溜烟似的走了。我不禁赞叹："已是七十五岁高龄的人了，竟还有这份体力、勇气和自信心。"

下午书展会开完以后，他仍推着车子领我到他家吃晚饭。在他宽敞的书房兼客厅里，早已摆好了菜肴。他拿起一瓶汾酒对我说："这是咱家乡的汾酒，去年六月省里开三晋文化研究会成立大会时，我自己在杏花村酒厂灌的，是道地的真货。"谈到这里，他带惋惜的口吻说："可惜你去年六月没回来，要不我们又可以再次同游五台山，你也可以趁机到晋南襄汾老家看看。我这次就回平遥老家住了几天……"

十一月中旬，他们夫妇和我们夫妇先后到达苏州，我们望门而居。在这里召开的中国现代文学研究会理事会，由他主其事。虽然后来听说他是抱病而来，但当时他浑身是劲，全神贯注地忙于会议事务，又抽空忙于接待众多的来访者，我对他的健康和体力感到很放心，谁知这竟是他为中国现代文学研究建设事业所做的最后奉献！在会议期间以及会后，他和与会同志又畅游了东西山、吴江县、虎丘、寒山寺和用直等处名胜古迹，也是后来才听说，他在第三次出游中，在虎丘就患了感冒，但他依然鼓其余勇，坚持游历了用直。

我因为要忙于即将在青浦举行的首届巴金学术讨论会，所以会议结束后即匆返沪上。到了上月二十日，他们夫妇由他的早期毕业的研究生吴福辉同志陪同，从苏州到了上海，刚到我家坐定，他就神情疲惫，打起瞌睡来了。我认为他是会议劳累所致，让他到我们卧室里先睡一下养养神。午饭后，我请来了医生，经过诊断，医生说王先生有严重的气管炎，需要打针治疗。因为下午二时即将乘车到开会的青浦，只好先吃些药稳定一下病情。谁知到了青浦，他就感到气喘不上来，被送到医院打针治疗。翌日上午举行开幕式会议，他就坐在我身旁。他发言时说，因为身体不好，就不多讲了，还有几天的会期，另找一个时间讲吧。我见他讲话很吃力，就劝他快回去休息。散会后，我听神情沮丧的吴福辉同志说，王先生已住院治疗了。当夜十时，我在家中接到陈思和同志从青浦来的电话，说王先生体温高达三十八度多，并发现有心脏病。幸赖上海各有关领导同志的重视和关心，第二天即转到上海华东医院治疗。第三天我们夫妇探望他，他说体温已经降低了，并说他准备在这里多住一个时候，彻底把病治好，免得到北京再进医院。我们也祝他早日康复，到复旦多住几天。因为病房不是谈天说地的客厅，我们坐了一下就告辞了。此后我陆续从电话中得知，他的病况起伏不定，时好时坏。医生和护士同志，一直多方设法治疗和照护。到了二十八日，我与几位同事前去医院探望时，他虽然因为在治疗中不便讲话，但用手势比画说，病好了还要来我家喝酒。我说，我家还有名酒，我们家乡的汾酒和竹叶青，我们专等你来喝。早日把病治好，早日来。他的情绪也很振奋，面色也正常，这使我得到很大的慰藉。但到了十二月十日，我得到王先生再次病危通知后，精神上极为震动！下午我就去医院探望他，虽然借助了先进的医疗设备和技术力量，但他的呼吸已很困难，当他看到我时，向我伸出了手，我上前和他握了手。他的意识仍然清楚，对他的痊愈，我仍抱着希望和信心。谁知这次相见，竟是我们之间的永诀！

在这个复杂的世界上，有的人虽生犹死，有的人虽死犹生。王瑶先生将以他的道德文章长留在人们的记忆里。他在中国现代文学研究和文化建设上的光辉业绩，将会永远受到人们的感激、尊敬和纪念！只是，我的老乡，你走得实在太仓促了！我为中国失去一位卓越的学者，为我失去一个好友，感到悲痛！那么，我在心潮起伏中草就的这篇小文，就聊作一个后死者献在你灵前的一束野花编成的花束吧！

安息吧！我的老乡——王瑶先生。

注：
① 原载上海《文汇报》，一九八九年十二月二十四日。